일본의 대외위기론과 팽창의 역사적 구조

편저 김현구

제이앤씨
Publishing Corporation

오늘날 세계는 최근에 결성된 남미국가연합(UNASUL)을 비롯하여 EU나 NAFTA, ASEAN 등에서 알 수 있는 것처럼 지역적 협력과 통합의 방향으로 나가고 있다. 따라서 시차는 있을지 모르지만 한 · 중 · 일이 중심이 된 동북아 세계도 지역적 협력과 통합의 방향으로 나가지 않을 수 없으리라고 생각된다. 그와 같은 사실을 잘 보여주는 것이 한 · 중 · 일 3국간의 급증하는 교역량이라고 생각된다. 3국간의 교역은 이미 상호간에 생존을 위해 필수불가결한 단계에 와있고 앞으로도 긴밀(緊密)의 도를 더해 갈 것이기 때문이다.

동북아 세계가 협력과 통합의 방향으로 나가기 위해서는 먼저 동북아의 구조를 역사적으로 이해할 필요가 있다고 생각된다. 그리고 동북아의 구조를 역사적으로 이해하기 위해서는 한 · 중 · 일 3국이 뒤엉킨 문제들을 검토하여 공통점을 추출해나가는 것도 하나의 유력한 방법이라고 생각된다.

한 · 중 · 일 3국이 뒤엉킨 대표적인 사건으로는 고구려가 후원하는 백제 · 일본 연합군과 신라 · 당의 연합군이 싸운 663년의 백촌강싸움, 일본의 침입에 대해서 조선 · 명이 연합하여 싸운 1592년의 임진왜란, 일본과 청이 한반도에서 싸운 1894년의 청일전쟁 등을 들 수 있을 것이다. 그런데 백촌강싸움 · 임진왜란 · 청일전쟁 등 동북아 세계가 뒤엉켜 싸운 3번의 전쟁은 하나같이 일본이 현해탄을 건너 한반도에 진출하여 한반도를 무대로 대륙의 국가들과 싸웠다는 공통점을 가지고 있다. 그리고 일본의 대륙진출 배경에는 거의 어김없이 자국내에 위기론이 도사리고 있었다. 따라서 동북아의 세계의 구조를 역사적으로 밝히기 위해서는 일본의 대륙진출 즉, 팽창정책과 위기론과의 관계를 밝히는 것이 지름길이라고 생각된다.

마침 2004년 7월 1일부터 2006년 6월 30일에 걸친 한국학술진흥재단 2년 과제로 연구비를 받아 뜻을 같이 하는 일본역사 연구자들이 일본의 '대외위기론'과 동북아 세계에 대한 '팽창'과의 관계를 <일본의 '대외위기론'과 팽창의 역사적 구조>라는 이름으로 정리했다. 이 성과물을 이번에 한권의 책으로 출판하게 되었다.

제 1장 <일본의 대외 위기론의 형성>에서는 일본역사상 등장하는 '대외 위기론과 그 실체'를 시대별로 정리했다. 그리고 제 2장에서는 일본의 대외 팽창의 역사적 구조를 <일본의 대외 팽창의 패턴>이라는 제목으로 규명하고 있다. 마지막으로 제 3장 <일본의 대외 위기와 팽창의 구조>에서는 대외 위기론이 어떻게 팽창정책으로 나타나는가를 유기적으로 밝히고 있다.

본서에는 일본역사상의 대외 위기론과 그 실체 , 그리고 대외 위기론과 연계되어 등장하는 팽창과정을 검토함으로서 동북아 세계의 구조를 역사적으로 이해하려는데 목적이 있다. 이를 통해서 동북아 세계가 패권경쟁의 장이 아니라 협력과 통합의 방향으로 나가는데 다소나마 도움이 되었으면 하는 마음 간절하다.

고려대학교 역사교육과
교수 김현구

목
차

제1장

일본의 대외 위기론의 형성

李在碩
·
金普漢
·
尹裕淑
·
朴三憲

4-6세기 왜국의 대외위기론과
그 실체

李在碩 동북아역사재단

1. 머리말

　역사적으로 일본열도는 한반도와의 지리적 근접성으로 인하여 한반
도의 영향을 받는 경우가 많았다. 주지하는 바와 같이 원시 단계에
종지부를 찍고 일본열도의 본격적인 역사시대 개막을 의미하는 야요이
(彌生) 시대의 등장 자체가 한반도로부터의 영향을 전제하지 않고는
설명될 수 없는 것이었다.[1] 그러한 경향은 특히 일본열도에서 고대국가
가 형성되어 가는 4-7세기의 단계에도 현저하게 나타났으며 몇 가지
사실이 상징하고 있듯이[2] 한반도의 존재 및 그와의 관계를 捨象하고서

---

[1] 농경 사회의 출현 및 청동기・철기 문화의 보급은 일본열도 각 지역 사회의
모습을 전면적으로 변혁시켰으며 이러한 변화의 결과 바야흐로 일본열도에도
국가 성립의 최초의 단서라고 할 수 있는 지배-피지배 관계에 의거한 小國이
등장할 수 있었던 것이다.

[2] 단적인 예로 한반도계 이주민의 왜국 정착은 일본열도 사회에 많은 문화적・기

는 일본열도의 국가 성립 과정 그 자체가 설명되기 곤란할 정도이다.

이러한 점을 이론적으로 설명하고 있는 것이 이시모다 쇼(石母田正)의 소위 '국제적 契機'論이라고 할 수 있을 것이다.[3] 이 '국제적 계기'론은 간단히 말하자면 일본 고대국가의 성립 과정에는 국내적 모순만이 아니라 교역과 전쟁 그리고 외교 등 다양한 형태의 '交通'에 매개되는 국제적 관계(계기)도 하나의 독자적 요인으로서 기능하고 있었다는 논리이다. 內政 문제가 자국의 국제 관계를 규제하기도 하지만 반대로 국제적 환경 내지 국제 관계가 내정에 영향을 미치고 있었다는, 말하자면 내정과 국제 관계 사이의 유기적 메커니즘을 이론적으로 설명하고 있는 것이 바로 '국제적 계기'론인 것이다.

물론 이 '국제적 계기'론은 일본열도와 한반도의 관계만을 염두에 두고 있는 것은 아니다. 그렇지만 동아시아 諸國들 중에서 가장 직접적인 영향을 미치고 있었던 것은 역시 한반도의 諸國들이었다는 점에서는 이견이 있을 수 없다. 그리고 오늘날 일본 고대사의 설명 특히 고대국가로서의 日本의 성립 과정은 대부분 이 이론의 강력한 영향 하에서 설명되고 있다고 해도 과언은 아닐 것이다.

그런데 이러한 '국제적 계기'론 속에는 소위 '왜국 위기'론이라고 불러도 좋을 만한 내용들이 포함되어 있다. 특히 한반도에서의 대규모 전쟁의 발생은 때때로 왜국을 긴장시켰으며 심지어 왜국 자체를 국가적 위기 상황으로 몰아넣는 상황으로 발전하기도 하였다. 가장 대표적인 경우로서 예컨대 660년 백제의 멸망 이후 전개된 일련의 사태 전개

술적 자극을 주었으며 또 이러한 한반도계 渡來 문화가 일본열도의 국가 형성과 왕권의 발달에 적지 않은 기여를 하였음은 잘 알려진 사실이다.
3) 이시모다 쇼(石母田正), 『日本の古代國家』, 岩波書店, 1971.

를 들 수 있을 것이다. 즉 당시 왜국은 백제 부흥 운동을 지원하였으나 663년 白(村)江 전투에서의 패배는 왜국 지배층으로 하여금 미증유의 국가적 위기의식을 불러일으키게 하였던 것이다. 오우미(近江) 지역으로의 천도 및 한반도식 산성의 축조 등의 조치가 신라— 당 연합군의 침입에 대한 위기의식에서 나온 것임은 두말할 필요가 없다.4)

본고에서는 동아시아의 국제 관계와 관련되어 설명되고 있는 倭 王權의 위기론에 관하여 논의해보고자 한다. 다만 수— 당 통일 왕조의 성립 이후에 전개되는 동아시아의 국제 관계와 그와 연동된 왜국 위기론은 별고에서 다루기로 하고 여기서는 그 이전 시기인 4-6세기의 문제에 살펴보고자 한다.

주지하듯이 4-6세기의 국가 형성 과정에서는 크게 두 가지 위기론이 일본 학계를 중심으로 거론되고 있다. 하나는 4세기말— 5세기를 중심으로 한 시기의 對고구려 위기감이며 또 하나는 6세기 이후에 형성된 임나 상실에 대한 위기감이 그것이다. 과연 4-5세기에는 대고구려 위기감이, 그리고 6세기 이후에는 임나 상실에 대한 위기감이 일본열도에 존재하고 있었던 것일까? 그리고 그 위기감이란 어떠한 점에서, 어떠한 의미를 갖는 위기감이었을까? 위의 이 두 가지 사안은 현재 일본 고대 국가 형성 과정을 설명함에 있어서 가장 핵심적 뼈대를 이루고 있는 부분이므로 이 4-6세기 왜국 위기관의 구조와 그 특질을 밝히는 작업은

---

4) 물론 이 과정에서 역설적이게도 지배체제의 정비에 따른 일본열도의 국가 형성 (즉 소위 '율령국가'로의 전환)이 촉진되었다는 사실도 간과해서는 안 될 것이다. 국가적 위기는 단지 위기로서만 끝나는 것이 아니라 그에 대한 대응 및 해소 과정이 왕권의 입장에서는 체제 정비를 위한 일종의 국가적 기회이기도 하였던 것이다. 그런 점에서 이시모다 쇼의 '국제적 계기'론이 갖는 유효성은 여기서도 잘 드러나고 있다고 하겠다.

곧 일본 고대국가 형성사의 규명 문제와도 밀접히 관련될 수밖에 없는 중요한 문제이기도 하다.

2. 5세기 對高句麗 征討論의 형성

1) 소위 5세기 위기론의 구조

5세기 왜국 내부에 대외적 위기론이 존재하고 있었다는 것은 일차적으로 당시 왜왕들의 고구려 정토 주장에 그 단서를 찾을 수 있는 것으로 받아들여지고 있다. 예를 들어 다음의 사료를 보자.

(가) 『宋書』 倭國傳

封國偏遠, 作藩于外. <u>自昔祖禰, 躬擐甲冑, 跋涉山川, 不遑寧處. 東征毛人五十五國, 西服衆 夷六十六國, 渡平海北九十五國.</u>(①) 王道融泰, 廓土遐畿. 累葉朝宗, 不愆于歲. 臣雖下愚. 忝 胤先緒. 驅率所統. 歸崇天極. <u>道遙百濟裝治船舫. 而句驪無道圖欲見吞. 掠抄邊隷虔劉不已.</u> (②) 每致稽滯以失良風. 雖曰進路或通或不. <u>臣亡考濟, 實忿寇讐壅塞天路, 控弦百萬, 義聲感激, 方欲大擧. 奄喪父兄, 使垂成之功, 不獲一簣.</u>(③) 居在諒闇, 不動兵甲, 是以堰息未捷, <u>至今欲鍊甲治兵, 申父兄之志.</u>(④) 義士虎賁, 文武効功, 白刃交前, 亦所不顧. 若以帝德覆載, 摧此强敵, 克靖方難無替前功. 竊自仮開府儀同三司其余咸仮授以勸忠節

이것은 478년에 송에 조공한 왜왕 武가 宋朝에 바친 上表文이다. 여기서 왜왕 무는 선조들의 정복 활동을 거론하는 한편(①) 왜국의 對宋 조공을 방해하는 고구려의 무도함을 규탄하고 있다(②). 그리고 그는 이미 자신의 父兄인 왜왕 濟와 興의 시대에 고구려를 정벌하려고 준비하였다는 점을 언급하면서(③) 아울러 이제 자신도 본격적으로 고구려 정벌에 나설 것임을 피력하고 있다(④). 위의 상표문 내용대로라면 그야말로 父子 2대에 걸쳐 對고구려 정벌 준비가 이루어지고 있었던 셈이 된다.

게다가 5세기 왜왕들은 對宋 외교에서 왜국뿐만이 아니라 고구려 이남의 한반도 전역(제주 지역은 제외)에 걸친 군사권을 자칭하며 이것을 정식으로 승인해 줄 것을 송조에 요청하고 있었다. 『宋書』 왜국전에 보이는 '使持節都督倭百濟新羅任那秦韓慕韓六國諸軍事安東大將軍倭國王(혹은 使持節都督倭百濟新羅任那加羅秦韓慕韓七國諸軍事安東大將軍倭國王)'이 그것이다. 이러한 군사권 칭호 청구가 어떤 의미를 가지는 것이며 또한 왜왕들의 의도가 무엇이었는가에 대해서는 여러 가지 해석이 있으나[5] 적어도 이러한 행위 자체가 고구려를 강하게 의식한 것이란 점에 대해서는 異論이 없다.

그런데 이 對고구려 긴장감이야말로 5세기 왜국 내부의 대외 위기론의 전제가 되는 핵심 요소라고 할 수 있다. 5세기의 왜왕들은 왜 이렇게 고구려에게 적대감을 품고 정벌 운운할 정도로 긴장하고 있었던 것일까? 필자는 그 배경으로서 역시 광개토왕 비문에 보이는 고구려와 왜의 전투에서 비롯되었다고 보는 것이 가장 합당하다고 생각한다.[6] 왜냐하면 이 교전 건을 제외하고서는 왜국의 왕들이 고구려를 적대시하여야 할 이유를 발견하기 어렵기 때문이다. 주지하는 것처럼 비문에는

---

[5] 이 군사호 문제에 관해서는 졸고, 「5세기 倭王의 대남조외교와 통교 단절의 요인」, 「일본역사연구」13, 2001, 12-14쪽을 참조하기 바란다.

[6] 이영식, 「五世紀倭國王의 爵號에 보이는 韓南部諸國名의 意味」, 「史叢」34, 1988.

왜와 관련하여 다음과 같은 기사가 보인다.

　(나) 광개토왕 비문
　　ⓐ 百殘新羅舊是屬民由來朝貢而倭以辛卯年來渡海破百殘□□□羅以
　　　　爲臣民
　　ⓑ 六年丙申　王躬率□軍討滅殘國軍□□□攻取壹八城……而殘主□逼
　　　　獻□男女生口一千人細布千匹□歸王自誓從今以後永爲奴客太王
　　ⓒ 九年己亥　百殘違誓與倭和通王巡下平穰而新羅遣使白王云倭人滿其
　　　　國境潰跛城池以奴客爲民歸請命太王(하략)
　　ⓓ 十年庚子　敎遣步騎五萬往救新羅從男居城至新羅城倭滿其中官軍方
　　　　至倭賊退……自倭背急追之任那加羅從拔城城卽歸服安羅人戌兵拔
　　　　新羅城□城 (하략)
　　ⓔ 十四年甲辰　□倭不軌侵入帶方界□□□□□石城□連船□□□□□
　　　　□□□□平穰□□□□相遇王幢要截盪刺倭寇潰敗斬殺無數

　　위의 비문 내용을 통하여 우리는 왜가 한반도 남부로 출병하였다는
점(ⓒⓓⓔ), 가야 세력이 왜병과 연대하여 反고구려−신라 라인에 가
담하고 있었다는 점(ⓓ), 그리고 이 가야왜 세력의 배후에 백제가 있었
다는 점(ⓒ) 등을 알 수 있다. 그리하여 전체적으로 4세기 말 5세기
초의 고구려와 백제의 전쟁은 고구려-신라 연합 라인 vs 백제−가야
諸國−왜 연합 라인의 대결로 전개되고 있었다고 할 수 있다. 종래
광개토대왕 비문 속의 倭에 관한 연구에서 가장 문제가 되었던 것은
왜의 삼한 정벌을 연상시키는 소위 辛卯年 기사(ⓐ)였으나, 비문 구조
속에 이 기사가 배치된 이유와 의의 및 그 내용의 신빙성에 대해서는
이미 기존의 연구에서 해명된 것처럼 역사적 사실과는 별개의 차원으
로 생각되는 문제이기 때문에[7] 여기서 다시 재론할 필요는 없을 것이다.

그런데 왜는 영락 9-10년과 동 14년에 있었던 두 번의 일련의 전투에서 참담한 패배를 당하였다. 고구려 군대 '步騎五萬'(ⓓ)이 동원되었다거나 '倭寇潰敗斬殺無數'(ⓔ)라는 표현에는 고구려 중심의 과장된 면도 있었는지 모르나 실제 왜군이 받은 타격은 상당하였을 것으로 추정된다. 따라서 어떤 형태로든 이 전투에 참가하였던 왜군들에게 고구려에 대한 적개심이 쌓여갔을 것임은 지극 당연하고도 충분히 예상되는 일이다. 그리고 이 감정은 곧 그들을 파견하였던 왜국 내부의 파견 주체 세력들에게도 공유되는 것이었다고 봐도 무방할 것이다.

광개토왕 비문의 내용에서 위와 같은 사항이 추정 가능하다면, 그 연장선상의 일로서 앞의 5세기 왜왕들의 反고구려 의식이 표출되어 나타났다고 보면 논리상 무리가 없다. 적어도 필자는 양자는 서로 연결된 내용이라고 보는 것이 가장 자연스럽다고 생각한다.

그런데 앞에서도 언급한 것처럼 이러한 왜국의 對고구려 관계는 오늘날 바로 당시 왜국 왕권이 안고 있었던 일종의 위기론의 관점에서 설명되고 있다. 먼저 광개토왕 비문에 보이는 왜의 군사적 출병 자체가 그러한 관점에서 설명되고 있다. 종래 왜의 출병 이유에 대해서는 왜의 한반도 남부 지배에서 구하는 견해도 있었다.[8] 이것은 과거 일본 학계의 전통적인 통설이었다. 그리고 오늘날 보다 일반적으로 유통되고 있

---

7) 문제의 신묘년조 기사는 광개토왕의 親征에 수반되어 기재된 일종의 前置文이며 또한 백제나 신라가 과거 고구려의 속민이었다든가 왜가 이들을 신민으로 삼았다는 내용도 역사적 사실이 아니라는 점은 모두가 공유하고 있는 인식이라고 해도 좋을 것이다. 이 문제에 대한 기존의 연구에 대한 연구사는 최근에 나온 김태식, 「古代 韓日關係硏究史」, 『한국고대사연구』27, 2002, 연민수, 「國內學界의 古代韓日關係史 연구의 회고와 전망」, 『古代韓日交流史』, 혜안, 2003. 등을 참조하기 바란다.

8) 예를 들어 스에마스 야스카즈(末松保和), 『任那興亡史』, 吉川弘文館, 1956, 71-78쪽.

는 견해로서는 고구려 세력의 남하로 인해 한반도 남부 특히 가야 지역으로부터 철 자원 등의 수입이 곤란하게 된 사정에서 구하는 학설을 들 수 있을 것이다.[9]

그리고 『宋書』에 나타난 왜왕들의 고구려 정토 계획에 대해서도 고구려의 세력 남하 자체가 왜국에게는 위협이었다는 견지에서 설명되고 있다. 예를 들어 스즈키 히데오(鈴木英夫)는 고구려 정토 계획의 수립을 왜국 왕권의 위기론의 관점에서 파악하는 대표적인 학자라고 할 수 있다. 그의 견해는 「倭の五王時代の內外の危機と渡來系集團の進出－高句麗征討計劃の意義－」이란 논문에[10] 집약적으로 나타나 있다. 여기서 그는 먼저 중원고구려비와 부산 복천동 고분군의 발굴 성과를 통하여 고구려 세력권이 한반도 남부 지역으로 급속하게 남하하면서 확대된 점을 먼저 확인한 뒤, 이러한 고구려 세력의 급속한 남하(세력 팽창)가 왜국에게도 정치, 외교, 경제, 문화 등 실로 다방면에 많은 영향을 주었다고 하면서 그 결과로 다음과 같은 현상이 나타났다고 파악하였다.

첫째는 금관 가야을 비롯한 가야인의 왜국 이주가 이루어졌다는 것이다. 그 중에는 反고구려 성향을 가진 가야 세력의 정치적 망명도 이루어졌으며 이러한 도래인의 발생으로 인하여 새로운 문물이 왜국에 전래되었으며 또한 왜 왕권 옆에도 도래인 출신이 측근 세력으로 포진하게 되었다고 한다.

---

9) 예를 들어 연민수, 「광개토왕비문에 보이는 대외관계」, 『고대한일관계사』, 혜안, 1998, 100-101쪽, 기토 키요아키(鬼頭淸明), 「6世紀までの日本列島」, 『岩波講座 日本通史 第2卷』, 岩波書店, 1993, 41-45쪽.
10) 스즈키 히데오(鈴木英夫), 「倭の五王時代の內外の危機と渡來系集團の進出－高句麗征討計劃の意義－」, 『古代の倭國と朝鮮諸國』, 靑木書店, 1996.

둘째는 왜 왕권과 금관가야를 비롯한 여타 가야 지역 및 백제와의 통교도 고구려의 감시 경계 때문에 곤란이 생겼다는 것이다.

셋째는 왜 왕권 자체가 고구려의 남진에 대하여 위협을 느끼고 있었다는 것이다.

여기서 특히 중요한 것은 두 번째이다. 그의 설명에 따르면, 철 자원 등의 교역을 포함한 한반도 남부와 일본열도 사이의 교통의 축소는 왜 왕권에게는 지배체제의 불안정 요소로 작용하였으며 이점을 구체적으로 보여주는 것이 왜국 내부의 하급 지배층의 신라로의 폭발적 침입과[11] 일부 호족층의 백제로의 종속 – 부용화 현상[12]이었다고 한다. 그렇기 때문에 대송 외교 특히 고구려 정토 계획과 같은 대외 정책 그 자체가 실은 對고구려 위협에 대한 군사적 대응의 성격이 강한 것이었다고 이해하여야 한다는 것이다.

그리하여 그는 위와 같은 현실 인식에 토대를 둔 고구려 정토 계획의 의의는 다음과 같은 것이었다고 결론을 내리고 있다. 즉 "고구려 정토 계획은 당시 왜 왕권이 안고 있던 내외의 중심적 과제였다. 백제 관료화되어 가는 일부 호족층의 움직임에 제동을 걸고 또한 폭발적으로 신로로 침입하여 가는 하급 수장층들을 결집하여 고구려 우위의 형세로 전개되는 한반도 남부 정세를 전환시키려고 하는 노력의 일환이었으며 그런 의미에서 왜 왕권의 명운을 건 가장 중요한 정책이었다." 고 언급하였다. 그야말로 왜국 내부의 내적 위기와 한반도發 외적 위기의 유기적 상관관계 속에서 고구려 정토 계획을 위치지우고 평가하고자 하는 자세가 역력하다고 하겠다.

---

11) 여기서는 『三國史記』신라본기에 보이는 왜인의 신라 침입 기사의 사실을 말한다.
12) 여기서는 소위 왜계 백제 관료의 발생을 말한다.

   그런데 위와 같은 이해가 일본 학계의 일반 인식으로 자리 잡게 된 이면에는 기본적으로 당시 왜국 왕권의 지배 구조에 대한 다음과 같은 이해가 토대를 이루고 있다고 할 수 있다. 즉 당시의 왜 왕권은 소위 '전국적 首長 연합' 체제에 의거하여 성립된 정권으로서, 왜왕은 열도 각지의 지역 수장들이 자신들의 재지 사회의 재생산 구조 유지를 위해 필요로 하는 철 자원 및 위신재 등 각종 선진 문물을 한반도 남부 등지 로부터 들여와 이들에게 배분하면서 한편으로는 군사적 지도자로서 이들에 대하여 구심력과 통솔력을 유지해가는, 말하자면 일종의 '首長 聯合政權'으로서의 성격이 강하였다는 것이다. 이러한 정권 구조 하에 서의 왜왕들은 자체적인 內政 기반을 충분히 갖추고 있지 못하고 있었 기 때문에 오히려 外政의 결과 여부에 따라서는 王家의 교체도 일어날 수 있는 허약성을 내포하고 있었다는 것이다.[13]

   4-5세기 왜국 위기론은 이상과 같은 인식을 바탕으로 하여, 4세기 말 5세기 초의 광개토왕 비문에 보이는 왜국의 출병과 관련한 문제에서 시작하여 이후 5세기에 전개되는 왜의 五王들의 대송외교와 그 속에 보이는 한반도 중·남부 지역에 대한 군사권 칭호 문제, 그리고 왜왕들 의 고구려 정벌 의지 등의 문제를 주된 소재로 하여 당시의 왜국이 처한 상황을 이해하고자 하는 논리 체계라고 할 수 있다. 대개 고구려와 왜국 사이의 현실적인 군사적 대립 관계를 주축으로 하고 있으며 그 속에는 간간이 이러한 대립을 양국의 한반도 패권 다툼의 문제로서 접근하고 이해하는 경향을 보이는 것도 부인할 수 없는 사실이다.[14]

---

13) 니토 아츠시(仁藤敦史), 「ヤマト政権の成立」, 『日本史講座 第一卷 東アジアに おける国家の形成』, 東京大学出版会, 2004. 가와쿠치 가츠야스(川口勝康), 「大 王の出現」, 『日本の社会史 3 權威と支配』, 岩波書店, 1987.
14) 현재의 일본 학계의 고대 한일 관계사를 보는 기본 시점이 과거의 한반도 남부

그리고 이러한 이해 속에서 왜국의 군사적 패배 및 대외적 긴장감이 곧 왜국의 위기론으로 이어져 설명되는 것이다.

2) 對高句麗 征討論의 실체

앞 절에서도 언급한 것처럼 광개토왕의 고구려 군대와 교전을 치룬 왜군의 입장에서 보면 고구려에 대한 두려움과 적개심이 쌓여갔을 것이며 또한 고구려에 대하여 일정한 긴장감 내지 위기감이 유지되고 있었을 개연성은 충분하다고 생각된다. 실제로 다음의 사료는 그러한 위기감이 현실적으로 존재하고 있었음을 보여준다.

> (다)『삼국사기』열전 박제상전
> '(전략) 堤上…遂徑入倭國. 若叛來者. 倭王疑之. 百濟人前入倭. 讒言新羅與高句麗謀侵王國. 倭遂遣兵邏戍新羅境外. 會高句麗來侵. 幷擒殺倭邏人. 倭王乃以百濟人言爲實. (후략)'

위의 기사는 박제상의 소위 미사흔 구출담에 나오는 것인데 박제상이 마치 모반하여 왜국에 온 것이라고 하자 왜왕이 의심하였다고 한다. 그런데 그 의심은 신라와 고구려가 왜국을 칠 것이라는 경계심에서 나온 것이었다. 즉 과거 백제인이 와서 신라와 고구려가 왜왕의 나라를 치려고 하고 있다는 거짓말을 하였는데 실제로 신라와의 경계 구간에서 고구려군을 만나 왜의 순라병이 사로잡히거나 살해당하는 일이 일어남으로써 왜왕은 백제의 말을 사실로 믿게 되었다고 한다. 그래서

지배설을 계승한 소위 '對한반도 우위 맹주론'에 입각해 있음은 최근 졸고, 「소위 임나문제의 과거와 현재」, 「전남사학」제23집, 2004.에서 논증한 바 있다.

박제상이 신라에서 모반하여 왜국에 왔다고 하여도 왜왕은 그 말을
믿지 않았으며 이것은 그만큼 신라에 대한 경계감이 컸다는 것을 보여
준다.

왜를 침입하려고 한다는 말은 백제의 讒言이라는 표현에서 알 수
있듯이 실제는 거짓말이었던 것 같다. 그러나 왜왕은 어쨌든 그 말을
사실로 받아들이고 있었다. 거짓 정보에 의해서든 올바른 정보에 의해
서든 왜국은 자신들이 신라와의 경계에서 경험한 것을 바탕으로 신라
-고구려 양국 연합 세력의 일본열도 침공 가능성을 현실성 있는 것으
로 믿고 있었던 것이다. 따라서 위의 내용은 5세기 초 이른바 박제상
사건이 발생한 눌지왕(재위 417-457년) 초기[15]시절을 전후한 당시 왜국
이 가지고 있던 위기의식을 보여주는 것에 다름 아니다.

그런데 왜국이 이러한 위기감을 가지게 된 일차적 계기는 고구려-
신라 연합 세력과의 교전에서 비롯된 것이었다. 따라서 만약 광개토왕
비문에 보이는 그런 교전이 없었더라면 아마도 5세기의 왜왕들이 위와
같은 위기의식에 휩싸이게 될 필연성은 없었을 지도 모른다. 그렇다면
문제의 핵심은 일단 왜 왜왕은 광개토왕 비문에 보이는 전투에 참가하
였는가에 모아진다. 5세기 왜국이 가지게 된 위기의식의 발생 기원이
바로 이 문제에 있는 것이다.

倭는 왜 출병하였을까? 출병의 직접적 계기는 비문(ⓒ)에서도 말하
고 있듯이 백제가 왜와 화통한 점 다시 말해 백제가 왜를 끌어들였다는
점에 있다.[16] 이 왜의 출병을 설득하기 위하여 파견된 자가 태자 전지였

---

15) 『三國史記』 신라본기에는 訥祇麻立干 2년의 일로 기록되어 있다.
16) 백제와 왜국의 화친 관계는 『日本書紀』 신공황후 46년 · 47년조에 보이는 것처
럼 근초고왕 시대에 이미 성립되어 있었으며(예를 들어 이기동, 「百濟의 勃興
과 對倭國 관계의 성립」, 『백제사연구』, 일조각, 1996) 이 무렵 양국의 우호관

다.[17] 그리고 비문의 내용에서 보아 왜를 끌어들인 백제의 의도가 결국
은 對고구려전을 보다 유리하게 전개하기 위함에 있었다는 사실은 비
교적 명료하게 추출해낼 수 있을 것이다.[18] 그런데 그에 비하여 왜가
백제의 권유에 응한 이유에 대해서는 분명하지 않은 점이 많다. 그것은
후술하듯이 왜국이 고구려와 싸워야 할 적극적인 이유를 발견하기가
쉽지 않은 점과 깊은 관련이 있다.

왜의 출병 이유와 관련하여 한 가지 확실한 것은 그것을 왜의 한반도
남부 지배에서 구할 수는 없다는 것이다. 왜의 한반도 남부 지배설
자체가 역사적 사실에 위배되는 설명이기 때문이다.[19] 사실 오늘날 왜
의 한반도 남부 지배설에 입각하여 설명하는 논자는 거의 없어졌다고
해도 과언은 아니다.[20]

계 성립을 기념하여 백제가 왜국에 준 것이 바로 七支刀였다는 것이 현재의
통설(예를 들면 히라노 구니오(平野邦雄), 「ヤマト政權と朝鮮」, 『岩波講座 日
本歷史 第1卷』, 岩波書店, 1975. 니토 아츠시(仁藤敦史), 주 13)의 전게 논문)이
다. 백제가 왜를 끌어들일 수 있었던 것은 이미 왜국과 화친 관계에 있었기
때문에 가능하였던 것으로 생각된다.

17) 『三國史記』 백제본기 아신왕 6년 5월조.
18) 광개토왕 비문에 나타난 왜군의 최초의 군사 행동은 다짜고짜 신라를 공격한
것이었다. 그리고 사료 ⓒ의 진행 과정으로 보아 이 신라 공격은 처음부터
고구려를 의식하고서 전개된 군사행동이었다고 보인다. 즉 왜군의 갑작스런
출현은 백제가 왜와 화통한 결과 이루어진 것이며 이 문제 때문에 광개토왕이
직접 평양으로 내려오게 되고 또한 왜의 침입을 받은 신라가 급거 고구려에게
구원 요청을 하였다고 하는 일련의 전개 과정은 왜군의 도입이 고구려-백제
관계의 연장선상에서 이루어진 것임을 시사하고 있는 것이다. 이런 맥락에서
보면 왜의 대신라 공격을 유발시킨 백제의 의도는 왜군을 對고구려전 수행에
동원시킨다는 기본 구상 아래 일차적으로는 백제에게 집중되고 있는 고구려의
군사적 압박을 한반도 남부에까지 분산시키자는 점에 있었던 것이 아닐까 생각
된다.
19) 예를 들면 김현구, 『임나일본부연구』, 일조각, 1993.
20) 물론 이것이 왜의 한반도 남부 지배설의 완전 포기를 의미하는 것은 아니다.
이점에 대해서는 졸고, 주 14)의 전게 논문에서 논증한 바 있다.

한편 고구려의 남하로 인해 한반도 남부 특히 가야 지역으로부터 철 자원 등의 수입이 곤란하게 되었다는 상황을 상정하여 그러한 연유로 왜국의 출병이 이루어졌다고 이해하는 견해도 잘못이다. 이 설은 이미 졸고에서도 지적하였듯이[21] 실증과 논리 양면에서 문제점을 안고 있다. 즉 먼저 실증의 측면에서 가야로부터의 철 수입이 어렵게 되었다는 사실을 입증하기가 쉽지 않다는 것이다. 그리고 또한 논리의 문맥상 先後 관계가 전도되어 있다고 생각하기에 타당하지 않다고 생각한다. 왜냐하면 위의 논리는 ①고구려의 남하⇒②철 자원 등 문물 유입이 곤란해지는 상황의 발생⇒③출병의 단행, 등으로 이루어져 있는데 설사 백보양보하여 가야 지역으로부터 자원 유입을 곤란하게 할 정도로 고구려 세력의 남하가 한반도 남부에까지 미치고 있었다고 가정하더라도 그것은 왜군의 출병으로 인해 결과적으로 가야 지역까지 고구려와의 전쟁에 휘말리게 된 탓에 그렇게 된 것이지 그 역은 아니다. 고구려 세력으로 하여금 낙동강 유역에 출현하게 만든 직접적인 동기 제공은 바로 왜의 출병이었던 것이다. 만약 왜가 신라를 공격하는 사건이 발생하지 않았다면 신라가 고구려에게 구원을 요청하는 일도 발생하지 않았을 터이고 그렇게 되면 고구려 군대가 한반도 최남단에까지 일부러 내려와야 할 이유도 없었을 것으로 추정된다.[22] 고구려군의 한반도 남부로의 진격은 당초 예정에는 없었던 군사 행동으로 보이며 그것은

---

21) 이하의 설명은 졸고, 「5세기 백제와 倭國의 관계」, 「百濟研究」 제39집, 2004, 42-47쪽의 부연이다.
22) 사료 (다)에 보이는 것처럼 고구려 군대가 왜국 국경선 근처에까지 출현하게 된 것도 바로 왜의 출병이 자초한 것이었다고 할 수 있다. 왜의 출병이 없었다면, 왜와 특별한 이해관계를 갖고 있지 않던 고구려가 남해안까지 내려와 있어야 할 이유는 없었다고 생각되기 때문이다.

어디까지나 신라의 구원 요청이라는 돌발적 상황 전개에 대한 적극적 대응이었던 것이다. 이상과 같은 이유로 필자는 고구려의 남하를 전제로 왜군의 출병 논리를 강구하는 것은 근본적으로 잘못된 것이라고 생각하는 것이다.

필자는 졸고에서도 밝혔듯이 왜군의 출병은 왜의 對백제 군사 지원과 백제의 對왜국 선진 문물 제공 사이의 교환 관계를 매개로 이루어진 것이었으며 이러한 관계는 6세기 백제와 왜국 사이에 집중적으로 보이는 소위 '傭兵關係'[23]로 표현되는 양국 관계의 선구적 형태였다고 생각하고 있다.[24] 이렇게 생각하는 근저에는 당시 왜와 고구려는 지리적인 관계로 보나 정치적인 관계로 보나 서로 전쟁을 치러야 할 만큼 직접적인 대립관계에 있지 않았다는 점, 즉 왜는 고구려에 대한 대립적 이해관계 때문에 출병한 것이 아니라는 상황 판단이 깔려 있다. 광개토왕 비문에서 확인되는 反고구려 연합 라인인 백제-가야 제-왜 삼자 중에서 고구려와 적대적 투쟁관계에 있는 나라는 백제가 유일하며 또한 왜를 끌어들인 주체가 백제였다고 비문에서도 밝히고 있으므로 왜군은 백제를 위해 동원된 군대였다는 결론을 내렸던 것이다.

하지만 처음 참전의 계기는 그러하였다고 하더라도 일단 고구려와의 전투를 경험한 이상 그 이후에 고구려에 대한 적대감 내지 대립의식이 생기는 것은 당연한 것이다. 그리고 사료 (다)에서처럼 고구려 군대가 한반도와 왜의 국경선 근처에까지 출몰하는 일이 발생한다면 왜국은 응당 그로 인한 위기감에 사로잡히게 되는 것도 충분히 예상할 수 있는 일이다.

---

23) 김현구, 『大和政権の対外関係研究』, 吉川弘文館, 1985. 14-65쪽.
24) 졸고, 주 21)의 전게 논문.

다만 문제는 그 위기감이 어느 정도의 강도를 지닌 위기감이었는가 하는 점일 것이다. 앞에서 소개한 스즈키 히데오(鈴木英夫)의 경우는 그것이 왜국 왕권에게 대단히 심각한 위기 상황을 초래하는 것이었다고 평가한 사례라고 할 수 있다. 스즈키 설(鈴木說)의 요체는 고구려의 남하로 인해 한반도와의 교류에 어려움이 생겼으며 그 여파로 일본 열도 각 지역 세력에 대한 왜왕의 통제를 불안하게 하는 상황이 조성되었다는 점, 그리고 이러한 상황 전개 속에서 왜왕은 고구려 정벌을 통하여 절박한 현실적 과제를 해결하려고 하였다는 점에 있다. 스즈키 설에서의 고구려 정토란 단지 주장에 그치는 것이 아니라 실제적인 문제로 설명되고 있다.

그러나 스즈키 설에서는 몇 가지 생각해 볼 문제가 있다. 첫째 고구려의 남하로 인해 왜국이 위기감을 가지게 되었다는 것은 앞에서도 누차 언급한 바이나, 그로 인해 왜국과 한반도의 교류에 얼마만한 지장이 초래되었는가는 실제 계상하기 곤란하며 면밀한 검토를 요하는 문제이다. 오히려『三國史記』新羅本紀에 왜인의 신라 침입이 빈번하게 이루어지는 것만 보아도[25] 실제 한반도와의 통교 자체에 큰 지장이 초래하지 않았을 가능성도 없지 않다고 생각한다.[26] 또한 5세기 중－후반의

---

25)『三國史記』新羅本紀에 나오는 倭의 신라 침입 기사는 모두 34회인데 그 중 5세기에만 16회가 있었다. 3, 4세기가 각각 8회와 3회, 그리고 6,7세기가 각각 1회씩인 점을 생각하면 5세기는 그야말로 왜인 침입의 피크기였다는 것을 알 수 있다.

26) 물론 사료 (다)와 같은 상황의 발생도 있었지만 과연 이런 상황이 지속적으로 유지되었는지 여부에 대해서는 알 수 없다. 그리고 왜왕 무는 그의 상표문에서 고구려의 통교 방해(壅塞天路)를 언급하며 고구려의 무도함을 규탄하고 있으나 이것은 다분히 고구려 정토의 정당성을 주장하기 위한 언설이며 실제 어느 정도 방해를 받고 있었는지는 분명하지 않다. 물론 백제의 경우도 고구려군의 방해 때문에 외교 사신단이 중국으로 가지 못하고 돌아온 사례(예를 들면『三國史記』백제본기 동성왕 6년 7월조)가 있어 고구려의 방해 자체를 부정할 수는

일본열도의 고분문화는 한반도 등으로부터 많은 문물이 유입되면서 상당한 변혁이 일어나 "일종의 문명개화적 상황이 나타났다"고[27] 비유될 정도이다. 고분문화에 나타난 이러한 특징에서 본다면 당시 한반도와의 교통에 심각한 장애 요인이 있었다는 설명은 설득력이 떨어진다고 생각한다.

둘째는 왜국 하급 지배층의 폭발적인 신라 침입 및 일부 호족층의 백제로의 종속―부용화 현상에 대한 문제이다. 왕권의 입장에서 보면 이러한 양상들은 모두 군주 대권=외교권의 독점에 의해 통제되거나 종식되어야 할 요소임에 틀림없다. 그러나 현실적으로 5세기의 왕권이 이미 그런 요소들을 통제하려고 하는 단계에 도달해 있었는지에 대해서는 별도의 검토가 필요할 것이다. 『三國史記』에 보이는 왜인들의 신라 침입은 일차적으로 왜국 왕권과는 무관하게 이루어진 것으로서 일본열도 諸지역 세력의 독자적인 행동이었다는 견해가 우세하다.[28] 그리고 소위 왜계백제관료의 발생도 문헌사료에서는 주로 6세기 이후 집중적으로 보이는 양상인데[29] 5세기의 상황에 대해서는 알려진 것이 거의 없는 실정이며 그 존재 여부 자체가 쟁점인 상태이다.[30] 게다가

없을 것이나 과연 일본열도와 한반도 남부를 이어주는 남해안에서 어느 정도의 방해가 가능하였을까 좀 더 신중하게 생각해 볼 필요가 있다고 본다.
27) 예를 들면 와다 세이고(和田晴吾), 「古墳文化論」, 『日本史講座 第一卷 東アジアにおける国家の形成』, 東京大学出版会, 2004.
28) 예를 들면 하다다 다케시(旗田巍), 「『三國史記』新羅本紀にあらわれた倭」, 「日本の中の朝鮮文化」19, 1973.
29) 6세기 왜계백제관료에 대해서는 김현구, 주 23)의 전게서. 및 졸고, 「소위 왜계백제관료와 야마토 왕권」, 「한국고대사연구」20, 2000.을 참조 바란다.
30) 근년 전라남도 영산강 유역의 전방후원형 고분의 피장자 문제를 둘러싸고 왜계백제관료설이 제기되고 있으나 분명한 것은 아무것도 없는 실정이다. 전남 지역의 전방후원형 고분 문제에 관한 연구사의 정리는 최성락, 「전남지역 고대문화의 성격」, 『전남의 고대문화』, 학연문화사, 2003에 자세하다.

설사 5세기 단계에 왜계백제관료가 있었다고 가정한다 하더라도, 왜계
백제관료의 소멸 자체가 6세기 말 이후인 점을 생각하면 당시 왜국
왕권이 갖는 내부 통제의 미숙 내지 한계는 5세기 단계에서는 쉽게
해소되기 어려운 과제였다고 생각된다. 5세기의 왜 왕권은 일본열도
諸세력의 독자적 행동을 제어하기에는 아직 상당한 한계를 가지고 있
었다고 생각되는 것이다.

그리고 마지막 문제로서 과연 고구려 정토의 실행이 당시 왜 왕권이
추진하였던 실제적이며 현실적인 최중요 정책이었는가 하는 점이다.
고구려에 대한 적개심의 누적을 고려한다면 왜왕들이 고구려 정토에
대한 당위성을 천명하는 것은 충분히 납득이 가는 사안이나 그것과
실제 정벌을 단행하기 위해 행동으로 옮기려고 하였다는 것은 별개의
문제이다. 고구려 정토에 관한 왜왕의 입장 천명은 사료적으로는 사실
對宋 외교 무대에서만 확인되는 주장이다. 즉 외교 무대에서 나온 언설
인 만큼 그것은 단순히 외교적 레토릭이었을 수도 있고 또는 관념적인
당위성을 언급한 것에 지나지 않은 것일 수도 있는 것이다.

현재 일본 학계에서는 앞에서 소개한 스즈키 히데오(鈴木英夫)의 견
해처럼 이 고구려 정토 계획을 당시 왜왕들에게는 매우 현실적인 정치
적 과제였다는 관점에서 보는 견해가 우세하다. 그러나 필자는 실제적
정토 준비론에는 동의하지 않는다. 필자는 왜왕의 고구려 정벌론은 요
컨대 왜국의 국내 통치용으로서 기능하는 외교적 언설로서의 성격이
강하였다고 생각하며 실제 정벌을 단행하려는 의지는 높지 않았다고
생각하고 있다. 이 점에 대한 필자의 생각은 이미 일련의 별고에서
일관되게 밝힌 바 있으므로[31] 여기서 다시 상론하지는 않겠다. 다만
그렇게 생각하는 이유를 다시 간단히 언급하자면 다음과 같다.

즉 왜국의 독자적인 고구려 정벌 가능성은 그 지리적인 관계에서 보더라도 현실적으로 거의 불가능한 것이며 만약 정벌이 이루어진다면 그것은 반드시 한반도의 反고구려 세력과 제휴를 통해 이루어질 수밖에 없는 사안이었다. 그러나 한반도의 상황은 왜국의 군사적 참여가 배제되는 방향으로 전개되고 있었다. 소위 나-제 동맹의 결성은 기존의 대항 구도(즉 고구려-신라 연합 라인 vs 백제-가야 諸國-왜 연합 라인의 대결 구도)의 붕괴 및 새로운 反고구려 세력의 재편을 의미하는 것이었다. 이후 고구려에 대한 군사적 대항 문제는 오로지 이 나-제 군사 공조 관계를 기축으로 이루어지기 시작하였으며 왜국이 對고구려 전선에 초대되는 일은 5세기 동안에는 두 번 다시 일어나지 않았다.[32] 한반도 제국에서는 왜왕을 反고구려 노선의 맹주임을 인정해주고 있었다는 징후는 없고 오히려 왜왕을 배제한 채 對고구려 군사 연합 전선이 형성되어 기능하고 있었던 것이다. 이러한 상황 속에서 나온 왜왕의 反고구려 대항 의식의 천명은 결국 한반도의 현실 상황과 실제 직결될 수 있는 왜의 對한반도 군사 활동의 전개를 전제로 하는 것이었다고 보기는 어렵다고 생각되며 그렇기 때문에 필자는 왜국의 내부 통합을 위한 소위 국내용으로서의 성격이 강하였다고 생각하는 것이다.

---

31) 졸고, 주 5) 및 주 21)의 전게 논문.
32) 종래 왜국과 백제의 군사 공조를 보여주는 증거로서 왜왕 무의 상표문과 백제 개로왕의 對북위 국서의 내용이 거론되기도 하였고 또 개로왕의 곤지 파견도 군사 청병의 간점에서 설명되는 경향이 지배적이었으나 모두 최근에 필자(졸고, 「宋書 倭國傳에 보이는 倭王(武) 上表文에 대한 검토」, 「신라문화」24, 2004)가 비판한 바 있다.

3. 6세기의 소위 對任那 위기론

1) 對任那 위기론의 구조

6세기 이후 한반도와 일본열도에는 많은 상황의 변화가 일어났다. 한반도의 경우 가장 두드러진 현상은 역시 신라의 급속한 대두라고 할 수 있다. 지증왕－법흥왕－진흥왕으로 이어지는 6세기의 신라는 신흥 강국으로서 그 면모를 새롭게 하고 있었다. 그리고 백제의 경우도 무령왕이 대중국 외교 무대에서 스스로 강국 선언을 천명할 정도로[33] 對고구려 관계에서 자신감을 회복하고 있었다.

한편 왜국에서는 478년 왜왕 무의 대송 외교를 마지막으로 이후 왜국과 중국 왕조와의 외교 관계는 581년 수나라의 건국 이후 외교 관계가 다시 재개되기까지는 더 이상 나타나지 않았다.[34] 그리고 『宋書』에도 보이는 5세기의 大王家는 6세기에 들어오면서 몰락하게 되고 그를 대신하여 계체천황을 중심으로 한 새로운 대왕가가 등장하였다. 소위 계체 신왕조의 성립이 그것이다.

이러한 상황 변화와 함께 먼저 한 가지 주목되는 것은, 왜국 내에서 고구려를 적대시하는 분위기가 완전히 사라졌다고는 생각되지 않으나 적어도 과거처럼 왜국이 적극적으로 고구려 정토 운운하는 행위는 거의 찾아보기 어렵다는 것이다. 이것은 사료 부족의 문제도 있어 단정적으로 생각할 문제는 아니지만, 왜국에 대한 고구려의 위협 및 왜국

---

33) 『三國史記』 백제본기 무령왕 21년 11월조.
34) 5세기 동안 지속되었던 왜국의 對중국 관계가 갑자기 단절된 연유에 대해서는 졸고, 주 5)의 전게 논문을 참조 바란다.

지배층이 느끼고 있는 對고구려 위기감이 5세기의 시대와는 달리 현저하게 저하되었음은 위의 신라와 백제의 동향에서 쉽게 유추할 수 있을 것이다. 따라서 이러한 한반도 정세의 변화 속에서 왜국의 대고구려 위기감이 점점 완화되어 갔을 것임은 그 나름대로 타당성을 갖고 있는 논리라고 생각된다. 6세기 중반에는 고구려와 처음으로 공식 수교하는 관계로까지 나아가게 되는데35) 이 무렵이 되면 고구려에 대한 위기감은 완전히 소멸되었다고 보인다.

그런데 고구려 정토 주장이 사라진 대신 『日本書紀』를 중심으로 이번에는 임나에 대한 위기론이 제기되고 있다. 특히 『日本書紀』繼體－欽明天皇紀36)를 중심으로 소위 임나 문제에 대한 야마토 정권의 관심이 집중적으로 기술되어 있어 이 무렵 왜국 지배층의 주된 관심사가 이 문제에 있었던 것으로 되어 있다. 여기서 말하는 임나 문제란 금관가야 등 일부 가야 제국의 멸망으로 인한 그 회복 문제를 포함한 가야의 신라 병합을 말한다.

계체－흠명기에 나오는 왜국 야마토 정권의 대외관계 기사를 여기서 일일이 열거할 필요는 없을 것이나 흠명 천황의 경우는 죽으면서도 후계자인 민달천황에게 임나 회복을 당부하고 있어37) 임나 회복은 당시 왜국의 절실한 정치적 과제였던 것으로 묘사되어 있다.38) 그리고

---

35) 주지하듯이 『日本書紀』흠명천황 31년조에 기록된 일련의 고구려 사신 방문 기사가 왜국과 고구려 사이에 있었던 최초의 공식적 관계 성립을 보여주는 것이다.
36) 이하 『日本書紀』○○천황의 경우 편의상 ○○紀라고 표기한다.
37) 흠명기 32년 하4月 壬辰조에 '天皇寢疾不豫. 皇太子向外不在. 驛馬召到, 引入臥內, 執其手詔曰, 朕疾甚, 以後事屬汝, 汝須打新羅, 封建任那, 更造夫婦, 惟如舊日, 死無恨之.'라고 나온다.
38) 임나 회복을 강조하는 기사는 예를 들면 흠명기 23년 6월조, 민달기 14년 3월조, 숭준기 4년 8월조 등에서도 보인다.

현재의 일본 학계의 인식도 이러한 日本書紀의 기사에 상당 부분 의거하고 있는 것이 사실이다. 예를 들어 사사야마 하루오(笹山晴生)는 『日本古代史講義』(東京大出版會, 1977)에서 다음과 같이 설명하고 있다.

"5세기 말 6세기 즉 왜와 무로 보이는 웅략천황에서 계체 흠명천황에 걸친 시대는 야마토 정권에게는 일대 전환기였다. 한반도에 대한 지배는 후퇴를 거듭하고 국내에서도 정권 내부의 相剋이 격화되고 지방 호족의 반란이 연이어 일어나 야마토 정권의 지배체제의 약점이 폭로되었지만, 반면 이러한 위기들을 극복하고 지배체제를 강화해 가는 움직임이 보이는 것도 이 시대이다."[39]

위의 기술에서 알 수 있는 것처럼 사사야마 하루오는 야마토 정권의 임나 지배를 긍정하고 있으며 이를 전제로 한반도에서의 지배력의 후퇴가 곧 왜국 왕권에게 위기일 수 있었다는 관점을 견지하고 있다. 그런데 오늘날 야마토 정권의 임나 지배를 노골적으로 언급하는 연구자는 거의 없다고 해도 과언은 아닐 것이다. 그렇지만 굳이 지배라는 표현은 사용하지 않더라도 어찌됐던 한반도 문제가 왜국 지배층에게 하나의 위기적 상황을 초래할 수도 있는 매우 중차대한 문제였다고 인식하는 점에서는 사사야마 하루오의 인식은 다른 연구자와 큰 차이는 없다. 그리고 그 위기의 본질이란 곧 임나와의 관계 상실로 인하여 그 동안 임나 지역으로부터 공급받아 오던 여러 가지 물적 자원의 공급이 차질이 발생하게 되고 이것이 곧 왜국의 지배 체계에 여러 가지 영향을 미치게 된다는 것이다. 이러한 점은 예를 들어 최근 사토 나가토(佐藤長門)가 "가야의 멸망 그것은 왜국 왕권에게는 귀중한 위신재의

---

39) 사사야마 하루오(笹山晴生), 『日本古代史講義』, 東京大學出版會, 1977, 75-93쪽.

공급원을 상실하는 것을 의미하는 것이었고 아울러 이 지역으로부터의
공급에 의지하고 있던 지역 수장의 정치적 지위를 위태롭게 하기에
충분한 사건이었다."고[40) 기술하고 있는 점에서도 잘 나타나고 있으며
또한 이런 인식은 고고학 분야에서도 뒷받침되고 있다. 예를 들어 츠데
히로시(都出比呂志)는 5세기 양질의 철 소재 대부분은 한반도産에 의존
하고 있었으며 또 한반도 철의 안정적 확보는 왜국 지배층에게 극히
중요한 과제였다는 점을 강조하고 있다.[41) 이러한 논리는 앞서 광개토
왕 비문에 새겨진 왜군의 출병 이유와도 일맥상통하는 것으로서 일본
학계의 일반적인 시각이라고도 할 수 있겠다.

2) 6세기 對한반도 관계의 특징

그런데 위와 같은 이해는 당시 야마토 정권의 대외 관계의 기축을
소위 임나 문제를 중심으로 전개된 것으로 간주하고 있는 점에 특징이
있다. 이런 설명은 일본 학계의 뿌리 깊은 통념이라고도 할 수 있다.[42)
하지만 『日本書紀』에 나타난 당시의 대외관계는 백제와의 관계가 주
류를 이루는 것이었으며 또한 그 내용도 반드시 임나 문제를 위요하고
전개된 것은 아니었다는 점에 유의할 필요가 있다. 즉 『日本書紀』에는
주로 백제와의 교섭 사실이 집중적으로 기재되어 있으며[43) 야마토 정

---

40) 사토 나가토(佐藤長門),「倭王權の轉成」,『日本の時代史2 倭国と東アジア』, 吉
    川弘文館, 2002, 234쪽.
41) 츠데 히로시(都出比呂志),「巨大古墳の時代」,『新版古代の日本1 古代史總論』,
    角川書店, 1993, 209-214쪽.
42) 예를 들어 스에마스 야스카즈(末松保和), 주 8)의 전게서는 그런 관점에서 양국
    관계사를 정리한 대표적 연구라고 할 수 있다.
43) 계체-흠명기에 보이는 야마토 정권과 각국과의 외교 관계 기사의 빈도수는

권과 임나 제국의 직접적 교섭 기사는 극소수에 불과하다는 점에서 본다면 이 시기 왜국의 대외정책의 핵심은 역시 百濟와의 관계에 대한 것이었다고 해야 옳을 것이다. 참고로 『日本書紀』의 관련 기사를 사건별로 나누어 간단하게 정리한 것이 아래의 표이다.[44]

<시기>		<주된 이슈 >
계체	6년	백제의 對고구려전을 지원
	7년	백제의 對임나 분쟁에서 군사 지원
	23년	남가라 등의 재건 문제로 近江毛野臣을 안라에 파견[45]
선화	2년	신라의 임나에 대한 세력 확대 견제(大伴狹手彦의 출병)
흠명	2-5년	백제의 주도로 소위 임나 재건 3책이 논의됨
	8년	對백제 군사 지원 문제(對고구려전)
	13-15년	對백제 군사 지원(對신라전)
	31년	고구려와의 국교 개시(고구려 사신의 왜국 방문)
민달	4년	신라의 왜국 접근
	12년	왜계백제관료 達率 日羅의 송환
숭준	4년	筑紫 출병

다음과 같다. 먼저 백제와의 관계에서는 야마토 정권에서 백제에 파견된 기사가 15회이고 반대로 백제에서 야마토 정권에게로 오는 기사는 24회 있다. 신라와의 관계에서는 야마토 정권에서 신라에 파견된 기사가 2회이고 반대로 신라에서 야마토 정권에게로 오는 기사가 7회 보인다. 임나와의 관계에 대해서는 야마토 정권에서 임나에 파견된 기사가 2회이고 반대로 임나에서 야마토 정권에게로 오는 기사는 5회이다. 마지막으로 고구려의 경우는 야마토 정권에서 고구려로 파견된 기사는 없는 반면 고구려에서 야마토 정권에게로 오는 기사가 2회이다.

44) 표를 작성하는 과정에서 해당 기사에 대한 사료 비판 및 교섭의 실제 내용에 대해서는 김현구, 주 23)의 전게서의 연구 성과에 크게 의존하였다.

45) 이 기사의 주인공으로 나오는 近江毛野臣에 대해서는 주지하는 것처럼 왜국 파견설에서부터 백제 파견설에 이르기까지 그 실체를 둘러싸고 학설이 분분한 상태이다. 이 문제에 대해서는 김현구 · 박현숙 · 우재병 · 이재석 공저, 『일본서기 한국관계기사 연구(II)』, 일지사, 2003, 69-101쪽을 참조하기 바란다.

또한 백제와 왜국 사이에 오고 간 人과 物을 살펴보면 구체적으로
양국이 각각 상대방에게서 무엇을 얻고자 하였는가를 알 수 있을 것이
다. 그런데 백제가 왜국 야마토 정권에게 제공한 것은 주로 오경박사의
파견 내지 불교의 전래 등과 같은 선진 문물이었다.[46] 이에 대해 야마토
정권이 백제에 제공해 주었다고 기술되어 있는 것은 주로 군사 지원과
관련된 내용이었다.[47] 이러한 것은 당시 고구려, 신라 등과 대항하고

---

46) 계체기에서 숭준기 사이에 보이는 백제의 제공물을 간단히 정리하면 아래와
   같다.

   계체   7년 6월   五經博士 段楊爾
         10년 9월   五經博士 高安茂(段楊爾의 교대)
   흠명   4년 9월   扶南의 財物·奴2口
          8년 4월   東城子言(汶休麻那의 교대)
         11년 4월   고구려 奴 6口/ 고구려 포로 10口
         13년 10월   釋迦佛金銅像 1軀·幡蓋·經論 若干卷
         15년 2월   五經博士·僧 曇慧 등 9인·易博士 등 諸博士 및 기술인
         12월   好錦 2필·斧 300口 등
   민달   6년 11월   經論 약간 권과 律師·禪師·比丘尼·呪禁師·造佛工·
                    造寺工 6인
         12년   達率 日羅의 송환
         13년 9월   미륵석상 1구·불상 1구
   숭준   원년   佛舍利·승려 聆照律師 외 5인·寺工 2인·鑪盤博士·瓦
                    博士 4인·畫工

47) 야마토 정권이 제공한 人과 物의 내용이 비교적 구체적으로 명기되어 있는
   계체-흠명기에 보이는 내용을 정리하면 아래와 같다.

   계체   6년 4월   馬 40필
          12월   소위 '임나 4현' 지역 할양
          7년 11월   己汶·滯沙 지역 할양
          9년 2월   舟師 500명
         23년 3월   多沙津 지역 할양
   선화   2년 10월   백제·임나 구원군대
   흠명   7년 정월   良馬 70필과 船10척
          9년 10월   축성인부 370인
         11년 2월   활 30구
         12년 3월   보리 종자 1000斛
         14년 6월   良馬 2필·船 2척·활 50張·箭 50具

있던 백제와, 6세기 이후 각 지역 세력을 복속시키면서 새로운 지배체
제를 정비해 가고 있었던 왜국의 이해관계가 맞아떨어진 결과 나온
것임은 재론의 여지가 없다. 즉 백제는 야마토 정권에게 선진 문물을
제공해주는 대가로 군사 지원을 이끌어내었으며 야마토 정권은 그러한
백제의 요구에 응하면서 반대급부로 자신들이 필요로 하던 선진 지식
과 기술을 습득해 나갔다고 할 수 있겠다. 앞에서도 잠깐 언급한 바와
같이 소위 '傭兵 關係'論은 바로 이러한 양국 관계를 구조적으로 파악
하고자 하는 의도에서 나온 것으로[48] 필자도 물론 찬성이다.[49]

한편 백제와 왜국의 관계가 이러하였다고 하여 가야 제국이 야마토
정권에게 별로 의미가 없었다는 것은 아니다. 혹자는 위와 같은 백제와
왜국의 관계는 백제의 사료가 많이 반영된 계체-흠명기의 사료를 이
용하였기 때문에 어쩔 수 없이 백제와의 관계가 가장 중요한 관계로
상정될 수밖에 없었던 것 아닌가 하는 생각을 할 수도 있을 것이다.
다시 말해 사료적으로는『日本書紀』에 가야와 왜국의 관계를 직접적
으로 보여주는 기사가 많이 나오지는 않지만, 야요이 시대 이래로 지리
적으로나 문물 교류의 면에서나 일본열도와 가장 밀접한 관계에 있었
던 가야 지역이 6세기에 들어와서도 실제로는 왜국에게 있어서 가장
중요한 이해관계에 있는 지역이었을 것임에 틀림없다고 생각할 수도

　　　15년 5월 　수군 1000명·馬 100필·船 40척
　　　17년 정월 　兵仗·良馬 등
48) 전게 주 23) 참조.
49) 이러한 양국 관계를 일종의 예속 내지 종속 외교의 형식으로 파악하는 것은
　　타당하지 않다. 예를 들면 스즈키 야스타미(鈴木靖民)는 諸박사의 교대 파견도
　　일종의 上番制度로서 종속 외교의 형식을 취한 것이라고 하였지만(스즈키 야
　　스타미(鈴木靖民),「東アジア諸民族の国家形成と大和王権」,『講座日本歴史1
　　原始古代1』, 東京大學出版會, 1984, 217쪽), 당시의 양국 관계는 김현구(주
　　23)의 전게서)가 명쾌하게 논증한 것처럼 기본적으로 대등관계였다.

있다는 것이다. 필자도 이 생각에는 나름의 타당성이 있다고 생각한다.

그러나 여기서 주목하고자 하는 것은 설령 가야 지역에 대한 관심이 높고 이해관계를 가지고 있었다 하더라도 그것이 어떤 형태, 방식으로 표출되는가 하는 점이다. 계체─흠명기의 여타 사료에 보이듯이 이 지역과 관련된 사안이라도 그것이 야마토 정권과 가야 제국 사이의 직접적 교섭에 의하여 논의되고 풀려가는 것이 아니라 야마토 정권과 백제 사이의 직접적 교섭 과정에서 다루어지고 있었다. 그리고 가야 제국이 직접적으로 교섭하고 있는 상대는 백제였다. 예를 들어 흠명기 2년-5년조에 보이는 임나 부흥 3책과 관련된 소위 임나 부흥 회의 관련 기사를 보아도 회의 자체는 백제와 가야 제국 사이에서 이루어지는 것이었으며 야마토 정권은 일종의 부수적인 존재였다.[50] 필자는 이러한 삼자 관계 속에 일말의 사실성이 있으며 단순한 사료의 빈도수 문제만은 아니라고 생각한다. 왜냐 하면 이러한 삼자 관계의 원형은 이미 광개토왕 비문에 보이는 관계에서도 나타나는 것으로 6세기까지 일관된 형태였다는 점을 중시하기 때문이다. 즉 對고구려전을 위하여 왜군이 투입된 것은 전술한 것처럼 백제와 왜국 관계의 소산이었지 가야와 왜국 관계의 소산은 아니었다. 그리고 가야와 백제 사이의 上下的 유대 관계도 근초고왕─근구수왕 시대에서 비롯된 것으로 그러한 점을 뒷받침해 주는 정황은 여러 가지 있다.[51] 이런 맥락에서 보면 삼자 관계의 핵심

---

50) 실제 논의되는 과정을 보면 주로 백제와 가야 사이에서 이 문제가 논의되고, 최종적으로는 백제 성왕의 주도로 소위 3책이 정리되는 것으로 보아 적어도 이러한 논의를 야마토 정권이 주도해나갔다고는 보기 어렵다. 이 점에 대해서는 김현구 외, 주 45)의 전게서, 209-219쪽를 참조하기 바란다.

51) 예를 들면 백제인 목라근자·목만치 父子가 임나 지역에서 영향력을 행사하였다는 유명한 사실(응신기 25년조의 분주)과 5세기 말 백제군이 실제로 임나 지역에 주둔하고 있었다는 사실(현종기 3년 시세조)만 보아도 6세기 이전 가야 지역

고리는 백제였다고 생각되는데 이러한 관계의 기본 틀은 6세기에도 그대로 이어지고 있음을 흠명기의 일련의 사료를 통해 확인할 수 있는 것이다.

이상과 같이 6세기 야마토 정권의 대외관계는 일차적으로 백제와의 관계를 중심으로 전개된 것이었음에 문제가 없으며 따라서 가야와 왜국의 정치적 관계를 과도하게 평가해서는 곤란할 것이다. 앞의 표에서도 알 수 있듯이 이 시기 왜국과 백제 사이의 주된 이슈는 반드시 가야 지역의 문제로 국한된 것이 아니었다. 백제의 대고구려 전투 지원을 위해 군사 물자를 제공한다든가 혹은 한강 유역 장악을 위해 왜군이 동원되는 일도 있었던 것이다. 이것은 왜국의 대외 정책이 반드시 임나 문제를 중심으로 전개되는 것이 아니었음을 의미한다. 따라서 야마토 정권의 대외 관계는 종래의 생각처럼 임나문제가 주된 관심의 초점이 아니라 對백제문제가 사실은 관심의 초점이었다고 해야 옳을 것이다. 임나 문제는 對백제 관계 속에 있는 한 가지 문제였으며 왜국은 독자적으로 이 문제와 결부되어 있었던 것이 아니라 백제의 對임나·신라 정책에 연동되어 관계하는 형태를 취하고 있었다고 할 수 있다.

6세기 야마토 정권의 대외 정책은 선진 문물의 도입이 對한반도 정책의 궁극적 목적이었다. 그리고 이를 위해 친백제 정책으로 백제에게 협력. 이 과정에서 왜국은 스스로 한반도의 상황 변화를 주도적으로 이끌어가거나 새로이 창출해내려고 하지 않았다. 소위 임나 문제에 있어서도 왜국이 주도적인 역할을 하는 경우는 거의 없었고 대부분 백제

___

에 가장 큰 정치적 영향력을 미치고 있었던 것은 백제였음을 알 수 있다. 해당 기사에 대한 분석은 최근에 나온 김현구·박현숙·우재병·이재석 공저, 『일본서기 한국관계기사 연구(Ⅰ)』, 일지사, 2002, 173-181쪽, 284-291쪽을 참조하기 바란다.

와 임나 제국 사이에서 주로 논의가 이루어지고 있었다. 야마토 정권은 어디까지나 한반도의 특정 국가(백제)의 정책에 동조 내지 편승하는 형태로 한반도 문제에 대한 간여가 이루어졌으며 그런 점에서 야마토 정권은 한반도를 중심으로 한 국제 관계에서 보조자 역할에 그치고 있었다. 이 점이 6세기에 나타난 왜국의 對한반도 정책의 가장 큰 특징이었다고 하겠다.

3) 對新羅征討論과 6세기의 위기관

『日本書紀』에는 562년 임나(가야)의 소멸과 함께 신라 정토론이 왕왕 등장한다. 신라정토 기사는 사실 신공황후의 신라정토 이후『日本書紀』에서는 상투적이라 여겨질 정도로 빈번하게 나오지만 과연 가야 제국의 신라 병합과 연관되어 나오는 신라정토론은 실체가 있는 것이었을까? 6세기 왜국의 위기감을 논하기에 앞서 먼저 이 부분부터 정리하기로 한다.

(라) 흠명기 23년 6월조

詔曰, 新羅西羌小醜. 逆天無狀. 違我恩義, 破我官家. 毒害我黎民, 誅殘我郡縣. 我氣長足姬尊, 靈聖聰明, 周行天下. 劬勞群庶, 饗育萬民. 哀新羅所窮見歸, 全新羅王將戮之首, 授新羅要害之地, 崇新羅非次之榮. 我氣長足姬尊, 於新羅何薄. 我百姓, 於新羅何怨. 而新羅, 長戟强弩, 凌蹙任那, 鉅牙鉤爪, 殘虐含靈. 剝肝斮趾, 不厭其快. 曝骨焚屍, 不謂其酷. 任那族姓, 百姓以還, 窮刀極俎, 旣屠且膾. 豈有率土之賓, 謂爲王臣, 乍食人之禾, 飮人之水, 孰忍聞此, 而不悼心. 況乎太子大臣, 處跌蕚之親, 泣血銜怨之寄. 當蕃屛之任, 摩頂至踵之恩. 世受前朝之德, 身當後代之位. 而不能瀝膽抽腸, 共誅射姦逆, 雪天地之痛酷, 報君父之仇讎, 則死有恨臣子之道不成.

(마) 흠명기 23년 7월조

> 是月, 遣大將軍紀男麻呂宿禰, 將兵出哆唎, 副將河辺臣瓊罐, 出居曾山.
> 而欲問新羅攻任那之狀. 遂到任那, 以薦集部首登弭, 遣於百濟, 約束軍計.
> 登弭仍宿妻家. 落印書弓箭於路. 新羅具知軍計. 卒起大兵, 尋屬敗亡. 乞
> 降歸附. 紀男麻呂宿禰, 取勝旋師, 入百濟營. 令軍中曰, ……(하략).

위의 두 사료는 신라의 가야 병합을 성토함과 동시에 즉시 백제와
연대하여 신라 공격을 감행하였다는 내용이다. (라)에 의하면 신라의
임나 병합은 '破我官家. 毒害我黎民, 誅殘我郡縣'이라는 표현에서도
알 수 있듯이 곧 왜국 야마토 정권의 영토와 백성에 대한 탈취 행위로
묘사되어 있다. 따라서 일본서기의 자체 논리에 의하면 (라)에 이어
곧 (마)의 정토군이 출정하여 신라를 공격하게 되는 것은 당연한 귀결이
라고 할 수 있을 것이다.

그러나 문제는 이런 논리가 곧 야마토 정권의 임나 지배를 전제로
하고 있다는 점일 것이다. 따라서 만약 이 전제가 잘못된 것이라면
(라)와 (마)는 당연히 부정되어야 할 것이며, 혹시 신라의 가야 병합에
따른 왜의 출병을 인정하려고 한다면 별도의 증거를 제시하여야 할
것이다. 그런데 주지하는 것처럼 오늘날의 역사 인식 수준에서 볼 때
임나를 '我官家', '我黎民', '我郡縣'으로 간주하는 것은 넌센스이다.
그리고 임나 지배를 전제하지 않는다면 솔직히 왜가 이런 분노를 터트
리며 신라를 공격해 갈 이유를 발견하기 어렵다. 오히려 (마)와 동일한
시기에 백제의 신라 공격 사실이[52] 전해지고 있음을 볼 때 만약 (마)에
일말의 역사적 사실성이 있다면 그것은 왜군의 공격이 아니라 실제는

---

52) 『三國史記』신라본기 진흥왕 23년(562) 7월조에 '百濟侵掠邊戶 王出師拒之 殺
獲一千餘人'이라고 나온다.

백제의 공격이 사건의 실체였을 가능성이 높다고 생각한다.53)

임나 멸망과 관련한 문제는 이후 소위 '임나의 調' 문제를 중심으로 논의가 전개되고 있으나54) 여기서 중요한 것은 이것이 실체가 있든 없든 간에 적어도 이 문제가 더 이상 왜국에게 위기감을 유발시키는 요인이 되지는 못한다는 것이다. 즉 임나의 소멸 이후에는 더 이상 임나 문제가 왜국 왕권의 위기의 문제로서 기능하지는 않는 것이다. 따라서 6세기 왜국의 위기감에 대해서는 이제 다시 다른 각도에서 살펴 볼 필요가 있다.

필자는 6세기 왜국의 위기관을 엿볼 수 있는 좋은 소재로서 筑紫國 이와이(磐井)의 난과 那津官家의 수조 사실을 주목하고 싶다. 임나문제와 관련한 신라정토론은 야마토 왕권의 임나 지배를 전제로 한『日本書紀』위의 논리라는 점에서 일종의 이데올로기적인 성격이 강하다고 할 수 있으나 위의 두 요소는 6세기 당대의 현실에서 유추될 수 있는 야마토 정권의 위기론이라고 할 수 있지 않을까 생각한다. 먼저 관련 사료를 들면 다음과 같다.

(바) 계체기 21년 6월 갑오조.
近江毛野臣, 率衆六萬, 欲住任那, 爲復興建新羅所破南加羅·喙己呑, 而 合任那. 於是, 筑紫國造磐井, 陰謨叛逆, 猶預經年. 恐事難成, 恆伺間隙. 新羅知是, 密行貨賂于磐井所, 而勸防遏毛野臣軍. 於是, 磐井掩據火豊二 國, 勿使修職. 外邀海路, 誘致高麗·百濟·新羅·任那等國年貢職船, 內 遮遣任那毛野臣軍, 亂語揚言曰, 今爲使者, 昔爲吾伴, 摩肩觸肘, 共器同

---

53) 이점에 대해서는 김현구 외, 주 45)의 전게서, 305-306쪽을 참조 바란다.
54) '임나의 調' 문제에 대해서는 실체 인정론에서 실체 부정론에 이르기까지 제설 있지만 필자는 실체 부정론에 찬성하는 입장이다. 이에 대해서는 별고에서 상 론하고자 한다.

食. 安得率爾爲使, 俾余自伏儞前, 遂戰而不受. 驕而自矜. 是以, 毛野臣, 乃見防遏, 中途淹滯. 天皇詔大伴大連金村·物部大連麤鹿火·許勢大臣 男人等曰, 筑紫磐井反掩, 有西戎之地. 今誰可將者. 大伴大連等僉曰, 正 直仁勇通於兵事, 今無出於麤鹿火右. 天皇曰,可.

(사) 선화기 원년 5월 신축삭조.

詔曰, 食者天下之本也. 黃金萬貫, 不可療飢. 白玉千箱, 何能救冷. 夫筑紫 國者, 遐邇之所朝屆, 去來之所關門. 是以, 海表之國, 候海水以來賓, 望天 雲而奉貢. 自胎中之帝, 泊于朕身, 收藏穀稼, 蓄積儲粮. 遙設凶年, 厚饗良 客. 安國之方, 更無過此.(이상 ⓐ) 故, 朕遣阿蘇仍君,<未詳也.>加運河內 國茨田郡屯倉之穀. 蘇我大臣稻目宿禰, 宜遣尾張連, 運尾張國屯倉之穀. 物部大連麤鹿火, 宜遣新家連, 運新家屯倉之穀. 阿倍臣, 宜遣伊賀臣, 運 伊賀國屯倉之穀. 修造官家, 那津之口.(이상 ⓑ) 又其筑紫肥豐, 三國屯倉, 散在縣隔. 運輸遙阻. 儻如須要, 難以備卒. 亦宜課諸郡分移, 聚建那津之 口, 以備非常, 永爲民命. 早下郡縣, 令知朕心.(이상 ⓒ)

6세기 초에 일어난 磐井의 난은 국가 형성을 지향하는 九州 세력이 야마토 정권의 畿內 세력과 무력 대결을 벌인 사건으로서[55] 이 난의 진압 결과 야마토 정권은 일본열도 내의 패권적 위치를 굳힐 수 있었고 또한 구주 지역에 대한 지배도 비로소 확고히 할 수 있었다. 磐井의 난은 당시 전국적으로 발생하고 있던 지방 호족들의 발호의[56] 연장선 상에 있다고 할 수 있다. 그리고 이러한 일본열도 각 지역 세력을 제압

---

55) 예를 들면 요시다 아키라(吉田晶), 「古代國家の形成」, 『岩波講座 日本歷史 第 2卷』, 岩波書店, 1975. 야마오 유키히사(山尾幸久), 「文獻から見た磐井の亂」, 『古代最大の內戰磐井の亂』, 大和書房, 1986.

56) 안한기 원년 윤12월 是月조에 보이는 武蔵國造家의 내분 사건에는 上毛野君 과 야마토 조정이 대립하는 형세가 엿보이고 있고 흠명기 31년 5월조에는 처음 왜국에 온 고구려사신에 대해 越 지역의 토착 호족 道君이 천황 행세를 한 사실 등은 지역 세력이 가지고 있는 일련의 독자성을 잘 보여주고 있다.

하면서 비로소 야마토 정권의 지방 통치 체제가 國造制의 모습으로 형성되어 갈 수 있었던 것이다.57)

비록 결과적으로 야마토 정권은 이러한 지역 세력의 도전을 극복하고 국조제를 매개로 한 전국적 통일 정권으로 거듭 성장해 나갈 수 있었지만, 그 과정 자체는 일본열도 전체의 내부 불안정성을 수반하는 것으로서 야마토 정권으로서는 심각한 위기 상황이었다고 해도 과언이 아닐 것이다. 5세기 말에서 6세기 초로 이어지는 시기에 나타난 舊대왕가의 몰락과 신흥 대왕가의 등장으로 상징되는 왕권의 불안정성, 거기에 편승하여 전개되는 지역 세력의 독자적 발호는 야마토 정권의 지배층에게 위기감을 심어 주기에 충분하지 않았을까 생각된다. 특히 고대 최대의 내전이었다고까지 일컬어지는 磐井의 난과 같은 대규모 전란의 발생은 야마토 정권에게 극도의 위기의식을 갖게 하기에 충분하였을 것이다. 그런 점에서 磐井의 난은 당시 왜국이 처한 모순을 그대로 적나라하게 보여주는 사건이자 당시 왜국 지배층이 안고 있던 위기감의 진원지 및 그 실체가 무엇인지를 시사하고 있는 것이다.

게다가 磐井의 난의 경우 신라가 이에 관여되어 있었다. 사료 (바)에서는 신라는 한반도로 출병하는 오우미노게나노오이(近江毛野臣)의 군대를 사전에 저지하기 위해 磐井에게 뇌물을 주었다고 나오지만, 원래 磐井의 난과 近江毛野臣 전승이 아무런 관계가 없는 별개의 이야기라는 것은 이미 많은 연구자들이 공통적으로 지적하는 사항이다.58) 따라서 신라의 개입 문제는 별도로 검토하지 않으면 안 될 것이다.

---

57) 국조제에 관한 근년의 연구로서는 카노 히사시(狩野久), 「部民制·國造制」, 『岩波講座 日本通史 第2卷』, 岩波書店, 1993. 시노카와 켄(篠川賢), 『日本古代國造制の硏究』, 吉川弘文館, 1996 등을 참조 바란다.
58) 김현구 외, 주 45)의 전게서, 72-73쪽.

磐井의 對신라 커넥션은 그의 독자적 외교권을 상징적으로 보여주는 것으로 이해해도 무방할 것이며[59] 反야마토를 전쟁의 기치로 내건 이상 야마토 정권과 대립적 관계에 있는 신라와 제휴하는 것은 磐井으로서는 합리적인 선택이었다고 할 수 있을 것이다. 그렇다면 신라의 對磐井 커넥션은 어떻게 이해해야 할 것인가? 사료가 별로 없으므로 구체적으로 말하기는 어려우나, 하나의 독자적 국가 형성을 지향하고 있던 磐井 세력에게 신라가 접근하였다면 아마도 신라는 궁극적으로 구주 지역에 親신라적 성격을 가진 정권의 성립을 기대하고서 그와 제휴하였을 가능성이 크다고 본다.

신라 입장에서 볼 때, 구주 지역에 친신라 정권이 등장한다면 신라에 적대적인 야마토 정권을 견제할 수 있고 또한 야마토 정권과 연계되어 있는 백제에게도 많은 어려움을 줄 수 있다는 점에서 매우 매력적인 구도라고 말할 수 있을 것이다. 이것은 거꾸로 야마토 정권의 입장에서 본다면 대외 창구를 봉쇄당하는 정도로 끝나는 것이 아니라 왜국 자체가 야마토 정권과 구주 정권으로 양분됨을 의미하는 것이기에 야마토 정권으로서는 받아들일 수 없는 구도라고 할 수 있겠다.

신라의 궁극적 노림수가 이러한 것이었다면 우리는 그것을 일종의 倭國分割論이라고 불러도 무방하지 않을까 생각한다. 磐井의 입장에서 본다면 자신의 전쟁은 이른바 九州 독립전쟁의 성격이었다고 할 수 있다면[60] 신라의 입장에서 본다면 磐井의 전쟁은 이른바 왜국 분할 전쟁의 성격이었던 것이다. 따라서 磐井과 신라의 결탁은 구주 독립론과 왜국 분할론의 결탁이었다고 할 수 있으며 이것은 기존의 백제와

---

59) 연민수, 「日本史上에 있어서 九州의 위치」, 『고대한일교류사』, 혜안, 2003, 377쪽.
60) 山尾幸久, 주 55)의 전게 논문, 153쪽.

야마토 정권의 결탁에 대항하는 새로운 동맹 구도의 탄생을 예고하는 것이기도 하였다.

그러나 결과적으로 磐井은 성공하지 못하였다. 이것은 곧 구주 자립의 좌절이기도 하였고 동시에 왜국 분할론의 실패를 의미하는 것이었다. 그리고 磐井의 난 실패 이후 구주 북부에는 대외 관문에 해당하는 구주 지역의 통제를 위해 새로운 조치가 취해졌다. 사료 (사)에 보이는 나진관가의 수조가 그것이다.

종래 (사)의 사료에 대해서는 많은 사료 비판이 이루어졌다. (사)는 내용상 크게 ⓐ · ⓑ · ⓒ의 부분으로 구성되어 있지만 이 중에서 ⓐ와 ⓑ는 허구의 문장이며 ⓒ만이 사실적인 문장이라는 지적도 있으며[61] 전체적으로 그대로 신뢰하기는 어렵다는 것이 오늘날의 인식이다.[62] 하지만 적어도 난의 전후 조치로서, 그 명칭이 정식으로 나진관가였는지 여부와 관계없이 적어도 군사 · 외교적 목적을 가진 일련의 관련 시설물(屯倉 즉 미야케)이 那津에 설치되었다는 점은 인정되어도 좋을 것이다.[63] 그리고 이 미야케의 설치는 구주 지역에 대한 통제 및 대외 교섭에 대한 외교권의 독점을 동시에 실현하고자 하는 것이었다.[64]

磐井의 난은 그 독자적 세력 규모와 일본열도 대외 관문의 장악이란 측면에서 야마토 정권의 지배층에게 대대적인 위기감을 심어주었다고

---

61) 쵸 요이치(長洋一), 「大宰府成立前史」, 『古代を考える 大宰府』, 吉川弘文館, 1987.

62) 쿠라즈미 야스히코(倉住靖彦), 『古代の大宰府』, 吉川弘文館, 1985. 야기 아츠루(八木充), 「いわゆる那津官家について」・「筑紫大宰とその官制」, 『日本古代政治組織の硏究』, 塙書房, 1986.

63) 쿠라즈미 야스히코(倉住靖彦), 「大宰府成立までの經過と背景」, 『新版古代日本3 九州 · 沖縄』, 角川書店, 1991, 219-221쪽. 長洋一, 주 61)의 전게 논문.

64) 카메이 키이치로(龜井輝一郎), 「磐井の乱の前後」, 『新版古代日本3 九州 · 沖縄』, 角川書店, 1991, 155-158쪽.

생각된다. 그리고 아울러 신라세력과 일본열도의 지역 세력이 연합하여 지역 세력의 자립이 모색될 수도 있다는 가능성을 보여주었다는 점에서 더욱 외부 세력에 대한 경계심이 증폭되었을 것임은 짐작하기 어렵지 않을 것이다. 과거 磐井은 신라와의 교류를 위하여 카스야(粕屋) 지역을 중시하였으나[65] 야마토 정권은 粕屋 및 그 인근 지역인 那津에 군사·외교적 목적의 미야케를 설치하여 정치적으로 이용하기 시작하는 것도 이와 무관하지 않을 것이다. 또한 예를 들어 다음의 사료를 보자.

  (아) 선화기 2년 10월 임진삭조.
   天皇, 以新羅寇於任那, 詔大伴金村大連, 遣其子磐與狹手彦, 以助任那. 是時, 磐留筑紫, 執其國政, 以備三韓. 狹手彦往鎭任那, 加救百濟.

  이 기사는 신라가 임나를 침탈하자 당시의 실권자 오오토모노카나무라라노(大伴金村大連)의 아들 磐과 사데히코(狹手彦)을 보내 임나와 백제를 도와주게 하였다는 내용으로서 磐의 축자 주둔과 狹手彦의 한반도 출병이 그 요점이다. 이 사료 전체는 과거 야기 아츠루(八木充)에 의해 일괄적으로 그 신빙성이 부정된 바 있으나[66] 소수설에 머물고, 오늘날에는 대체적으로 위의 사실을 인정하는 경향이 강하다.[67]
  그런데 여기서 주목되는 것은 磐이 筑紫에 머무르며 '以備三韓'하였다는 내용이다. 사실『日本書紀』의 한반도 출병 기사 중에서 출병과 함께 筑紫에서 '以備三韓' 운운하는 경우는 매우 이례적이다. 여기서

---

65) 쵸 요이치(長洋一), 주 61)의 전게 논문. 22-27쪽.
66) 야기 아츠록(八木充), 주 62)의 전게 논문.
67) 예를 들면 쿠라즈미 야스히코(倉住靖彦), 주 62)의 전게서, 4-13쪽.

의 三韓은 곧 신라를 의미한다. 狹手彦의 출병은[68] 시기적으로 보아
磐井의 난 이후 처음 이루어지는 것인데 이 과정에서 磐이 筑紫에 머무
르며 신라에 대비하고 있었다는 것은 역시 磐井의 난 과정에서 드러났
던 신라와 구주 지역과의 관계를 염두에 둔 조치로 보면 이해하기 쉬워
진다.

　이처럼 야마토 정권의 지배층이 갖고 있던 신라에 대한 경계심은
사실 신라의 구주 진출에 대한 경계심이 그 근저에 깔려 있었다. 종래의
견해들은 대부분 신라의 금관가야 병합 등 주로 신라의 가야 진출에
연계된 왜국의 위협감을 강조하는 경향이 지배적이었지만 필자는 오히
려 신라의 왜국 진출에 연계된 위협감이 더 직접적이지 않았을까 생각
하고 있다. 사실 對가야 문제는 앞에서도 언급한 것처럼 對백제 관계의
부산물이라고 할 수 있다. 야마토 정권은 백제의 對가야 정책에 협조하
는 형태로 이와 연계되어 있었으며 또한 그 對가야 문제 자체가 왜국을
직접적 위기 상황으로 몰고 가지는 않는다는 점에서 그것은 제한적이
면서 간접적인 위협이라고 할 수 있을 것이다. 그러나 신라의 구주
진출은 왜국에게 직접적인 위협이 된다는 점에서 가야 문제에 연계된
對신라 위협감과는 비할 바가 아닌 것이다.

　한편 구주 지역에 대한 외부 세력 침투에 대한 경계심은 6세기 후반
에 다시 한번 더 나타난다. 이번에는 신라가 아니라 백제가 주역이다.
다음의 사료를 보자.

---

68) 大伴狹手彦의 출병은 신라의 임나 침탈로 인해 야마토 정권이 자발적으로 신라
　　응징을 위해 단행된 것처럼 기술되어 있으나 실제는 백제의 요청으로 이루어진
　　군사 행동이었다고 생각된다. 이점에 대해서는 김현구 외, 주 45)의 전게서,
　　109-113쪽을 참조 바란다.

(자) 민달기 12년 是歲조

　　(전략)····復遣阿倍目臣·物部贄子連·大伴糠手子連, 而問國政於日羅.
　　日羅對言, 天皇所以治天下政, 要須護養黎民. 何遽興兵, 翻將失滅. 故今
　　合議者仕奉朝列, 臣連二造,[二造者, 國造伴造也.] 下及百姓, 悉皆饒富,
　　令無所乏. 如此三年, 足食足兵, 以悅使民. 不憚水火, 同恤國難. 然後, 多
　　造船舶, 每津列置, 使觀客人, 令生恐懼. 爾乃, 以能使使於百濟, 召其國王.
　　若不來者, 召其太佐平·王子等來. 卽自然心生欽伏. 後應問罪. 又奏言,
　　<u>百濟人謀言, 有船三百. 欲請筑紫. 若其實請, 宜陽賜予. 然則百濟, 欲新造</u>
　　<u>國, 必先以女人小子載船而至. 國家, 望於此時, 壹伎·對馬, 多置伏兵, 候</u>
　　<u>至而殺. 莫翻被詐. 每於要害之所, 堅築壘塞矣.</u> (후략)

　　이것은 왜계백제관료였던 달솔 일라가 야마토 정권에 소환된 후 그
가 올린 국정에 대한 進言 내용이다. 임나 회복을 위해 그를 소환하였다
는[69] 『日本書紀』의 명분과는 달리 그는 오로지 백제를 집중 공격하고
있다. 이것으로 볼 때 그의 소환은 백제와 야마토 정권 사이에 심각한
문제가 있었기 때문이지 임나 문제 때문은 아니었던 것으로 생각된
다.[70] 문중에 '多造船舶, 每津列置, 使觀客人, 令生恐懼.'는 백제를 위
협하여 복속케 하는 수단으로 언급된 것이며 '每於要害之所, 堅築壘塞
矣.'는 백제를 겨냥한 직접적 방어 체제의 구축을 의미한다. 그리고
그 가운데 있는 내용이 소위 백제의 '新國' 건설에 관한 것이다. 백제의
'新國' 건설이란 위의 문중에 드러나 있는 것처럼 요컨대 筑紫 지역에
백제인들을 이주시켜 새로운 백제의 세력 근거지로 만들겠다는 것이
다. 김현구의 연구에 의하면 이 신국 건설은 야마토 정권을 적대시

---

69) 민달기 12년 7월 정유삭조.
70) 기토 키요아키(鬼頭淸明), 『日本古代國家の形成と東アジア』, 校倉書房, 1976,
　　83-84쪽.

하고자 하는 차원에서 나온 것이 아니라, 신라가 해상 통제권의 강화에 대항하여 야마토 정권과의 관계를 강화하면서 신라의 해상 공세에 대응할 수 있는 방책으로서 입안된 것이었다고 한다.[71] 하지만 달솔 일라는 복병을 두어 백제 이주민들을 모두 죽일 것이며 또한 요지 요지마다 요새를 만들어 대비하며 속지 말아야 한다고 진언하고 있다.

　백제의 신국 건설은 과거 신라가 磐井 세력과 결탁하여 筑紫에 자신의 세력을 부식하려고 하였던 것과 크게 다르지 않다.[72] 어찌 되었든 축자 지역에 외부 세력의 근거지가 탄생하게 되는 것이다. 이에 대한 일라의 진언은 관계 단절 내지 전쟁도 불사하는 과격한 대책이었다. 과거 긴밀하였던 백제와의 우호관계가 이 신국 건설 건으로 인하여 급속히 냉각되어 버린 것이다. 이 적대적인 대책 및 관계 냉각은 곧 당시 야마토 정권의 지배층이 가지고 있던 외부 세력의 일본열도 진출에 대한 방어와 경계심의 표출에 다름 아닐 것이다.

4. 맺음말

　왜국의 대외적 위기감은 고구려에 대한 위협으로부터 시작된 것이었

71) 백제의 '新國' 건설 의도에 대해서는 김현구의 연구(주 23)의 전게서, 145- 153쪽)가 자세하다.
72) 백제가 축자 지역에 신국을 건설하려고 한 이면에는 백제와 축자 지역의 호족 사이의 유대 관계가 있었다고 생각된다. 예를 들면 흠명기 15년 12월조에 보면 축자국조가 직접 백제 지원군의 일원으로 참전하고 있으며 백제왕자 여창을 신라의 포위망에서 구해낸 공로로 여창으로부터 특별히 '鞍橋君'이란 칭호를 하사받았다고 한다. 필자는 여기에 보이는 백제와 축자국조의 관계가 뒤에 신국 건설 계획을 입안할 때도 활용되었을 가능성이 크다고 생각한다.

다. 그 직접적 계기는 광개토왕 비문에 보이는 왜군의 한반도 출병이었
다. 그런데 한 가지 유의할 사실은 이 출병은 위기감의 단서를 제공하는
것이었지 결코 위기감이 먼저 있어 그 해결 수단으로서 출병이 결행된
것이 아니었다는 것이다. 그것은 고구려와 왜의 싸움이 양국이 직접적
인 이해관계를 갖고 있지 않은 상태에서 전개되었다는 사실에서 나온
결론이다. 왜를 한반도 남부로 끌어들인 것은 백제였다. 그런 점에서
최초로 왜국 위기감의 단서를 제공한 것은 백제였다고 할 수 있겠다.

　그리고 5세기 왜국 위기감의 표출이기도 한 고구려 정토 계획에 대해
서는 현재 일본 학계에서 당시 왜왕들에게는 매우 현실적인 정치적
과제였다고 보는 시각이 일반적이다. 이 문제에 대하여 필자는 왜왕의
고구려 정벌론은 요컨대 왜국의 국내 통치용으로서 기능하는 외교적
언설로서의 성격이 강하였다고 생각하며 실제 정벌을 단행하려는 의지
는 높지 않았다는 견해를 피력하였다.

　한편 6세기 야마토 정권의 위기감의 시발은 일본열도 내부의 세력
및 질서 재편에 있었다. 5세기 말에서 6세기 초로 이어지는 시기에
나타난 舊대왕가의 몰락과 신흥 대왕가의 등장으로 상징되는 왕권의
불안정성, 거기에 편승하여 전개되는 지역 세력의 독자적 발호는 야마
토 정권의 지배층에게 위기감을 심어 주기에 충분하지 않았을까 생각
된다. 특히 고대 최대의 내전이었다고까지 일컬어지는 磐井의 난과
같은 대규모 전란의 발생은 야마토 정권에게 극도의 위기의식을 갖게
하기에 충분하였을 것으로 추정된다. 그런 점에서 磐井의 난은 당시
왜국이 처한 모순을 그대로 적나라하게 보여주는 사건이자 당시 왜국
지배층이 안고 있던 위기감의 진원지 및 그 실체가 무엇인지를 시사하
고 있다고 할 수 있다.

그리고 한반도 남부 지역에서는 신라의 급속한 대두가 있었다. 종래
는 주로 신라의 대두와 임나 상실에 대한 위기감의 고조라는 관점에서
당시의 위기론이 일반적으로 설명되어 왔지만 필자는 오히려 신라의
왜국 진출에 연계된 위협감이 더 직접적이지 않았을까 생각하고 있다.
그 근거로 필자는 신라와 연계되어 전개된 筑紫國 이와이(磐井)의 난과
那津官家의 수조 사실을 들었다.

사실 對가야 문제는 앞에서도 6세기 야마토 정권의 대외 관계상의
특징에서 언급한 것처럼 對백제 관계의 부산물이라고 할 수 있다. 야마
토 정권은 백제의 對가야 정책에 협조하는 형태로 이와 연계되어 있었
으며 야마토 정권이 주도적인 위치에 있는 것이 아니었다. 또한 그
對가야 문제 자체가 왜국을 직접적 위기 상황으로 몰고 가지는 않는다
는 점에서 그것은 제한적이면서 간접적인 위협이라고 할 수 있을 것이
다. 그러나 신라의 구주 진출은 왜국에게 직접적인 위협이 된다는 점에
서 가야 문제에 연계된 對신라 위협감과는 비할 바가 아니었던 것이다.

전자든 후자든 위기감의 근원을 따지고 올라가면 거기엔 신라의 대
두가 자리 잡고 있다. 과거 광개토왕 시대 이래로 적대적인 관계로
일관해 왔으며 또한 일본열도의 지역 세력들이 심심찮게 침탈 대상으
로 삼기도 하였던 그 신라가 이제 강성한 국가가 되어 한반도와 일본열
도 사이에 변동의 핵으로 등장하게 된 것이 왜국이 신라에 대해 느끼는
위협감의 근본 요인이었던 것이다. 다만 필자는 여기서 신라의 대두로
인하여 발생하는 야마토 정권에 대한 직접적 위협은 그 무대가 가야가
아니라 구주 지역이었다는 점을 강조하고 싶다.

외부 세력의 일본열도 진출에 대한 방어와 경계심은 5세기 고구려에
대한 위기감의 본질을 이루는 것이었으며 또한 이것은 6세기 말 백제의

축자 지역에 대한 신국 건설 기도 사건에서도 다시 분출되어 백제와의
관계가 급격히 악화되는 결과를 초래하기도 하였다. 이런 일련의 사례
들을 참고로 생각해 본다면 일본 지배층의 위기의식의 발로는 외부
세력이 일본열도로 그 세력을 확장하려고 들어오는 것에 대한 방어와
경계심이 일차적이었다고 할 수 있지 않을까 생각한다.

중세 일본의 여·몽 위기론
규슈 무사들의 인식과 대응

金普漢 단국대학교 교수

1. 머리말

13세기에 두 차례에 걸친 「몽고습래(蒙古襲來)」는 10세기 이후 동아시아 세계와 격리된 채 평화롭기만 하던 일본에게 가장 충격적인 사건이었다. 물론 12세기에 여진족의 규슈 침입(1019, 「도이(刀伊)의 적(賊)」)이 있었지만, 규모 면에서나 기간 면에서도 몽골침입과는 비교도 되지 않는 국지적인 사건에 지나지 않았다. 그리고 일본이 대제국인 몽골을 물리쳤음에도 불구하고, 일본국내의 정세가 혼란에 빠졌으므로 오히려 승패의 희비가 교차하는 중차대한 사건이었다.

당시 몽골의 일본침입 직전에 전개된 몽골의 사신파견이나 군사적인 접근은 일본의 입장에서 빠른 대처가 필요한 국가적인 위기였다. 그런데 몽골이 군사적 행동에 앞서 고려를 경유해서 일본 초유를 여러 차례 시도하였을 때, 일본의 막부와 조정은 외적의 침입이라는 위기상황의

적극적인 대응보다는 일본 내의 지배권 강화라는 공가(公家)와 무가(武
家)의 정치대립에 휘말려서 소극적인 대처로 일관하였다. 이를테면 일
촉즉발의 상황에서 막부가 몽골의 요구에 좀 더 유연하게 대처했었다
면, 동아시아 국제 질서에서 일본의 국제적 위상이 재고되고 일본과
규슈의 위기 상황을 극복할 가능성이 충분하였다고 보는 것이 일반적
인 견해이다. 그러나 막부의 선택은 빠르고 능숙한 「위기의 대처」보다
는 「위기의 방관」에 가까운 소극적인 행동으로 일관하고 있었다.

　이것과 관련해서 종래의 「몽고습래」에 관한 연구는 막부와 조정의
정치적 긴장감, 즉 공무(公武)의 대립 상황에서 일본 내의 정치 변화에
무게를 싣고 주로 막부와 조정의 정치적 행보에 초점을 맞추어 진행되
어 왔다.[1] 또 몽골이 고려와 일본을 침공한 이유가 무엇이고, 동아시아
국제관계 속에서 정치집단 간의 이해관계와 갈등관계로 접근하는 연구
가 시도되어 왔다.[2]

　그런데 몽골 침입의 방어에 직접 동원되었던 규슈 고케닌과 주인(住
人) 등의 긴장감 조성이나 위기의식의 확대에 대한 연구는 아직 미진하
다고 할 수 있다. 결과적으로 몽골의 침입에 대한 막부의 미숙한 대응이
규슈 고케닌과 주인들을 위험에 빠트렸고, 재지의 위기감을 확대시키
는 결과를 초래한 것이다. 재지의 실질적인 지배자이고 소령 보전이
목적인 이들이 갖는 위기의식은 실로 긴박한 현실이었음에 틀림없다.

---

　1) 佐藤進一, 『日本の中世國家』, 岩波書店, 1983 ; 上橫手雅敬, 「鎌倉幕府と公家
　　政權」『岩波講座 日本歷史』5(中世 1), 1975 ; 南基鶴, 「蒙古侵入과 朝幕關係
　　의 전개」『日本歷史硏究』3, 1996.
　2) 靑山公亮, 『日麗交涉史の硏究』, 明治大學校文學部硏究報告 東洋史 第三冊,
　　1955 ; 村井章介, 『アジアのなかの中世日本』, 校倉書房, 1988 ; 李領, 「여몽
　　연합군의 일본침공과 여일관계」『日本歷史硏究』9, 1999.

특히 대륙과 왕래하는 선박들이 가장 먼저 기항하는 길목에 위치한 북 규슈의 연안과 도서지방의 무사들과 주인들은 막부의 경고번역(警固番役)에 놀라지 않을 수 없었으며, 절대적 위기로 인식할 수밖에 없었다. 반면에 이들은 대외적 위기감에 편승해서 고려와 송과 같은 주변국의 정치 변화에 민감하게 반응하고 새로운 시대의 변화를 창출하는 역할자로 활동하고 있었다. 특히 규슈는 고려와 송으로부터 가장 근접한 지리적 위치에 존재했기 때문에 더욱 그러했다.

이들이야 말로 가마쿠라막부의 멸망과 남북조내란의 주역이었지만, 해상무사단으로 활동하면서 고려에서 활약한 왜구의 주체 세력이기도 하였다. 따라서 이들의 활동성에 대한 연구는 몽골의 침입과 고케닌(御家人)체제의 동요, 막부의 멸망과 남북조내란기 재지무사들의 혼란으로 이어지는 위기의 현장의 실제적인 접근방법이라고 생각한다. 결국 여·몽의 침입에 따른 규슈 무사들의 위기인식과 이들의 대응은 가마쿠라막부와 남북조내란기의 전환기 연구에서 몽골의 침입과 왜구의 활동이 어떻게 관련되어 있는가를 밝히는 대전제로서 기대되는 바가 크다 하겠다.

2. 몽골의 일본 초유와 막부의 대응

13세기 초 대제국을 건설한 몽골은 1260년 고려가 항복의사를 보낸 이후 일본의 복속을 요구하는 사신을 여러 차례 파견하였다. 실제로 1266년부터 1274년 1차 일본 원정 때까지 모두 여섯 차례[3]의 일본 초유 사신을 파견하기에 이른다.

먼저, 1266년 11월 몽골 황제의 명을 받은 제1회 일본 초유의 사신이 고려를 경유하여 파견되었는데, 고려의 김찬(金贊)과 몽골 사신 흑적(黑的)과 은홍(殷弘) 등이 그들이었다.[4] 그러나 이들은 고려의 비협조로 일본 사행의 목적을 달성하지 못한 채, 거제도의 송포변(松浦邊)에서 되돌아가고 말았다.[5] 당시 몽골의 일본 초유에 대한 고려의 입장은 고려 재상인 이장용(李藏用)과 관련된 『고려사』 기록에서 찾아 볼 수 있다. 『고려사』에서는 이장용이 흑적에게 서신을 보내 일본 사행을 만류하였는데, 일본에 사절 파견이 장차 고려에 해를 끼치게 될 것으로 짐작하고 은밀히 흑적을 설득하여 중단시키려고 시도했다고 평가하고 있다.[6] 또 이장용은 몽골 황제로부터 전쟁에 협조하라는 명령과 함께, 고려가 보고한 징병자의 수가 정확하지 않고 모호하다는 이유로 황제에게 불려가서 질책당하기도 하였다.[7] 이장용의 경우처럼 고려의 비협조는 몽골이 일본 원정을 나서게 되면 고려에 떠넘겨질 인적·물적 부담 때문이었다. 따라서 고려 측의 입장으로서는 몽골의 일본 초유에 대한 고려의 부담에 대해서 달갑게 여기지 않았고 그다지 적극적이지도 않았다고 볼 수 있다.

제1회 사신 흑적과 은홍의 일본 사행이 실패했다는 보고를 접한 몽골 황제는 일본과의 교섭을 오히려 고려에게 일임하고 반드시 회유하여 그 대답을 받아오도록 명령하기에 이른다.[8] 이후 1274년 1차 일본 원정

---

3) 1274년 1차 몽골침입 때 까지 모두 6차례의 사신이 일본에 파견되었는데, 1266.11의 첫 번째 사신은 일본에 도착하지 못하였고, 이후 1268.1, 1269.3, 1269.9, 1271.9, 1273.3에 5차례에 걸쳐서 일본 초유의 사신이 파견되었다.
4) 『高麗史』 권26 세가26 원종 7년(1266) 11월.
5) 『高麗史』 권26 세가26 원종 8년(1267) 정월.
6) 『高麗史』 권102 열전15 李藏用傳.
7) 『高麗史』 권102 열전15 李藏用傳.

때까지 모두 5회(총 6회)의 일본 초유의 사신이 파견되었다. 원치 않았음
에도 어쩔 수 없이 몽골의 요구에 따라 첩장을 규슈의 다자이후(大宰府)
에 전하는데 협조해야 하는 것이 고려의 입장이었다. 그 후 다시 몽골황
제의 명을 받은 제2회 일본 초유의 사신이 처음으로 일본에 첩장을
전달하였는데, 1267년 8월 고려 조정의 명령에 따라,9) 9월에 고려를
출발해서,10) 1268년 1월 규슈의 다자이후에 도착한11) 반부(潘阜) 일행
이었다.

이때 고려의 도움을 받아 처음으로 몽골 황제가 일본국왕에게 보낸
첩장에는 고려와 인접한 일본이 몽골과 화친하고 「통호(通好)」할 것을
요구하는 정중한 내용이 실려 있었다. 그리고 국서의 끝에 '병력 사용하
는 것을 누가 좋아 하겠는가(以至用兵 夫孰所好)'라는12) 내용도 넣어
군사행동을 은근히 암시하는 것도 잊지 않았다. 비록 군사적인 위협이
언급되긴 하였지만, 전반적으로 정중한 표현을 사용해서 일본과의 원
만한 교섭을 바라는 것이 주요 내용이었다.

이 첩장에 대해서 몽골의 일본 초유 목적이 남송 정벌을 용이하게
하기 위해서 실시되었다고 보는 견해가 일반적이다. 그러나 몽골은 일

---

8) 『高麗史』 권26 세가26 원종 8년(1267) 8월 병진삭, '今日本之事 一委於卿 卿
其體朕此意 通諭日本 以必得要領.'
9) 『高麗史』 권26 세가26 원종 8년(1267) 8월 정축.
10) 『元史』 권208 「外夷傳」 제95 日本條, '九月 遣其起居舍人潘阜等 持書往日本.'
11) 『師守記』 貞治 6년(1367) 5월 9일조, '文永五年閏正月八日蒙古國賊徒可責日
本云々. 依之自高麗有牒狀 筑紫少卿入道以飛脚進牒狀於關東云々. 高麗使者
祕書賢.'
12) 『元史』 권208 「外夷傳」 제95 日本條, '故特遣使 特書布告朕志 冀自今以往
通問結好 以相親睦 且聖人以四海爲家 不相通好 豈一家之理哉 以至用兵 夫
孰所好'(『高麗史』 권26 세가26 원종 8년 8월 정축에 『元史』와 같은 기사가
보인다).

본에 대해 초유책을 쓰고 있으면서도, 다른 한편으로는 1268년부터 고려에게 징병과 병선제작이나 군량의 비축 등을 요구하는[13] 이중적인 태도를 견지하고 있었다. 하지만 몽골이 처음부터 일본을 군사력으로 복속시키려는 계획을 갖고 일본 초유를 실시했다고는 볼 수 없다. 적어도 몽골의 적극적인 일본 초유는 안남(安南)이나 점성(占城)의 경우처럼 전쟁을 통한 강제적인 항복보다는 사절의 파견을 통한 명분적인 복속을 더 바라고 있었던 것으로 여겨진다.

그런데 1268년 1월 처음 몽골 국서가 도착하였을 때, 일본의 공가(公家)와 무가(武家)는 몹시 당혹스러웠다. 사신이 전해온 몽골의 첩장을 접한 막부는 같은 해 2월 교토에 사신 2명을 파견하여 조정의 고사가상황(後嵯峨上皇)에게 몽골과 고려 첩장을 함께 전했다. 그리고 곧 바로 조정은 효죠인(評定院)에서 공가 귀족들이 논의를 거듭한 끝에 몽골의 첩장에는 예의가 결여되어 있어서 반첩을 보내지 않기로 결정하였다.[14] 곧 바로 막부는 사누키(讚岐)의 슈고(守護) 호죠 아리토키(北條有時)에게 명령을 내려 몽골이 흉심을 품고 본조(本朝)를 살피려고 사신을 보내왔다고 알리고,[15] 일단 서국(山陽, 山陰, 南海, 西海)의 지토고케닌(地

---

13) 『高麗史』 권26 세가26 원종 9년(1268) 3월 임신.

14) 『師守記』 貞治 6년(1367) 5월 9일조, '(文永五年)二月六日關東使二人上洛 依
蒙古國事也. □關東使者兩人參入道太相國北山第 蒙古國□□□相副高麗牒
自武家進入. □□□今日有評定 可有反牒否事也. 不一揆云々.'

15) 「追加法」 436條(佐藤進一編,『中世法制史料集』第一卷(鎌倉幕府法), 岩波書
店, 1967. 이하 생략).
　一. 蒙古國事.
　蒙古人挿凶心 可伺本朝之由 近日所進牒使也. 早可用心之旨 可被相觸讚岐
國御家人等狀. 依仰執達如件'
　　　　　文永 5년(1268) 2월 27日　　　　　　　　相　模　守(時宗)
　　　　　　　　　　　　　　　　　　　　　　　　左京權大夫(政村)
　　　駿河守(北條有時)殿

頭御家人)에게 몽골 경계령을 내려 만일의 경우에 대비하는 경계자세를 갖추도록 하였다. 이후 1269년 4월 논의에서도 일본조정은 몽골의 의도가 의심스러우니 처음에 결정한 대로 반첩을 보내지 않기로 재차 결정하였다.16)

이와 같은 몽골 첩장의 처리절차는 이전에 고려가 다자이후에 보내온 외교문서, 즉 1227년과 1263년 두 차례의 왜구의 침입과 약탈에 대한 항의 목적으로 첩장을 받았을때,17) 다자이후가 보여준 신속하고 재빠른 외교문제의 단독처리 방식과는 사뭇 다르게 절차상 매우 신중하였다. 국가 전체가 공동 대응해야 하는 국가적인 중대사라고 판단한 다자이후가 이전에 고려가 보낸 첩장 때와는 비교가 되지 않는 위기상황이 찾아왔음을 직감하고 곧 바로 막부에 전달하였던 것이다. 이에 최종적으로 막부는 조정과 함께 공동대응이라는 형식을 택하고 고려에 반첩을 보내지 않는 것으로 결정하였다.

처음으로 몽골과 고려의 국서를 일본에 전달한 반부(潘阜) 일행은 결국 아무런 반첩도 받지 못한 채 빈손으로 귀국할 수밖에 없었다.

---

16) 『師守記』 貞治 6년(1367) 5월 9일조, '文永六年(1269)四月卄六日於院有評定異國間事. 去比蒙古國幷高麗國者 上下六十餘人來着 對馬島 是去年帶牒狀到來之時 無反牒之條 蒙古國成疑胎 爲尋聞實否也云々.'

17) 고종 4년(1227) 고려가 첩장을 보내 문책하고 금구를 요구하자 다자이쇼니(大宰少貳)는 고려 사신의 면전에서 대마도의 「악당」 90인을 참수하여 고려의 요구에 적극적으로 동조하는 행동을 보여준다(『百鍊抄』 安貞 원년(1227) 7월 21일조). 또 원종 4년(1263) 왜구가 고려의 웅신현 물도(勿島)에 침입하여 공선(貢船)에 실려 있는 쌀 120석과 주포(紬布) 43필을 약탈하여 갔을 때, 고려의 사신 홍저(洪泞)·곽왕부(郭王府)가 다자이후로 가서 항의하자, 다자이쇼니(大宰少貳) 무토 쓰케요리(武藤資賴)가 적극적으로 협조하여 이들로부터 쌀 20석·마맥 30석·우피 70장을 받아오는 것으로 왜구 문제가 해결되었다.(『高麗史』 권25 세가25, 원종 4年(1263) 8月).(拙稿, 「一揆와 倭寇」 『日本歷史硏究』10, 1999, 54~56쪽 참조)

이러한 정황에 대해서 반부는 일본에 건너간 이후부터 왕도(王都)에는 들어가지 못하고 서쪽 구석의 다자이후에서 5개월간 머무르는 동안 대접도 박하고 국서에 답장도 받지 못한 채 압박만 당하다가 귀국하였다고 보고하였다.[18]

이에 다시 1268년 11월 몽골 황제가 흑적과 은홍을 고려에 파견하고, 예전처럼 지연시키거나 방해하지 말고 일본에 꼭 도달할 수 있도록 길을 안내하도록 고려조정에 지시하면서 더욱 적극적인 자세를 보였다. 이제까지 일본 초유의 첩장을 한 차례 전달하였지만, 반첩을 받지 못했던 몽골 황제는 1269년 3월 제2회 일본 초유의 사신으로 흑적과 은홍을 파견하기로 하였다. 하지만 첩장을 다자이후에 전달하지도 못한 채 쓰시마에서 왜인 2명만을 포로로 잡아 고려로 귀국하였다.[19] 같은 해 4월 고려는 신사전(申思佺)을 시켜 흑적과 함께 쓰시마에서 잡아온 왜인을 몽골 황제에게 데려가 신속하게 보고하였다. 『高麗史』에는 몽골의 황제가 몹시 기뻐하며 고려의 노고를 칭찬하면서 먼 길을 온 사신과 왜인 일행을 후하게 대접하고 상을 내린 것으로 기록하고 있다.[20] 전후의 정황으로 보았을 때, 이제까지의 고려의 외교적 대응은 적어도 성공적이었다고 평가할 수 있다. 이미 일본은 막부와 조정이 정한 반첩 불가의 결정이 번복되기 어려운 상황이었고, 몽골의 요구대로 중간에서 일본 초유의 사신을 계속해서 파견해야 했던 고려는 임시방편으로 위태롭게 위기를 넘기고 있었던 것이다.

제3회 사신으로 1269년 9월(6월 출발) 김유성(金有成)이 몽골과 고려

---

18) 『高麗史』 권26 세가26 원종 9년(1268) 추7월 정묘
19) 『高麗史』 권26 세가26 원종 10년(1269) 3월 신유.
20) 『高麗史』 권26 세가26 원종 10년(1269) 4월 병인 : 동년 7월 甲子 : 『新元史』 권86 세조2 본기8 至元 6년(1269) 3월.

의 첩장을 들고, 지난해에 잡아왔던 두 명의 쓰시마인을 대동하여 규슈
로 도착하여 슈고쇼(守護所)에 머물렀다.21) 이것은 일본 측에서 보면
초유를 목적으로 다자이후를 방문한 두 번째 몽골사신이었고, 일본 땅
을 밟은 세 번째 사신이었으며, 몽골측 입장에서 보면 일본에 파견한
제4회의 사신이었다. 이 때 조정에서는 종래의 결정을 뒤집어서 반첩을
보내기로 결심하고, 다음 해 1~2월에 스가와라 나가나리(菅原長成)에
게 반첩의 초안을 작성하도록 하였다. 그리고 작성한 반첩을 막부에
보내 그 의향을 물어보았을 때, 막부가 이것을 억류시킴으로서 조정의
의도를 사실상 거절하였다.22)

이것은 일단 조정이 몽골과의 전쟁을 피하고 외교적 수단을 통해
난국을 극복해 보려는 의도가 있었다는 것을 의미한다. 반면에 막부는
조정의 외교권 발동을 억제하고 대의명분에 입각한 강경한 정책을 선
택함으로서 외교에서 주도권 장악에 그 목적이 있음을 드러내는 행동
이었다. 결국 외교 교섭을 통해 전쟁을 피해 보려는 조정의 노력이
막부에 의해 의도적으로 좌절되어 버린 형상이었다.

1271년 9월에 조양필(趙良弼)이 세 번째(몽골의 제5회 사신) 사신으로
규슈에 왔다가 1272년 1월에 돌아갔다.23) 그는 규슈 치쿠젠(筑前) 이마

---

21) 『元史』 권208「外夷傳」 제95 日本條, '六年(1269)六月 命高麗金有成送還執者
  俾中書省牒其國 亦不報 有成留其太宰府守護所者久之.'
22) 『師守記』 貞治 6년(1367) 5월 9일조, '文永六年(1269)四月卄六日於院有評定
  異國間事. …(중략)… 件度連年牒狀到來之間 有沙汰 被淸書下 反牒無相違者
  可遣大宰府之由 雖被仰合關東 不可被遣反牒之旨 計申之間 被略畢.'
23) 『高麗史』 권27 세가27 원종 13년(1272) 정월 정축, '丁丑 趙良弼 還自日本
  遣書狀官張鐸 率日本使十二人, …(중략)… 宣撫使趙良弼 以年前九月 到金州
  境 裝舟放洋而往 是年正月十三日 偕日本使佐一十二人 還到合浦縣界.'
  『元史』 권208「外夷傳」 제95 日本條, '(至元 9年(1272)) 九月 高麗王禃遣其通
  事別將徐稱 導送良弼使日本.'

즈(今津)에 도착하여 몽골과 고려의 국서를 일본국왕과 장군에게 직접 전달하고 싶다고 요청하고[24], 11월까지 이에 대한 반첩을 요구하면서 여의치 않을 경우 무력사용에 대해서 시사하기도 하였다. 이에 따라 불길한 전쟁의 기운에 다급해진 조정의 귀족들은 일전에 막부가 억류해 놓은 반첩의 초안을 수정하여 재차 반첩을 보내려고 하였다.[25] 이것이야 말로 대외위기의식이 높아져 가는 상황에서 몽골의 침입을 미연에 차단하고 평화적으로 해결할 수 있는 최후의 수단이라고 판단했기 때문이었다. 그러나 이것마저도 막부의 강경한 무(無)반첩 결정에 가로막혀 더 이상 반첩 어렵게 되어 버렸다.

이후 또 다시 조양필은 몽골 황제의 명을 받고 제6회 사신으로 1273년 3월부터 6월까지 한 차례 더 규슈를 방문하였지만, 아무런 소득도 없이 돌아갈 수밖에 없었다.[26] 이제까지 모두 네 차례에 걸쳐 막부에 전달된 일본 초유의 첩장은 막부의 어떠한 반첩도 이끌어내지 못한 채 공허한 메아리가 되고 말았다.

이상에서와 같이 아직까지는 몽골의 일본 초유가 일본을 침입하기 위한 위협이었다기보다 명분론적인 복속을 유도하는 수준이었음에도, 몽골의 일본 초유에 대한 막부의 대응은 대의명분에 입각한 융통성 없는 강경한 거절뿐이었다. 이러한 막부의 외교 전략은 국제정세를 정

---

24) 『新元史』 권250 열전 제147 外國2 日本條, '(至元) 八年(1271)九月 高麗使通事 別將徐稱吉 偕良弼 至日本之筑前今津 津吏欲擊之 良弼舍舟登岸喩旨 乃延 良弼等入板屋 嚴兵守之 …(중략)…良弼曰 國書宜獻於王所 若不允 則傳之大 將軍.'

25) 『古續記』 文永 8년(1271) 10월 24일조.

26) 『新元史』 권250 열전 제147 外國2 日本條, '(至元)十年(1273)三月 趙良弼復至 太宰府 又爲日本人所拒. 六月 良弼歸.'(『高麗史』에서는 조양필이 1272년12월에 일본에 가서 1273년 3월에 돌아온 곳으로 기록하고 있다(『高麗史』권27 세가27 원종 13년 12월 庚戌 : 『高麗史』권27 세가27 원종 14년 3월 癸酉)).

확히 인식하지 못한 「무능한 대처」는 아니었을까. 다시 말해서 막부가 전국의 지배권 강화에만 관심을 집중시켜 오히려 대외위기를 조장하는 미숙한 대응이었다.

3. 삼별초의 통첩과 여·몽 위기론

고려 조정에서 임연(林衍) 부자의 몰락과 무신정권의 소멸, 그리고 1270년 원종 시기에 무신권력 대몽항전의 주요한 근거지였던 강화도에서 개경으로의 환도는 장기간 지속되었던 대몽항쟁의 끝을 알리는 신호였다. 그러나 강화도에서 대몽항전에 적극 활동했던 삼별초가 고려 조정의 환도 결정에 반대하며 1270년 5월 말 원종의 삼별초 해산명령에 불복한 채,[27] 본연의 임무대로 대몽항전을 계속해 나가기로 결의하게 되었다.

고려 조정에 반기를 든 삼별초는 1270년 6월 곧 바로 배중손(裵仲孫)과 노영희(盧永禧)를 중심으로 승화후 온(承化候 溫)을 새로운 왕으로 옹립하고,[28] 같은 해 8월에는 몽골과 개경정부의 이중적인 압박을 피하고 보다 장기적인 근거지의 필요성 때문에 진도로 내려갔다.[29] 삼별초는 강화도에서부터 관부를 설치하고 관원을 임명하고 환도한 개경정부를 대신하는 새로운 정부를 탄생시켰다는 점에서 특기할 만하다. 삼별초가 강화도에서 진도를 따라 남하할 당시 강화도의 배를 모두 모아서

27) 『高麗史』 권26 세가26 원종 11년(1270) 5월.
28) 『高麗史』 권26 세가26 원종 11년(1270) 6월 기사.
29) 『高麗史』 권26 세가26 원종 11년(1270) 8월 병술.

구포(仇浦)에서 항파강(缸破江)까지 무려 천여척의 배가 꼬리를 물고 긴 행렬을 이루었다는 사실만 보더라도,[30] 얼마나 큰 세력규모였는가를 짐작할 수 있다. 진도에 거점을 둔 삼별초의 활동은 매우 활발하여 전라도는 물론이고 경상도의 해남, 거제, 합포, 금주 등지까지 큰 세력을 뻗어 개경정부의 전라도와 경상도 조운을 막고 있었다.

남해안을 중심으로 삼별초의 왕성한 활동력은 일본 초유에 관심이 집중되어 있던 몽골에게 신경이 곤두서는 일이 아닐 수 없었다. 마침내 고려가 원정군을 편성하여 1271년 5월 진도를 총공격하여 삼별초를 탐라(耽羅)로 몰아내고 다시 1273년 4월 제주도의 삼별초를 평정할 때까지,[31] 삼별초는 남해안과 도서지역을 중심으로 왕성하게 대몽항쟁을 지속하고 있었다. 따라서 1270년 6월부터 1273년 4월까지 고려에서 전개된 삼별초의 대몽항거는 가마쿠라막부에게 몽골과 고려의 군사적인 위협을 외교적으로 풀 수 있는 시간적 여유를 제공하였다고 볼 수 있다.

그런데 이 시기에 이제까지 막부가 몽골의 사신들로부터 받았던 첩장과는 전혀 다른 내용으로 삼별초의 진도정부가 일본 조정에 첩장을 보냈다. 이것은 1271년 5월 진도가 연합군의 공격에 의해 함락되기 직전 일본과의 연대 투쟁을 호소하기 위해서 보내온 첩장이었다.[32] 이

---

30) 『高麗史』권130 열전43 裵仲孫傳, '江華守卒 多亡出陸 賊 度不能守 乃聚船艦 悉載公私財貨及子女南下 自仇浦 至缸破江 舳艫相接 無慮千餘艘.'

31) 『元史』권208 「外夷傳」제95 高麗條.

32) 이 첩장에 대해서는 『高麗史』・『元史』・『新元史』 등의 어떤 사료에는 나와 있지 않다. 따라서 삼별초의 대일 첩장의 작성 시기에 대해서 1271년 5월 진도가 함락되기 직전이라는 설이 통설이지만, 박천주가 진도에서 귀경한 1271년 정월 병술(丙戌)에서 2월 계묘(癸卯)에 작성되었다고 보는 설(李領, 「여몽연합군의 일본침공과 여일관계」『日本歷史硏究』9, 1999), 또 일본에 전해진 시기가 1271년 7월말 이전이라는 설(石井正敏, 「文永八年來日の高麗使について-三別

첩장이 현재 남아있지 않아 전체 내용을 알 수 없지만, 몽골 병사가 일본을 공격해 올 것이라는 것, 식량을 청한다는 것, 병력의 도움을 요청한다는 것 등으로 파악해 볼 수 있다.[33] 좀 더 깊이 있는 내용은 그 당시 첩장의 내용에 대해 의문을 정리한 「고려첩장불심조조(高麗牒狀不審條條)」를[34] 통해서 유추해 볼 수 있다. 이것은 이전에 몽골과 고려조정이 보내온 일본 초유의 첩장(1268)과 삼별초의 첩장(1271)의 내용이 서로 달라 이해가 되지 않는 부분을 총 12개 조항으로 정리해 놓은 문서이다.

우선 몇 개 조항을 보면서 당시 일본의 막부가 갖고 있던 국제적 감각과 국제관계의 인식이 어떠한 것인가를 살펴볼 필요가 있겠다. 제1조에서는 이전 1268년의 첩장에서 몽골의 덕을 찬양하는데, 이번에 보내온 첩장에서 몽골인(=韋毳者)은 앞날의 생각이 부족하다고 하며 내용의 차이를 의아해 하고 있다. 제3조에서 1268년의 첩장에서 몽골

抄の日本通交史料の紹介-」『東京大學史料編纂所報』12, 1978) 등이 있다.

33)『古續記』文永 8년(1271) 9월 4일조, '件牒狀趣 蒙古兵可來責日本 又乞糧 此外乞救兵歟 就狀了見回分.'

34)「高麗牒狀不審條條」.
　①一. 以前狀揚蒙古之德 今度狀韋毳者 無遠慮云々 如何.
　②一. 文永五年狀書年号 今度不書年号事.
　③一. 以前狀 歸蒙古之德 成君臣之禮云々 今狀 遷宅江華近四十年 被髮左衽 聖所惡 仍又遷都珍島事.
　④一. 今度狀 端二ハ不從成戰之思也 奥二ハ爲蒙被使云々 前後相違 如何.
　⑤一. 漂風人護送事.
　⑥一. 屯金海府之兵 先二十許人 送日本國事.
　⑦一. 我本朝統合三韓事.
　⑧一. 安寧社稷 待天時事.
　⑨一. 請胡騎數万兵事.
　⑩一. 達凶族許垂寬宥事.
　⑪一. 奉贄事.
　⑫一. □遣使問訊事.

의 덕을 기리고 군신의 예를 다한다고 하였는데, 이번 첩장에서는 강화
에 천도한지 40년이 되었고 오랑캐의 풍속(被髮左衽)은 성현도 싫어하
는 바이어서 다시 진도로 천도하였다는 차이를 지적해 놓고 있다. 제
4조는 이번 첩장에서 (삼별초가) 몽골을 따르지 않고 싸운다는 것과,
(고려 조정이) 몽골의 요구대로 행동한다는 것이 전후 모순이라고 파악
하고 있다. 제5조에서 바다에서 조난당한 표류민을 일본으로 돌려보낸
다든지, 11조에서 선물을 보낸다든지 하는 것들은 1268년 일본 초유의
첩장에서는 찾아볼 수 없는 사항들이라고 정리해 놓고 있다.

　이상에서 살펴본 바와 같이 삼별초의 첩장은 여·몽원정군의 총 공
격에 임박하여 몽골의 다음 목표가 될지도 모르는 일본을 끌어들여
군사 원조 내지는 공동 투쟁을 이끌어 내기 위한 목적이 다분하였다.
그러나 「고려첩장불심조조」의 내용에서 보았듯이 일본 내에서 막부는
당시 삼별초가 고려조정이나 몽골과 대적하는 세력이란 사실을 전혀
인지하지 못하고 있었던 것 같다.

　당시 막부가 몽골의 일본 초유와 침입에 대항하는데 몽골의 저항세
력인 삼별초를 이용할 수 있었음에도 이를 거부한 이유는 고려 조정에
대한 불신이라는 외적 요인과 첩장의 내용을 수용할 만한 유연한 태도
의 부족, 동아시아 정세에 대한 국제적 감각의 미비, 그리고 호죠씨(北條
氏) 도쿠소(得宗) 전제권력의 정통성 결여라는 내적 요인이 복합적으로
결합된 혼선 때문이었다. 물론 예전에 몽골이나 고려에서 보낸 첩장에
서와 마찬가지로 삼별초의 식량지원과 구원병 요청, 그리고 삼별초와
의 연대에 대해서 반첩을 보내지 않았다.

　어이없게도 막부는 1271년 중반 경에 삼별초의 대일통첩이 오고,
몽골 사신 조양필이 처음 다자이후를 다녀간지 1개월 후인 1272년 2월

부터 규슈 연안의 경비태세를 더욱 강화하는 「이국경고번역(異國警固番役)」을 공포하여 북 규슈연안의 치쿠젠국(筑前國)과 히젠국(肥前國)의 요소요소에 대변역(大番役)의 동원령을 내렸다. 이 때 막부는 규슈지방에 소령을 가지고 있는 동국의 고케닌들에게 본인 또는 대관(代官)이 규슈로 내려오도록 명령하고 있다.[35] 이것은 분고국(豊後國)의 슈고(守護) 오오토모 요리야스(大友賴泰)의 회문(廻文)에도 같은 내용이 보이고 있어[36] 규슈의 경계를 한층 강화하고 있음을 알 수 있다. 당시 막부의 「이국경고번역」을 고케닌들이 적극적으로 참여했는지에 대해서 의문이 들지만 몽골의 침입을 감지한 막부가 세운 총 동원령이었다는데 그 의의가 있다고 하겠다.

그런데 막부가 몽골의 침입에 대비해서 규슈에 수많은 고케닌들을 준비시켜야 할 즈음에 오히려 1272년 2월 막정의 중추를 이루는 호죠씨의 일족에서 내분이 일어난다. 이것을 「이월 소동(二月騷動)」이라고 하는데, 호죠 도키무네(北條時宗)와 이복형인 호죠 도키스케(北條時輔) 사이에서 발생한 사건으로서 단순한 권력욕이나 원한 싸움은 아니었다. 막부의 호죠씨 도쿠소(得宗) 권력이 대몽골 정책을 추진하는 확고한

---

35) 「追加法」 447條.
　　筑前肥前兩國要害守護事. 東國人々下向之程 至來三月晦日 相催奉行國々御家人 可警固之由 關東御敎書到來 仍且請取役所 且 爲差置御家人御代官等 已打越候畢. 不日相尋于彼仁 無懈怠 可令勤仕給也. 恐々謹言
　　　　文永 9年(1272) 2月 朔日　　　　　　　　　　　　　(大友)賴泰(花押)
　　　　野上太郎(資直)殿
36) 『尊經閣所藏野上文書』 文永 9년(1272) 2월 1일(『鎌倉遺文』<10964>), '筑前肥前兩國要害守護事. 東國人々下向之程 至來三月晦日 相催奉行國々御家人 可警固之由 關東御敎書到來 仍且請取役所 且爲差置御家人御代官等 已打越候畢. 不日相尋于彼仁 無懈怠 可令勤仕給也. 恐々謹言'
　　　　文永 9年(1272) 2月 朔日　　　　　　　　　　　　　(大友)賴泰(花押)
　　　　野上太郎(資直)殿

권력을 구축하여 내부의 모순을 해소하고 정책주도권의 확립을 가능하게 한 사건이었다.37) 결국 「2월 소동」은 막부내의 도쿠소 전제권의 강화뿐만 아니라 대몽골 정책에 있어서 몽골의 첩장에 대한 무(無)반첩이라는 강경대응 쪽으로 힘을 실어주는 결정적 원인으로 작용했다고 해도 과언이 아니다.

　마지막으로 막부는 몽골의 침입이라는 국가적 대위기가 급박한 현실로 다가왔을 때, 결과적으로 장래에 심각한 결과를 초래할 지도 모르는 새로운 법령을 공포하였다. 이것은 1274년 몽골이 이키시마(壹岐島)까지 침입했다는 소식을 전해들은 직후에 다급해진 막부가 규슈지역에 지토고케닌과 본소일원지(本所一圓地)의 주인(住人) 등의 비(非)고케닌까지 동원하기 위해서 내린 명령이다.38) 또 한걸음 더 나아가 비고케닌

---

37) 南基鶴,「蒙古襲來と鎌倉幕府の對應」『蒙古襲來と鎌倉幕府』, 臨川書店, 1997, 22쪽 참조.

38) 원의 1차 침입 때(1274)에 10월 5일 쓰시마 상륙, 14일 경 이키시마(壹岐島)에서 전투, 20일에 하카타만에 상륙인데, 이 사실이 교토에 전해진 것은 17일에 쓰시마의 전투, 20일에 이키시마 전투, 몽골의 패퇴 소식은 11월 6일에 전해진다(黑田俊雄,『日本の歷史』8(蒙古襲來), 中央公論社, 1974, 96쪽 참조). 따라서 11월 1일에 공포된 이 법령은 하카타에서 몽골군을 패퇴시킨 사실을 모르는 상황에서 막부가 공포했음을 알 수 있다
「追加法」463條.
蒙古人襲來對馬壹岐 既致合戰之由 覺惠所注申也. 早來廿日以前 下向安藝彼凶徒寄來者 相催國中地頭御家人幷本所領家一圓地之住人等 可令禦戰 更不可有緩怠之狀 依仰執達如件
　　文永 11年(1274) 11月 1日　　　　　武藏守(義政) 在判
　　　　　　　　　　　　　　　　　　相模守(時宗) 在判
　　　武田五郎次郎(信時)殿
『東寺百合文書』文永 11년(1274) 11월 1일(『鎌倉遺文』<11741>).
蒙古人襲來對馬壹岐 既致合戰之由 覺惠所注申也. 早來廿日以前 下向安藝彼凶徒來者 相催國中地頭御家人幷本所領家一圓地之住人等 可令禦戰 更不可有緩怠之狀 依仰執達如件
　　文永 11年(1274) 11月 1日　　　　　武藏守(義政) 在判
　　　　　　　　　　　　　　　　　　相模守(時宗) 在判

이더라도 군공을 세우면 은상을 내리도록 명령하고 있다.[39] 이렇게 주종관계의 근간을 무시한 임시응변적인 막부의 결정은 기존의 고케닌체제를 혼란에 빠뜨릴지도 모르는 결정이었고, 내부적으로 심각한 모순을 잉태시킬 수 있는 임시방편의 결정이었다.

특히 몽골의 침입에 전후해서 비고케닌에 속하는 소영주나 서자가(庶子家)의 무사들은 수차례의 경고번역에 참가했다. 이들은 이제까지 지토고케닌과 비교해서 불리했던 자신들의 지위를 높이 세우고 신흥고케닌으로 급부상할 수 있는 절호의 기회라고 생각했다. 그러나 현실적으로는 현재 지토의 반격과 기존의 고케닌을 우월시하는 불리한 막부의 결정으로 고케닌 등극이 의도한 대로 용이하지 못하였다. 따라서 성장하는 신흥 무사들은 기득권을 선점하고 있는 지토고케닌과 같은 대등한 자격 또는 이에 준하는 경제적인 욕구를 얻기 위해서 돌파구를 찾아 나설 필요가 있었다. 이것이 자신들의 요구를 수용해 줄 새로운 세력의 등장을 염원하는 가마쿠라막부의 타도였고, 이 틈을 이용하여 가장 가까운 나라인 고려를 대상으로 전개한 「해적」 행위와 「왜구」로

武田五郎次郎(信時)殿
39) 「追加法」 464條.
蒙古人襲來對馬壹岐 致合戰之間 所被差遣軍兵也. 且九國住人等 其身縱雖不고케닌 有致軍功之輩者 可被抽賞之由 普可令告知之狀 依仰執達如件
　　　文永 11年(1274) 11月 1日　　　　武藏守(義政) 在判
　　　　　　　　　　　　　　　　　　相模守(時宗) 同
　　大友兵庫頭入道殿
『大友文書』 文永 11년(1274) 11월 1일(『鎌倉遺文』<11742>).
鎭西管領之時被成之
蒙古人襲來對馬・壹岐 致合戰之間 所被差遣軍兵也. 且九國住人等 其身縱雖不御家人 有致軍功之輩者 可被抽賞之由 普可令告知之狀 依仰執達如件
　　　文永 11年(1274) 11月 1日　　　　武藏守(北條長時) 在判
　　　　　　　　　　　　　　　　　　相模守(北條時宗) 同
　　大友兵庫頭入道(賴泰)殿

의 본격적인 전환이었다.

4. 재지무사의 위기의식과 「異國征伐」

다자이후를 두 번째 방문했던 조양필이 1273년 6월 막부의 반첩없이
돌아가고 나서, 여·몽원정군의 출동 준비는 본격적으로 시작되었다.
1274년 1월 몽골은 고려에게 일본원정에 쓰일 병선 제조를 준비하도록
지시하고, 3월에 흔도(忻都)와 홍다구(洪茶邱) 등 장수에게 일본정벌을
명하여 출정 시기를 7월로 결정하기에 이른다.40) 그리고 고려에서는
목재가 풍부하고 선박의 진수가 편리한 전주의 변산과 나주의 천관산
에서 그해 5월 그믐까지 크고 작은 병선 900척을 완성하여41) 준비를
원만하게 끝냈다. 그렇지만 일본원정은 6월 18일 원종이 죽음으로서
예정보다 수개월 뒤로 미루어졌고, 비로소 10월 3일 합포를 출발하여
먼 일본원정길에 올랐다.

10월 5일 몽골군은 쓰시마에 당도하자 7-8척의 병선에서 1천여 명이
대거 상륙하기 시작하였다. 이때 쓰시마를 지배하는 슈고(守護) 쇼니
카게스케(少貳景資)의 대관(代官)인 소노 스케쿠니(宗助國)는 일족과 낭
당(郎党) 등 80여기를 인솔하고 상륙한 몽골군을 상대로 전투를 벌렸다.
몽골군과 비교하여 수적으로나 무기 면에서 비교가 되지 않을 정도로
열세였기 때문에 악전고투의 전투를 치른 끝에 12명이 전사하였다. 결

---

40) 『新元史』권250 열전 제147 外國2 日本條, '(至元11年(1274))三月 帝以鳳州經
　　略使忻都 高麗軍民總督洪茶邱等 將屯軍及女眞軍 並水軍共一萬五千人 戰船
　　九百艘 期以七月攻日本'
41) 『高麗史』권27 세가27 원종 15년(1274) 정월 : 동년 6월 신유.

국 쓰시마에서 많은 무사들이 희생되고 스케쿠니 마저도 전사함으로서
섬 전체가 몽골의 수중에 넘어가고 말았다.[42]

　몽골군은 대마도를 제압하고 이키시마에 나타난 것은 10월 14일이
었다. 이키시마의 서쪽 해안에 병선이 도착하여 2척에서 몽골군 400여
명이 가츠모토(勝本)에 상륙하였을 때, 슈고다이(守護代)인 다이하노 가
게타카(平景隆)는 고케닌들 100여기를 거느리고 성을 지켰으나 중과부
적으로 더 이상 싸울 수 없자 성안에서 자결하였다. 이 전투상황에
대해서 『고려사』에서는 이키시마에서 1,000여명이 죽은 것으로 기록
하고 있다.[43] 이어 여·몽원정군이 마쓰우라 반도의 연안에 있는 섬에
도 상륙하여 마쓰우라 지방의 무사 수백 명이 죽거나 다치는 전투가
끊임없이 벌어졌다.[44] 실로 쓰시마와 이키시마에서는 몽골군의 상륙으
로 섬의 무사들과 주인(住人)들이 수없이 처참하게 죽임을 당하게 되어
그야말로 섬 전체가 초토화되는 상황이었다.

　본래 이곳의 주인(住人)들은 고려와 해상경계에 있는 지리적 위치
때문에 갑작스런 침입에 대비할 시간적 여유가 없고 더구나 고립무원
의 섬이었으므로, 전장을 피해 도망하거나 탈출이 불가능하여 더욱 많
은 희생이 따를 수밖에 없었다. 여·몽원정군의 고려군의 상륙과 동시
에 전투가 벌어지고 많은 남녀가 죽임을 당하거나 포로로 잡혀가 잔혹
한 행위를 당하게 되면서, 이 두 섬들의 주인들에게 몽골군과 고려군의
존재는 전투가 종식된 후에도 공포감과 위기감의 대상으로 인식될 수
밖에 없었다. 즉 공포의 대명사로서 후세에 전해지는 「무쿠리(元)·고

---

42) 『八幡愚童記』上(『日本思想大系』20, 岩波書店, 1975 이하 생략).
43) 『高麗史』 권28 세가28 충렬왕 즉위년(1274) 10월 기사.
44) 『八幡愚童記』上.

쿠리(高麗)」[45]라는 용어의 사용이 바로 잔혹한 전투행동에서 유래되었음을 짐작할 수 있다.

뒤이어 1274년 10월 19일 몽골군과 고려군이 이끈 900척의 대선단이 하카타만(博多灣)에 도착하였고, 본격적인 전투는 20일 여·몽원정군이 하카타만에 상륙 공격하면서 시작되었다. 여몽원정군의 성능 좋은 활과 뎃뽀(鐵砲) 또는 지호(磁砲), 그리고 경장기병으로 편성한 집단전술 때문에, 전선은 순식간에 다자이후를 방비하는 미즈키(水城) 바로 앞까지 진행되어 다자이후의 함락 일보직전의 상황이었다. 그러나 일몰로 날이 어두워지자 여·몽원정군은 정박해 놓은 자신들의 배로 돌아가는 예상 밖의 행동을 보여 주었다. 그런데 그날 밤 갑자기 폭풍우가 심해지면서 바다위의 배들이 바위와 언덕에 부딪치고 형편없이 파손되어 그 희생자가 무려 13,500명에 이르게 되었다.[46] 참으로 어처구니없게도 단 하루 밤 사이에 승승장구하던 원정군의 기세가 완전히 정반대의 양상으로 뒤바뀌어 버린 것이다. 결국 여·몽원정군은 아무런 결과도 얻지 못한 채, 북 규슈 지역(對馬島, 壹岐島, 松浦지방, 博多 등)의 재지무사들과 주인들에게 상처와 공포심만 심어 놓은 채 돌아가고 말았다.

1차 원정의 실패로 인해 많은 재원과 인명의 손실로 피폐한 고려의 사정은 아랑곳하지 않고, 몽골은 다시 일본원정을 준비하도록 고려에게 명령하였다. 1275년 2월이 되자 몽골은 일본 원정을 돕기 위해 남송인(=蠻子軍) 1,400명을 보내와 고려의 해주·감주(監州)·백부(白州) 등지에 주둔시키고 원정 준비를 독려하였다. 그리고 3월에는 몽골의 두세충(杜世忠)과 하문저(何文著), 그리고 고려의 서찬(徐贊) 등을 사절로 파

---

45) 田中建夫, 「ムクリコクリ」『日本歷史』228, 1967, 89쪽 참조.
46) 『高麗史』 권28 세가28 충렬왕 즉위년(1274) 11월 기해.

견하여.[47] 이전과 마찬가지로 계속해서 일본 초유를 시도하는 방침을 고수하였다.

그런데 일본에서 막부는 고려에서 출발한 몽골 사신이 1275년 4월에 나가토(長門)에 도착하자, 5월에는 스오국(周防國)과 아키국(安藝國)의 고케닌들을 동원하여 나가토국(長門國)을 방어하는「이국경고번역」을 하달하고 있다.[48] 그리고 8월에 사신일행을 관동으로 호송한 뒤에, 9월 두세충을 비롯한 일본 초유의 사절 일행 5인을 다츠노쿠치(竜ノ口)에서 참수하였다. 사신 일행을 죄인으로 취급하여 처형한 것은 막부가 몽골과의 군사적인 충돌을 불사하더라도 결코 어떠한 외교적 교섭도 원치 않는다는 결연한 의지를 보여주는 충동적인 행동이었다.

그리고 몽골이 다시 침입할 것 같은 상황이었기 때문에 무사들의 사기를 높이기 위해서 1275년 10월 말에 이르자 처음으로 몽골의 1차 침입을 성공적으로 막아낸 공로로 120여명에게 은상을 내렸다. 더욱 흥미로운 사실은 12월 초「이국정벌(異國征伐)」의 명령이 막부에서 내려진다는 점이다. 막부는 쇼니 쓰네스케(少貳經資)를 총대장으로 삼아 규슈와 산인도(山陰道)・산요도(山陽道)・난카이도(南海道) 등의 본소일원지(本所一圓地)에서 선장과 선원(=梶取,水手)을 차출하여 다음 해(1276) 3월에 하카타(博多)에 집결시키라고 명령을 내리고 있다.[49] 물론 이「이

---

47)『高麗史』권28 세가28 충렬왕 원년(1275) 2월 기해.
48)『東寺百合文書』建治 원년(1275) 5월 12일(『鎌倉遺文』<11910>).
　　　長門國警固事. 御家人不足之由 信乃判官入道行一令言上之間 所被寄周防
　　　・安藝也. 異賊襲來之時者 早三ヶ國相共 可令禦戰之狀 依仰執達如件
　　　　　　建治 元年(1275) 5月 12日　　　　　　　武藏守 在判
　　　　　　　　　　　　　　　　　　　　　　　　　相模守 在判
　　　　武田五郎次郎殿
49)「追加法」473條.
　　　明年三月比 可被征伐異國也 梶取・水手等 鎭西若令不足者 可省充山陰・山

국정벌」은 고려 공략을 목표로 삼은 계획이었다. 그러나 1276년 3월이 되면 막부의 기대와 달리 고케닌들의 참여가 소극적이어서 「이국정벌」은 본격적으로 추진되지 못하였다. 오히려 「이국정벌」에 참여하지 않는 자들을 하카타에 모아 석축(=石壘)을 쌓는 일에 동원하였기 때문에, 3월부터 북 규슈 전 지역에 걸쳐서 실제적으로 대규모로 공사가 진행되었다. 그리고 1276년 8월이 되면 앞에서 살펴본 바와 같이 1275년 5월의 명령과50) 마찬가지로 아키국(安藝國)의 지토고케닌 뿐만 아니라 본소일원지의 주인들을 나가토국(長門國)의 외적 방어에 동원하고 있었다.51)

한편, 현지에서는 비(非)고케닌·본게(凡下)라 할지라도 무력을 가진 자라면 누구나 「이국경고번역」에 참가하라는52) 막부의 결정으로 비고

陽·南海道等之由 被仰大宰少貳經資了 仰安藝國海邊知行之地頭御家人·本所一圓地等 兼日催儲梶取·水手等 經資令相觸者 守彼配分之員數 早速可令送遣博多也者 依仰執達如件.

> 建治 元年(1275) 12月 8日 武藏守 在判
> 相模守 在判

武田五郎次郎殿

『東寺百合文書』 建治 원년(1275) 12월 8일(『鎌倉遺文』<12170>).

明年三月比 可被征伐異國也 梶取·水手等 鎭西若令不足者 可省充山陰·山陽·南海道等之由 被仰大宰少貳經資了 仰安藝國海邊知行之地頭御家人·本所一圓地等 兼日催儲梶取·水手等 經資令相觸者 守彼配分之員數 早速可令送遣博多也者 依仰執達如件.

> 建治 元年(1275) 12月 8日 武藏守 在判
> 相模守 在判

武田五郎次郎殿

50) 주)49 참조.

51) 「追加法」 477條.

異國用心事. 以山陽南海道勢 可被警固長門國也. 於地頭補任之地者 來十月中 可差遣子息之由 被仰下畢. 早催具安藝國頭御家人幷本所領家一圓地之住人等 可令警固長門國之狀 依仰執達如件.

> 建治 2年(1276) 8月 24日 武藏守(義政)
> 相模守(時宗) 在判

武田五郎次郎(信時)殿

52) 주 40)참조(『大友文書』文永 11년(1274) 11월 1일(『鎌倉遺文』<11742>)) : 『靑

케닌들이 더욱 적극적으로 「이국경고번역」에 참여하고 있었다. 규슈 고토(五島)열도의 나카도오리지마(中通島) 우라베시마노우치(浦部嶋內) 시로이오 고카쿠(白魚行覺)는 1280년부터 1302년까지 12회에 걸쳐 경고번역에 참가하였다.[53] 이제까지 서자가로서 불안한 자신의 지위를 확고히 다지고 새롭게 고케닌으로 등극할 수 있는 좋은 기회였기 때문이다. 그 이후에는 「시로이오 고카쿠 신장안(白魚行覺 申狀案)」에서 스스로 고케닌이라 표현하면서[54] 당시 지토고케닌인 미네노 사타시(峯貞)를 상대로 친제이탄다이(鎭西探題)에 소송을 제기하였다.[55] 이것은 시로이오(白魚)씨가 지토 대관의 지위에서 벗어나서 미네(峯)씨와 대등한 고케닌이 되었음을 자신하는 행동이었을 뿐만 아니라, 자립적 영주권의 확보를 목적으로 시작한 운명을 건 소송이었다.

그러나 이 소송은 가겐(嘉元) 년간(1303-05)부터 친제이탄다이에 소진(訴陳)이[56] 반복되어 나가는 육문육답(六問六答)의 형식으로 진행되었

方文書』嘉元 2년(1304) 11월 일, "次被入勳功御配分由事, 此條至異賊合戰賞者, 無足浪人・非御家人・凡下輩等, 依忠勤被賞訳之上者, 不及行覺一人自稱歟":『靑方文書』嘉元 3년(1305) 3월 일, "次異賊合戰勤賞事, 引申非御家人・凡下之仁潤色云云".

53) 『靑方文書』弘安 3년(1280) 11월 7일 : 弘安 8년(1285) 10월 회일(晦日) : 弘安 10년(1287) 6월 회일 : 弘安 10년(1287) 12월 회일 : 正應 원년(1288) 10월 회일 : 正應 원년(1288) 12월 회일 : 正應 2년(1289) 5월 13일 : 正應 2년(1289) 9월 17일 : 正應 4년(1291) 6월 12일 : 永仁 6년(1298) 8월 4일 : 正安 4년(1302) 10월 8일 : 正安 4년(1302) 10월 15일 등 다수의 경고번역 문서가 있다.

54) 『靑方文書』년 월 일 결(缺), 「白魚行覺申狀案」(1-88).

55) 『靑方文書』년 월 일 결(缺), 「峯貞陳狀案」(1-87).

56) 몽골의 침입 이후에 친제이(鎭西)에 있어서 이국경고번역을 담당한 자가 소송을 위해 관동・로쿠하라(六波羅)에 올라오는 것을 막부가 강력하게 금지하였다. 그 대체 기관으로 최종 재판권을 갖는 친제이탄다이(鎭西探題)가 설치되어, 친제이에 있어서 소송은 친제이탄다이에서 재판하도록 해서 친제이고케닌(鎭西御家人)이 국의 경고번역에만 전념하도록 하였다(佐藤進一, 『鎌倉幕府の訴訟制度の硏究』, 畝傍書房, 1943, 286쪽 이하 참조).

다. 일반적으로 삼문삼답(三問三答)의 형식으로 진행되는 것이 가마쿠라막부의 소송제도였다. 그러나 그의 2배에 달하는 육문육답으로 소송이 진행되었던 것은 가마쿠라 막부의 대표기관인 친제이탄다이가 고케닌의 통제에 대한 자신감을 상실하였음을 시사하는 것이었다. 그리고 친제이탄다이의 판결도 소송을 시작한지 무려 10년 이상이 지난 후에 나왔고, 그 판결에는 시로이오씨가 가마쿠라의 고케닌인가 아닌가에 대해서는 직접적인 답변도 없었다.[57] 즉 지토직(地頭職)과 고케닌 신분의 획득을 목적으로 「이국경고번역」에 참가했던 비고케닌의 의도가 기득권을 갖고 있던 고케닌의 반격과 막부의 불리한 판결에 의해 좌절된 것을 의미하는 것이었다.[58] 이것은 「이국경고번역」에 사력을 다했던 주인들의 불만을 사기에 충분하였으므로, 막정에 또 하나의 불안요소로 작용하였다. 이와 같이 계속해서 막부가 지역지배 원칙에서 선례를 무시하고 비고케닌에 대한 동원령을 내리는 것으로 보아 여·몽원정군의 1차 침입 이전 상황과 마찬가지로 다급한 기색을 감추지 못하고 좌충우돌하고 있음을 알 수 있다.

한편 막부가 「이국정벌」을 계획하고 있을 무렵 몽골은 남송을 공략하기 위해서 전력을 기울이고 있었다. 마침내 1279년 2월 남송을 멸하고 전 중국을 몽골제국의 세력으로 편입시키는데 성공하였다. 그리고 1279년 6월 병선 900척을 만들도록 고려에게 명령하고,[59] 다른 한편으로는 다시 일본 초유의 사신을 쓰시마를 경유하여 하카타로 보냈다.[60] 그러나 막부측의 태도는 더욱 냉정하여 가마쿠라로 호송하지도 않은

---

57) 『靑方文書』正和 4년(1315) 6월 2일.
58) 拙稿, 「松浦黨 一揆의 再考」『史學志』30, 1997, 250~51쪽 참조.
59) 『高麗史』 권29 세가29 충렬왕 5년(1279) 6월 신축.
60) 『新元史』 권250 열전 제147 外國2 日本條.

채 하카타에서 사신 전원을 참수하였다. 이렇게 두 차례에 걸쳐서 사신 일행을 처형한 것은 앞으로 몽골의 침입을 기정사실로 받아들이겠다는 막부의 확고한 의지를 보여주는 행위였다. 어쩌면 1차 침입 때에 경험 했던 몽골군과 고려군을 향한 적개심에 대한 잔인한 응징이 아니었을 까 생각한다.

결국 1281년 1월에 몽골의 세조(=쿠빌라이)로부터 2차 일본 원정의 명령이 내려졌다.[61] 대규모 원정군은 동로군과 강남군으로 나뉘어 편 성되었는데 동로군이 5월 3일 합포를 출발하였지만, 강남군은 출발이 늦어져 6월 18일이 되어서야 경원(慶元)과 정해(定海)를 출발하였다. 먼 저 도착한 동로군은 6월 6일 하카타만에 상륙하려고 시도하였으나 여 의치 않아 다시 이키시마로 돌아갈 수밖에 없었다. 그 후 7월초에 강남 군과 동로군이 히라도시마(平戶島)에서 만나 7월 27일에 다카시마(鷹島) 를 점령하고 다음 작전을 숙의하였다 그러나 윤7월1일 태풍이 불기 시작하면서 삽시간에 14만 명 병사와 4천 4백 여척의 병선이 대혼란의 소용돌이 속에 빠지고 말았다. 이들 중 대부분이 태풍에 휘말려서 익사 하였고, 포로로 된 2~3만 명마저도 모두 처형되어 돌아가지 못한 자가 10여만 명에 이른다고 『고려사』는 기록하고 있다.[62]

동로군과 강남군의 행적에서 살펴보면 전략적으로 실패한 작전이었 음을 직감할 수 있다. 적어도 동로군의 경우 무려 3개월 동안 바다에 몸을 맡겨야하는 어처구니없는 장기간의 선상생활을 해야 했기 때문이 다. 이들 동로군과 강남군이 정말로 싸울 의지가 있는 원정군이었다고 의심해 보는 것은 지나친 편견일까. 아니면 실패할 수밖에 없는 허술한

---

61) 『高麗史』 권29 세가29 충렬왕 7년(1281) 정월 무술삭.
62) 『高麗史』 권29 세가29 충렬왕 7년(1281) 윤8월 경신.

작전이 패배의 원인이었다고 보아야 할 것인가. 오히려 이 같은 주장이 공가측의 「적국항복(敵國降伏)」 기도문의 응답, 즉 「가미카제(神風)」이 었다고 주장하는 것 보다는 한층 더 직관적인 해석이라고 볼 수 있지 않을까 생각한다.

한편, 동로군과 강남군의 두 번째 침입마저도 막아낸 막부는 1281년 8월에 규슈의 고케닌들에게 두 번째로 「이국정벌」 명령을 내리고 있다. 쇼니(少貳)씨와 오오토모(大友)씨를 대장군으로 삼아 규슈의 치쿠젠국 (筑前國)·분젠국(豊前國)·분고국(豊後國)의 고케닌들에게 고려를 정벌하도록 하고, 야마토국(大和國)·야마시로국(山城國)의 악도(惡徒)들 56인도 함께 동참하도록 하고 있다.[63] 그러나 1275년에 공포된 「이국정벌」과 마찬가지로 실행된 흔적은 찾아볼 수 없다.

이후에도 몽골 세조의 일본원정 의지는 사라지지 않았지만, 고려와 중국에서의 반란과 정치적으로 분쟁이 계속되면서 일본원정은 실행에 옮겨지지 못하였다. 결국 1294년 세조가 죽음으로서 몽골과 고려의 일본원정 계획이 종지부를 찢게 되었다. 그러나 규슈에서는 1272년에 공포된 「이국경고번역」이 계속해서 유효하였고, 1276년 3월에 시작된 석축(石壘) 공사가 다음 해 1월에 끝났지만, 부분적인 수리라든가 북규슈 전 지역에 걸쳐서 연장공사가 계속되면서 가마쿠라막부의 멸망(1333) 전후한 시기까지 계속되었다.

이와 같이 1275년과 1281년에 두 차례의 여·몽원정군의 침입을 성공적으로 막아낸 막부는 또 다른 침입에 대한 대비의 일환으로 「이국

---

63) 『東大寺文書』弘安 4년(1281) 8월 16일(『鎌倉遺文』<14422>).
可被征伐高麗之由 自關東其沙汰候歟. 少貳乎大友乎爲大將軍 三ヶ國御家人
悉被催立 幷大和·山城惡徒五十六人 今月中可向鎭西之由 其沙汰候 …(하
략)….

경고번역」을 시행하면서 끊임없이 전국의 수많은 고케닌과 비고케닌들을 규슈로 동원하는 전략을 구사하였다. 그리고 막부는 주종제의 원리로 연결되어 있으면서 토지에 대해 배타적인 영주권을 가진 고케닌들이 전투에서 군공을 세워 은상지를 획득하는데 필사적이었기 때문에, 「이국경고번역」을 통한 군사적 동원과 석축의 축조에 필요한 인력 동원이 가능하였다.

그러나 고케닌들의 불만은 두 차례의 전쟁이 끝난 후에 시간이 흐를수록 점차 증가할 수밖에 없었다. 근본적으로 이 두 차례의 전쟁은 새로운 은상지가 확보될 수 없는 방어 전쟁이었기 때문이다. 이것이야말로 가마쿠라막부가 주종제의 붕괴를 가속화시킬지도 모르는 은상지의 절대 부족 현상을 예측하지 못한 치명적인 오류의 결과였다. 막부입장에서 초기에 일본 초유의 몽골과 고려사신이 도착했을 때가 군사적 위기의 시작이었다면, 두 차례의 전쟁이후 은상지의 부족은 정치적으로 막부존립을 위협하는 절대적인 위기상황이었음에 분명하다.

이미 이를 인식했던 막부는 1275년에 처음으로 1차 침입을 성공적으로 막아낸 고케닌들에게 은상지를 수여하는 여유를 보여준다. 당연히 은상을 목표로 전투에 참여하였던 고케닌들에게는 빠른 보상만큼 절실한 것은 없었다. 그러나 이후에 나타나는 은상의 지연과 부족이 고케닌을 동요시켰으므로, 위기극복 방법으로 봉건적 주종관계를 재결속시키는 또 다른 방법을 강구할 수밖에 없었다. 그 방편에서 나온 논리가 「이국정벌」계획이었으며 실제로도 유효한 전략일 수 있었다. 따라서 여·몽원정군과 전쟁을 치룬 이후에 막부는 1275년과 1281년 각각 두 차례에 걸쳐 고려 침공한다는 「이국정벌」계획을 세우고 추진하였다. 결국 이 계획은 고케닌의 부족한 은상에 대한 불만과 지나친 경제

부담으로 야기되는 체제의 동요를 극복하려는 「자기방어의 논리」차원에서 추진된 정책이었다. 그러나 이 정책은 대외적으로 고려에 대한 두려움과 적개심만 수십 년간 지속시켰을 뿐, 오히려 재지무사와 막부의 지도체제를 극도의 혼란 상태로 몰고 갔다.

한편 시간이 경과할수록 점차 대외적 위기감은 사라져 갔지만, 역시 막부에게 가장 큰 적은 공가정권이었다. 집요하게 압박하는 공가 측의 도전이 가중되어 가면서 가마쿠라 막부는 체제유지의 한계를 드러냈고, 아울러 재지에서 횡행하는 「악당」세력의 활동으로 공권력마저도 더 이상 유지할 수 없게 되었다. 이 혼란한 틈을 이용해서 고려를 침입한 세력이 「왜구」인데, 전대와 비교해서 가마쿠라 막부 멸망 전후에 더욱 집단화해서 고려를 대상으로 대규모로 활동해 나가게 되었다.

5. 맺음말

가마쿠라 막부는 몽골로부터 1266년부터 1274년까지 모두 여섯 차례의 일본 초유 사신을 맞는다. 몽골의 적극적인 일본 초유의 목적은 전쟁을 통한 강제적인 항복보다는 사절의 파견을 통한 명분론적 복속을 더 바라고 있었다. 그러나 1268년에 처음으로 몽골의 국서가 도착하였을 때 몹시 당황스러웠던 공가와 무가는 공동대응의 형식을 취하고 반첩을 보내지 않는 것으로 결정하였다. 그러나 이러한 막부의 대응은 국제정세를 정확히 인식하지 못한 「무능한 대처」였으며 오히려 「대외위기」를 조장하는 미숙한 대응이었다.

또 막부는 몽골의 침입에 대항하기 위해서 그 저항세력인 삼별초를 이용할 수 있었음에도, 군사원조와 공동투쟁을 요청하는 삼별초의 첩장을 인식하지 못한 것은 동아시아 정세에 대한 국제적 감각의 미비와 고려 조정에 대한 불신이라는 외적 요인과, 호죠씨(北條氏) 도쿠소(得宗) 전제권력의 정통성 결여라는 내적 요인이 복합적으로 누적된 결과였다. 따라서 당시 막부는 삼별초의 첩장 내용을 수용할 만한 유연한 태도도 삼별초와 연대할 수 있는 국제적인 감각도 갖지 못하고 자신감마저 결여되어 있었다.

1274년과 1281년 두 차례의 침입에서 몽골과 고려 원정군은 아무런 성과도 얻지 못한 채 북 규슈 지역(對馬島, 壹岐島, 松浦지방, 博多 등)의 재지무사들과 주인들에게 깊은 상처와 공포심만 심어 놓은 채 돌아가고 말았다. 반면에 자신감을 얻은 막부는 몽골과 군사적인 충돌이 있더라도 결코 외교적 교섭을 원치 않는다는 결연한 의지를 다진다. 당시 막부의 대몽골 방어전에서 고케닌들은 소령 지배를 관철하고 신은(新恩)을 확보하기 위해서 개별적인 군사력과 전략으로 막부의 군사동원에 응했다. 그리고 이들은 배타적인 영주권을 가지고서 전투에서 공을 세워 은상지를 확보하는데 필사적이었다. 그러나 은상지의 절대 부족은 막부가 예상치 못한 현상이었고, 봉건적 주종관계를 송두리째 붕괴시킬 수 있는 치명적인 문제였다.

한편 두 차례의 전쟁을 승리로 이끈 막부는 1275년과 1281년 각각 「이국정벌」계획을 세워 고려를 침공한다는 강경한 자세를 취하였다. 「이국정벌」계획은 일본 국내의 위기를 극복하기 위한 「자기방어의 논리」였으며 실제로 유효한 전략이었다. 그러나 이것은 부족한 은상에 대한 불만과 경제적 부담으로 야기된 체제의 동요를 극복하려는 자기방어의 차원에서 만들어진 전략이었다. 특히 1·2차 여·몽원정군의 침입 이후에 나타난 대(對)고려 인식의 극단적인 표현이기도 하였다. 이것이 실현 가능을 떠나서 대(對)고려 반격을 일본국내 위기의 극복의 대상물로 정치 쟁점화시킨 것은 무가정권의 한계를 드러낸 미숙한 대응이었다. 이와 같이 대(對)고려 인식에서 고려에 대한 노골적인 멸시관이나 「이국정벌」과 같은 적대주의적이고 침략주의적 용어가 생겨난 것은 13세기 동아시아 세계에 불길한 전조가 아닐 수 없었다. 아울러 이것은 한반도를 자국의 「위기탈출」과 「긴장해소」의 대상물로 전락시키고 공론화시켰다는 것을 의미하는 것이기도 하였다.

그리고 몽골의 침입 이후에 일본 내부에서는 「위기의식」이 반세기가 지난 후에도 혼란 정국 속에서 지속되어 가는 분위기였다. 가마쿠라막부가 멸망하고 무로마치막부가 들어선 이후에도 막정은 쉽게 안정을 찾지 못하였다. 조정이 양분되어 남조와 북조가 대립하고 있었고, 막부의 상부 권력이 양분되어 전란이 계속되고 있었기 때문이다. 일본 내부의 계속되는 정치적 위기는 경제적 수요와 욕구를 스스로 해결해야만 하는 도서연안의 재지무사에게도 위기와 압박으로 작용하였다. 따라서 이들은 내부위기를 쉽게 해결할 수 있는 방법을 밖에서 모색하였는데, 이것이 「약탈」이었으며 「왜구」이었던 것이다.

결국 규슈의 주인(住人)들은 경제적 욕구를 충족시키는 대상지로 고려를 선택하고 집중적으로 약탈 활동을 전개해 나갔다. 당시 왜구의 대규모 선단은 단순한 약탈 행위 이상의 고려에 대한 적개심과 한반도 침입의 예비적 전조로 이해하는 것이 지나칠까. 이것과 관련하여 14세기 남북조내란기에 이들의 본격적인 활동과 고려와 조선에 남긴 왜구 흔적은 다음의 연구로 미루고자 한다.

16세기 후반
일본의 대외정책과 대외인식
秀吉의 대륙정복계획을 중심으로

尹裕淑 성균관대학교 HK연구교수

1. 서론

　도요토미 히데요시(豊臣秀吉)의 조선침략은 戰國시대 일본이 총력을 기울여 기획한 전근대 일본사회에서 있어 최대 규모의 침략전쟁이자 대륙정복계획의 일부였다. 거시적인 관점에서 보면 이는 16세기말 東아시아 지역 최대의 국제전쟁으로써 이 지역의 국제질서 뿐만 아니라 조선·중국·일본 삼국의 정권교체 내지는 사회 내부구조의 변화마저 초래한 대사건이기도 했다. 당시 동아시아 세계에 남긴 파장이 지대했던 만큼 히데요시의 조선침략은 매우 다양한 각도에서 그 연구가 진행되어 왔다. 세부적인 주제별 연구로 들어가면 한국, 일본 양국 학계가 각기 비중을 두는 분야가 약간의 상이하지만 대체로 전쟁의 원인, 전쟁의 경과, 강화교섭(明의 참전), 양국의 국내체제에 미친 사회·경제·정

치적인 영향, 군사적인 측면(무기・군사제도・군사동원체제・작전지휘・
군사시설 등), 전쟁으로 인해 파생된 문화적 교류, 人的 문제(降倭・被拉
人), 의병문제 등으로 정리된다.

　종래 일본학계에서는 전쟁의 원인론을 포함하여 히데요시의 조선침
략이 어떠한 역사적인 전제하에서 발생했는가 하는 테마가 연구사상
커다란 비중을 점해 왔고 제시된 논점도 다양하다. 그 주된 논점 몇
가지를 들어보면 첫째 일본의 국내적인 요인의 발전으로서 대외전쟁을
위치지우는 설, 둘째 明을 중심으로 하는 국제사회의 상황 속에서 이
전쟁을 이해하려는 설, 셋째 조선측의 내부 사정도 포함하여 양국간의
상호인식을 중시하는 설 등으로 분류할 수 있을 것이다.[1] 이 중에서도
첫번째 시각 즉 豊臣정권의 조선침략, 크게는 대륙침략계획을 豊臣정
권의 국내통일논리와 결부시켜 해석하는 경향이 특히 강하다. 대륙침
략은 전국통일사업의 일환이거나 혹은 통일사업의 연장선상에 있는
것이며 조선침략은 조선을 지배영역으로 삼으려 했던 일본에게 복종하
지 않는 조선에 대한 군사행동의 발현으로 해석하는 논리도 등장하고

---

1) 조선침략에 관한 학설사적 검토에 관해서는 北島万次, 『豊臣政權の對外認識と
　朝鮮侵略』, 校倉書房, 1990. 제1장을 참조. 전쟁 원인론은 井上光貞編, 『日本
　歷史大系3 近世』, 山川出版社, 1988. 72~73쪽 참조. 豊臣政權이 왜 조선침략
　을 감행했는가 하는 전쟁 원인론에 관한 논의는 대략 다음과 같이 정리된다.
　豊臣政權의 내부모순을 분석함으로서 권력 편성상의 문제를 봉합하여 전쟁을
　통해 새로운 권력집중을 꾀하려 했다는 설, 모순이 격화되고 있던 다이묘와
　농민의 에너지를 국외로 향하게 하려 했다는 설, 경제적인 분석에 치중하여
　다이묘에게 부여하는 영지를 획득하기 위한 영토 확장설, 16세기 중반에 중단
　된 明과의 勘合무역을 부활시키려 했다는 설, 히데요시의 심정적인 분석에
　의거하여 그의 공명심에 의거한 해외정복으로 보는 설, 히데요시 개인의 전제
　적인 성격에 유래한다고 보는 설, 세계사적인 시야에 기초하여 유럽인과의 만
　남에 자극되어 명정복에 의한 아시아 대제국 창설을 의도했다는 설 등이다.
　이들 견해 중에는 전쟁 중의 강화교섭 등에서 제시된 내용을 소급하여 전쟁의
　원인으로 끼워 맞추고 있는 의견도 적지 않다.

있다.[2] 이 같은 견해들은 결국 히데요시의 국내통일 과정과 통일의
결과에 문제가 있었기 때문에 그것을 해결하기 위해서는 대외침략이
불가피했다, 또는 필연이었다는 시각에 입각해 있다. 일본 국내의 통일
과정에서 불거진 내부모순이나 국내의 정치적인 문제가 주요한 요인이
라고 보는 입장도 중요하고 당시 다이묘(大名)들의 영토욕이 컸던 것도
사실이다. 조선침략으로 인해 히데요시는 처음으로 전국의 다이묘에게
통일적인 軍役을 부과할 수 있었고 石高制를 전국으로 확대시킬 수
있었다. 또한 대외침략 행위를 연자로 하여 규슈 지배를 진척시켰고
太閤檢地를 철저화시킬 수 있었다. 즉 국내통일이 안고 있던 한계성이
조선침략이라는 外征을 연자로 하여 상당부분 극복될 수 있었다. 국내
문제를 대륙정복의 최대의 원인으로 또는 일차적으로 생각하는 견해는
豊臣정권의 역사적인 성격을 토지제도, 石高制를 중심으로 하여 근세

---

2) 예를 들어 朝尾直弘은 통일전의 과정에서 히데요시가 때때로 「唐國까지도」를
언급하면서 配下의 다이묘를 통제하고 惣無事令을 강제했다는 점을 들어 복속
한 다이묘들의 불만 배출구로써 唐國에 대한 영토욕을 심어 주었음을 지적하고
있다. 또한 小牧·長久手의 전투 패전으로 인한 콤플렉스, 바깥 세계에 대한
지식부족 등도 요인으로 지적되고 있다. 藤木久志는 전국통일에 의한 중앙집권
강화와 大名權(地方分權)의 강화라는 모순의 극복으로서 대륙침략을 위치지웠
다. 藤木은 풍신정권의 통일정책(惣無事令, 喧嘩停止令, 刀狩令, 海賊停止令)
을 豊臣平和令이라고 규정하였다. 풍신정권은 惣無事令을 위반하는 자는 정벌
한다는 논리를 갖고 전국통일을 행했다. 그리고 해외로 눈을 돌려 조선, 유구,
루손, 高山國을 일본국내와 마찬가지로 惣無事令의 적용 대상국(일본에 복속
해야 할 국가)으로 보고, 明과 南蠻을 교역 대상국으로 보아 풍신정권의 對아시
아 외교에는 중층성이 있다고 보았다. 따라서 풍신정권의 對明정책의 기조는
감합부활이며 對조선 정책은 총무사령의 연장과 그 違背에 대한 정벌이라는
시각을 제시했다. 藤木은 근년 「전국평정으로 국내전장이 폐쇄되었기 때문에
약탈을 삶의 수단으로 삼았던 雜兵들의 전장 에너지를 억지로 조선의 전장으로
방출하였고 그럼으로써 국내의 평화가 안정되었다」라고도 보았다. 朝尾直弘,
「鎖国制の成立」, 『講座日本史4』, 東京大學出版會, 1970,10. 藤木久志, 『豊臣
平和令と戰國社會』, 東京大學出版會, 1985.

봉건제의 틀을 확립한 정권으로 취급하는 입장에서 비롯된 것이다.[3]

　豊臣政權의 대륙정복계획 및 그 실행으로서의 조선침략은 일본의 고대나 근대의 대외전쟁과는 달리 외부적인 원인, 즉 주변국가와의 외교적인 마찰, 충돌 내지는 외국과의 군사적 동맹관계라는 상황적인 전제가 대단히 미약한 조건에서 추진되었던 것이 사실이다. 이것이 히데요시의 조선침략이 지니는 특수성임은 부정할 수 없다. 그러나 이미 전국통일이 달성되기 수년 전부터 히데요시가 대륙정복을 공언하고 있었던 점으로 미루어 국내통일 과정에서 비롯된 문제점의 타개책이라는 측면 이상으로 대외관계 그 자체를 시야에 두고 침략이 구상되었던 것은 아닐까 하는 생각을 갖게 된다.

　따라서 필자는 히데요시의 대륙정복계획이 우선은 대외관계 그 자체를 염두에 두고 구상되었을 것이라는 가정하에 이를 검토하고자 한다. 히데요시는 關白에 취임한 직후부터 국내적으로 대륙침략 의사를 공언하고 주변 諸國에 대한 외교활동을 본격화하였다. 그의 외교는 豊臣政權에 복속한 다이묘를 매개로 추진되거나 또는 외교문서를 통해 추진되었다. 본고는 16세기 후반 동아시아의 국제상황 속에서의 일본, 즉 16세기 동아시아 諸國과의 통교관계의 추이라는 국제적인 조건을 중시하여, 대륙정복계획의 등장, 조선침략 개시를 전후하여 전개된 풍신정권의 외교활동의 내용 및 대륙침략계획과의 관련성, 그리고 거기에서 표출된 대외인식은 어떠한 특징을 지니는가 하는 점을 검토하고자 한다.

---

3) 池上裕子, 『織豊政權と江戸幕府』, 講談社, 2002, 297~298쪽.

2. 16세기 동아시아 국제정세와 일본

16세기 일본을 둘러싼 동아시아의 국제정세는 한마디로 「明帝國的
국제질서의 해체시기」로 규정될 수 있을 것이다. 15세기의 동아시아
지역은 明을 중심으로 한 책봉체제와 그에 의거한 朝貢무역이 국제관
계의 기축을 이루었고 무로마치 정권하의 일본도 그 책봉체제의 일각
을 형성하고 있었다. 무로마치 쇼군의 일본국왕 책봉과 勘合무역의
경영이 그 증거일 것이다. 그러나 15세기 후반기 이후 무역의 주체가
막부에서 守護大名인 호소가와(細川), 오우치(大內)씨로 옮겨가고 무역
의 목적도 경제적인 이윤추구가 전면에 대두되었다. 호소가와씨의 경
우 실제로 무역을 담당했던 것은 주로 사카이(堺)상인, 오우치씨 경우는
하카타(博多)의 상인들로, 그들은 동아시아에 진출하여 富를 쌓고 사카
이와 하카타는 국제무역도시로 번영하였다. 이윽고 호소가와씨, 오우
치씨는 遣明船 무역의 이윤획득을 둘러싸고 격렬하게 대립하게 되고
1523년 寧波에서 양자가 격돌한 사건 이후 오우치씨가 견명선 무역을
독점하게 된다. 그러나 전국쟁란의 와중에서 오우치씨가 멸망하고
1547년 오우치 요시타카(大內義隆)가 파견한 견명선을 최후로 감합무역
이 폐절됨으로써 중국과 일본 사이의 정부간 공식무역은 단절되었다.
정부간 官貿易의 쇠퇴, 붕괴는 곧 무로마치 막부, 守護大名의 쇠퇴와
軌를 같이 하는 것이었다.

이처럼 16세기 중후반 織豊정권의 시대에 일본의 대외관계는 중국
과의 공식적인 국교 및 官貿易이 두절된 반면 後期倭寇와 포르투갈의
출현으로 인해 이전 시대에 비해 대단히 다채로운 양상을 띠게 되었다.
이들은 16세기 중기 이후 日中무역에 있어서 새로운 주역이 되었다.

明의 海禁정책하 이른바 후기왜구로 지칭되는 밀무역 집단 즉 중국인
을 주력으로 한 武裝 海商집단이 출현하면서, 일본은 국가지배의 틀을
넘어 광역적인 활동을 전개하는 海商집단의 對日 무역활동에 크게 의
존하게 된다. 明에서는 韃靼의 군사적인 위협이 고조되고 있었고 북방
에 배치한 군대에 대한 대량의 물자공급이 전쟁경기를 창출하고 있었
다. 거기에 사용되던 화폐인 銀의 수요가 고조되고 있던 바로 그 무렵
이와미(石見) 銀山 개발에 의한 일본의 銀생산[4]이 폭발적으로 증가하자
日本銀과 중국 生絲를 기축으로 하는 무역붐이 형성되었다. 명의 해금
정책 하에서 이 무역을 담당했던 주체가 浙江의 双嶼, 福建의 月港을
거점으로 하는 후기왜구였다.[5]

또한 서양세력(포르투갈, 스페인)의 도래로 인해 일본은 16세기 중반
이래 서양세력과의 무역교류 및 서구종교의 유입이라는 전례 없는 상
황에 직면하였다. 1511년 포르투갈인은 말래카를 점거하고 여기를 인
도와 동아시아를 연결하는 교역의 거점으로 삼았으며 1512년에는 몰루
카 諸島에 진출하여 안보이나에 商館을 설립하였다.

동아시아 해역의 신항로를 발견한 포르투갈은 중국무역의 이익을
추구하며 明정부와 교섭했으나 공식적인 무역을 허가받지 못하자 그
대신 왜구를 상대로 한 사무역에 전념하였다. 당초 포르투갈인의 중국
본토 접근은 明朝의 해금정책을 강화시켰으나 16세기 중반이 되어도
왜구는 전혀 쇠퇴하지 않고 오히려 1540년대부터 급증한 이와미 銀山

4) 日本銀이 일본의 주요 수출품으로 부상하게 된 것은 1533년 이와미銀山에서
조선으로부터 전해진 灰吹法이라는 획기적인 精鍊기술이 사용되기 시작하면
서부터이다.
5) 池享,「天下統一と朝鮮侵略」, 池享編『天下統一と朝鮮侵略 日本の時代史13』,
吉川弘文館, 2003, 14쪽.

등의 일본은을 구하여 일본에 진출하기 시작했다. 이리하여 동아시아 해역에 이른바 「倭寇的 상황」6)이 형성되고 1550년대 왜구의 대반란(嘉靖大倭寇)을 계기로 明朝는 포르투갈의 협력을 얻어 왜구금압을 강화하게 된다. 王直이 明정부에 의해 모살되자 동아시아 해역에서 왜구의 활동은 위축되고 그 중요성도 상대적으로 저하되었으나7) 반면 포르투갈은 마카오의 왜구를 금압한 보상으로 1557년 明朝로부터 마카오를 할양받고 이로써 동아시아에서의 역할비중은 한층 증대되었다.

　종래 일본의 다이묘나 상인은 왜구를 통한 무역에서 다대한 이익을 얻고 있었으나 동아시아에서 왜구의 세력이 쇠퇴한 후 왜구가 담당하던 역할을 포르투갈선에 기대하게 되었다. 포르투갈선은 인도의 고아에서 銀, 기름, 포도주 등을 적재하고 마카오에 입항하여 마카오에서 일본시장을 겨냥한 상품인 生絲, 견직물, 金, 鉛, 鹿皮 등을 구매하여 6,7월의 계절풍을 타고 일본에 입항하였다. 일본에서 이 상품을 銀과 교환하여 가을에서 겨울에 걸쳐 다시 계절풍을 타고 마카오로 귀환하였고 일본에서 가져간 銀을 마카오에서 중국의 생사, 견직물로 바꾸어

---

6) 荒野泰典,「日本型華夷秩序の形成」,『日本の社會史1列島內外の交通と國家』, 岩波書店, 1987. 高橋公明,「十六世紀の朝鮮…対馬・東アジア海域 」,『幕藩制国家と異域・異国』, 校倉書房, 1989.

7) 왜구 진압후 중국인 海商은 동남아시아 방면과의 교역에 주력하여 대일무역은 오로지 포르투갈인이 담당했다고 보기 쉬우나 이는 유럽세력을 과대평가한 시각이라는 지적에 유의할 필요가 있다. 중국인 海商은 아시아 해역을 장악하고 있었기 때문에 포르투갈뿐만 아니라 후대의 네덜란드, 영국인조차 그들의 힘을 빌리지 않고서는 이 지역의 무역에 참가할 수 없었다. 17세기 초두에도 일본에는 수만 명의 중국인이 거주하면서 각지에 「大唐街」를 형성, 무역에 종사하고 있었고 일례로 李旦이라는 중국인은 松浦씨, 長崎奉行와 친분을 맺어 매매의 편의를 인정받고 있었으며 明의 관헌과도 연계되어 대만을 경유한 중국・동남아시아 무역에 종사했다. 왜구진압 이후에도 중국인은 일본을 거점으로 한 무역에 있어 커다란 역할을 담당하고 있었던 것이다. 池亨, 앞의 논문, 15~16쪽.

재차 일본으로 가져왔다. 결국 중국, 포르투갈, 일본간의 무역관계는 포르투갈선을 매개로 하는 日中간 중계무역으로, 그 주축 상품은 중국 生絲와 일본銀이 차지하였다. 1571년 마카오에서 처음으로 정기선이 오무라(大村)씨 領國內의 나가사키(長崎)에 입항하여 마카오-나가사키간 무역 루트가 개설되었다. 나아가 1579년 예수회 巡察師 바리냐니가 來日하였다. 순찰사란 세계 각지에 있는 예수회의 활동 상황을 점검하는 임무를 띰과 동시에 예수회 總長의 직무를 대행하는 강력한 권한을 지닌 役職으로, 이로써 오무라씨 領內의 나가사키는 포르투갈에게 있어 동아시아 포교와 국제무역의 거점이 되었다.[8]

포르투갈의 동아시아 진출로 인해 14~15세기에 있어 동아시아 전역에서 중계무역으로 번영하던 琉球의 국제적인 위치도 변화한다. 琉球는 15세기 중엽 尙氏가 全琉球를 통일하고 한편으로는 명의 책봉을 받으며 다른 한편으로는 시마즈(島津)씨나 室町幕府, 동남아시아 諸國과 통상함으로써 中日무역의 중계역할을 담당했었다. 오닌(應仁)의 난 후에는 발흥기의 사카이상인이 琉球에 건너가 교역하기도 했고 시마즈씨도 점차 왕성하게 對琉球 무역에 임하게 되었다. 동아시아에 있어서 琉球의 중계 무역자로서의 지위를 위협한 것은 다름 아닌 16세기 후반 포르투갈의 등장이었다. 포르투갈의 등장으로 인해 중계무역자로서의 지위가 현격하게 축소된 琉球[9]는 이후 明朝와의 조공무역 시장을 일본 본토에서 구할 수밖에 없게 되었고 시마즈씨는 이 기회를 놓치지 않았다. 전국시대 규슈 남부에 있어서 領國지배체제가 강화되자 琉球무역에 대한 시마즈씨의 관심은 고조되어 점차로 琉球무역의 독점화를 꾀

---

8) 靑木美智男外編, 『爭點 日本の歷史5』, 新人物往來社, 1992, 19쪽.
9) 琉球는 1570년 삼과의 무역을 최후로 南海諸國과의 무역에 종지부를 찍었다.

하는 동시에 琉球에 대한 정치적인 지배를 강화해 갔다. 豊臣政權의
전국통일 직전에 그러한 움직임은 현저해진다.

한편 동아시아 국제관계의 한 축을 구성하던 朝日관계는 15세기 이
래로 조선정부와 일본의 쇼군, 다이묘, 재지영주, 상인 등이 상호교역관
계를 맺는 다원적인 통교관계를 형성하고 있었다. 조선의 대일정책은
왜구 금압을 기저로 하여 강경책과 회유책을 병행하는 것이었는데 구
체적으로 受圖書制, 受職制, 歲遣船 定約制 등의 제도를 마련하여 일
본 통교자를 통제하는 관리 시스템을 구축하였다. 16세기가 되면 조선
에서는 수차례의 왜변(삼포왜란, 사량진 왜변, 을묘왜변)이 발생하고 왜변
이 발생할 때마다 통교단절 및 조약 개정에 의한 통제강화라는 악순환
이 반복되었다. 대마도가 대조선 교역권을 유지하기 위해 충실한 체제
수호자로서의 역할을 한 덕분에 통교관계 자체는 붕괴되지 않았으나
양국의 통교관계는 현저히 쇠퇴되어 갔다.

즉 1510년 삼포왜란 이후 조선이 기존의 통교관계를 정리, 축소해
나아가는 과정에서 이를 이용하여 번영을 향수한 것이 대마도였다. 대
마도는 島主 文引制라는 通交監査 제도를 이용하여 일본 각지로부터
조선으로 향하는 통교자로부터 중개료를 징수하였고 나중에는 이 제도
를 악용하여 僞使를 합법적으로 파견하여 무역이윤을 독점하여 갔다.
그리하여 16세기 중반 이후 한일간 통교관계에 있어 중앙정부간의 통
상적인 외교관계는 실질적으로 단절되고 대마도의 소오씨(宗氏)가 대조
선 교역권을 독점하게 된다.

이와 같이 16세기 중반 이후 중국과의 감합무역이 쇠퇴, 단절되면서
후기왜구와 포르투갈이 日中무역에 있어서 주요한 역할을 담당하게
되었고 한일관계에 있어서도 통교의 주도권이 대마도라는 특정 지역권

력에 집중되면서 일본내의 정치적 지배세력(다이묘 계층)과 대륙과의 직접적인 접촉은 전시대에 비해 현격히 감소해 갔다. 明帝國을 중심으로 하는 기존의 중화체제는 동아시아 내측으로부터는 왜구, 외측으로부터는 유럽세력의 등장으로 인해 붕괴하기 시작한 것이다. 실제로 당시의 明은 왜구진압조차 충분히 행할 수 없을 정도로 쇠퇴 과정에 있었고 일본은 철포 등 유럽의 군사력을 알게 되면서 중화인 明에 대한 의식도 결정적으로 저하되고 있었다. 이 같은 국제환경이 당시 일본 지배계층의 대륙인식 형성(침략적 우월주의, 왜곡된 관계인식)에 영향을 끼쳤고 나아가 히데요시의 대륙침략 슬로건을 현실적으로 행동화시키는 요인 중의 하나로 작용한 것은 아닐까. 16세기의 국제정세는 일본 지배계층의 대륙인식을 형성하였고 이는 곧 대륙침략 구상과 실행의 국제적인 조건으로 작용했다고 볼 수 있을 것이다.

3. 豊臣政權의 대외정책과 대륙정복계획

종래의 연구에 의하면 일찍이 오다 노부나가(織田信長)가 明정복 의사를 표명했다는 점이 지적되기도 한다. 루이스 프로이스의 기록에 의하면 이미 1582년 노부나가는 「毛利씨 정복을 끝내고 일본의 전 66개 국의 절대영주가 되면 지나에 건너가 무력으로 이를 빼앗기 위해 一大함대를 준비시킬 것 및 그의 아들들에게 諸國을 분여할 뜻을 결심하고 있었다」고 한다.[10] 프로이스의 기록이 사실이라면 히데요시에 앞서 이

10) 堀新, 「信長・秀吉の國家思想と天皇」, 池享編 『天下統一と朝鮮侵略 日本の 時代史13』, 吉川弘文館, 2003, 121쪽. 이 보고서는 노부나가가 사망하고 반년

미 노부나가가 일본통일의 다음 목표로 중국정복을 구상하고 있었던 셈이고, 중국정복 후 일족에게 諸國을 분할하려는 그의 계획 등은 후에 제시된 히데요시의 三國國割구상과 유사하다.

히데요시의 대륙정복계획은 그의 전국통일 과정과 궤를 같이 한다. 시즈가타케(賤ヶ岳)전투에서 시바타 카츠이에(柴田勝家)를 파하고 노부나가의 후계자로서의 지위를 획득한 히데요시는 1583년 전국통일의 본거지로써 오사카城 건설에 착수한다. 오사카城 건설이 급속하게 진행되는 가운데 1585~86년에 걸쳐 中國의 毛利씨, 四國의 長曾我部씨, 北陸의 上杉씨, 그리고 이 무렵 히데요시에 이어 제이의 실력자로 부상하고 있던 東海의 德川씨가 각기 다양한 경로로 히데요시에게 복속했다.

히데요시가 대륙정복 의사를 최초로 천명한 것은 1585년 7월 관백(關白)에 취임한 직후이다. 同年 9월 히데요시는 部將 加藤光泰가 자기 家臣에게 주어야 할 知行을 히데요시의 藏入地에서 염출하고 싶다고 하자 이를 질책하면서 「作內(光泰)를 위해서는 히데요시, 일본국뿐만 아니라 唐國까지 정복할 것이다」고 발언하였다.[11] 히데요시가 光泰를 질책한 이유는 20石 정도의 무사였던 光泰를 500石, 나아가 1000石으로 전공이 있을 때마다 加增하여 요충지인 美濃大垣의 7000石 藏入地代官에까지 임명하고 2万貫 知行地를 급여했음에도 불구하고 光泰가 가신을 지나치게 많이 두어 자기 가신에게 주어야 할 知行을 히데요시의 藏入地에서 염출하려 했기 때문이었다. 여기에서 주목되는 부분은

후에 작성된 것으로 신빙성이 높다고 한다.

11) 天正13년9월3일 一柳末安宛 豊臣秀吉朱印狀(伊予・小松一柳文書). 岩澤愿彦, 「秀吉の唐入りに關する文書」, 『日本歷史』163, 1962, 73쪽. 같은 해인 1585년 윤8월 히데요시는 畿內近國 中央지대에서 直臣團에 대한 國分, 國替를 단행했다.

가신에 대한 知行地 확보를 위해서는 唐國까지도 정복할 의사가 있다
는 점, 즉 家臣團의 知行加增을 원하는 움직임을 해외 정복을 통해
해결하려는 의지를 표명했다는 점이다.12) 관백에 취임한 직후부터 히
데요시는 가신들을 상대로 「唐入り(大陸出兵)」 의사를 공식적으로 선언
하기 시작했던 것이다.

뿐만 아니라 이듬해 1586년 예수회 선교사 가스파르 쿠에료(G.Coelho,
예수회 副管區長)와 접견한 히데요시는 조선과 明을 정복하고 싶다고
전하고 그 때가 되면 大型南蠻船(군함) 2척을 알선해 줄 것을 의뢰했
다.13) 이 때 히데요시는 쿠에료에게 다음과 같이 말했다.

> 나도 伴天連들이 하나에 專心하고 있듯이 이미 최고의 지위에 도달하여
> 日本全國을 歸復시켰으며 이젠 領國도 金도 銀도 더 이상 획득할 생각은
> 없고......朝鮮과 지나를 정복하는 일에 종사하고 싶다. 목적은 권위 있는
> 이름을 후세에 남기기 위해서이고 古來 일본의 治者가 미처 이루지 못했던
> 일을 하는 것이다. 중국인이 일본에 따르도록 하는 것이 목적이고 자신이
> 중국에 거주할 생각은 없으며 중국의 영토를 빼앗을 의향도 없다. 중국이
> 복종한다면 중국 각지에 天主堂(교회)을 세워 중국인을 남김없이 크리스트
> 교도로 개종하도록 명한 후에 자신은 일본으로 돌아올 생각이다.14)

여기에서 히데요시는 권위 있는 이름을 후세에 남기기 위해 조선과

---

12) 北島万次, 『秀吉の朝鮮侵略』, 山川出版社, 2002, 2쪽. 池享, 앞의 논문, 60쪽.
池享은 "唐入り는 전국제패의 연장선상에 있는, 家臣의 知行 擴大欲을 만족시
키기 위한 수단이자 가신을 영토확장 전쟁에 동원하는 슬로건이었다. 이 시점
에서 히데요시가 어느 정도 현실적으로 생각하고 있었는지는 알 수 없으나
관백정권 발족 당초부터 히데요시의 염두에 있었고 그 발상의 출발점은 영토확
장이었다."고 보았다.
13) 村上直次郎譯, 「イエズス会日本年報 下」, 『新異國叢書』. 北島万次, 『豊臣秀
吉の朝鮮侵略』, 吉川弘文館, 1995, 14쪽.
14) 川崎桃太, 『フロイスの見た戰國日本』, 中央公論新社, 2003, 71쪽.

중국을 정복하고 싶으며 중국인들을 크리스트교도로 개종시키겠다는 포부를 밝히고 있는데 중국인의 개종사업을 언급한 것은 예수회와 무역 상인들을 히데요시에게 협력시키기 위한 발언이었을 것으로 추정된다. 이에 대해 쿠에료는 군함 2척과 乘組員을 제공해서 원조하겠다는 의향을 보였다. 同年 히데요시는 黑田孝高 등에게도 규슈를 정복하면 다음은 明을 정복한다고 전하였고 毛利輝元에게 규슈 평정을 지시하면서 그 연장선상에 「朝鮮渡海(高麗御渡海)」가 있음을 명시하였다.15) 1587년 3월 20만 대군을 이끌고 규슈평정에 나선 히데요시는 同年 5월 시마즈 요시히사(島津義久)를 항복시키고 규슈 전역을 정복했다. 시마즈씨 진압을 끝내고 군의 철퇴를 명한 히데요시는 肥後의 八代에서 선교사 가스파르 쿠에료와 재차 면접했다. 이때에도 히데요시는 중국 원정에 대해 재차 언급하고 선교사의 의견을 물었다. 선교사들이 어떤 응답을 했는지는 알 수 없으나 히데요시는 "대단히 흡족해했다"고 한다.16)

규슈정벌은 전국통일의 과정뿐만 아니라 대외관계의 창구를 제압했다는 의미에서 획기적인 사건이었고17) 豊臣정권의 대외정책이 구체성을 띠기 시작했다는 점에서도 그 의미는 컸다. 1587년 6월 하카타로 군사을 돌려 전후처리를 한 히데요시는 같은 6월 중순 남만무역과 크리스트교에 관한 두개의 지시를 발표한다.18) 우선 11개조의 覺書(6월 18

---

15) 天正14년4월10일 毛利輝元宛 豊臣秀吉朱印覺書(毛利家文書 949). 天正14년8월5일 安國寺惠瓊·黑田孝高·宮木堅甫宛 豊臣秀吉朱印狀(黑田文書).
16) 川崎桃太, 앞의 책, 85쪽.
17) 井上光貞編, 『日本歷史大系3 近世』, 山川出版社, 1988, 72~73쪽.
18) 당초 히데요시는 예수회에 호의적이었다. 가스파르 쿠에료가 히데요시를 알현했을 때도 秀吉은 이들을 성대히 환영했고 예수회 보호와 전국적인 포교의 자유를 약속했다. 초기에 히데요시가 예수회에 호의적이었던 이유는 기리시탄

일부)는 국내를 대상으로 발표된 것인데 이 覺書는 「크리스트교에 입신
하는 것은 본인의 자유이나 知行取의 給人이 領內의 百姓들에게 입신
을 강제해서는 안된다. 그런 까닭에 知行地 200町 또는 2000~3000貫
文 이상의 給人은 히데요시의 허가를 얻도록 하라.(1~5,9條)」고 하여
다이묘 등의 상급 무사가 크리스트교에 입신하는 경우에는 히데요시의
허가를 얻도록 하고 일반서민이나 하급 무사층의 신앙은 자유임을 선
언했다. 여기에서는 기리시탄 무사층(다이묘층)과 기리시탄 민중과의 단
절이 그 첫 번째 목적이었음을 알 수 있다. 또한 「키리스트교는 一向宗
과 같은 것이다. 一向宗은 寺內町을 세워 給人에게 年貢을 납부하지
않을 뿐더러 加賀國에서는 一向宗이 守護 富樫씨를 축출하고 坊主가
知行取가 되어 "天下のさわり(障害)"가 되었다. 키리스트교의 경우도
상층 給人이 그 家中이나 백성에게 입신을 강제하면 天下のさわり가
된다.(6~8條)」고 하였다. 크리스트교를 一向宗에 빗대어 거론한 것은
명백하게 나가사키의 교회령, 예수회와 오무라 스미타다(大村純忠)과의
관계를 염두에 둔 것이었다. 대표적인 기리시탄 다이묘였던 오무라는
그 입장을 이용해서 龍造寺씨와의 전투자금(軍資金)을 예수회로부터
받았는데 그 때 그는 나가사키 등을 예수회에 담보로 넣었고, 급기야
1580년 나가사키를 예수회의 교회령으로 기진해 버려 나가사키는 히데
요시의 政令이 미치지 않는 땅이 되어 있었다.[19] 통일권력의 수립을
지향하던 히데요시는 규슈에 크리스트교 세력이 예상외로 깊이 침투해
있음을 실감했고, 과거 오다 노부나가에 의해 철저하게 탄압되었던 一

___
다이묘가 많은 지역인 규슈의 정벌 및 대륙정복에 이용하기 위해서였다고 풀이
되기도 한다. 海老沢有道, 『日本キリシタン史』, 塙書房, 1966, 265쪽.
19) 예수회에 기진된 나가사키는 행정, 사법, 징세의 삼권이 모두 예수회에 속해
있었다.

向宗徒와 유사한 잠재적인 힘을 기리시탄에게서 발견했던 것이다. 히데요시는 기리시탄의 神佛 부정 및 선교사가 기리시탄 영주들과 결탁하여 모반을 일으킬 가능성을 염려하였고 따라서 본 覺書는 기리시탄 다이묘와 포르투갈 등 서구세력과의 분단을 의도한 것으로 볼 수 있다.[20]

그리고 이튿날 이른바 바테렌 추방령으로도 불리는 定書(6월 19日부)가 발포되었다. 그 주된 조항은 「일본은 神國이고 크리스트교가 끼어드는 것은 좋지 않다. 크리스트교는 일본인을 信者로 끌어들여 神社, 佛閣을 파괴하는 邪法이다. 때문에 크리스트교를 퍼뜨리는 선교사는 지금부터 20일내에 일본으로부터 퇴거하라. 단 남만무역(黑船)은 商賣이므로 별도이고, 佛法을 방해하지 않는 상인은 크리스트교국에서 온 자라도 이를 허락한다(4,5조)」이다. 定書를 통해 히데요시는 기리시탄국에 대해서는 일본이 神國임을 강조하고 크리스트교의 포교는 금하지만 무역만은 허가하는 자세를 천명하였다.[21] 주지하듯이 포르투갈인의 남만무역은 원래 크리스트교 포교와 일체로 이루어졌기 때문에 포교는 금지하되 남만무역만은 허가한다는 이 금령은 처음부터 불철저함을 내포하고 있었다. 바테렌 추방령이 발포되자 교회측에서는 일본 전국

---

20) 五野井隆史,『日本キリシタン史の研究』, 吉川弘文館, 2002, 258쪽. 히데요시에 의한 국가 편성의 이념은 백성 세력과의 대결보다도 영주간 결합에 중점이 두어졌다는 주장이 대두되고 있다. 이 시기의 농민 법령이나 바테렌 추방령, 이른바 身分法令 등의 조항을 보아도 백성의 土地緊縛이나 耕作强制를 규정하고는 있지만 그것은 어디까지나 영주측의 입장을 옹호하기 위한 것이었다는 입장이다. 즉 覺에서 히데요시는 다이묘영주에게 公儀 권력으로서의 자각을 요구했다고 풀이 되기도 한다. 이상은 靑木美智男外編,『爭點 日本の歷史5』, 新人物往來社, 1992, 22쪽.
21) 히데요시가 기리시탄 금령을 발한 배경에는 기리시탄과 적대관계이자 그들에게 강한 위기감을 갖고 있던 施藥院全宗 등 불교도의 입김이 작용했다고도 한다.

에 퍼져 있던 선교사들을 규슈로 소집하여 근신하게 함으로서 표면상
으로는 히데요시의 뜻에 복종하는 자세를 보였으나 실제로 국외로 퇴
거한 선교사는 거의 없었으며 오히려 이후 규슈 지역을 중심으로 한
포교활동은 큰 성과를 거두었다. 22)

   그렇기는 해도 포르투갈 무역에 대한 히데요시의 개입은 점차 강화
되었다. 이듬해 1588년 히데요시는 나가사키를 몰수하여 직할지로 삼
았다. 鍋島直茂를 나가사키 代官으로 임명하고 나가사키의 地子錢(租
稅)을 면제하는 한편 나가사키무역에 대한 掟를 정하였다. 그것은 나가
사키에 있어서 喧嘩・刀傷의 금지, 무역 상품의 價格査定, 秤量의 公
平 등을 엄격히 하라는 통달이었다.23) 이리하여 나가사키를 수중에 넣
은 히데요시는 1588년말 小西隆佐를 나가사키에 파견하여 生絲를 매
점하게 하고 1589년에는 사츠마(薩摩)의 片浦에 입항한 포르투갈선의
생사에 대해서도 奉行에게 銀 2万枚를 주어 일반상인보다 먼저 독점하
게 하는 등 생사구입의 先買權을 행사하여 무역이익의 독점을 꾀하였
다. 이것이 결코 일회적인 조치가 아니라 금후에도 奉行이 생사 선매권
을 행사할 것임을 시마즈 요시히로(島津義弘)에게 지시했다. 또한 기나
긴 규슈의 전란으로 황폐해진 하카타를 재흥시키고 대상인을 침략전쟁
에 동원하기도 위한 시책도 병행되었다.24)

---

22) 川崎桃太, 앞의 책, 89쪽. 히데요시의 크리스트교에 대한 태도는 여러 면에서
   모순된 모습을 띠고 있었다. 히데요시는 측근 무장인 고니시 유키나가, 黑田官
   兵衛孝高 등이 기리시탄임을 알면서도 그들을 추방하지 않고 충신으로 인정하
   였다. 또한 1590년 바리냐니와 함께 4명의 소년사절(天正遣歐使節)이 귀국하
   자 巡察使를 聚樂第에서 성대하게 맞이하기까지 했다.
23) 井上光貞編, 앞의 책, 74쪽.
24) 水林彪,『封建制の再編と日本的社會の確立』, 山川出版社, 1997, 150~151쪽.
   히데요시가 博多를 직할도시로 삼은 것은 일본인 상인의 동아시아 무역을 자기
   의 관리하에 두려는 것, 그리고 대륙침략계획을 위한 병량미・군수물자의 집

같은 해 7월에는 제2차 海賊禁止令(일반법령)을 전국에 공포했다. 히데요시는 이 법령에 있어서 전국 항구의 地頭・代官에게 海上생활자를 조사하도록 명하고 해적의 거점을 領有하는 給人, 영주에게는 그들의 감독, 책임을 엄격하게 물어 海賊衆의 세력기반 파괴를 꾀하였다. 그리고 영주나 다이묘에게는 海賊追捕 책임 및 권한만을 부여하고 포박・압송된 해적에 대한 최종적인 처벌권(成敗權)은 히데요시 자신이 독점하는 체제를 구축했다.[25] 1588년 한 해 동안 실시된 나가사키 직할령화, 海賊禁止令, 生絲先買權 행사 등은 대외무역에 대한 히데요시의 독점적 지배력을 강화하기 위한 조치였다.

크리스트교에 대한 억압은 히데요시의 만년이 되어서 강력해졌다. 1596년 9월 도사(土佐)에 표착한 스페인 선박 산 필리페호의 사령관은 승조원의 보호, 필수품의 구입, 선체수선의 허가를 히데요시에게 요청하기 위해 오사카에서 프란시스코회의 선교사를 통해 운동을 했으나 목적을 달성하지 못하였다. 한편 히데요시는 長宗我部元親으로부터 산 필리페호 표착보고를 받고 增田長盛을 도사에 파견, 산 필리페호에 적재되어 있던 木綿, 생사 등의 화물과 승조원의 소지금을 몰수시켰다. 그 때 필리페호의 水路 안내역을 맡은 프란시스코 데 산다라는 인물이 增田長盛에게 스페인의 영토확대 세계지도를 보여주면서 스페인은 크

적・수송기로 삼으려는 의도가 있었다고 풀이되기도 한다. 규슈의 직할령에서 징수된 藏米를 하카타에 집중시키기 위해 島井宗室 등의 豪商이 동원되었다.

25) 제1차 해적금지령은 1587년 6월에 발포되었다. 즉 肥前의 國人 深堀純賢이 臨海地에 端城을 설치하고 중국선・남만선・일본상선을 습격하고 있다는 이유를 들어 인질의 제출과 성곽의 파괴, 그리고 所領을 몰수하여 龍造寺씨에게 부여한다는 처분이 내려졌다. 深堀純賢은 1570년 무렵부터 나가사키를 종종 공격하고 해상을 왕래하는 선박을 무차별적으로 공격하곤 했다. 米谷均, 「後期倭寇から朝鮮侵略へ」, 池享編 『天下統一と朝鮮侵略 日本の時代史13』, 吉川弘文館, 2003, 152~153쪽.

리스트교 선교사를 파견하여 신자를 증가시키고 종국에는 그 국토를 정복하여 영토를 확대한다고 자랑하였다. 이를 전해들은 히데요시는 크리스트교 포교는 일본정복의 전제라는 위기감을 한층 강화하게 되었고 그 결과 프란시스코회 선교사들을 체포하여 교토(京都), 후시미(伏見), 오사카, 사카이 등을 끌고 다니게 한 후 나가사키로 옮겨 11월에 크리스트 교도 26인을 처형하였다.[26]

한편 규슈정벌을 마친 히데요시는 동아시아 주변국에게 강압적인 외교를 펼치면서 明정복 계획을 구체적으로 추진하기 시작한다. 복속과 입공을 강요하는 히데요시 특유의 외교는 먼저 조선을 향했다. 1587년 5월 히데요시는 北政所(히데요시의 正妻)에게 다음과 같은 서한을 보내 규슈 평정이 완료되었다는 사실과 대마도의 소오씨를 통해 조선을 복속시키는 교섭을 행하여 明까지 정복한다는 계획을 구체적으로 전하였다.

> 壹岐도 대마도도 인질을 내어 秀吉의 下에 따랐다. 조선에게도 일본의 内裏에 出仕하도록 早船으로 使者를 보냈다. 조선이 그것에 따르지 않으면 내년 처벌할 것이다. 秀吉로서는 우리들이 살아있을 때 明까지 손에 넣을 생각이다.[27]

1587년 5월 히데요시는 소오씨에게 대마도 一國을 安堵하고 그 전제 조건으로써 조선국왕을 복속시키도록 지시했다. 소오씨는 조선으로부터 공물이나 인질을 제출하도록 해서 일을 처리하려고 했으나 히데요시는 어디까지나 조선국왕을 일본의 内裏(皇居)에 상경(參洛)시키도

---

26) 井上光貞編, 앞의 책, 75쪽.
27) 天正15년5月29일 北政所宛 豊臣秀吉書狀(妙滿寺文書).

록 요구했다. 히데요시는 조선국왕이 參洛하지 않을 경우 조선을 成敗한다고 통고했다.[28] 히데요시가 소오씨에게 이 같은 명을 내릴 수 있었던 것은 그가 조선을 「今迄對馬の屋形ニしたがハれ候間」[29], 즉 조선은 대마도에 종속된 나라라는 완전히 잘못된 인식을 갖고 있었기 때문이었다. 또한 조선국왕에게 천황에의 出仕를 요구하는 것은 그간 일본의 국내전에서 다이묘나 무장들이 出仕라는 복속의례를 취했던 관례를 외국에까지 그대로 적용시킨 것이었다. 出仕를 거부하면 成敗하겠다는 엄포 역시 국내에서 행해진 히데요시의 정복논리로써, 히데요시가 대륙정복을 국내전의 연장선상에 위치시키고 있었음이 여실히 드러나는 부분이기도 하다.

그러나 중세 이래로 조선과 오랜 통교관계를 맺고 조선통교에 경제적 의존도가 높았던 대마도의 소오씨로서는 히데요시의 지시를 그대로 실행에 옮길 수는 없었다. 오랜 통교관계를 통해 조선의 사정에 밝았던 소오씨는 조선의 국왕이 마치 일본의 다이묘들처럼 천황에게 출사할리 만무하다는 사실을 숙지하고 있었기 때문이다. 그렇다고 해서 히데요시의 명령을 무시하면 대마도 일국의 領地權을 몰수당할 것이 명약관화했다. 이에 소오씨는 1587년 家臣 유타니 야스히로(柚谷康廣)를 日本國王使로 假稱하여 조선에 파견했다. 유타니는 조선측에 히데요시의 요구를 그대로 전하지 않는 대신 히데요시가 일본의 新王이 되었으니 신왕의 일본통일을 축하하는 통신사를 파견해 줄 것을 요청했다. 이때 조선조정의 중론은 일본측 외교문서의 어구가 매우 오만하다는 점

---

28) 天正15년6월朔日 本願寺宛 豊臣秀吉朱印狀(本願寺文書). 天正15년6월15일 宗義調・宗義智宛 豊臣秀吉朱印狀(宗家文書).
29) 大村由己, 「九州御動座記」(前田尊經閣文庫所藏).

(天下歸朕〔秀吉〕一握), 그리고 히데요시가 아시카가(足利)쇼군의 지위를 찬탈하여 국왕이 되었다는 점을 들어 야만국에 대해서는 예의를 갖추어 접대할 필요가 없다는 결론으로 모아졌다. 결국 조선은 히데요시가 일본국왕의 지위를 찬탈했으므로 상대하지 않기로 하고 水路迷昧를 구실로 삼아 통신사 파견을 완곡하게 거절했다.[30] 이렇게 해서 조선국왕의 參洛 대신 통신사 내일을 기획한 소오씨의 계획은 수포로 돌아갔다.

1589년 3월이 되자 히데요시는 소오 요시토시(宗義智)에게 조선국왕의 參洛이 지체되고 있음을 질책하고 요시토시가 직접 조선에 건너가 교섭하도록 명하였다. 본래 히데요시는 肥後에 入部한 고니시 유키나가(小西行長)·가토 기요마사(加藤淸正)를 규슈의 다이묘와 함께 조선에 출병시키려 했으나 소오 요시토시가 직접 조선과 교섭하는 것을 조건으로 이 계획은 중지되었다.[31] 同年 6월 요시토시는 景轍玄蘇(하카타 聖福寺 승려)를 正使로 삼고 스스로는 副使가 되어 家臣 柳川調信, 하카타의 豪商 島井宗室 등과 함께 조선에 건너갔다. 요시토시는 조선으로 하여금 히데요시의 천하통일을 축하하는 사절을 파견하도록 하고 그 사절을 복속사절로 위장시키기로 했다. 서울에 도착한 일행은 통신사의 파견을 거듭 요청[32]한 결과 조선은 黃允吉, 金誠一 등으로 구성된

---

30) 『朝鮮王朝宣祖修正實錄』宣祖20년9월. 柳成龍, 『懲毖錄』.

31) 三鬼淸一郞, 「秀吉の国家構想と朝鮮出兵」, 大石愼三郞編『海外視点 日本の歷史8』, ぎょうせい, 1986, 136쪽.

32) 소오 요시토시 등의 간원을 받은 조선 조정에서는 통신사를 파견하는 조건으로 왜구 사건의 범인 인도를 일본측에 요구하기로 한다. 1587년 왜구에 의해 전라도의 損竹島를 비롯하여 각처가 습격당하는 사건이 있었는데 이 사건에서 왜구의 길안내 역할을 한 자가 五島에 주재하는 전라도 珍島 출신의 조선인 沙火同이라는 사실이 드러났다. 조선의 요청을 받은 소오 요시토시 일행은 使者를 급히 일본에 파견하였고 이듬해 1590년 2월까지 沙火同을 비롯한 왜구 및 다수

통신사를 히데요시의 일본통일을 축하하는 사절로 파견하기에 이른다. 통신사 일행은 1590년 3월 서울을 출발, 11월 히데요시와 대면하였다. 聚樂第에서 히데요시는 통신사와 접견한 후 일본통일을 축하하는 내용의 조선국왕 國書를 수취하였고 이에 대한 히데요시의 답서[33]도 통신사에게 발부되었다. 서한의 요점은 다음과 같다.

① 일본은 戰國動亂으로 나날을 보내 朝廷의 威令이 닿지 않았다. 나는 一念發起하여 수년간 叛臣, 賊徒를 伐하여 日本全國은 물론이거니와 異域遠島에 이르기까지 복속시켰다.

② 나는 본래 미천한 신분의 小臣이었으나 어머니의 胎內에 잉태되었을 때 어머니가 日輪이 懷中에 들어오는 꿈을 꾸었다. 이에 관해 점쟁이는 "태어날 아이는 壯年이 되면 반드시 八表仁風을 듣고 천하에 威名을 떨칠 것이다"라고 했다. 이 奇瑞에 의해 百戰百勝하여 천하를 다스리며 백성을 撫育하고 民은 裕福해지고 貢納이 늘어 朝廷은 安泰하고 都의 장대함은 日本開闢이래의 것이 되었다.

③ 그러나 나는 이에 만족하지 않는다. 일본이 明과 山海가 떨어져 있는 것에 개의치 않고 곧 大明國에 들어가 일본의 風俗을 中國 400余州에 미치게 하고 일본의 政化를 未來永劫토록 심고자 한다.

④ 조선은 先驅하여 나에게 入朝했으므로 걱정할 것이 없다. 내가 明에 병사를 보낼 때 士卒을 이끌고 軍營에 임한다면 隣盟은 더욱 굳건해질 것이다.

⑤ 내가 바라는 것은 佳名을 三國에 드러내는 것뿐이다.

의 조선인 被虜人이 조선에 이송되었다. 그러나 이들이 대마도측에 인도된 경위에 관해서는 불명확한 점이 많다. 米谷均, 앞의 논문, 154~155쪽.

33) 히데요시의 답서는 즉시 발부되지 않았기 때문에 통신사 일행은 사카이에서 대기하면서 답서의 도착을 기다려야 했다. 히데요시 답서는 田中健夫,『善隣國寶記 新訂續善隣國寶記』, 集英社, 1995, 372~375쪽 所收. 답서의 요점은 北島万次,『豊臣秀吉の朝鮮侵略』, 吉川弘文館, 1995, 8쪽 참조.

위의 답서는 크게 두 개의 내용으로 이루어져 있다. 히데요시 자신의 국내 실적인 일본통일을 강조하는 부분과, 明과 조선에 대한 본인의 향후 계획을 밝힌 부분이다. 여기에는 명을 정복하여 일본의 政化를 심고자 하는 명정복 의지가 표명되어 있고 명정복에 임해서는 조선에게 그 선도역할(征明嚮導)을 명하고 있으며 통신사를 조선의 복속사절로 인식하고 있었음을 알 수 있다. 또한 「日輪의 子」주장도 등장하고 있다. 탄생의 기이함을 내용으로 하는 「히데요시는 日輪의 子(태양의 아들)」라는 논리는 「天下, 異域통일은 天命」이라는 논리와 함께 豊臣政權의 정당성과 征明의 정당성을 뒷받침하는 주요한 논리로 활용되는데, 이 답서에서 처음으로 등장한다[34]는 점도 주목된다. 대외관계에 있어서 日輪의 子 논리가 어떻게 활용되었는지에 관해서는 후술하도록 하겠다.

조선과의 사이에 사절파견 요청과 통신사의 방문이 추진되고 있는 사이 琉球에 대한 복속요구도 진행되었다. 규슈정복 이듬해인 1588년 8월, 히데요시는 시마즈씨를 매개로 琉球에게 일본에의 복속과 입공을 요구하였다. 시마즈 요시히로는 同年 8월 히데요시의 뜻을 받들어 琉球 국왕 尙永에게 서한을 보내 히데요시의 천하통일과 조선의 복속, 나아가 唐과 南蠻도 가까운 시일 내에 일본에 사절을 파견한다는 風說이 있다는, 사실이 아닌 내용을 전하고 琉球의 무례를 비난하면서 복속과 입공을 요구했다.[35] 이때 志布志大慈寺의 승려 龍雲이 使者로 渡琉했으나 琉球로부터 사절이 즉시 파견되지 않자 1589년 정월 石田三成,

---

34) 北島万次, 『豊臣政權の對外認識と朝鮮侵略』, 校倉書房, 1990. 100쪽.
35) 서한은『薩藩舊記雜錄』後篇 권23(2-504호). 豊臣정권은 明과의 감합부활을 기도했고 유구를 대명교섭의 담당자로 하기 위해 琉球 지배를 의도했다고 풀이되기도 한다. 紙屋敦之, 『幕藩制国家の琉球支配』, 校倉書房, 1990, 21~22쪽.

細川幽齋는 히데요시의 뜻에 따라 시마즈씨에게 琉球와의 교섭을 독촉하였다. 그 결과 1589년 가을 琉球국왕 尚寧의 사절(使僧 桃庵〔琉球天龍寺의 승려〕)이 히데요시에게 파견되었고 전국통일을 축하하는 내용의 국서가 전달되었다. 1590년 2월 다시 승려 桃庵을 통해 히데요시의 서한이 琉球國王에게 전달되었다.36) 이 서한에서도 히데요시는 琉球의 입공을 칭찬하고 스스로의 일본통일을 자랑하며 異域(近隣諸國)에 政化를 넓히고 싶다는 해외제패의 의지를 드러냈다. 앞서 다룬 조선에 대한 서한의 내용과 요점은 대략 유사하다고 하겠다.

단 琉球의 경우는 히데요시의 외교를 매개하는 중간자적인 입장에 있던 시마즈씨의 대응이 소오씨와는 매우 상이했다. 시마즈씨는 히데요시의 외교태도에 편승하여 이를 교묘하게 이용하면서 琉球에 대한 독점적인 지배를 강화시켜 가는 길을 택한 것이다. 1591년 9월 明침략이 정식으로 선언되고 다이묘들에게 명정복 동원령이 발포되자 1592년 히데요시는 시마즈씨가 琉球를 與力(부속 병력)으로 삼을 것을 인정했다. 그러자 시마즈씨는 琉球에게 7000人의 병량 10개월분을 부담하도록 강요하여 히데요시가 부과한 軍役의 일부를 琉球에 전가했다.37) 이것은 琉球가 시마즈씨의 군사 지휘권, 즉 풍신정권의 군역 체계내로 편입된 것을 의미하는데 물론 이것은 琉球의 의지와는 전혀 상관없는 일본측의 일방적인 결정이었다. 갑작스런 시마즈씨의 요구에 琉球는

---

36) 유구국왕 尚寧과 히데요시의 서한은 田中健夫,『善隣國寶記 新訂續善隣國寶記』, 集英社, 1995, 360~363쪽.
37) 히데요시는「琉球の儀、今般大明国御発向のついで、改易有りて」누군가에게 琉球를 부여해야 하지만 先年 시마즈 요시히사의 중개로 琉球가 御禮를 申上했으므로 改易은 하지 않고 시마즈의 與力으로 삼으니 兵을 내지 않으면 成敗하겠다는 뜻을 琉球에게 전하도록 했다.

당황했으나 어쩔 수 없이 시마즈씨의 요구량 중 절반을 조달하였다. 이후 유구에 대한 시마즈씨의 지배야욕은 도쿠가와 정권하인 1609년 군사적인 침략, 정복으로 나타나게 된다.

결국 1590년 한해 동안 히데요시는 明을 제외한 동아시아의 최인접 국가인 조선과 琉球에게 자신의 명정복 의사를 공식적으로 선언하고 이들 국가에게 기존의 통교관계를 무시한 강압적인 복속을 요구하는 한편, 파견되어 온 사절을 자신에 대한 복속사절로 파악하는 식의 외교를 전개하였다. 국내적으로도 히데요시는 명정복 계획을 본격적으로 추진해 나간다. 肥前 名護屋에 城下町을 구축하고 이곳을 대륙정복의 기지로 삼았으며 1591년 12월 관백직을 히데츠구(秀次)에게 물려주고 자신은 태합이 되어 대륙정복 준비에 주력하게 된다. 소오 요시토시는 히데요시가 조선측에 명한 征明嚮導를 假途入明 즉 명에 들어가고 싶으므로 조선의 길을 빌리고 싶다는 명목으로 바꿔서 조선측과 교섭하지만 조선은 이를 거절했고, 주지하는 바와 같이 1592년 일본군은 조선을 침략하기에 이른다.

4. 豊臣政權의 對外認識

그렇다면 豊臣政權이 추진한 이상과 같은 대외정책은 어떠한 대외인식하에 이루어진 것일까. 이미 前章에서 살펴본 일련의 대외정책에서도 히데요시의 대외인식이 단편적으로 표출되어 있으나 豊臣政權의 대외인식은 조선침략을 전후하여 주변국들에 대한 외교문서 및 다이묘에게 발부된 문서 등에 직접적이고도 구체적으로 표현되어 있다. 이들

문서는 풍신정권의 대외인식뿐만 아니라 풍신정권에 있어 최대의 대외
목표인「征明」을 정당화하는 논리를 내포하고 있었다.

1590년 小田原 공격에 앞서 히데요시는 北條氏政・氏直 夫子에게
問責狀(宣戰布告狀)[38]을 보냈다. 이 問責狀은 히데요시의 전국통일을
정당화하는 文言을 포함하고 있었다. 1589년 相國寺의 西笑承兌가 豊
臣奉行 淺野長政의 호출을 받고 聚樂第로 향하였고 聚樂第에서는 祐
筆이 淺野長政과 談合中이었다.「鹿苑日錄」에 의하면 北條氏政・氏
直 夫子가 히데요시에게로 上洛, 臣從하지 않아서 히데요시의 분노를
샀으므로 히데요시가 내년 봄 關東에 出馬하여 北條씨를 成敗할 것이
라는 내용이었다. 이 취지에 의거하여 北條씨에 대한 問責狀의 草案을
右大臣菊亭(今出川)晴季와 西笑承兌가 5개조로 정리하였다. 그 중 제1
조~제4조는 히데요시가 北條씨를 주벌하는 이유, 즉 豊臣정권의 對北
條씨 고유의 문제이고 제5조가 히데요시의 경력과 천하통일의 정당성
을 주장한 부분이었다. 요점은「젊은 시절부터 자신은 노부나가의 幕下
에서 전공을 올렸다. 山崎合戰과 賤ヶ岳合戰에서 승리하여 드디어 일
본전역을 복속시키고 관백, 태정대신이 되어 萬機를 다스리게 되었다.
이것은 "天道에 부합한다"」는 것이었다. 1585년 히데요시가 시마즈씨
에게 규슈 지역 다이묘간의 戰鬪停止와 國分을 명했을 때는 勅定을
전면에 내세웠으나 반면 北條씨에 대해서는 히데요시의 전국통일이
天道에 부합한 것, 즉 天命이라는 주장을 내세운 것이다.

北條씨에 대한 선전포고장은 풍신정권의 전국통일 마무리 단계에서
작성된 것이었다. 풍신정권이 다이묘간의 사적인 전투를 금하고 和與

38) 이하 北條氏 夫子에의 問責狀 분석은 北島万次,『豊臣政權の對外認識と朝鮮
侵略』(전게), 91~93쪽 참조.

調停과 國分, 풍신정권에의 出仕를 강제하며 이를 위반하는 다이묘는 주벌한다는 惣無事令에 의거하여 전국을 통일한 만큼 이 선전포고장은 단순히 北條씨 한 사람에 대한 통지가 아니라 전국에 告知한 것이라고 보아야 할 것이다. 천하통일은 天道에 부합하는 것, 天命이라는 주장은 唐入(征明)을 지향하는 국가적 규모의 군역동원의 구실이 되었다.[39]

뿐만 아니라 일본통일이 天命이라는 주장은 조선을 비롯하여 明, 스페인령 필리핀 앞으로 작성된 외교문서에서도 「天下, 異域의 통일은 天命」이라는 논리, 즉 풍신정권의 征明을 정당화하는 근거로도 전화, 활용되어 갔다.

1587년 포르투갈령 인도총독이 히데요시의 일본통일을 축하하고 선교사 보호를 요청하는 서한을 보내오자 1591년 7월 히데요시는 이에 대한 답서[40]를 보냈다. 주된 내용은 「①일본의 전국통일을 이룬 히데요시는 明정복 계획을 갖고 있다, ②일본은 神國이고 크리스트교를 邪法으로 금하지만 무역만은 허락한다」는 것이었다. 앞서 동아시아 주변국들(조선,유구)을 대상으로 작성된 외교문서와는 몇 가지 점에서 차이점을 보인다. 첫째 히데요시의 전국통일 과시 및 일본통일의 연장선상에 明정복이 있음을 언급하고 있으나 「천하통일, 異域통일은 天命」「日輪의 子」논리, 그와 관련된 「복속, 입공요구」는 보이지 않는다는 점이다. 둘째 「일본은 神國」이라는 문언이 등장한다는 점이다. 이는 기리시탄 금지와 일체가 되어 주장되고 있는데 이 금제를 지키면서 수호를 구한다면 무역은 허락하겠다는 것으로써 이른바 기리시탄 南蠻

---

39) 北島万次, 『豊臣政權の對外認識と朝鮮侵略』(전게), 95쪽.
40) 村上直次郎譯註, 『異國往復書翰集·增訂異國日記抄』, 駿南社, 1929, 26~29쪽.

國에의 외교문서가 지닌 특징이기도 하다.

스페인령 마닐라총독(스페인령 필리핀 諸島長官) 앞으로도 1591년 9월, 1592년 7월, 1593년, 1597년 7월, 모두 4차례에 걸쳐 외교문서를 발송했다. 그 중 세 건의 내용을 각기 정리하면 다음과 같다.

A. 1591년 9월 서한

일본은 백여 년간 천하가 통일되지 않았다. 내가 탄생할 때에 天下를 통치할 奇瑞이 있었다. 따라서 壯年이 되어 10년이 채 걸리지 않은 사이 일본을 통일하였고 조선, 琉球 등 遠邦의 異域도 따를 수 있었다. 이제 大明國을 정복하려 하니 이는 내가 하는 것이 아니라 天이 내린 것이다.

필리핀은 아직 聘禮를 통하고 있지 않으므로 兵을 내어 쳐야 마땅하지만 필리핀은 상인 原田孫七郎이 왕래하는 곳이고 原田孫七郎이 필리핀에 자신의 의향을 전하고 入貢시키겠다고 하므로 派兵하지 않겠다. 따라서 來春 肥前名護屋에 오라. 지체하면 정벌을 가할 것이다.

B. 1592년 7월 서한

내가 세계를 정복하는 것은 天命이다. 때문에 明征服을 결의했다. 明에 들어가려 할 때 조선에 길을 구했으나 그것을 실행에 옮겨 조선에 兵을 보냈을 때 조선은 違約하고 저항했기 때문에 일본군의 先鋒이 조선을 쳤다.

필리핀은 每年 일본에 와서 무역(入貢)하라. 商船의 왕래를 방해하는 것은 없다. 따르지 않으면 兵을 보낼 것이다. 조선을 그 본보기로 삼아라.

C. 1593년 서한

秀吉은 탄생시에 태양이 어머니의 가슴으로 들어가는 기적이 있어 그 때문에 諸國은 나에게 복속해야 한다.

나는 일본전국과 조선을 손에 넣었다. 明은 일본과 영구히 親交를 맺고자 하여 사절을 파견하려 하고 있다. 만약 明이 이 약속을 어기면 나는 明을 정복할 것이다. 우리가 明으로 향한다면 루손(呂宋)은 拇指(손가락)下에 있다. 우리와 영구히 親交하라. 友交를 잃지 않도록 하라. 이를 스페인王에게 전하라. 그 사절이 당도하기를 기다리고 있다.[41]

위 세 개의 서한에는 「히데요시의 일본통일 과시와 征明」「天下, 異
域통일은 天命」「日輪의 子」와 같은 주장이 등장하는 반면 포르투갈
인도총독에게는 제시되지 않았던 「복속, 입공요구」가 등장하고 있다.
당시 루손은 스페인령으로서, 일본에게 있어 스페인은 포르투갈과 같
은 기리시탄 남만국이었으나 요구하는 바는 오히려 朝鮮, 琉球, 高山國
에 대한 요구사항과 유사했다. 스페인령 필리핀 諸島는 당시 小琉球로
지칭되었고 히데요시는 일본상인에게서 얻은 정보를 바탕으로 이곳의
군비가 허술하므로 용이하게 정복할 수 있다고 여기고 있었다. 肥前名
護屋에 오지 않으면 토벌하겠다는 위협(1591년 서한)이 등장하고 있는
데 이 교섭에는 淺野長政, 松浦鎭信 등의 무장이 가담하였으나 실력행
사에는 이르지 못하고 소멸되었다.[42] 이로 미루어 적어도 해당시기에
있어 히데요시의 루손인식(내지는 스페인 인식)이 포르투갈과는 약간 상
이했음을 추측케 한다.

北島万次는 스페인령 마닐라총독에게 발행된 네 개의 서한 중 시기
적으로 앞의 세 개 서한에 기재된 내용이 朝鮮, 琉球, 高山國에 대한
서한과 거의 공통된 성격을 지니고 있다는 점에서 이를 「對周邊諸國型
인식」으로 일괄하여, 포르투갈에의 서한에서 나타나는 「對南蠻型 인
식」과 구별하였다. 단 네 번째 서한(1597년 7월)은 스페인 선박 산 필리
페호 사건에 대한 마닐라총독의 항의(1597년 4월 서한)에 맞서 발급된
것으로, 「일본은 神國」「기리시탄의 禁」「무역은 허락함」을 기본내용으
로 하고 있어서 이 시점에서 對周邊國型 인식에서 對南蠻型 인식으로
전환된 것으로 보았다.

---

41) 北島万次,『豊臣政權の對外認識と朝鮮侵略』(전게), 102~103쪽.
42) 三鬼淸一郎, 앞의 논문, 141쪽.

1593년 6월, 日明 강화 교섭기에 明에 대한 외교문서가 작성되었다. 「和議條件 7개조」와 「大明勅使에게 告報하는 條目」[43]이 그것이다. 풍신정권이 明 앞으로 작성한 외교문서로는 이것이 유일하지만 정작 명황제에게는 전달되지 않았다. 그러나 강화 교섭기에 있어 히데요시의 明인식이 드러나 있다. 특히 「大明勅使에게 告報하는 條目」은 히데요시의 海賊禁止令, 즉 明에 횡행하고 있던 일본의 해적선을 히데요시가 통제해 주었음에도 불구하고 明측은 이에 대한 감사를 표하지 않았고 이는 곧 明이 일본을 업신여긴 것이므로 征明의 兵을 일으켰다,고 하여 전쟁을 일으킨 이유를 비교적 구체적으로 밝히고 있다. 그러나 정명의 동기가 왜구 때문이라는 것은 강화교섭 시점에서 고안된 「만들어진 구실」이라고 보는 편이 타당할 것이다.[44] 여기에는 「일본통일 과시와 征明」「天下, 異域통일은 天命」「日輪의 子」「조선에 대한 誅罰」「일본은 神國」이라는 문언들이 공통적으로 등장하고 있다.

1593년 11월 高山國(대만)에게도 외교문서가 발급되었는데 이것은 고산국에 전해지지 못하고 되돌아왔다. 내용은 다음과 같다.

> **A.** 내가 어머니의 胎內에 잉태되었을 때 어머니는 日輪이 胎內에 들어가는 꿈을 꾸었다. 그러므로 나는 日輪의 아들이다. 그래서 10년이 채 되기도 전에 일본 전국을 통일했다.
> **B.** 조선은 원래 일본을 맹주로 하던 나라였다. 明정복의 先導를 명했음에도 불구하고 그 약속을 어겼으므로 伐하였다. 조선을 救援한(원조한) 明도 利를 잃고 勅使를 일본에 보내어 和를 구하였다.

---

43) 「和議條件 7개조」와 「大明勅使에게 告報하는 條目」는 田中健夫,『善隣國寶記 新訂續善隣國寶記』, 集英社, 1995, 376~384쪽.
44) 北島万次,『豊臣政權の對外認識と朝鮮侵略』, 校倉書房, 1990, 115~116쪽.

C. 지금 나는 明을 정복하려고 하는데 조선이 이에 협력하지 않아서 조선도 정벌하고 있다. 또한 南蠻, 琉球는 우리에게 복속했다. 高山國도 秀吉에게 복속하여 入貢하라.[45]

위 문서는 고산국을 대상으로 작성된 것이지만 강화교섭기 明이나 조선에 대한 인식이 드러나 있다. 조선은 원래 일본을 맹주로 하는 나라이며, 明정복에 있어 선도하라는 명령에 불복했기 때문에 주벌했다는 부분은 조선침략을 정당화하는 문구로서 흥미롭다. 南蠻, 琉球가 이미 일본에 복속했으니 고산국도 복속하라는 요구 역시 빠지지 않았다.

이들 외교문서[46]에는 「천하통일은 天命」이라는 주장, 그것을 위한 구체적인 정책으로서 「일본 전국통일을 과시」하고,「征明」을 표방하는 것이 基調로 반복되었다. 첫째 천하통일은 천명이라는 논리를 異域, 異國에도 적용하여 異域, 異國에까지 일본의 政化를 펼쳐 四海一家를 만든다고 주장하고 이를 위해 征明을 표방했다는 점이다. 전국통일을

---

45) 村上直次郎譯註, 『異國往復書翰集・增訂異國日記抄』(전게), 68~69쪽. 北島万次, 『豊臣政權の對外認識と朝鮮侵略』(전게), 100~101쪽. 北島씨는 "岩生成一이 밝힌 바 대로 福建省의 對岸에 있는 고산국은 명의 해금정책 하에서 중국 해상들의 중계무역거점이자 군사, 교통의 요점이었다. 그런 만큼 강화교섭을 마무리하여 동아시아 군림을 지향하는 풍신정권은 그 복속을 필요로 했을 것으로 생각된다."고 보았다.

46) 히데요시의 외교문서 작성에는 五山 승려들이 깊이 관여하고 있었다. 특히 포르투갈의 인도총독, 스페인의 마닐라총독에게 발행된 두 개의 외교문서 및 高山國에의 문서(1593)는 相國寺의 승려인 西笑承兌가 히데요시의 이름으로 작성한 것이었다. 承兌는 五山十刹을 통할하는 僧錄(五山十刹 및 그 諸流의 禪寺를 통할, 인사를 관장)이었다. 僧錄職에 임명되던 사람들은 絶海中津, 瑞溪周鳳 등과 같이 日明무역의 외교문서 기초에도 관여하던 외교승이었다. 히데요시는 관백 취임 직후부터 풍신정권의 외교 브레인으로서 承兌를 발탁, 외교문서 작성을 담당토록 하였다. 중국 史籍 연구는 五山禪林의 주요한 학문부문이었고 承兌를 비롯하여 풍신정권에 기용된 五山僧들은 그간 五山에 축적된 한적지식을 외교문서에 응용하였다. 히데요시의 외교문서에는 五山 외교승들의 한적지식이 반영된 부분이 적지 않다는 점을 염두에 두어야 할 것이다.

정당화하기 위한 근거로 이용된, 전국통일이 천명이라는 주장은 조선을 비롯한 주변국을 상대로 대륙침략을 정당화하는 논리로도 활용되었다. 히데요시는 천하통일의 연장선상에 明征服이 있다는 점을 동아시아 주변국, 주변지역에 알릴 필요가 있었다. 그렇기 때문에 천하통일은 천명이라는 논리를 제시하고 더 나아가서는 이를 초월하여 「히데요시는 日輪의 子」[47]라는 탄생의 奇瑞을 주장했다. 둘째 복속과 입공요구가 공통적으로 나온다는 점이다. 이 경우 히데요시는 복속하지 않으면 誅罰하겠다는 식의 지극히 자기중심적인 위협논법을 취하였다.[48] 당시 琉球와 조선은 明의 책봉하에 있었고 루손은 明과 통교가 있기는 했으나 明의 책봉을 받은 형적은 없었다. 고산국은 明으로부터 狗國으로 취급받으며 16세기 중엽에 왜구의 근거지가 되어 있었다. 히데요시는 이들 국가, 지역에 복속과 입공을 요구했으나 진정한 의미의 복속이 실현될 리 없었다. 그럼에도 불구하고 히데요시는 조선이나 琉球가 파견한 전국통일 축하사절을 복속사절로 인식하였고 그러한 지극히 자의적인 판단을 근거로 제시하면서 여타 지역에까지 복속을 강요하는 외교를 반복해 갔던 것이다. 단 남만국에 발송된 외교문서에서는 예외

---

47) 자신이 어머니의 胎內에 잉태되었을 때 어머니가 日輪이 태내로 들어가는 꿈을 꾸었다("予, 托胎ノ時二当タリ, 慈母, 日輪ノ懷中二入ルヲ夢ム". 이 문언은 이미 1590년 조선 통신사에게 발급된 서한에서 언급된 바 있다)는 탄생 관련 신화, 즉 日輪의 子 신화는 동아시아 각 지역의 帝王탄생신화에서 확인된다. 회임중인 부인이 日光, 日精, 雷電 등을 느껴서 아이를 출산했다는 誕生說은 王者를 낳을 전조라 하여 「感生帝說」이라고 불리며 그것은 동아시아 각 지역에서 확인되는 현상이었다. 히데요시는 일본 국내통일에 있어 그 행동을 정당화하는 논거로 천하통일은 천명이라고 주장했으나 중국 정복을 구상하던 히데요시로서는 이 논리를 더욱 확대시켜 異國, 異域의 통일에는 日輪의 子라는 신화를 필요로 한 것이다. 北島万次, 『豊臣秀吉の朝鮮侵略』, 吉川弘文館, 1995, 9쪽.

48) 北島万次, 『豊臣政權の對外認識と朝鮮侵略』(전게), 104~105쪽.

적인 경우도 발견된다.

외교문서뿐만이 아니라 국내용 문서 중에도 히데요시의 대외인식이 극명하게 표출된 사료가 있다. 조선침략 개시 후인 1592년, 히데요시가 조선을 침략한 일본의 다이묘들에게 발송한 檄文부터 보도록 하자. 이 격문은 1592년 6월 히데요시의 朝鮮渡海가 德川家康, 前田利家 등의 저지로 연기되고 그 대신 石田三成, 增田長盛, 大谷吉繼, 前野長泰, 加藤光泰 등이 朝鮮奉行으로 조선에 도해하게 되었을 때 발포된 것이다. 격문에는 다음과 같은 구절이 있다.

> (전략) 秀吉 자신은 小臣이었을 때 五百騎 또는 千騎의 小勢로 다수의 적을 격파하여 일본전국을 통일했다. 그에 비하면 朝鮮在陣 병력은 수십만 이어서 처녀와 같은 大明國을 征服하는 것은 산이 계란을 부수는 것과 같다. 이는 明뿐만 아니라 天竺(천축), 南蠻도 마찬가지이다. (후략)[49]

여기에서 히데요시는 스스로의 일본통일을 과시하면서 그와 대비하여 明을 처녀와도 같은 유약한 국가로 규정하고 있다. 또한 1592년 6월 같은 날 毛利輝元에게 발송한 朱印狀[50]에는 「"弓箭きびしき國"인 일본에서조차 五百, 千의 군세로 남김없이 제패했으므로 그대들 다수의 군세로 "大明の長袖國"을 정복하지 못할 리가 없다」는 구절이 있다. 격문과 朱印狀에서 히데요시는 정복대상인 明을 長袖國, 처녀와 같은 나라, 天竺・南蠻도 유약한 국가로 표현했고 이와 대비시켜 일본을

---

49) 天正20년6월3일 毛利輝元宛 豊臣秀吉朱印狀(毛利家文書 903). 초안 작성에는 西笑承兌, 南禪寺聽松院의 玄圃靈三, 東福寺正統庵의 惟杏永哲 등의 高僧이 관여했다. 그들은 히데요시로부터 征明供奉을 명령받고 肥前名護屋에 在陣하고 있었다.

50) 天正20년6월3일 毛利輝元宛 豊臣秀吉朱印狀(毛利家文書 904).

전쟁이 격렬한 나라로 표현했다. 두 사료는 시기적으로 조선침략이 이미 개시된 후 서전에서 전격적인 승리를 거두고 그 승보를 접한 단계에서 작성되었다. 따라서 일본 통일을 달성한 풍신정권의 武威[51] 실적을 강조하고 서전승리의 여세를 몰려는 의도에서 작성된 것으로써 서전의 대승리에서 우러난 군사적인 자신감이 기저에 깔려 있다고 할 수 있다. 중국과 조선은 「文」의 국가, 일본은 「武」의 국가라는 규정은 조선침략 초기에 있어 풍신정권의 對明인식, 對조선인식의 일단이자 이는 동시에 자기인식의 표현이기도 했다.

　마지막으로 외국을 대상으로 한 히데요시의 정책 내지는 서한에 등장하는 논리 중의 하나로서 「일본은 神國」이라는 주장을 간과할 수 없을 것이다. 神國사상은 풍신권력이 침략적이고 배외적인 국제관계를 형성하려는 데 있어 이를 정당화하기 위해 동원되었다. 神國사상은 일본의 국토와 거기에 있는 모든 것이 神들에 의해 생성되고 보호받는다는 관념으로서, 본래는 농경의례 등과 연결된 소박한 신앙에 기원을 둔 것이지만 정치적인 통일이 진전되고 타국, 타민족에 대한 의식이 생성되자 일본을 他國보다 월등한 國家로 우월시하는 이데올로기의 근거가 되었다. 中世에 있어 神國사상의 구체적인 존재형태는 神佛習合의 本地垂迹說인데 몽고의 일본침략이라는 국제적인 위기와 긴장관

---

51) 연구사상 武威라는 개념을 처음 사용한 것은 朝尾直弘이다. 그는 「전국통일에 성공한 織豊·德川권력에게 있어 실력으로 천하통일을 달성했다는 사실은 일종의 자주독립의식에 의거한 日本型 華夷意識의 기반이 되었다. 국내의 정치적 대립에서 형성된 의식을 그대로 국제관계의 인식으로 代位시키는 태도는 동아시아 전역에 대한 무력시위외교의 기저가 되었다. 일본형 화이의식은 "弓箭きびしき"武威의 國을 중핵으로 한 국제질서관을 내실로 하고 있었다」고 했다. 朝尾直弘, 「鎖国制の成立」, 『講座日本史4』, 東京大學出版會, 1970, 80~82쪽.

계 속에서 神國사상의 배외적인 측면이 異敵調伏의 祈禱를 통해 고양
되었다.

그리고 전국시대가 되자 각지에 전국 다이묘의 지역적인 領國가 성
립된 사실을 반영하여, 종래 일본과 외국과의 관계에 상응하여 의식되
어 온 神國사상이 大名領國을 단위로 해서 大名領國과 그 외측의 지역
이라는 관계로 관념되었다. 전국시대를 통해 神國사상은 지역적인 축
소와 다원화라는 경향을 보이면서 동시에 그 기초에 있던 신불습합적
인 세계관은 강하게 존속되었다.

전국시대에 각 大名領國 단위로 분해되는 경향을 보이던 神國사상
을, 풍신정권은 새로운 침략적, 배외적 국제관계를 수립하는 과정에서
재차 일본과 외국이라는 관계로 부활시켰다. 그 최초의 선언이 1587년
의 선교사 추방령이다. 선교사 추방령에서 히데요시는 기리시탄 세력
을 배제하는 데 있어 「南蠻 기리시탄國」에 대해 「일본은 神國」이라는
논리로 양자를 대치시켰다. 또한 1591년 포르투갈령 인도총독에의 서
한에 언급된 「吾朝는 神國이고 (중략) 神은 만물의 근원이다」라는 주장
에서 히데요시와 吉田神道와의 관련성이 지적되기도 한다.[52]

뿐만 아니라 배외적인 神國 이데올로기는 조선침략에 있어서도 활
용되었다. 대륙침략을 목전에 두고 肥前 名護屋에서는 도해의 안전을

---

[52] 「吾朝는 神國이고 神은 心이며 森羅萬象은 一心에서 나오지 않으며 神이 아니
면 그 靈이 생기지 않으며 神이 아니면 그 道가 아니다. …… 때문에 神은
만물의 근원이다」. 이것은 吉田神道 이래의 「森羅萬象一切神靈也」라는 신령
관념에 의한 만물관을 표현한 것이다. 여기에서 중요한 것은 크리스트교의 조
물주적인 唯一神觀에 대하여 일본 神道가 지닌 범신론적 神관념을 대치시켰다
는 점이다. 奈倉哲三, 「秀吉の朝鮮侵略と"神国"」『歷史評論』314, 1976, 30~
31쪽. 히데요시는 吉田兼見과 교섭을 가졌고 死後에는 豊國社에 祭神으로 모
셔졌다.

기원하기 위해 「三韓征伐 神功皇后의 祥瑞를 敬慕한다」고 하여 海神
인 八幡神을 제사지내는 神事가 성대하게 집행되었다.[53] 또한 조선
침략시의 전투, 海戰 중에도 八幡大菩薩을 비롯한 諸神, 諸佛에게 기
원하거나 전투의 승리를 일본 神明의 加護에 의한 것으로 인식했던
예가 다수 확인된다. 그 일례로 名護屋의 船中에서 八幡大菩薩을 제사
하는 神事를 행했던 肥前 松浦鎭信의 가신 吉野甚五左衛門의 日記에
는 절규하는 조선인을 베어 죽이고 踏殺하는 자신의 모습이 「무서운
鬼」와 같더라도 그것을 軍神(八幡大菩薩)에 의해 보호받는 무사의 용맹
함으로 합리화시키는 침략의 사상이 생생히 묘사되어 있다.[54] 그리고
이러한 노골적인 침략과 학살 합리화의 배경에는 所領의 회복이나 所
領加增에 대한 기대감이 엄연히 존재하고 있었다.

5. 결론

이상 풍신정권의 대륙정복계획을 소재로 하여 풍신정권의 외교와
대외인식의 특징에 관해 살펴보았다.

1585년 히데요시의 관백 취임 직후 표명된 대륙정복계획은 규슈정
복 후 대조선 관계를 통해 외교적으로 구체화되었고 이후 琉球, 포르투
갈, 스페인 등의 제외국을 향해서도 공표되었다. 규슈정벌을 마친 히데
요시는 동아시아 주변국, 주변지역에게 강압적인 외교를 펼치면서 대

---

53) 水林彪, 앞의 책, 152~153쪽. 八幡大菩薩인 應神천황을 懷胎하고 三韓정벌을
   했다는 神功皇后의 祥瑞를 경모하며 八幡神에게 드리는 神事였다.
54) 奈倉哲三, 앞의 논문, 32~33쪽.

류정복계획을 구체적으로 추진하였다. 히데요시는 국내통일 행위의 정당화와 권력집중을 꾀하는 논리로「일본 전국통일의 과시」,「天下, 異域통일은 天命」,「征明」을 주장했는데 이 논리는 그 외연이 확대되어 제외국을 향해서 대륙침략을 정당화하는 근거로도 재활용되었다. 즉 天下, 異域의 통일은 天命이고 異域, 異國에까지 일본의 政化를 펼치기 위해 明을 정복한다는 논법으로, 이와 더불어「秀吉은 日輪의 子」라는 탄생의 奇瑞,「일본은 神國」주장도 사용되었다. 이러한 논리를 앞세워 히데요시는 조선을 비롯하여 유구, 고산국, 루손 등과의 외교에 있어서 기존통교관계의 실상을 전혀 무시한 채 고압적인 자세로 복속과 입공을 요구하였고, 이에 불복할 경우에는 군사력 발동에 의한 제압을 선언하는 등 지극히 독선적인 무력시위외교로 일관했다.

풍신정권의 시대에 대륙정복이라는 대외침략안이 출현한 원인에 대해서는 이미 다양한 견해가 제시되어 있지만 그 발상은 무엇보다도 히데요시의 독선적인 대외관, 거시적으로는 16세기 후반 일본사회의 대외적인 우월의식을 기저로 하여 이루어졌다고 할 수 있다. 히데요시의 대외인식이 당시 동아시아의 국제관계에 대한 올바른 이해를 기초로 한 것인가 하는 문제와는 별개로 그의 세계관이 중국 중심의 전통적인 세계관으로부터 벗어나 침략적인 우월의식을 바탕으로 동아시아 세계의 재편을 시야에 넣고 있었던 것은 분명하다. 그리고 그러한 대외인식이 배태된 데에는 明 중심의 국제질서의 해체라는 당시 동아시아의 정세가 외적인 요인으로 작용했다고 볼 수 있을 것이다.

16세기 중반 이후 중국과의 감합무역이 쇠퇴, 중단되면서 후기왜구와 포르투갈이 중일무역의 새로운 담당자로 부상하고 한일관계에 있어서도 대마도라는 특정한 지역권력이 통교의 주도권을 장악하면서 일본의 지배세력과 대륙과의 직접적인 접촉이 전시대에 비해 현격히 감소했을 뿐 아니라 중화인 明에 대한 일본의 의식도 결정적으로 저하되었다. 이 같은 국제환경이 당시 일본 지배계층의 우월적인 대외인식에 영향을 끼쳤고 나아가 히데요시의 대륙침략 슬로건을 현실적으로 행동화시키는 요인 중의 하나로 작용했을 것이다. 16세기 후반 동아시아의 국제정세는 일본의 대륙인식 형성 및 대륙침략 구상의 국제적인 조건으로 작용하였고, 여기에 국내적으로 전국통일을 달성시켜가는 과정에서 배양된 군사적인 자신감, 영토 확장욕 등이 복합적으로 결합되면서 대륙정복계획은 현실화되었다.

　본고는 주로 히데요시의 대외정책과 그의 대외인식의 특성을 중점적으로 검토했으나 豊臣정권 내에는 다양한 다이묘가 존재하고 있었으므로 대륙침략전쟁에 관해서도 다이묘 개개인의 정치적인 입장에 따라 다양한 이해와 인식을 지녔을 것으로 추측된다. 다이묘야말로 대륙정복 전쟁을 수행하는 입장이었으므로 히데요시 개인뿐만 아니라 다이묘계층의 대외관과 대륙침략논리도 함께 검토되어야 할 필요성을 느낀다. 이 점에 대한 검토는 금후의 과제로 삼고자 한다.

막말유신기의 대외위기론

朴三憲 건국대학교 교수

1. 머리말

1867년(慶應3) 12월 9일, 막부의 정치에서 천황의 정치로 바뀌었음을 선언하는 왕정복고의 대호령에는 "계축(癸丑)이래 미증유의 국난"이라 는 표현이 있다.[1] 이것은 막말기에 상투적으로 쓰이던 표현인데, 여기 에서 '계축'은 1853년(嘉永6)에 미국 동인도함대사령관 페리(Perry, Matthew Calbraith)가 미군함 4척을 이끌고 우라가(浦賀)에 입항하여 막부 에게 개국을 요구한 해를 의미한다. 따라서 "계축이래 미증유의 국난" 이라는 표현은 페리에 의해 개국한 이후의 시간들을 '미증유의 국난', 즉 '대외위기'로 인식하고 있음을 보여준다. 이 시기 서구열강의 아시 아 진출은 1840년에 시작된 아편전쟁의 결과가 상징하듯이 무력을 앞

---

1) 『法令全書』 慶應3年 12月 9日, 第13号.

세운 이른바 함포외교였고, 이러한 서구열강의 접근방식에 대항할 능력이 없다고 판단되었을 때, 서구열강의 접근이라는 객관적인 '대외위기'는 주관적인 '대외위기'인식으로 전환되었다.

서구열강의 접근이라는 객관적인 '대외위기'의 성격에 대해서는 서구열강의 무력위협인 '외압'의 성격과 막말 일본의 '식민지화 위기'에 대한 평가를 둘러싼 일본사학계의 오랜 논쟁이 있다.[2] 그 구체적인 내용은 19세기 중반 이후의 일본에 있어서 서구열강의 '외압'은 객관적으로 존재하였지만, 과연 이것이 곧바로 당시의 중국과 같은 반식민지화의 위기로 연결되는 성격이었는지에 관한 것이라고 할 수 있다. 이를 둘러싸고 최근에는 서구열강 측에게 일본을 식민지로 삼을 만큼의 정치적 군사적 의도와 조건이 객관적으로 있었는지에 연구가 집중되고 있다.[3] 하지만 본고에서 주목하고자 하는 것은 서구열강에 의한 객관적인 '대외위기'가 강했건 약했건 간에, 이를 받아들이는 주체인 일본은 '대외위기'로 인식하였다는 점이며, 이를 해결하기 위해 만들어진 논리라 할 수 있는 '대외위기론'이다.

근대일본이 주관적으로 인식한 '대외위기'에 대해서는 주로 '대외관'

---

2) 이러한 논쟁은 서구 자본주의 발전단계의 성격규정을 비롯한, 일본 국내의 자본주의적 발전상태 및 메이지유신의 주체세력에 대한 평가, 그리고 민중에 의한 계급투쟁의 역사적 역할에 대한 평가 등에 이르기까지, 근대일본의 역사적 성격을 규정짓는데 중요한 의미를 지니고 있다. 대표적인 논쟁으로는 전전(戰前)의 羽仁五郎・服部之総 논쟁, 전후(戰後)의 遠山茂樹・井上清 논쟁과 石井孝・芝原拓自 논쟁이 있다. 논쟁의 추이에 대해서는 杉山信也 「外圧論」(鳥海靖・松尾正人・小風秀雄編 『日本近現代史研究事典』, 東京堂出版, 1999) 6~8쪽 참조.

3) 최근의 주요 연구에는 杉山信也 「東アジアにおける『外圧』と国家-従属か自立か-」(『歴史学研究』 560号, 1986), 横山伊徳 「幕末維新の国際情勢-オランダから見た日本-」(『シリーズ日本近現代史1維新変革と近代日本』, 岩波書店, 1993) 등이 있다.

이라는 측면에서 분석되어 왔다.[4] 예를 들어 시바하라 타쿠지(芝原拓自)
씨에 의하면 '대외관'은 "동시대의 세계정세나 국제정치, 서구나 아시
아를 비롯한 세계 각국의 내치·외교나 세정(世情) 등에 대한 근대일본
형성기 일본인의 인식 및 판단이나 평가, 넓게는 당시 사람들이 지니는
세계상"을 의미한다.[5] 그리고 이러한 '대외관'에 의해서 대외행동만이
아니라 내치- 정치, 군사, 경제, 사회에서 교육, 종교를 비롯한 사상,
문화 등 다방면에 이르는- 의 개량이나 변혁을 향한 강한 의욕의 방향
까지도 정해진다는 점을 지적하고 있다. 즉 '대외관'이 내외에 대한
일본인의 능동성 또는 실천성과 깊이 관계되는 정신영역의 중요한 일
부분임을 명확히 하고 있는 것이다.

　하지만 이와 같은 '대외관'에 관한 종래연구는 그 대상이 서구도 포

---

4) 주요 연구에는 旗田巍『日本人の朝鮮観』(勁草書房, 1969), 植手通有「対外観
の転回」(橋川文三·松本三之介編『近代日本政治思想史Ⅰ』, 有斐閣, 1971),
佐藤誠三郎·R デイングマン編『近代日本の対外態度』(東京大学出版会, 1974),
毛利敏彦「明治初期外交の朝鮮観」(『国際政治』五二号, 1974), 坂野潤治『明
治·思想の実像』(創文社, 1977), 西重信「大井憲太郎の朝鮮観」(『季刊三千里』
19号, 1979), 坂野潤治『近代日本の外交と政治』(研文出版, 1985), ひろたまさ
き「対外政策と脱亜意識」(『講座 日本歴史 7』近代1, 東京大学出版会, 1985),
松浦玲『明治の海舟とアジア』(岩波書店, 1987), 芝原拓自「対外観とナショナ
リズム」(芝原拓自·猪飼隆明·池田正博編『日本近代思想大系12 対外観』, 岩
波書店, 1988), 三宅紹宣「幕末·維新期諸階層の対外意識」(『歴史学研究』別
冊特輯, 1988), 吉田誠「福沢諭吉の朝鮮観」(『朝鮮史研究会論文集』26, 1989),
王暁秋『アヘン戦争から辛亥革命-日本人の中国観と中国人の日本観-』(東
方書店, 1991), 中塚明『近代日本の朝鮮観』(研文出版, 1993), 岡義武「日清戦
争と当時における対外意識」(『岡義武著作集6』, 岩波書店, 1993), 古屋哲夫編
『近代日本のアジア認識』(京都大学人文科学研究所, 1994), 平田直昭「近代日
本の『アジア主義』」(溝口雄三·平田直昭·濱下武志·宮島博志編『アジアか
ら考える5 近代化像』, 東京大学出版会, 1994), 岡本幸治編『近代日本のアジ
ア観』(ミネルヴァ書房, 1998), 安川寿之輔『福沢諭吉のアジア認識-日本近代
史像をとらえ返す-』(高文研, 2000), 山室信一『思想課題としてのアジア-機
軸·連鎖·投企-』(岩波書店, 2001) 등이 있다.
5) 위의 芝原拓自「対外観とナショナリズム」358쪽.

함한 총체적인 '대외관'의 분석이라기보다, 이른바 탈아적 '대외관'의 형성과정에 집중되어 왔던 점이 문제점이라 할 수 있다. 즉 메이지 전반기에 있어서 청과의 군사대결 노선의 수립시기 및 전개양식에 대한 규명작업과 함께, 조선에 대한 세력 확대정책을 비판적으로 검토하기 위한 연구의 일환이었던 것이다.[6] 그 결과 근대일본의 팽창주의적 경향에 대한 해명은 상당부분 이뤄졌지만, 팽창주의적 경향을 정당화시켜주는 당시의 논리적 구조에 대한 분석은 아직 불충분하다고 할수 있다.[7] 다시 말해서 서구의 '외압'을 '대외위기'로 인식하고, 이것이 일정한 논리적 절차를 거쳐 '대외위기론'으로 설명되는 과정에 대한 분석이 이뤄지지 않고 있는 것이다.

이상과 같은 종래연구를 참고하면서, 본고는 막말유신기에 객관적인 '대외위기'를 주관적으로 인식하는 '정신역영'으로서의 '대외관'이 아니라, '대외위기' 인식을 통하여 발현되는 '일본인의 능동성 또는 실천

---

6) 근세일본의 조선인식에 대한 연구도 근대일본에 있어서 조선에 대한 팽창정책의 역사성을 검토하기 위한 작업이라 볼 수 있다. 주요 연구에는 矢沢康祐「江戸時代における日本人の朝鮮観」(『朝鮮史研究会論文集』6, 1969), 上野隆生「幕末·維新期の朝鮮政策と対馬藩」(『年報 近代日本研究』7, 1985), 松田宏一郎「『亜細亜』の『他称』性－アジア主義以前のアジア論－」(日本政治学会編『日本外交におけるアジア主義』, 岩波書店, 1998) 등이 있다.

7) 청일전쟁에 이르는 근대일본의 행보를 팽창주의적 입장에서 분석한 주요 연구로는 中塚明『日清戦争の研究』(青木書店, 1968), 藤村道生『壬午軍乱と近代東アジア世界の成立』(春秋社, 1987), 崔碩莞『日清戦争への道程』(吉川弘文館, 1997) 등이 있다. 이와는 달리 이 시기의 일본을 비팽창주의적 입장에서 서술하는 연구로는 高橋秀直「維新政府の朝鮮政策と木戸孝允」(『人文論集』26-12, 1990), 高橋秀直「廃藩置県後の朝鮮政策」(『人文論集』26-34, 1990), 高橋秀直『日清戦争開戦過程の研究』(神戸商科大学経済研究所, 1992), 高橋秀直「征韓論政変と朝鮮政策」(『史林』75－2, 1992), 高橋秀直『日清戦争への道』(東京創元社, 1995), 大澤博明「伊藤博文と日清戦争への道」(『社会科学研究』44－2, 1992), 大澤博明「日清共同朝鮮改革論と日清開戦」(『熊本法学』75号, 1993) 등이 있다.

성'으로서의 '대외위기론'을 분석하고자 한다.

2. 페리내항이전의 대외위기론

1) 대외위기의 발생과 대응

극동지역으로 진출하려는 러시아는 1778년(安永7)에 에조지(蝦夷地, 지금의 北海道) 키리닷푸(霧多布)에 이르러 일본에게 통상을 요구하였다. 이러한 러시아의 동향을 대외위기로 인식하고 군사적 대응의 필요성을 처음으로 주장한 것은 하야시 시헤이(林子平)였다. 하야시는 나가사키에서 유학한 후, 에도에서 오츠키 겐타쿠(大槻玄澤)와 같은 난학자들과 교류하는 등 해외사정에 밝았던 유학자였다. 1786년(天明6)에 그는 러시아의 위협에 대비하여 에조지의 개척을 주장하는『해국병담(海國兵談)』을 저술하였다. 그는『해국병담』의 서문에서 "일본의 무비(武備)는 외관(外寇)을 막는 기술을 습득하는 것이 당장의 급무라 할 것이다. 외관을 막는 기술은 수전(水戰)에 있고, 수전의 기본은 대통(大銃)에 있다"[8]고 하면서, 다음과 같이 '대외위기'에 대비하는 해방론(海防論)을 주장하였다.

(전략) 현재 나가사키에는 석화시(石火矢)를 두어 엄중히 방비하면서도 오히려 아와(安房)와 사가미(相模)의 바다와 항구는 방비하지 않고 있다. 이것은 매우 이상하다. 면밀히 생각해 보면, 에도의 니혼바시(日本橋)에서

---

8) 山岸德平・佐野正巳編『新編 林子平全集』第1卷(第一書房, 1978) 113쪽.

당(唐)과 네덜란드까지 막힘없는 수로이다. 그럼에도 불구하고 이를 방비하지 않고 나가사키만을 방비하는 것은 왜인가. 소자가 생각하건데, 아와와 사가미 양국에 제후(諸侯)를 두어 바다로 들어오는 입구를 엄중히 방비할 준비를 해야 한다. 일본의 모든 해안을 방비하는 것은 우선 이 항구를 방비하는 것에서 시작된다. (후략)9)

여기에서 중요한 것은 하야시가 '일본의 모든 해안을 방비하는 것은 우선 이 항구를 방비하는 것에서 시작된다'고 지적하고 있듯이, 무엇보다도 에도만(江戶灣) 방비의 필요성을 강조하고 있다는 점이다. 이처럼 막부의 안위를 우선시하는 해방론의 논리적 구조는 나중에 막부가 제시하는 해방론의 선례가 된다고 할 수 있다. 하지만 이 시기의 막부는 하야시를 금고시키고 그의 주장을 받아들이지 않았다. 아직 막부에게는 '대외위기'에 대한 인식이 없었던 것이다.

하지만 본격적인 해방책의 필요성을 통감시킨 사건이 1792년(寬政4)에 발생하였다. 러시아의 락스만(Laksman, Adam Kirilovich)이 표류민 다이코쿠야 고다유(大黑屋幸大夫) 등의 송환을 명목으로 홋카이도의 네무로(根室)에 도착한 후, 통상관계의 수립을 요구한 것이다. 락스만은 러시아 에카테리아 여제의 명령을 받은 시베리아총독의 국서를 지니고 있었다. 이에 대해 막부는 1793년(寬政5) 6월에 "일찍기 통신없는 이국선(異國船)이 일본에 올 때는 포획하거나 공격하여 쫓아버리는 것(打ち払い)이 오랜 국법이므로 이번에도 이 규정에 따른다"10)며 락스만의 요구를 거절하는 한편, 나가사키 입항을 위한 신패(信牌)를 건넴으로써 통상허가의 여운을 남겼다. 이어서 1804년(文化1)에도 레자노프(Rezanov,

---

9) 위의 책, 126쪽.
10) 林復斎編 『通航一覧』第7卷(清文堂, 1967年復刻) 97쪽.

Nikolai Petrovich)가 표류민 츠다유(津太夫) 등과 함께 나가사키에 도착한 후 통상을 요구하였다. 레자노프는 러시아 황제의 서간과 함께 락스만에게 건넸던 신패를 지니고 있었다. 하지만 막부는 레자노프에게도 다음과 같은 막부의 입장을 전달했다.

> (전략) 우리나라는 옛날부터 해외와 통문하는 나라가 적지 않았지만, 이것이 유익하지 않은 탓에 엄하게 금지하여 우리나라의 상호(商戶)가 외국으로 나가는 것을 막고, 외국의 매선(賣船)도 쉽게 우리나라에 오는 것을 허용하지 않았다. 어쩔 수 없이 우리나라에 오게 된 선박에 대해서도 엄하게 물리쳤다. 단 당국산(唐國山), 조선, 류큐(琉球), 홍모(紅毛)[11]의 왕래는 서로 이득을 필요로 하는 것이 아니다. (후략)[12]

여기에는 일본의 대외관계를 4개국으로 한정한다는 입장과 이를 '국법'으로 삼는다는 쇄국관념이 정식화되어 있다. 레자노프는 통상을 거절당하자 귀국길에 에조지 부근을 공격하는 등 보복하였다. 이렇듯 점차 극동지역으로 진출하려는 러시아에 대해 막부는 1807년(文化4)년 12월에 모든 러시아 선박을 공격하여 쫓아버리라는 명령(打払令)을 내리는 등 강경책을 취하였다. 그리고 1810년(文化7) 2월에는 무츠(陸奧)의 시라카와번(白河藩)에게 카즈사(上総)와 아와(安房), 아이즈번(会津藩)에게 사가미(相模) 미우라군(三浦郡)의 방비를 명하여 에도만(江戸灣)의 방비를 준비하도록 하였다. 1807년(文化4) 3월에는 1799년(寬政11) 1월 동쪽 에조지의 죠치(上知)에 이어서 서쪽 에조지도 죠치함으로써 에조지 전체를 직할지로 삼고 그 방어를 동북지역의 유력 번들에게 맡겼다.

---

11) 당국산는 중국, 류큐는 현재의 오키나와, 홍모는 네덜란드를 의미함.
12) 위와 같은 책, 192~193쪽.

이와 같은 러시아와의 분쟁은 1813년(文化10)에 고로프닌(Golovnin, Vasilii Mikhailovich)과 타카타야 카헤이(高田屋嘉兵衛)의 포로교환으로 일단락지어지면서 북방의 긴장은 완화되었다.

하지만 이 시기에는 인도에서 중국으로 시장을 확대하고 있던 영국 선박이 새롭게 일본주변에 나타나기 시작하였다. 영국은 당시 나폴레옹세력 하에 들어가 있던 네덜란드의 속령과 상권을 빼앗기 위한 행동에 나섰던 것이다. 1808년(文化5) 8월에 영국 군함 페톤호가 네덜란드 선박을 포획하기 위해 나가사키로 들어와 네덜란드 상관원(商館員)을 포로로 잡고 퇴거한 사건 등이 그것이다. 이어서 1816년(文化13)에는 류큐에게 무역을 요구하고, 1817·8년과 1822년(文政5)에는 우라가에 내항하여 막부에게 무역을 요구하였으며, 1823년(文化6)에는 히타치(常陸)의 나카미나토(那珂湊)에 접근하고, 이듬해에는 히타치의 오즈(大津)와 사츠마(薩摩)의 타카라지마(寶島)에 상륙하는 등 일본근해에 빈번히 등장하여 막부를 자극하였다. 이와 같은 영국의 행동을 계기로 1825년(文政8) 2월에 막부는 해안에 접근하는 외국선은 무조건 격파하라는 이국선무이념타불령(異國船無異念打拂令, 이하 타불령)을 전국에 하명하였다. 이것은 러시아만을 대상으로 하던 것을 영국을 포함한 모든 외국선으로 그 대상을 확대한 것이었다.

이상과 같이 러시아의 남하와 영국의 접근이라는 객관적인 '대외위기'에 대한 막부의 인식은 1825년의 타불령으로 귀결되었다. 다시 말해서 이 시기의 '대외위기론'은 타불령으로 귀결되었다고 할 수 있는 것이다. 우선 이 시기에 러시아와의 분쟁에서 활약하였고, 타불령을 결정하는 평의에도 참가한 토야마 카게쿠니(遠山景晉)는 다음과 같이 외국 선박의 성격과 목적을 파악하고 있다.

(전략) 근래에 이적(夷狄)이 종종 일본에 오는 것은 교전투쟁을 위한 것이 아니다. 병탄의 뜻을 지니는 것 또한 전혀 아니다. 만이(蠻夷)라고 해도 어찌 수만리 파도를 헤치고 와서 전투를 하겠는가. 결코 그럴 리 없다고 말할 수 있다. (중략) 지금 오는 자들은 많은 나라를 편력하면서 침략하여 필요한 물건을 탈취하는 해적이므로 무서울 것이 없다고 말할 수 있다. (후략)13)

토야마의 '대외인식'은 외국선 도래의 목적이 일본과 전쟁을 하여 병탄하기 위한 것이 아니고 단순히 약탈적인 해적에 불과하다는 것이다. 그리고 이와 같은 '대외인식'에 기초하는 '대외위기론'은 타불령과 같은 강경한 조치를 취하면 외국선의 도래가 억지될 수 있을 것이라는 논리가 되는 것이다. 이처럼 타불령으로 귀결된 이 시기의 '대외위기론'은 타불령이 발령된 직후에 저술된 아이자와 세이시사이(會澤正志斎)의 『신론(新論)』에도 구체적으로 표현되어 있다. 『신론』의 서문은 다음과 같이 시작하고 있다.

생각해 보건데 신주(神州)14)는 태양이 뜨는 곳이자 만물의 근원을 이루는 원기가 시작되는 곳으로, 천황이 황위를 예부터 변함없이 이어왔으며 본디 세계의 원수(元首)로써 만국(萬國)을 통치한다. 진실로 우내(宇內)에 임하시어 황화(皇化)가 미치는 곳은 멀고 가까움의 구별이 없다. 그런데 지금은 서황(西荒)15)의 만이가 천한 발걸음으로 세계를 분주하며 여러 나라를 유린하고 자신의 힘을 깨닫지 못하며 감히 상국(上國)16)을 능가하려고 한다. 이를 어찌 가만 놔두겠는가. (중략) 따라서 신(臣)은 강개비분하여

13) 住田正一編,『日本海防史料叢書』第4卷(クレス出版, 1989年復刻) 114쪽.
14) 신국(神國)을 의미하는 일본의 한문.
15) 서양을 의미함.
16) 일본을 의미함.

어쩔 수 없이 감히 국가[17]가 믿고 나아가야 할 바를 적는다. 첫째 신성(神聖)[18]을 가지고 국체(國體)를 논한다. 충효로 나라를 세우신 것을 논하고 나아가 무(武)를 숭상하고 민명(民命)[19]을 중시한 것을 논한다. 둘째 사해만국(四海萬國)의 대세를 가지고 형세를 논한다. 셋째 융적기유(戎狄覬覦)[20]하는 정실을 가지고 노정(虜情)을 논한다. 넷째 나라를 부유하게 하고 병을 강하게 만드는 요무를 가지고 수어(守禦)를 논한다. 다섯째 민(民)을 화(化)하고 속(俗)을 이루는 원도(遠圖)를 가지고 장계(長計)를 논한다. 이러한 오륜(五論)은 모두 하늘이 정하고[21] 남을 이기길 바라기 때문이다. 신 스스로 맹서하고 몸을 천지를 위해 바치는 것, 그 대략이 이상과 같다.[22]

이를 통해 『신론』의 저술의도가 '서황의 만이가 천한 발걸음으로 세상을 분주하며 여러 나라를 유린'하며 '상국' 즉 일본을 위협하고 있다는 '대외위기'의식에 기반하고 있음을 알 수 있다. 그리고 이러한 '대외위기'를 극복하기 위해서는 타불령과 같은 철저한 양이를 통해 "지금이야말로 양이의 명령을 천하에 포고하고 천하의 수악심(羞惡心)를 통해 대의를 천하에 밝혀내어 천하의 향하는 바를 알려야 한다"[23]는 '대외위기론'이 만들어 지고 있는 것이다. 그리고 막부가 양이를 실천할 수 있다는 기대감이 존재하는 한, 타불령으로 표현된 '대외위기론'은 "지금 다이묘(大名)가 명령을 정중히 받고 막부의 법을 받드는 것은 천조(天朝)를 받들고 천조(天祖)에 보답하는 것"[24]이라고 것처럼, 천황

---

17) 국가를 통치하는 이에(家)의 의미로 여기에서는 막부를 의미함.
18) 일본을 창시했다고 전해지는 신(神)들을 의미함.
19) 인민의 생활, 즉 민생(民生)을 의미함.
20) 외이(外夷)가 비망(非望)을 품고 신주를 넘보는 것을 의미함.
21) 천의(天意)가 결정하면 악은 반드시 망하고 정리(正理)가 관철된다는 의미.
22) 今井宇三郎·瀨谷義彦·尾藤正秀 校注 『日本思想大系53 水戶學』(岩波書店, 1973) 50~51쪽.
23) 위와 같은 책, 132쪽.

(=天朝, 天祖)을 존숭하는 막부, 그리고 이러한 막부를 중심으로 하는 막번체제를 강화하는 논리가 되는 것이다. 즉 "직접적으로는 막번체제의 보강을 목적으로 하고, 이를 통해 대외적 위기를 극복하기위한 일종의 정치적 방책으로서의 성격"[25]을 지니는 존왕양이사상의 등장인 것이다.[26] 하지만 페리의 개국요청을 막부가 받아들임으로서 존왕양이사상은 더 이상 막번체제의 보강을 목적으로 하는 논리가 아니라 오히려 막번체제를 부정하는 정치운동의 논리로 변하게 된다. 이에 대해서는 3장 '페리내항이후의 대외위기론'에서 검토하도록 하겠다.

2) 아편전쟁과 해방론(海防論)

1840년(天保11) 여름에 시작된 아편전쟁은 영국의 승리로 끝났다. 그 결과 영국은 1842년(天保13) 8월 29일에 중국과 난징(南京) 조약을 체결하고 상하이 등 5개 곳을 개항시켰으며, 이듬해에는 영사재판권도 추가시켰다. 아편전쟁에 대한 정보는 네덜란드를 통해 처음 전해졌다. 본격적인 전투가 시작되기 전에 있었던 소규모 전투에서 중국이 패배한 것을 1840년 7월 1일 나가사키에 입항한 네덜란드선이 막부에게 전한 것이 그것이다.[27] 1842년 6월에는 나가사키의 데지마(出島)에 도착한

---

24) 위와 같은 책, 153쪽.
25) 尾藤正秀「解説 水戸学の特質」, 위와 같은 책, 580쪽.
26) 아이자와의『신론』은 후일 존왕양이사상의 성전(聖典)이라고 불릴 정도로 막말 유신기에 큰 영향력을 발휘하게 된다.
27) 아편전쟁에 대해서는 1862년 12월에 중국선박이 전쟁의 종결을 알려주고, 1843년 6월에 네덜란드선박이 난징조약의 내용을 전함으로써, 중국의 굴욕적인 패배가 일본에도 널리 알려지게 되었다. 중국선박에 의한 아편전쟁의 정보에 대해서는 森睦彦「阿片戦争情報としての唐風説書－書誌的考察を主として－」(『法政史学』第20号, 1968) 참조.

네덜란드의 신임 상관장(商館長)이 중국 광동(廣東)에서 영국군에게 들은 내용을 나가사키부교(長崎奉行)에게 전하였다. 그 내용은 "아편전쟁이 끝나면 (영국군은) 일본의 항구로 가서 처음엔 정중히 무역하기를 부탁하지만, 일본 측이 부당한 취급을 하거나 무역요구를 받아들이지 않으면 전쟁에 이르게 될 것"28)이라는 것이었다. 이를 전해들은 막부는 1842년 7월에 그동안의 타불령을 개정하여 신수급여령(薪水給與令)을 명령하였다. 이것은 외국과의 무력분쟁을 피하기 위해 연료, 물, 식량 등을 요구하는 외국선에게 희망하는 물품을 건네주고 귀항시키도록 하는 내용이었다. 또한 막부는 영국의 침략에 대비하기 위해 번들에게 에도만(江戶灣)을 중심으로 하는 해안경비의 강화도 명령하였다. 물론 네덜란드가 전한 내용은 결과적으로 정확한 정보가 아니었다. 하지만 중요한 것은 이 정보의 정확성이 아니라, 당시의 국제정세 속에서 가능성이 전혀 없어 보이지 않았던 영국 함대의 일본 파견이라는 '대외위기'에 대해 막부가 이를 현실의 가능성으로 인식하고, 이에 대처하는 논리로서 신수급여령과 함께 해방론(海防論)을 제시하였다는 점이다. 따라서 신수급여령으로 상징되는 아편전쟁이후의 '대외위기론'은 해방론을 중심축으로 전개되었다.

이 시기 해방론의 구체적인 내용은 다음과 같다. 1842년 8월 3일에 막부는 오시번(忍藩)과 카와고에번(川越藩)에게 사가미(相模), 아와(安

28) 藤田覚「近代の胎動」(藤田覚編『日本の時代史17 近代の胎動』, 吉川弘文館, 2003) 79쪽. 한편 아편전쟁의 결과는 막말 일본의 지식인층에게 중국을 중심으로 하던 중화세계의 붕괴를 초래하는 등 커다란 충격과 교훈을 주었다. 아편전쟁에 의한 일본인의 세계관 변화에 대해서는 田中彰「明治前半期の歴史変革観」(田中彰·宮地正人編『日本近代思想大系13 歴史認識』, 岩波書店, 1991) 483~487쪽 참조. 아편전쟁에 대한 다이묘 측의 인식에 대해서는 小野正雄「大名のアヘン戦争認識」(『岩波講座 日本通史 15』近世5, 岩波書店, 1995) 참조

房), 카즈사(上総)를 중심으로 하는 에도만(江戶灣)의 해안방위를 명령하고 해안포대의 신설 등을 지시하였다. 같은 해 12월 24일에는 에도만의 막부직할화를 위해 시모다부교쇼(下田奉行所)의 부활과 함께 하네다부교(羽田奉行)의 신설을 결정하였고, 1842년 7월에는 방어능력의 향상을 위해 네덜란드에 서양식 대포를 주문하는 등 서양식 포술의 채용을 서둘렀다. 이러한 막부의 해방론은 여전히 각번의 대선(大船) 건조에 대해 부정적인 입장을 표명하는 등, 어디까지나 막부의 군사적 안정을 우선시하며 에도 주변해안선의 방어를 주요 목적으로 삼고 있었다. 하지만 이와 같은 해방책과 서양군사기술 도입에 의한 군사개혁은 당시 재정궁핍이 현저했던 막부의 재정을 더욱 압박하게 되었고, 그 결과 재정압박으로 인한 각 인민계층과의 모순이 극한까지 격화될 가능성도 있었기 때문에 막부의 해방책은 순조롭게 추진되지 못했다.[29] 이렇듯 막부의 해방책이 순조롭게 진행되지 않던 가운데 1853년(嘉永6) 6월 페리가 개국을 요구하며 내항하였던 것이다.

한편 이 시기에는 막부의 안위만이 아니라 일본전체의 안위를 주장하는 해방론도 제시되었다. 다음은 1842년 11월 사쿠마 쇼잔(佐久間象山)이 막부의 해방괘(海防掛)를 맡고 있던 마츠다이라번(松代藩)의 번주에게 제출한 해방(海防)에 관한 의견서이다.

(전략) 네덜란드의 사람들이 말하는 것을 듣자하니, 당산(唐山)의 소란이 마무리 되는대로 나가사키, 사츠마, 에도 세 곳에 병함(兵艦)을 보낸다는 영국인의 말을 전합니다. 이외에도 비슷한 내용이 여러 가지 있지만, 이외

---

29) 이 시기의 해방책에 대해서는 藤田覚「天保改革期の海防政策について－対外的危機と天保改革－」(『歴史学研究』469号, 1979) 참조.

의 것은 아뢰지 않고 우선 전해들은 것을 가지고 우고(愚考)를 아뢰자면,
본방(本邦)에 대한 영국 오랑캐의 야심을 생각하건데, 이는 실로 틀리지
않다고 생각되옵니다. (후략)[30]

앞에서 언급한 네덜란드의 전달사항을 전해들은 사쿠마는 '영국 오
랑캐의 야심을 생각하건데, 이는 실로 틀리지 않다'고 판단하면서 아편
전쟁 후의 영국내항을 '대외위기'로 인식하고 있는데, 그 성격은 다음
과 같은 것이었다.

(전략) 외관(外冠)은 국내의 쟁란과 다릅니다. 사세에 따라서는 세계만국
에 비할 데 없이 백대를 연면히 이어온 황통의 안위에도 관계됩니다. 도쿠
가와 집안의 영욕에만 관계하는 것이 아니라면, 신주(神州) 합국(闔國)의
휴위(休威)를 같이하여 이 나라가 살기위해서는 귀천존비 불문하고 어떻게
든 우념(憂念)을 가져야 한다고 생각합니다. (후략)[31]

요컨대 사쿠마의 '대외위기론'은 이번의 '대외위기'가 도쿠가와 집
안 일개의 '영욕'에 관계하는 것만이 아니라, 천황의 '안위' 또는 '귀천
존비' 구별 없는 모든 국민에 관계하는 성격인 것이다. 사쿠마는 이러한
'대외위기론'에 기초하여 도쿠가와 집안의 안위와 관련된 에도만을 지
키는 해방론이 아니라 일본 전체의 안전을 지키기 위한 해방론을 주장
하고 있는 것이다. 이를 위해서 사쿠마는 『화란어휘(和蘭語彙)』[32]의 출
판을 다음과 같이 건의하고 있다.

---

30) 佐久間象山「海防に関する藩主宛上書(天保13年 11月 24日)」(佐藤昌介·植手
   通有·山口宗之編 『日本思想大系55 渡辺崋山·高野長英·佐久間象山·横
   井小楠·橋本左内』, 岩波書店, 1971) 263쪽.
31) 위와 같은 책, 266쪽.
32) 일명 『하루마 사전』이라 불리는 것으로 네덜란드어 사전을 뜻함.

(전략) 근래 서양 제번(諸蕃)이 점차 강성함은 그 기술의 탁절함에 있습
니다. 청국은 옛것에 집착하여 영국 등을 융적으로 경시하면서 그들의 병법
에서 말하는 이른바 지피지기의 의무를 다하지 않아 나라를 그르쳤습니다.
(중략) 현재 해구(海寇)를 방어하는 방책을 완전히 하기 위해서는 세상이
널리 그 장단득실을 알고 그 상정(狀情)을 상세히 알아야 합니다. 상정을
상세히 알게 하여 그 장단득실을 알게 되면 자연스럽게 그 장점과 이로운
점을 채용하고 그 단점과 이롭지 못한 점을 배격하게 됩니다. 이처럼 그
장단득실을 상세히 하기 위해서는 서양의 원서(原書)를 널리 읽히는 것
밖에 다른 방도가 없습니다. 세상에 좋은 번역서를 많이 만들어서 실용에
도움이 되도록 하는 것도 원서를 읽는 자가 많지 않고서는 이뤄지기 힘듭니
다. (중략) 지금은 해방에 신경써야하는 시기이기인데, 청조(淸朝)의 전철을
밝지 않고 지피지기하여 경위(警衛)에 만전을 기하기 위해 일본어로 번역
한 화란어휘를 편집하고 이를 세상에 출판하여 국은(國恩)에 조금이나마
보답하고자 합니다. (후략)[33]

요컨대 사쿠마는 막부가 서양식 포술과 같은 서양기술을 독점하는
해방론에 반대하면서, 진정한 해방론이 완성되기 위해서는 세상이 '서
양제번'의 강성함과 '그 기술의 탁절'함을 상세히 알아야하고 이를 위
해서는 '화란어휘'의 출판이 필요하다고 주장하고 있는 것이다. 사쿠마
의 '대외위기론'은 신분적인 장벽이나 계급적인 차이를 뛰어넘어 일본
의 모든 국민이 국가의 존립에 관계하는 대외적 위기를 자신의 것으로
생각해야 한다는 것을 강조하는 논리, 즉 내셔널리즘의 논리로 귀결되
고 있는 것이다.[34] 이와 같은 '대외위기론'의 내셔널리즘으로의 귀결은

33) 佐久間象山「和蘭語彙出版に関する老中阿部正弘宛上書(嘉永3年 3月)」(앞의
『日本思想大系55 渡辺崋山・高野長英・佐久間象山・横井小楠・橋本左内』)
288～290쪽.
34) 丸山真男「幕末における視座の変革－佐久間象山の場合－」(『忠誠と反逆－転
形期日本の精神史的位相－』, 筑摩書房, 1992) 117～122쪽 참조.

페리내항이후 본격화되는 존왕양이운동을 통해 더욱 명확해진다. 막말기의 존왕양이운동은 "'존왕' 즉 통일국가의 군주로서의 천황에 대한 존숭을 통해 구심적인 의미에서의 국민통합을 지향하는 것과, '양이' 즉 대외적인 의미에서의 국가방어라는 두 가지 이념을 결합시킴으로써 국가의 통일성을 보지하고 강화하는 것을 목표"[35]로 삼는 운동이었다. 요시다 쇼인(吉田松陰), 사카모토 료마(坂本龍馬) 등과 같은 대표적인 존왕양이파들이 사쿠마의 문하에서 나온 것 또한 우연은 아니었던 것이다. 다음 장에서는 존왕양이파의 '대외위기론'이 어떠한 논리적 구조를 지녔는지 요시다 쇼인의 사상을 중심으로 분석해 보도록 하겠다.

3. 페리내항이후의 대외위기론

1853년(嘉永6) 6월 3일, 페리는 군함 4척을 이끌고 우라가(浦賀)에 내항하여 개국을 요청하였다. 당시의 막부 책임자인 노중(老中) 아베 마사히로(阿部正弘)는 이례적으로 다이묘(大名)들에게 대외정책을 자문함과 동시에 조정에도 페리 내항과 관련된 사항을 보고 하였다. 물론 막부가 이러한 행동을 취한 데는 중국이 패한 아편전쟁으로 상징되는 '대외위기'인식이 작용하고 있었지만, 그 결과 막부의 일방적인 지배를 기초로 유지되어 오던 종래의 막번관계가 변하게 되었을 뿐만 아니라 천황(= 朝廷)이라는 새로운 요소도 정치적으로 등장하게 되었다.

다음날인 6월 4일에 페리의 내항을 알게 된 요시다는 "매우 마음이

---

35) 앞의 尾藤正英 「尊王攘夷思想」, 46쪽.

급하여 날아가듯이"36) 우라가로 가서 "적선(敵船)"에 대해 "2척은 증기
선, 포 20 문(門) 정도, 배 길이 40 간(間) 정도, 2척은 순양범선(巡洋帆船),
포 26 문, 길이 24·5 간 정도"라고 자세히 분석하면서, "이번에는 좀처
럼 용이하게 끝나지 않을 것 같다. 머지않아 교병(交兵)을 치러야 할
것인가. 하지만 선박도 포(砲)도 상대가 되지 않아 승산이 지극히 적
다"37)고 상황을 파악하고 있다. 하지만 이때 요시다는 승산이 지극히
적음에도 불구하고 "이번이야 말로 단칼에 일본도(日本刀)의 솜씨를 보
여주고 싶다"38)며 미함(美艦)과의 일전을 결의하고, "천조(=조정)와 막
부도 천하 만세(萬世)를 위해서 페리의 개국요구를 윤허해서는 결단코
안 되며 부디 내년 봄에는 일전하도록 정할 것"39)을 조정과 막부에게
기대하고 있었다. 즉 페리의 개국요구라는 '대외위기'를 조정의 명령을
받은 정이대장군(征夷大將軍)인 막부에 의한 양이실행을 통해 극복해나
가고자 하였던 것이다. 같은 해 8월에 쵸슈번(長州藩)으로 제출한 「장급
사언(將及私言)」에서도 "내년 봄까지 불과 5, 6개월이기에 그동안 와신
상담하여 군신(君臣) 상하일체를 이루어 대비하지 않으면 태평연면한
끝에 백련천마(百錬千磨)의 오랑캐와 싸우는 것은 어려울 것"40)이라며
'대외위기' 극복을 위한 방어전의 근본으로써 '군신 상하일체'를 주장
하고 있다. 여기서 '군신 상하일체'란 봉건지배세력 전체의 결집을 의

---

36) 嘉永6年 6月 4日付 瀬能吉次郎宛書翰(山口県教育会編 『吉田松陰全集』第5
　　卷, 岩波書店, 1935) 152쪽.
37) 嘉永6年 6月 6日付 道家龍助宛書翰, 위와 같은 책, 153쪽.
38) 嘉永6年6月16日付 宮部鼎藏宛書翰, 위와 같은 책, 155쪽.
39) 嘉永6年 7月 28日付 兄杉梅太郎宛書翰, 위와 같은 책, 163쪽. 여기에서 '내년
　　봄'이란 1854년 봄을 의미하며, 이는 페리가 제시한 개국에 대한 확답 시한이
　　다. 페리는 1854년 1월에 다시 일본에 왔다.
40) 吉田松陰 「將及私言」(山口県教育会編 『吉田松陰全集』第1卷, 岩波書店,
　　1936) 558쪽.

미하고 이러한 봉건지배세력의 결집을 가장 효과적으로 하기 위해 제
시되는 이론적 근거가 바로 조정이었다. 「장급사언」의 「대의(大義)」는
다음과 같이 적고 있다.

> 하늘아래 왕의 땅이 아닌 것 없고 세상에 왕의 신하가 아닌 자 없으니
> 이러한 대의는 성경(聖經)에 자세히 밝혀져 있으므로 숙지하여야 한다. 하
> 지만 근래에 싫어하는 일종의 속론이 있다. 이에 따르면 에도는 막부의
> 땅이기 때문에 하타모토(旗本)나 후다이(譜代), 장군 가문인 여러 번이야
> 말로 힘을 다해야 한다. 하지만 국주(國主)의 열번(列藩)은 각기 그 본국을
> 중시해야 하므로 그 힘을 반드시 에도에 쏟지 않아도 된다는 것이 된다.
> 아! 이러한 주장을 하는 자들은 막부가 경중한 줄 모를 뿐만 아니라 실로
> 천하의 대의에 어두운자라 할 것이다. 무릇 본국을 중시하는 것은 당연하
> 다. 하지만 천하는 천조의 천하로서, 즉 천하의 천하이지 막부의 사유(私有)
> 가 아니다. 따라서 천하의 어느 것도 외이(外夷)의 능멸을 받으면 막부는
> 당연히 천하의 제후(諸侯)를 이끌고 천하의 치욕을 갚음으로써 천조의 신
> 금(宸襟)을 위로해 드려야 한다. 이러한 때에 어찌 하늘아래 모든 사람이
> 힘을 다하지 않겠는가. 또한 어찌 본국과 타국을 나눌 틈이 있겠는가. (후
> 략)[41]

'막부는 당연히 천하의 제후를 이끌고 천하의 치욕을 갚음으로써
천조의 신금을 위로해 드려야 한다'는 표현에서 알 수 있듯이, 요시다는
조정과 막부를 정이대장군이라는 직분관계를 통해 규정짓고 있다. 이
것은 조정을 언급하는 요시다의 논리가 곧바로 막부를 부정하는 논리
가 아님은 물론, 그 존재에 대한 의구심을 표명한 것 또한 아니었다는
것은 의미한다. 따라서 이 시기 요시다의 '대외위기론'은 여전히 막번

---

41) 위와 같은 책, 558쪽.

체제를 인정하고 옹호하는 논리구조를 지니고 있었다고 할 수 있다.

한편 페리의 군사력이 압도적으로 우월하다는 것을 인식한 요시다는 "천하의 근심은 외환(外患)에 있음을 알기에 서양의 병사(兵事)를 알고 싶다"고 생각하게 되었다. 그 결과 "서양 번역서 연구가 작금의 급무 중 급무"[42]라고 여기게 되었고, 다음과 같이 서양식 무기의 채용을 강하게 주장하고 있다.

포총은 소기예(小技藝)이다. 대(隊)를 정비하고 진(陣)을 펼쳐 분합진퇴(分合進退)의 싸움을 하는 것은 대술(大術)이다. 따라서 소기예에 구애받아 대술에 어두움은 필패의 길이다. 우리나라의 본방(本邦)의 포술도 구태여 버릴 필요는 없겠지만 그 술(術)의 대부분은 기예가(技藝家)의 언설로서 아직 병가(兵家)의 의논을 거치지 않으면 도저히 쓰기가 어렵다. 서양법은 이를 항상 실전에서 사용한 까닭에 포 한 대, 총 한 자루의 논의가 정묘하기 그지없고, 따라서 싸움을 하는 대술에 이르러서는 크게 쓰이는 것이다. 그러므로 대포, 소총 모두 서양기계에서 배워 매일 조련해야 한다. 작금의 형세는 지극히 위급하기에 미루고 의심해서는 안 된다. (후략)[43]

이처럼 서양식 무기의 채용에 적극적이었던 요시다는 "서양 보병대의 법(法)이 매우 정밀하여 법이라 할 만하기에 아시가루(足輕) 이하 부대에 통일적으로 적용시키고 싶다"[44]고까지 말하면서, 군대조직의 측면에까지 서양식의 채용을 고려하고 있다. 물론 요시다는 "우리나라 도창(刀槍)의 뛰어남은 어디까지나 만국 중에서 탁월하다는 것은 통론"[45]이라고 적고 있다. 하지만 "단병격투(短兵格鬪)는 우리나라의 뛰

42) 嘉永6年 9月 17,8日付 兄杉梅太郎宛書翰(앞의 『吉田松陰全集』第5卷) 183쪽.
43) 앞의 「장급사언」의 「포총」, 561쪽.
44) 「急務條議」, 앞의 『吉田松陰全集』第1卷, 568쪽.

어난 점이지만 이러한 준비(=서양식 총대와 포대)없이는 단병격투의 병
사도 그 장점을 펼치지 못 한다"[46]며 서양식을 우선시하는 입장을 명확
히 하고 있다. 이렇듯 요시다는 이적이라 할지라도 장점이 있으면 취하
려는 실용주의적 입장에 서 있었다. 1854년(安政1) 1월 14일에 이적을
알기 위해 다시 내항한 페리의 선박에 밀항하려 했던 이른바 '시모다(下
田) 답해(踏海)'는 그 결과라 할 수 있다. 하지만 요시다는 '시모다 답해'
에 실패하고 막부의 조사를 받은 후 자번인도(自藩引導)의 처분을 받아
쵸슈번으로 호송되었다.

한편 1854년(安政1) 3월 3일에 막부는 천황의 칙허없이 미일화친조
약을 맺었다. 이를 계기로 막부에게 정이대장군의 역할을 기대하였던
요시다는 막부타도의 가부를 검토하면서[47] 다음과 같이 막부의 월권행
위를 비판하고 있다.

> (전략) 나는 모름지기 명분을 명확히 하지 않는 것을 진실로 두려워한다.
> 막부가 최근 미국, 러시아, 영국과 통신하였다. 삼가 그 약서를 읽어보니
> 막부 스스로가 일본 제국(帝國)의 정부라고 칭함에 다름없다. 스스로 일본
> 국의 대군주(大君主)라 칭하는 것은 지극히 불가한 것이다. 정말로 그렇다
> 면 외국인은 필경 막부를 황국의 지존으로 삼을 것이다. 이미 지존으로
> 삼는다면 조칙제고(詔勅制誥)라 칭하지 않을 수 없다. 막부가 조칙제고를
> 칭함에 잘못이 없다면 후일의 사명(詞命)은 반드시 국체(國體)를 잃어버려
> 왕명을 폐하는 것이 될 것이다. 이를 어찌 진심으로 두려워하지 않겠는가.
> 따라서 나는 말한다. 당장 정이부(征夷府)라 칭하고, 대장군이라 칭하고,
> 모든 사건에 대해 조정의 칙지를 받들어 말을 따르고 의(義)를 행함을 통해

---

45) 嘉永6年 8月 15日付 兄杉梅太郎宛書翰, 앞의 『吉田松陰全集』第5卷, 168쪽.
46) 嘉永6年 9月 10日付 叔父玉木文之進宛書翰, 위와 같은 책, 175쪽.
47) 安政2年 4月 24日付 兄杉梅太郎宛書翰, 위와 같은 책, 332쪽.

국체를 존숭해야 한다고. 지금 융이를 초절(剿絶)하는 것은 가능하지 않을 지라도 결단코 사명은 국가를 오욕해서는 안 되는 것이다. (후략)[48]

앞에서 서술한 바와 같이 애초 요시다가 조정을 언급하였던 것은 '대외위기'에 대응하기 위한 막번체제의 유지를 목적으로 하는 것이었다. 즉 조정보다는 막부가 우선이었던 것이다. 하지만 여기에서는 막부가 '당장 정이부라 칭하고, 대장군이라 칭하고, 모든 사건에 대해 조정의 칙지를 받들어 말을 따르고 의를 행함을 통해 국체를 존숭'해야 한다고 주장하고 있듯이, 막부가 막부일 수 있는 이유는 조정의 명령과 보증이 있기 때문이라는 입장으로 변화되었음을 알 수 있다. 지금 당장 '대외위기'를 극복하지 못할 지라도, 앞으로 '대외위기'에 대응하기 위해서 '사명은 국가를 오욕해서는 안 되는 것', 다시 말해서 막부위에 조정이 있어야 한다는 것이며 이를 통해 조정은 상대적인 독립성을 지니는 성격이 되는 것이다. 이와 같이 조정을 중심으로 하는 '대외위기' 극복을 생각하게 된 요시다는 쵸슈번의 야산 감옥에 수감되어 있던 중에 '대외위기'를 극복하기 위한 기본구상을 정리한 『유수록(幽囚錄)』을 저술하였다. 다음은 '대외위기'에 대한 대응책으로 제시된 것이다.

(전략) 지금 급한 것은 무비(武備)를 갖추고 함(艦)도 준비하고 포(砲)도 부족하지 않게 하여 곧장 에조지를 개척하여 제후를 봉하고, 그 틈을 타 가모찰지(加模察知)[49]와 오도가(隩都加)[50]를 빼앗고 류큐를 깨우쳐서 국내 제후와 같이 조근회동(朝覲會同)하도록 하고, 조선을 꾸짖어 옛날 왕성

48) 「黙霖に与ふる書」(安政2年 11月 1日),『野山獄文稿』(山口県教育会編『吉田松陰全集』第2巻, 岩波書店, 1934) 44~45쪽.
49) Kamchatka, 러시아 동쪽 끝에 태평양쪽으로 돌출된 반도지역을 의미함.
50) Okhotsk, 러시아 시베리아 동부의 오호츠크해에 접해있는 지역을 의미함.

했을 때처럼 공납하게 하고, 북으로는 만주 땅을 갖고, 남으로는 대만과
여송(呂宋)[51]의 여러 섬을 접수하여 점차 진취의 기세를 보여야 한다. 그런
후에 민(民)을 사랑하고 사(士)를 양성하여 변어(邊圉)를 지키도록 하면 이
것이 곧 나라를 보전하는 것이다. (후략)[52]

　여기에서 언급되고 있는 요시다의 '대외위기론'의 귀결은 서양식으
로 포함을 정비한 후 근린지역으로의 진출을 꾀하는 것이라 할 수 있다.
즉 대외팽창적인 해외웅비의 구상인 것이다. 여기에는 "지금 대대적으
로 선함을 만들어 북쪽으로는 에조지를 접수하고 서쪽으로는 조선을
복속시키는 등 묵묵히 진취의 기세를 보여주면 오랑캐 무리들은 스스
로 손을 뗄 것"[53], "러시아, 미국과 강화를 맺었다. 결코 우리가 이것을
파기하여 융적에게 신(信)을 잃어서는 안 된다. 그저 장정(章程)을 엄히
지켜서 신의를 두텁게 하고, 그동안에 국력을 양성하여 취하기 쉬운
조선, 만주, 중국을 잘라 갖고, 교역에서 러시아에게 잃은 것은 조선과
만주에서 토지로 보상받아야 한다"[54]와 같이 근린지역 중에서도 조선
에 대한 침략이 중심적 위치를 점하고 있다. 그리고 이러한 요시다의
'대외위기론'의 논리적 구조는 메이지유신 후에도 계승되어 일찍이 요
시다에게 배운 기도 타카요시(木戸孝允)에 의해 정한론(征韓論)으로 발
현되기에 이르는 것이다.[55] 기도는 1869년(明治2) 1월에 다음과 같이
정한론을 주장하고 있다.

---

51) 필리핀의 북쪽 큰 섬을 의미함.
52) 앞의 『吉田松陰全集』第1卷, 596쪽.
53) 安政1年 12月 12日付 兄杉梅太郎宛書翰, 앞의 『吉田松陰全集』第5卷, 274쪽.
54) 安政2年 4月 24日付 兄杉梅太郎宛書翰, 위와 같은 책, 332쪽.
55) 이에 대해서는 遠山茂樹 「明治初年の外交意識」(『横浜市立大学論叢』13号,
　　1962), 高橋秀直 「維新政府の朝鮮政策と木戸孝允」(『人文論集』第26卷 第12
　　号, 1990) 등을 참조.

(전략) 우선 하코다테(函館)가 평정되면 조정은 해륙(海陸)을 정비하고
조정의 병력을 가지고 한지(韓地)의 부산부근 항구를 열었으면 합니다. 이
것은 본래 물산, 금은의 이익은 없고 오히려 손실이라고 생각되긴 합니다
만, 황국의 커다란 방향을 세우고 억만 인민의 눈을 내외에 있어서 일변시
키며 해륙의 여러 기예(技藝) 등을 착실히 진행시킴으로써, 후일 황국을
흥기시키고 만세에 유지시키기 위해서는 이것밖에 다른 방책이 없습니다.
(후략)[56]

요컨대 이와 같은 기도의 정한론 주장은 대외위기를 극복하고 '황국
의 흥기'를 실현시키기 위해 군국주의로 향하는 근대일본의 대외팽창
론을 명확히 보여준다고 할 수 있다.

4. 맺음말

이상과 같이 막말유신기에 제기되었던 '대외위기론'의 논리적 변천
과정을 검토해 봤다. 이를 정리하면 다음과 같다.

막번체제에 의해 안정적으로 유지되었던 근세일본에 있어서 본격적
으로 대외위기를 인식하게 된 계기는 1778년(安永7) 이후의 러시아 남
하와 1808년(文化5) 이후의 영국의 접근이었다. 이 시기에 막부의 '대외
위기론'의 귀결은 1825년의 타불령이었다. 타불령으로 표현된 '대외위
기'인식의 내용은 외국선 도래의 목적이 일본과 전쟁을 하여 병탄하기
위한 것이 아니고, 그 성격은 약탈적인 해적에 불과하다는 것이었다.
따라서 이 시기의 '대외위기론'은 타불령과 같은 강경한 조치를 취하면

---

56) 木戸公伝記編纂所『松菊木戸公伝』下(明治書院, 1927) 1281～1282쪽.

외국선의 도래가 억지될 수 있다는 논리로 귀결되었다.

하지만 이러한 '대외위기론'은 아편전쟁을 계기로 변화하였다. 1842
년(天保13) 6월에 아편전쟁이 끝난 후에는 영국군이 일본으로 향할 것
이라는 소식을 전해들은 막부는 같은 해 7월에 타불령을 개정하여 신수
급여령을 명하였다. 이 시기에는 이처럼 외국과의 분쟁을 가능한 한
회피하려는 방책과 함께 에도만(江戶灣)을 중심으로 하는 전국해안의
경비강화책이 병행되었다. 그러나 이 시기에는 이와 같은 막부의 해방
론과는 성격을 달리하는 사쿠마의 해방론도 제시되었다. 사쿠마는 도
쿠가와 집안의 안위와 관련된 에도만을 지키는 해방론이 아니라 일본
전체의 안전을 지키기 위한 해방론을 주장하였다. 따라서 사쿠마의 '대
외위기론'은 도쿠가와 집안 일개의 '영욕'에 관계하는 것이 아니라, 천
황의 '안위' 또는 '귀천존비' 구별 없는 모든 국민에 관계하는 내셔널리
즘적 성격이었다. 그러나 재정궁핍 등의 문제로 막부의 해방책 등은
각 인민계층과의 모순이 극한까지 격화될 가능성도 있었기 때문에 막
부의 해방책의 추진은 순조롭지는 않았다. 이러던 사이 1853년(嘉永6)
6월에 페리가 개국을 요구하며 내항하기에 이르렀다.

막말정치과정 속에서 주요한 정치이념 중 하나는 존왕양이사상이었
다. 페리의 개국요청에 대해서 존왕양이파 중 한사람인 요시다는 승산
이 매우 적지만 이번이야 말로 단칼에 일본도(日本刀)의 솜씨를 보여주
고 싶다는 양이의식을 갖고 있었다. 이러한 양이의식은 처음엔 페리의
개국요구라는 '대외위기'를 정이대장군인 막부의 양이결행을 통해 극
복해나가고자 하였다. 하지만 이러한 요시다의 기대와는 달리 막부는
1854년(安政1) 3월에 천황의 칙허없이 미일화친조약을 맺었다. 이를 계
기로 요시다는 막부타도의 가부를 검토하기 시작하였고, 그 결과 조정

은 막부에 대해 상대적인 독립성을 지니는 성격이 되었다. 또한 이러한 요시다의 '대외위기론'은 서양식으로 포함(砲艦)을 정비한 후 근린지역 으로의 진출을 꾀하는 팽창주의적 성격으로 귀결되었다. 그리고 이러 한 요시다의 '대외위기론'의 논리적 귀결은 메이지유신 이후의 정한론 으로 이어졌던 것이다.

제2장

일본의 대외 팽창의 패턴

李在碩

宋浣範

金普漢

尹裕淑

朴三憲

7세기 왜국의 대외 위기감과 출병의 논리

李在碩 동북아역사재단

1. 머리말

7세기 왜국은 미증유의 위기감에 사로잡혀 있던 시대였다. 주지하듯이 589년(수 文帝 開皇 9년, 崇峻天皇 2년) 수의 중국 통일 이후 동아시아에는 이른바 전쟁과 격동의 시대가 도래하고 있었다. 수·당 왕조와 고구려의 싸움은 말할 것도 없고 한반도 삼국 간에도 치열한 항쟁이 전개되어 결국 백제와 고구려의 멸망이라는 정치적 대변동을 초래하였다. 그런데 이러한 동아시아의 정세 변화 과정에는 왜국도 긴밀하게 연동되어 있었다. 왜국의 위기감의 진원지는 바로 대륙과 반도에 걸친 동아시아의 격동에 있었던 것이다.

전쟁과 외교가 숨 가쁘게 교차하며 급변해가는 동아시아의 국제 정세의 변화에 왜국의 지배층은 그 어느 때보다도 긴장하며 나름의 반응을 보이고 있었다. 660년 백제의 멸망 이후에 보여준 백제 구원을 내건 파병은 그 대표적인 것이며 663년의 白村江 전투 이후 나타난 수도의 이동 및 전례 없는 山城의 축조는 패전에 따른 위기감의 압권이었다고 할 수 있다.

본 연구에서는 당시 대외적 긴장감이 고조되면서 그것이 어떻게 위기감으로 전화되어 갔으며 또 그 위기감은 어떤 과정을 거쳐 수습되고 해소되었는가를 조망하여 7세기 왜국이 가지고 있었던 대외적 위기감의 구조를 해명해보고자 한다. 그리고 특히 그 과정에서 감행된 군사적 출병이 어떠한 이유로 가능하였는지에 대해서도 살펴보고자 한다. 이러한 위기 구조 속에서 고대국가 日本이 형성되어 갔다는 점을 생각한다면 이러한 작업은 곧 국가 형성의 史的 특질을 이해하는 데에도 示唆하는 바가 적지 않을 것으로 생각한다.

2. 推古朝 대외 노선의 분열

6세기 전반에 걸친 왜국의 대외노선은 주로 백제와 긴밀한 협력 관계를 유지하는 이른바 친백제 일변도의 외교 정책이었다. 즉 백제로부터 오경박사를 비롯한 학자들과 불교를 필두로 한 선진문물을 제공받는 대가로 백제에게 군사 지원을 제공하는 일종의 <傭兵關係>的인 상호 교환관계가 6세기 왜국의 주된 대외 교섭의 양상이었다.[1]

그러나 이러한 친백제 일변도의 노선은 6세기 말 국제 정세의 변화에 따라 일정한 수정을 요구받게 되었다. 이 국제 정세의 변화를 주도한

---

1) 김현구, 『大和政權の對外關係硏究』, 吉川弘文館, 1985.

것은 다름 아닌 중국 대륙의 통일 왕조 隋였다. 통일 왕조 수의 등장은 실로 당시 동아시아 지역의 질서 변동의 핵이었다고 해도 과언이 아닐 것이다.

수의 등장 이후 한반도 諸國은 모두 수와의 외교 관계 수립에 적극적으로 임하였으며 삼국의 상호 관계도 對隋 관계를 기축으로 빠르게 재편되어 갔다. 고구려는 주지하는 것처럼 결국 수와의 전쟁에 돌입하게 되었으며 이러한 對수 관계의 불안정성이 고구려로 하여금 후방 국가 신라를 견제하기 위해 왜국의 관계를 더욱 긴밀하게 유지하게끔 만들었다.[2] 이에 대해 신라는 수와 통교하는 한편 바다 건너 왜국과도 우호관계를 유지하고자 하였으며[3] 한편 백제는 대수 외교를 통하여 마음에도 없는 고구려 정벌 의지를 피력하는 등 자국에 유리한 국제 환경을 조성하기 위해 적극적으로 움직이고 있었다.[4]

한편 이 시기 왜국 야마토 조정의 대외 관계는 소위 多面外交의 양상을 보여주고 있었다.[5] 다시 말해 기존의 백제와의 관계 외에도 6세기 말 이후 고구려와 신라와도 외교 관계를 맺으면서 그들의 문화를 수용

---

2) 김현구 · 박현숙 · 우재병 · 이재석 공저, 『일본서기 한국관계기사연구(Ⅱ)』, 일지사, 2003.
3) 김현구 · 박현숙 · 우재병 · 이재석 공저, 『일본서기 한국관계기사연구(Ⅲ)』, 일지사, 2004.
4) 당시 백제는 수에 대하여 수의 고구려 침공 시에 백제가 향도 역할을 맡겠다고 제안하였다가 이것을 안 고구려의 공격을 받기도 하였지만(『삼국사기』백제본기 무왕 45년 9월조), 때로는 수에 고구려 공격을 제안하면서도 실제로는 이 제안과는 모순되게 이미 고구려와 내통하는 일도 있었다고 한다(『隋書』백제전 대업 3년조). 백제와 고구려의 연대는 직접적으로는 신라를 압박하기 위한 계산에서 나온 것으로 생각되는데 이러한 움직임은 대수 관계를 위요하고 전개된 정치적 파장 속에서 제각각 자기 이익을 관철시키기 위해 긴박하게 움직이고 있었음을 보여준다.
5) 김현구, 주 1)의 전게서, 「제3편 多面外交と蘇我氏」 참조.

하고 있었으며 나아가 수와도 외교관계를 수립하고자 왜국에서 먼저 사신을 파견하는 적극성을 보이고 있었다.[6] 對수 외교의 개시는 478년 남조(宋)와의 조공 외교를 끝으로 단절되어 있던 중국 왕조와 왜국 사이의 외교 관계의 재개라는 점에서 실로 120여 년 만의 일이었다.

왜국이 다면외교를 전개할 수 있었던 배경에는 위에서 언급한 대수 관계를 위요하고 전개된 한반도의 정세 변화가 결정적으로 작용하고 있었으며 그것이 당시 야마토 조정의 지배층의 이해관계와도 일치하였기 때문이었다. 즉 가능하다면 다수의 국가로부터 보다 많은 선진 문물의 유입을 기대하는 당시의 야마토 조정의 지배층의 이해관계와 한반도의 후방에 위치한 일본열도(왜국)가 가진 지정학적 중요성에 주목한 한반도 제국의 이해관계가 맞아떨어졌기 때문에 가능하였던 것이다. 그리고 한 가지 간과하지 말아야 할 것은 왜국의 지배층이 이러한 다면 외교를 전개하였다고 하여 왜국의 외교 노선 자체가 바뀐 것은 아니었다는 점이다. 김현구가 지적한 것처럼 추고조 중반기의 다면 외교의 성립은 어디까지나 친백제 노선을 토대로 한 다면 외교였던 것이다.[7]

그런데 이러한 다면 외교의 전개 상황 속에서 추고조의 조정에는 점점 親백제 세력과 反백제 세력의 결집이 가시화되기 시작한다. 그것을 보여주는 것이 『日本書紀』推古天皇 31년 是歲조의 사료이다. 그리고 과거 수에 유학을 떠났던 유학생과 학문승들이 백제가 아닌 신라를 통하여 귀국하기 시작하였다는 사실도 왜국의 대외 노선 문제를 생각할 때 중요한 의미를 가지는 사건이었다고 할 수 있을 것이다. 우선

---

6) 대수 외교의 개시는 『隋書』왜국전에 의하면 수 문제 開皇 20년 즉 추고천황 8년(600년)의 일로서 당시 왜국의 사신 이름은 전해지지 않는다.
7) 김현구, 주 1)의 전게서, 「제3편 多面外交と蘇我氏」 참조.

관련 사료를 들면 다음과 같다.

(1) 『日本書紀』추고천황 31년 시세조

是歲, 新羅伐任那. 任那附新羅. 於是, 天皇將討新羅. 謀及大臣, 詢于群卿.
田中臣對曰, 不可急討. 先察狀, 以知逆後擊之不晚也. 請試遣使覘其消息.
中臣連國曰, 任那是元我內官家. 今新羅人伐而有之. 請戒戎旅, 征伐新羅,
以取任那, 附百濟. 寧非益有于新羅乎. 田中臣曰, 不然. 百濟是多反覆之
國. 道路之間尙詐之. 凡彼所請皆非之. 故不可附百濟. 則不果征焉. 爰遣
吉士磐金於新羅, 遣吉士倉下於任那, 令問任那之事. (하략)

(2) 『日本書紀』추고천황 31년 추7월조

新羅遣大使奈末智洗爾, 任那遣達率奈末智, 並來朝. 仍貢佛像一具及金
塔幷舍利. 且大觀頂幡一具·小幡十二條. 卽佛像居於葛野秦寺. 以餘舍
利金塔觀頂幡等, 皆納於四天王寺. 是時, 大唐學問者僧惠齋·惠光·及
醫惠日·福因等, 並從智洗爾等來之. 於是, 惠日等共奏聞曰, 留于唐國學
者, 皆學以成業. 應喚. 且其大唐國者, 法式備定之珍國也. 常須達.

사료 (1)은 소위 임나문제로 인한 신라정토 관련 기사인데 문제의
발단인 신라의 임나 침입은 당시의 사실이라고는 생각하기 어렵다. 이
기사의 진실성은 과거 기토 키요아키(鬼頭淸明)이 지적하였듯이 야마토
조정 내부에 나카토미노무라지 쿠니(中臣連國)의 발언으로 대표되는 친
백제 노선과 다나카 노오미(田中臣)의 발언으로 대표되는 친신라 노선
의 대립이 표면화된 것에 있다고 할 수 있을 것이다.[8] 즉 외교 노선의
대립이라는 당시의 실제 사실이 마치 임나 회복과 관련된 문제로 둔갑
되어 위의 기사로 나타나 있는 것이 사료 (1)인 것이다.

---

8) 기토 키요아키(鬼頭淸明), 『日本古代国家の形成と東アジア』, 校倉書房, 1976.

그런데 (1)에서 알 수 있듯이 推古朝 말기에 백제를 비판하는 세력이 등장하였다는 것은 종래의 친백제 일변도의 외교 노선에 변화가 일어나고 있었음을 보여준다. 이러한 외교 노선 상의 대립 관계의 형성에는 아마도 추고천황 16년(608) 隋의 사신 裵世淸의 왜국 방문 시에 발생한 백제의 국서 탈취 사건도[9] 영향을 미치고 있었던 것으로 생각되며 그 결과 나타나게 된 것이 사료 (2)라고 보아도 무방할 것이다. 즉 과거 추고천황 16년의 단계에서는 隋로부터 귀국하는 왜의 사신단은 모두 백제를 경유하여 귀국하고 있었다. 그런데 추고천황 31년에 귀국하는 혜일 등의 일행은 백제가 아닌 신라를 경유하여 귀국하고 있는 것이다. 이러한 귀국 루트의 변경은 단순히 교통 편의상의 문제가 아니라 극히 정치적인 의미가 가미된 것으로 보는 것이 타당할 것이다.[10]

그리고 한 가지 간과할 수 없는 사실은 (2)에서 "其大唐國者, 法式備定之珍國也. 常須達."이라고 보이는 것에서 알 수 있듯이 이들 유학생과 학문승들이 당과의 직접적인 교류를 건의하고 나선 점이다. 당과의 교류 관계를 성립시키기 위해서는 당연히 당의 대외 정책에 협력할 필요가 있었으며 당과 적대적인 관계를 유지하면서 문물 유입만을 추구할 수는 없는 노릇이었다. 그런 의미에서 이들의 對唐 정책 건의는 달리 표현하면 친당 노선의 추구를 건의한 것이었다고 할 수 있을 것이다. 그리고 그것은 당과 연계되어 있는 신라와의 관계 강화를 의미하는 것이기도 하였다.[11]

---

9) 『日本書紀』추고천황 16년 6월 병진조.
10) 이 정치적 의미란 신라 경유의 루트와 백제 경유의 루트 중 어느 쪽을 취하느냐 하는 것은 그 나라와의 제휴를 전제로 하고 있으며 나아가 그 국가와의 정치적 관계를 상징적으로 드러내는 의미가 있었다. 이에 대해서는 김현구·박현숙·우재병·이재석 공저, 주 3)의 전게서, 66-67쪽.

이런 와중에 야마토 조정 내부에서는 (1)에서 보이는 것처럼 백제를 비판하는 세력이 형성되기 시작하였음을 감안한다면 귀국 루트의 변경과 백제 비판 세력의 등장은 동전의 앞뒤처럼 긴밀한 상관관계가 있음을 알 수 있다. 다면 외교 체제하의 왜국 조정은 이제 서서히 동아시아의 국제적 대립 구도 속으로 연루되어 가고 있었던 것이다.

3. 舒明-孝德朝 대외관계의 浮沈

1) 舒明朝 對唐 관계의 악화

주지하는 바와 같이 추고천황의 사망 이후 田村皇子(舒明天皇)가 즉위하지만 그 과정에서 聖德太子의 아들 山背王의 반발과 소아씨 내부에서도 서명천황의 즉위에 반대하는 움직임이 나타나 적지 않은 內訌을 겪은 것이 사실이다.[12] 이 분쟁은 결국 서명의 즉위를 끝까지 반대한 蘇我境部臣摩理勢를 蘇我大臣이 주살함으로써 일단락되었다.

종래 이 사건에 대해서는 주로 왕위 계승 문제를 둘러싼 일본 왕실 내부의 분쟁 정도로 인식하는 경향이 강하였다. 그리고 당시 실권을 장악하고 있던 蘇我大臣家의 의지도 群臣(마에츠키미)層의 반대에 부딪쳐 자신의 의도대로 산배왕의 즉위를 실현시키지 못하였다고 해석하여 야마토 조정 내부의 정치적 역학관계를 보여주는 사료로 곧잘 이용되

---

11) 유학생과 학문승들의 귀국이 신라를 경유하는 루트를 이용하게 된 것 자체가 당과 신라의 연계를 보여주는 것에 다름 아니다.

12) 『日本書紀』서명천황 卽位前紀.

기도 하였다.13) 이 사건에 보이는 정치적 역학 관계에 대해서는 필자도
검토한 바 있으나14) 이러한 대립이 발생하게 된 근본적인 이유에 대해
서는 여전히 의문이 많이 남아 있는 것이 사실이다. 물론 형식적으로는
왕실의 즉위 분쟁이란 성격을 가지고 있는 것이 사실이다. 그렇지만
그러한 표면적 문제와는 별도로 그 이면에 나타난 대립 구도의 형성
원인을 단순하게 특정 왕자에 대한 好不好의 문제로 귀착시키는 것은
문제를 지나치게 왜소화시키는 것이며 타당하지 않다.

필자는 추고조 말기에 형성된 외교 노선을 둘러싼 대립 관계가 서명
천황의 즉위를 둘러싼 분규 사건에도 반영되어 있었다고 생각하고 있
다. 다시 말해 추고천황 31년에 보이는 대립 관계 구도의 형성이 얼마
후에 전개되는 서명천황의 즉위 분쟁 사건에 보이는 대립 관계 구도와
무관계하지 않다는 것이다. 여기서 이 문제를 전면적으로 논의할 수는
없지만15) 일단 필자의 생각을 피력해두자면 다음과 같다.

서명 즉위 사건에서 최대 미스터리는 소아대신가가 왜 혈연적으로
가장 가까운 산배왕을 지지하지 않고 전촌황자를 지지하였는가 하는
점인데 필자는 그 이유를 성덕태자－산배왕으로 이어지는 上宮王家의
세력이 친신라적 입장에 있었기 때문이라고 생각한다. 상궁왕가와 신
라계 도래인 출신인 秦氏와의 긴밀한 관계는 너무나도 유명한 사실이

---

13) 이 문제에 대해서는 하라지마 레이지(原島禮二), 「大夫小論覺書-七世紀前半
の大和政權中樞部について」, 「歷史評論」113, 1960, 가토 켄기치(加藤謙吉),
「大夫制と大夫選任氏族」, 『大和政權と古代氏族』所收, 吉川弘文館, 1991, 타
미야 아키히로(田宮明博), 「「大夫」に關する基礎的考察」, 「明治大學大學院紀
要 文學編」27, 1989, 사토 나가토(佐藤長門), 「倭政權における合議制の機能と
構造」, 「歷史學硏究」661, 1994 등의 논고를 참조 바란다.
14) 졸고 「서명천황의 즉위와 소아대신·군신의 동향」, 「아세아연구」43, 2002.
15) 이 문제에 대해서는 현재 별고를 준비 중이다.

며16) 또한 신라계 불교와 상궁왕가의 특수한 관계도 많이 지적되고 있는 사실이다.17) 또한 추고천황 시대에 이루어진 성덕태자의 정치적 등장18) 자체가 그 동안 대외적으로 친백제적인 성격이 강하게 각인된 실권자 소아씨가 다면외교를 전개하기 위해 내세워진 것이었다는 견해도19) 있고 보면, 상궁왕가와 신라와의 관계가 매우 밀접한 관계로 연결되어 있었다는 것을 부정할 수는 없을 것이다. 물론 그렇다고 이것이 상궁왕가가 反백제적이었다는 것을 의미하는 것은 아니다. 야마토 조정 전체 지배층의 이해관계를 대변해야 하는 집정자의 위치에 있으면서 노골적으로 반백제적 노선을 견지한다는 것은 상상하기 어렵기 때문이다. 하지만 친백제적 성격인 소아대신가와는 달리 친신라적 성격을 구비하고 있었다는 점에서 기존의 친백제계 씨족들과는 차이가 있으며 이러한 상궁왕가의 정치적 성격은 향후의 상황 전개에 따라 더욱 친신라적으로 부각될 수 있는 여지를 남기고 있었다.

그런데 앞에서도 언급한 것처럼 추고조 말기에는 친신라파와 친백제파의 대립이 점점 가시화되기 시작하였다. 그런 와중에 추고천황이 사망하고 차기 천황(대왕) 선정이 문제가 되었을 때, 만약 친신라적 성격을 갖는 산배왕이 즉위하게 된다면 향후의 야마토 조정의 대외 노선이 친신라적인 것으로 경도될 가능성도 배제할 수 없는 일이었다. 이렇게 본다면 지금까지 친백제적 노선을 토대로 정권을 유지하고 있는 소아

---

16) 예를 들어 가토 켄기치(加藤謙吉), 『秦氏とその民』, 白水社, 1998, 니토 아츠시(仁藤敦史), 「斑鳩宮の経営について」, 『古代王権と都城』, 吉川弘文館, 1998.
17) 히라노 쿠니오(平野邦雄), 『大化前代社會組織の研究』, 吉川弘文館, 1969, 207쪽.
18) 『日本書紀』에는 그가 '攝政'의 지위에 있었다고 하며 『上宮聖德法王帝說』에는 蘇我大臣과 더불어 '共治'하는 입장에 있었다고 한다.
19) 김현구, 주 1)의 전게서, 305-322쪽

대신가로서는 친신라적 노선으로 경도될 가능성이 있는 산배왕을 적극적으로 지지할 수는 없는 입장이었음이 자명해진다.

이상과 같이 서명천황의 즉위를 둘러싼 야마토 조정의 분규는 표면적으로는 왕위 계승을 둘러싼 분쟁의 형태를 띠고 있었지만 그 저변에 깔려 있는 내부 기류는 친신라 노선인가 친백제 노선의 추종인가 하는 추고조 말기 이래의 대립 노선이 그대로 이어져 대립하는 형세를 하고 있었던 것이다. 그런 점에서 서명천황 즉위 분규 사건은 단순히 야마토 조정 내부만의 문제로서 보는 것은 잘못이며, 동아시아의 세력 변화의 여파가 왜국의 조정에도 영향을 미치기 시작하여 바야흐로 내부 분쟁을 야기하였다는 점에서 주목되는 사건이라고 할 수 있을 것이다. 다시 말해 서명천황 즉위 분쟁은 위와 같은 국제적 계기에 의해 촉발된 내부 분규의 성격을 지니고 있었던 것이 필자의 결론이다.

그런데 이러한 대립 관계는 서명조의 성립 이후에도 여전히 불씨를 남기고 있었으나 소아대신이 조정의 실권을 장악하고 있는 한 대립은 표면화되지는 않고 있었다. 즉 대립이 존재하기는 하였으나 표면상으로는 잠복 상태에 들어가 있었던 것이다. 이러한 사실은 예를 들어 다음과 같은 정황에 의하여 뒷받침된다.

첫째는 僧 旻을 위시한 친당 유학파들은 소아대신가에 의해 등용이 거부당한 상태에 있었다는 점이며 둘째는 서명천황 4년 왜국을 방문한 당의 사신 高表仁과도 우호적이지 못한 채 교섭이 결렬되었다는 점이다.[20] 특히 후자는 왜국의 對중국 관계에서 하나의 분기점이 되는 사건

---

20) 『日本書紀』서명천황 4년 8월조에 관련 기사가 보이고 『구당서』 왜국전에는 "遣新州刺史高表仁, 持節往撫之. 表仁無綏遠之才, 與王子爭禮, 不宣朝命而還"이라고 나온다.

이었다고 할 수 있다. 고표인을 파견한 당의 목적은 왜국을 친당 노선의 국가로 만들기 위함이었고 그 이면에는 당과 신라의 제휴 관계가 배경에 있었다.[21] 그런 점에서 고표인의 방문은 왜국의 전통적 외교 노선에 대하여 수정을 요구한 것이었다고 할 수 있다. 이것은 다면 외교 가운데 허용되었던 수 왕조 때의 對중국 관계와는 달리 이제 왜국도 어느 한 라인을 선택하도록 강요받기 시작하였다는 점에서 주목되는 사건이었다.

그러나 고표인과 왜국 조정의 관계는 불화로 끝났다. 이것은 왜국 조정의 공식적인 대외 노선이 여전히 친백제 노선이었음을 시사하고 있다. 하지만 왜국의 의사와는 관계없이 동아시아의 국제 관계를 둘러싼 긴장감은 더욱 고조되어 갔다.

2) '乙巳의 變'과 대외노선의 浮沈

641년 서명천황이 죽고 그 왕비가 바로 즉위하여 황극천황이 되었다. 황극조의 시대는 그 개막 직후부터 동아시아의 격변의 소식들이 속속 들어오기 시작하였다. 『日本書紀』에 의하면 황극천황 원년에 백제 의자왕의 정변 소식과[22] 고구려 연개소문의 정변 소식이[23] 입수되었다고 한다. 그리고 아마도 이어서 전개된 백제의 신라 서부 40여성 탈취[24] 및 대야성 함락[25] 소식도 이듬해에는 왜국 조정에도 입수되었으리라

---

21) 김현구, 주 1)의 전게서, 340-348쪽.
22) 『日本書紀』황극천황 원년 2월 무자조.
23) 『日本書紀』황극천황 원년 2월 정미조.
24) 『삼국사기』백제본기 의자왕 2년 7월조.
25) 『삼국사기』백제본기 의자왕 2년 8월조.

짐작된다.[26] 이러한 정변 및 전쟁의 발발 소식이 왜국 조정을 긴장시켰을 것임은 짐작하기 어렵지 않다.

아나나 다를까 황극천황 2년 11월에 蘇我大臣家가 上宮王家를 몰살시키는 사건이 발생하였으며[27] 동 3년에는 蘇我大臣家가 집의 주위에 성책을 쌓고 수비를 강화하며 항상 50명의 병사를 대동하고 출입하였다고 한다.[28] 상궁왕가의 몰락은 흔히 왕위계승을 둘러싼 문제에서 기인한 것으로 받아들여지고 있지만[29] 필자는 그 배경에 대외관계를 둘러싼 문제가 자리 잡고 있었다고 생각하고 있다.[30] 그리고 소아대신가의 행동은 당시 왜국 조정의 긴장된 분위기를 잘 전해주고 있다고 생각되는데 그 이면에 대외노선의 선택을 둘러싼 긴장과 대립이 존재하였음은 이미 김현구의 연구가 입증한 바 있다.[31]

한편 645년의 쿠데타(소위 乙巳의 변)로 종래 실권을 장악하고 있던 소아대신을 중심으로 한 蘇我氏 본종가가 몰락하고 새롭게 孝德天皇

---

26) 642년 8월 이후에 왜국에 온 백제사신 기사로는 『日本書紀』황극천황.
2년 4월 경자조의 翹岐 및 弟王子, '調使' 일행의 도착 기사와 동 6월 신축조와 동 7월 신해조가 있다. 이 중에서 翹岐 일행의 도착 내용은 동 원년 4월조의 重出 기사로 생각되므로(김현구 외, 주 3)의 전게서, 110-111쪽) 황극천황 2년의 일이라고 보기 어렵고 따라서 동 2년 7월 신해조에 보이는 '大使達率自斯' 일행이 위의 사실을 전하였을 가능성이 크다.

27) 『日本書紀』황극천황 원년 11월 병자삭조.

28) 『日本書紀』황극천황 3년 11월조에 "冬十一月.蘇我大臣蝦夷・兒入鹿臣, 雙起家於甘檮岡. 稱大臣家曰, 上宮門. 入鹿家曰, 谷宮門.<谷. 此云波佐麻.>稱男女曰王子. 家外作城柵, 門傍作兵庫. 每門置盛水舟一, 木鉤數十, 以備火災. 恒使力人持兵守家. 大臣使長直於大丹穗山, 造鉾削寺. 更起家於畝傍山東. 穿池爲城. 起庫儲箭. 恒將五十兵士, 續身出入. 名健人曰, 東方儐從者. 氏氏人等, 入侍其門. 名曰祖子孺者. 漢直等, 全侍二門."이라고 나온다.

29) 『日本書紀』황극천황 2년 10월 무오조.

30) 이 점에 대해서는 별고를 준비하여 상론할 예정이다.

31) 김현구, 주 1)의 전게서, 제4편(大化改新と日・羅・唐の三國連合體制の成立) 참조.

을 중심으로 한 정권이 성립하였다. 이른바 '大化改新'의 성립이 바로 그것이다. 蘇我氏 정권을 타도한 가루노 미코(輕皇子 : 효덕천황)와 나카오오에노미코(中大兄皇子 : 뒤에 天智天皇)·나카토미노가마다로(中臣鎌足) 등이 중심이 된 反蘇我氏本宗 세력은 이후 명실상부한 대왕(왕족) 중심의 권력체제의 구축을 향하여 나아가게 되는데 그 최종 귀결점이 바로 7세기 말 8세기 초에 성립하는 율령체제에 의거한 古代天皇制 국가에 다름 아니었다. 왕권 발달사의 관점에서 본 대화개신 정권의 성립 의의에 대해서는 이와 같이 이른바 본격적인 천황제 국가의 성립 기점으로서 자리매김해도 무방할 것이다.[32]

그런데 동아시아 전체를 시야에 넣고 볼 때 645년의 왜국의 쿠데타는 당시 동아시아 각국에서 나타났던 諸쿠데타의 하나였다는 점을 인식하는 것이 중요하다. 641년 고구려 연개소문의 쿠데타와 642년 백제 의자왕의 정변의 연장선상에서 645년 왜국의 '을사의 변'의 문제를 생각할 수 있을 것이며 왜국보다 2년 후에 발생한 647년 신라 비담의 난[33] 또한 같은 맥락에서 바라볼 수 있을 것이다. 다시 말해 고구려－백제－왜국－신라 순으로 이어지는 쿠데타의 연쇄적 발생 속에 왜국의 그것이 위치하고 있다는 것이다. 그리고 이러한 쿠데타는 이미 선학의 연구에서 지적된 것처럼 모두 자국 내부의 권력 집중을 위요하고 전개된 정변이었다는 점에 공통된 특징이 있다.[34] 고구려의 정변에서부터 쿠데타의 본격적인 도미노 현상이 시작되고 있다는 것은 그 직접적 계기가 일차적으로는 640년 高昌國의 정복 이후에 본격적으로 전개되

32) 졸고, 「일본고대 왕권 발달의 제단계」, 『문화사학』 24, 2005.
33) 『삼국사기』신라본기 선덕왕 16년 춘정월조.
34) 이시모다 쇼(石母田正), 『日本の古代國家』, 岩波書店, 1971.

는 당과 고구려 사이의 긴장 고조에 있었음을 시사하고 있다. 고구려 정복을 핵심 내용으로 하는 이른바 당의 동방정책의 여파가 동아시아 각국에 미치고 있었던 것이다.

그런 점에서 왜국의 정변도 당시 동아시아의 국제 정세에 예외 없이 규제되고 있었다고 할 수 있을 것이다. 현재 孝德政權의 외교 노선에 대해서는 諸說이 있다. 기존의 소아씨 중심의 친백제 노선에서 中大兄皇子－中臣鎌足 등의 주도로 친신라 노선으로의 전환이 이루어졌다는 설[35]에서부터 시작하여 친백제파와 친당-신라파 사이에 이원적 분열외교가 전개되었다는 설,[36] 일관된 친백제 노선을 유지하였다는 설,[37] 신라·백제에 대한 균형 외교노선을 취하여 양국으로부터 조공관계를 유지하고자 하였다는 설,[38] 추고조 이래의 균형적 다면외교의 기조가 그대로 유지되었다는 설,[39] 大化 연간의 왜국·신라·당의 3국 연합체제의 성립을 지향하였던 단계에서 친백제 노선으로 회귀하였다고 보는 설[40] 등이 그것이다.

필자의 견해는 이미 별고에서 밝혔듯이 효덕천황의 친당－신라 노선이 뒤에 중대형황자와 권력 투쟁에서 패한 결과 중대형황자 중심의 친백제 노선으로 회귀하였다고 하는 김현구의 견해가 가장 타당하다고 생각한다. 이 권력 투쟁의 전말을 여기서 다시 소상하게 부연할 필요는

---

35) 이시모다 쇼(石母田正), 주 34)의 전게서, 「第1章 國家成立史における國際的契機」참조.
36) 예를 들면 야기 아츠루(八木充), 「七世紀中葉における權力抗爭」, 『日本書紀研究 第8冊』, 塙書房, 1975.
37) 예를 들면 니시모토 아키히로(西本昌弘), 「東アジアの動亂と大化改新」, 「日本歷史」468, 1987.
38) 기토 키요아키(鬼頭淸明), 「七世紀後半の東アジアと日本」(주 8)의 전게서).
39) 연민수, 「개신정권의 성립과 동아시아 외교」, 『고대한일관계사』, 혜안, 1998.
40) 김현구, 주 1)의 전게서, 제4편 제1-3장 참조.

없다고 생각하지만, 몇 가지 사료를 통하여 이 시기의 대외관계의 부침
을 확인해보기로 하겠다. 먼저 다음의 사료를 보자.

(3) 『新唐書』日本傳

永徽初, 其王孝德卽位, 改元曰白雉, ‥‥時新羅爲高麗百濟所暴, 高宗賜
璽書, 令出兵援新羅. 未幾孝德死, 其子天豊財立.

(4) 『日本書紀』효덕천황 白雉 2년 시세조.

是歲. 新羅貢調使知萬沙飡等, 着唐國服, 泊于筑紫. 朝庭惡恣移俗. 訶嘖
追還. 于時, 巨勢大臣, 奏請之曰, 方今不伐新羅, 於後必當有悔. 其伐之狀,
不須擧力. 自難波津, 至于筑紫海裏, 相接浮盈艫舳, 徵召新羅, 問其罪者,
可易得焉.

(5) 『日本書紀』제명천황 3년 是歲조.

是歲. 使使於新羅曰, 欲將沙門智達·間人連御廐, 依網連稚子等, 付汝國
使, 令送到大唐. 新羅不肯聽送. 由是, 沙門智達等還歸. (후략)

(6) 『日本書紀』제명천황 4년 是歲조.

是歲. 越國守阿部引田臣比羅夫討肅愼, 獻生羆二. (중략)<或本云, 至庚申
年七月. 百濟遣使奏言, 大唐, 新羅幷力伐我. 旣以義慈王, 々后, 太子爲虜
而去. 由是, 國家以兵士甲卒, 陣西北畔, 繕修城柵, 斷塞山川之兆.>

(7) 『日本書紀』제명천황 5년 7월 戊寅조.

遣小錦下坂合部連石布, 大仙下津守連吉祥, 使於唐國. 仍以陸道奧蝦夷
男女二人示唐天子.<伊吉連博德書曰, ‥(중략) 客中有伊吉連博德奏. 因
卽免罪. 事了後, 勅旨. 國家來年必有海東之政. 汝等倭客不得東歸. 遂逗
西京, 幽置別處, 閉戶防禁. 不許東西困苦經年. (후략)

먼저 (3)에 대하여 살펴보자. 654년에 입당한 3차 견당사 다카무쿠노
겐로(高向玄理) 일행에게[41] 당 고종은, 신라가 백제와 고구려로부터 침
략당하고 있음을 이유를 들어 왜국이 출병하여 신라를 도울 것을 璽書
로서 왜국에게 명하고 있다. 신라 – 당을 위해 출병할 것을 요구하는
당의 태도는 김현구의 지적처럼 과거 어느 때에 왜국이 당에게 출병을
약속하였기 때문에 가능한 것이었다고 보는 것이 타당할 것이다.[42] 따
라서 고종의 출병 명령은 신라를 군사적으로 지원하기로 했던 약속을
이행할 것을 촉구한 것이었다고 이해할 수 있을 것이다. 어찌되었든
위와 같은 당의 요구가 가능하였다는 사실에서 우리는 효덕조 前期의
왜국의 대외노선이 친당 – 신라 노선이었음을[43] 엿볼 수 있을 것이다.
그런데 다음의 사료들을 보면, 親당 – 신라 노선을 전제로 해서는 이해
하기 어려운 내용들이 나온다.

먼저 백치 2년(651)의 사료 (4)를 보면 唐服을 착용하고 왜국에 온
신라 사신에 대하여 巨(許)勢大臣이 신라를 칠 것을 주장하고 있다.
만약 신라 – 당과의 우호 관계가 유지되고 있었다면 신라 사신의 당복
착용을 핑계로 신라를 쳐야 한다는 주장은 나오기 어려웠을 것이다.
그럼에도 여기서는 버젓이 신라 정토 운운하는 주장이 정권의 수뇌부
에서 나왔다는 사실은 이미 당시 야마토 정권의 대외 노선이 反신라로
돌아서 있었다는 것을 시사하고 있음에 다름 아니다. 그리고 신라를

---

41) 『日本書紀』효덕천황 白雉 5년 2월조.
42) 김현구의 연구에 의하면 高向玄理의 파견은 당시 효덕조의 내부 사정으로 인하
    여 신라를 군사적으로 지원하기 어렵게 되었다는 사실을 통보하는 데에 있었다
    고 한다. 김현구, 주 1)의 전게서, 465-466쪽.
43) 김현구는 당-신라-왜국의 3국 연합체제가 본격 성립한 시점을 647년 김춘추의
    왜국 방문에서 구하고 있다. 김현구, 주 1)의 전게서, 412-434쪽

적대시하는 것은 곧 당과도 일정하게 거리감을 두기 시작하였음을 의미한다.

이러한 왜국의 태도 변화에 대하여 신라의 반응을 엿볼 수 있는 것이 바로 사료 (5)이다. 당으로 유학가려는 왜국의 승려 일행의 입당 도움 요청을 신라는 냉정하게 거절하고 있는 것이다.[44] 만약 당-신라-왜국의 삼각 연합체제가 잘 유지되고 있었다면 왜국이 사신을 보내면서까지 요청한 왜국 승려의 입당 도움 요청을 신라가 거부하였을 리 만무할 것이다. 위의 사료는 이미 왜국의 태도 변화를 감지한 신라가 이번에는 왜국에 대하여 그 반감을 표출한 것으로 보아도 좋지 않을까 생각된다.

한편 사료 (7)에서는 당이 백제 정벌을 앞두고 왜국 사신 일행을 유폐시킨 사실이 기재되어 있다. 이것은 나-당 연합군의 결성이 명백하게 왜국의 이해관계와는 배치되는 것이었음을 잘 보여주고 있는 사료라고 생각된다. 만약 당이 왜국과도 긴밀한 협조체제 하에 있었다면 당의 출병이 왜국 사신에게 비밀로 부쳐져야 할 기밀은 아니었고 더욱이 왜국 사신을 유폐시키면서까지 극도로 보안을 유지할 것까지는 없었을지도 모른다. 앞서 사료 (3)에서 고종이 언급하고 있던 관계가 지속되었다면 왜국도 나당 연합군의 일원이 되어 백제를 공격하는 일이 전개되었을 지도 모를 일이다. 어찌되었건 간에 여기에 보이는 당의 조치는 적어도 왜국이 더 이상 자신들 편이 아니라는 점을 당이 분명하게 인식하고 있었음을 보여준다고 할 수 있다. 다시 말해 이 무렵의 왜국은 이미 친백제 노선의 나라로 주위로부터 인식되고 있었던 것이다.

---

44) 『日本書紀』제명천황 4년 7월 是月조에 沙門 智通과 智達 등이 新羅船을 타고 입당하게 되었다고 되어 있지만 여기서의 신라선이 신라 조정이 제공하는 공식 선박임을 의미하지는 않는다.

그런데 그 점을 더욱 극명하게 보여주고 있는 것이 사료 (6)이다. 백제 멸망 후의 왜국의 행보에 대한 전조로서, 백제로부터 도성 함락의 비보를 접하자 왜국은 곧바로 서북쪽 해안가에 병사들을 배치 운운하는 내용이 소개되어 있다. 이것은 위의 사신 유폐 사건의 발생에도 보이는 것처럼 나-당 연합군의 행동과 왜국의 이해관계는 서로 배치되는 관계에 있는 것이었음을 드러내는 것이며 이미 왜국은 당-신라에 군사적으로 경계심을 늦추지 않고 있었음을 보여준다.[45] 게다가 아직 공식적으로 백제를 구원한다는 결정을 내리기 이전 시기인데도 즉각적인 군사적 경계 조치가 취해진다고 운운하는 내용이 등장하는 것은 적어도 백제 멸망 이전에 왜국은 이미 친백제 노선에 있었음을 시사하고 있다고 말할 수 있을 것이다.[46]

이상의 제사료를 통하여 알 수 있는 것은 효덕조의 대외 노선이 시종 일관한 것이 아니었다는 것이며 구체적으로 그것은 앞에서도 언급한 것처럼 親신라-당 노선의 추종에서 친백제 노선으로 회귀하는 양상이었음을 확인할 수 있었다. 그리고 이러한 외교 노선의 부침 속에 효덕천황과 중대형황자의 권력 투쟁이 개재되어 있었던 것이다. 효덕천황이 추진하였던 難波(나니와) 천도가 653년 다시 중대형황자에 의해 大和(야마토)의 아스카로 재천도가 이루어지는 순간 양자의 정치적 운명은 이미 결정되어 있었던 것이다.[47] 그리고 바로 그해에 백제가 사신을

---

45) 물론 이러한 왜국의 경계 강화 조치를 한반도의 이변에 대비한 당연한 경계 강화로 이해할 수도 있을 것이다. 그러나 앞서 당으로부터 신라를 위해 출병할 것을 명령받았던 적도 있었다는 점을 생각한다면 이러한 조치가 적어도 친신라-당의 입장과는 배치되는 입장에서 나온 행동이라는 점은 이해될 수 있을 것이다.

46) 물론 그렇다고 이것이 곧바로 백제를 위해 출병할 준비가 되어 있었음을 의미하는 것은 아니다. 백제를 위한 출병은 이 사건 이후에 내려지는 정치적 결단이지 처음부터 준비되어 있었던 것이라고는 보기 어렵다.

보내어 왜국과 通好하게 되었다는 기사가[48] 나오는 것은 중대형황자의
친백제 노선이 백제로부터도 공식적으로 신뢰받게 되었음을 의미한다.

필자는 이 두 사람의 권력 투쟁을 '을사의 변' 이후 형성된 당시
왜국의 권력집중이 가지는 특성에 기인한 것으로 볼 수 있지 않을까
생각하고 있다. 다시 말해 동아시아의 권력집중의 한 유형으로서 645년
왜국의 권력집중 형태를 주목하되, 그것을 다른 이웃 나라의 경우와
비교해본다면 위의 권력투쟁 발생의 배경이 좀 더 쉽게 이해될 수 있지
않을까 생각하는 것이다. 예컨대 과거 이시모다 쇼(石母田正)가 이미
유형화하여 설명한 바이지만 고구려의 경우는 신하독재형의 권력집중
이었으며 백제는 전제군주형의 권력집중이었다.[49] 그리고 '을사의 변'
에 선행하는 이 두 유형의 권력집중은 각각 對唐 강경노선(고구려)과
對신라 강경노선(백제)의 확립을 위요하고 전개되었다는 점, 그리고 이
때 결정된 외교 노선은 그 이후 국가의 멸망으로 이어질 때까지 더
이상의 외교 노선의 변화는 일어나지 않았다는 점, 또한 쿠데타를 통한
권력 집중 직후 신속하게 각자 선택한 노선에 입각하여 전쟁 상태에
돌입한다는 점, 등에서 국가 존망이 걸린 대단히 현실적인 선택이었다
고 할 수 있다.

그런데 645년 왜국의 권력 집중은 고구려나 백제의 유형과는 달리
이른바 '왕족 연합형'이었다는 점에 특징이 있다고 생각한다. 이시모다

---

47) 『日本書紀』효덕천황 백치 4년 시세조에 "是歲. 太子奏請曰, 欲冀遷于倭京.
   天皇不許焉. 皇太子乃奉皇祖母尊, 間人皇后幷率皇弟等, 往居于倭飛鳥河邊
   行宮. 于時, 公卿大夫百官人等皆隨而遷. 由是, 天皇恨欲捨於國位, 令造宮於
   山碕.(후략)"이라고 나온다.
48) 『삼국사기』 백제본기 의자왕 13년 8월조.
49) 이시모다 쇼, 주 34)의 전게서, 29-31쪽.

쇼(石母田正)는 중대형황자와 그 휘하의 中臣鎌足을 실권자로 보는 견지에서 왜국의 권력집중을 이른바 推古朝 방식의 부활로 파악하였으나[50] '을사의 변'의 실상은 효덕천황을 제일의 실권자로 하면서[51] 중대형황자와 연합하여 소아씨 정권을 타도한 것이었다. 그리고 두 사람의 권력은 이후 재차 중대형황자 중심으로 귀결되는 양상을 보였다는 점에서 645년의 권력 집중이 완전한 형태의 권력집중이 아니었음을 시사하고 있으며 또한 그 과정에서 친당 – 신라 노선에서 친백제 노선으로의 전환이라는 외교노선의 변화를 수반하고 있었다는 점에서 역시 고구려나 백제와도 달랐다고 할 수 있다. 그런 점에서 효덕의 정권은 쿠데타를 통해 성립한 과도기적 성격의 정권이었다고 평가할 수도 있을 것이다.

이와 같이 필자는 645년의 왜국의 권력집중은 처음부터 특정인에게 절대 권력이 집중된 것이 아니라 효덕의 권력(주도성)을 우위로 하면서도 중대형황자와의 연합에 의해 그 정권이 성립 – 유지되고 있었다는 점이 최대의 특징이었다고 생각하고 있다. 그리고 왕족 연합형이었기 때문에 다시 한 번 더 권력집중이 시도될 개연성을 안고 있었으며 그 과정에서 국가의 존망과 직결된 당시 외교노선의 문제가 다시 한 번

---

50) 이시모다 쇼, 주 34)의 전게서, 58쪽.

51) 종래 효덕조 개신 정권의 정치적 실권자로서 중대형황자를 상정하는 견해가 지배적이었지만 가도와키 테이지(門脇禎二)의 문제 제기(「大化改新前後の政治過程」, 『大化改新と東アジア』, 山川出版社, 1981) 이후 경황자(효덕천황)야말로 '을사의 변'의 실제 주역이었다는 견해가 제시되어 각광을 받고 있다. 김현구 (주 1)의 전게서와 토야마 미츠오(遠山美都男)의 연구(『大化改新』, 中央公論社, 1993)는 이러한 효덕 주역론을 보다 정치하게 실증한 연구로서 주목되며 필자도 이들의 견해를 지지하는 입장이다. 최근 나카무라 슈야(中村修也)의 『偽りの大化改新』, 講談社現代新書, 2006도 동일한 입장을 개진하고 있다.

더 권력집중의 문제와 긴밀하게 연관되면서 제기될 수 있었던 것이다.52)

그런데 일단 중대형황자의 권력 장악과 친백제 노선으로의 회귀는 곧 다음 절에서 언급하는 <백제 유민 세력-고구려-왜국> vs <신라 -당>의 대결 구도가 비로소 정립되었음을 의미하였다. 660년 백제의 멸망을 직접적 도화선으로 하여 이제 서로 결전의 장으로 치달아가게 되는 것이다.

4. 齊明·天智朝의 백제 구원의 논리

주지하는 것처럼 660년 백제는 나·당 연합군의 공격으로 멸망하였다. 그러나 백제 왕도의 함락 이후 얼마 지나지 않아 복신과 도침 등의 제세력이 중심이 된 백제 부흥운동이 활발하게 일어났으며 이 시기 왜국은 백제 부흥세력의 요청을 받아들여 백제를 구원한다는 명목으로 군대를 파견하였다. 그러나 663년 백촌강의 河口에서 왜군은 당의 수군과 싸워 대패하기에 이르렀다.53) 그리고 백제 부흥세력의 거점이었던 주류성도 신라군에게 함락당하여,54) 부흥운동의 좌절은 물론이고 이 전쟁에 참가하였던 왜국도 미증유의 위기감에 사로잡혀 수도의 천도와55) 산성의 축조56) 등 방어체제의 구축을 서두르게 된다.

---

52) 645년의 왕족연합형은 중대형황자(천지천황)의 권력 장악을 통해 일단 해소되었으나 천황 중심의 본격적인 권력집중은 672년 임신의 난이라는 또 한 번의 내전을 거치면서 천무천황의 단계에 가서 비로소 안정되기 시작하였으며 또한 그 단계에서의 대외 노선은 親신라 노선으로 다시 바뀌어 있었다.
53) 『日本書紀』천지천황 2년 8월조에 전투의 경과가 기술되어 있다.
54) 『日本書紀』천지천황 2년 9월조.
55) 『日本書紀』천지천황 6년 3월 己卯조에 "遷都于近江. 是時 天下百姓不願遷都.

이러한 일련의 사건 전개는 이미 익히 알려져 있는 사실이지만, 아직
도 분명하게 해명되지 않고 있는 문제가 있다. 왜국의 참전 이유가
바로 그것이다. 물론『日本書紀』에는 백제의 구원 요청이 있었기에,[57]
혹은 고구려를 구원한다는 명목으로[58] 참전한 것처럼 기재되어 있으나
이것은 어디까지나 표면적인 이유일 뿐이며 본질적 이유는 아니다. 왜
국은 왜 한반도의 전쟁에 참전을 결의하게 되었을까? 종래 왜군의 참전
이유에 대해서는 크게 세 가지 견해로 나누어 볼 수 있다.

첫째는 백제계 도래인들이 당시 야마토 조정의 지배층을 형성하고
있었다는 전제 아래 이들이 이른바 자신들의 모국을 구원하기 위한
출병을 감행하였다는 설이다. 이러한 견해를 제시한 대표적인 것으로
서 변인석[59]·임종상[60] 등의 연구를 들 수 있다. 하지만 이 견해는

諷諫者多. 童謠亦衆. 日々夜々失火處多."라고 나온다.
56) 산성의 축조는 일본열도에서는 전례가 없는 일이었다는 점에서 당시 왜국 조정
의 위기감을 가장 상징적으로 보여주고 있다고 할 수 있는데,『日本書紀』에
보이는 관련기사를 소개하면 아래와 같다.
(가)『日本書紀』천지천황 3년 是歲조.
是歲. 於對馬嶋, 壹岐嶋, 筑紫國等置防與烽. 又於筑紫築大堤貯水. 名曰水城.
(나)『日本書紀』천지천황 4년 8월조.
遣達率答㶱春初, 築城於長門國. 遣達率憶禮福留, 達率四比福夫於筑紫國,
築大野及椽 二城.
(다)『日本書紀』천지천황 6년 11월 시월조.
是月, 築倭國高安城, 讚吉國山田郡屋嶋城, 對馬國金田城.
(라)『日本書紀』천지천황 8년 8월 己酉조.
天皇登高安嶺, 議欲修城. 仍恤民疲止而不作. 時人感而歎曰, (하략)
(마)『日本書紀』천지천황 8년 시동조.
是冬, 修高安城, 收畿內之田稅.
(바)『日本書紀』천지천황 9년 2월조.
(전략) 又修高安城, 積穀與鹽. 又築長門城一, 筑紫城二.
57)『日本書紀』제명천황 6년 10월조 및 동 12월조.
58)『日本書紀』천지천황 즉위전기 是歲조에 "又日本救高麗軍將等, 泊于百濟加巴
利濱而燃火焉.(후략)"으로 나온다.
59) 변인석『백강구 전쟁과 백제·왜 관계』, 한울아카데미, 1994. 그는 예컨대「백

기본적으로 일본 지배층의 혈연적 요소를 강조한 것으로서 실증에 곤란한 점이 있다.

두 번째는 소위 고대의 제국주의 전쟁설이다. 이것은 간단히 말하자면 백제가 일본의 속국(혹은 조공국)이었기 때문에 일본이 출병하게 되었다는 설명인데, 현재 일본 학계의 가장 일반적으로 유포되어 있는 견해라고 할 수 있다. 예컨대 백촌강 전투를 당이 중심이 된 대제국주의와 일본이 중심이 된 소제국주의가 부딪친 고대 제국주의 전쟁으로 파악한 이시모다 쇼(石母田正)의 설이 대표적이며[61] 왜군의 참전을 신라·백제·임나의 조(調) 수취라는 종래의 공납 관계를 유지하기 위한 목적에서 단행된 것으로 이해하는 기토 키요아키(鬼頭淸明)과[62] 스즈키 히데오(鈴木英夫)의 견해도[63] 이러한 계열의 학설이라고 할 수 있을 것이다.[64] 한국에서도 당시의 전쟁 성격이 제국주의 전쟁이었다는 점을 수용하면서 왜국의 참전도 결국 신라를 정복하기 위한 목적이었다는 설을 제시하는 연구도 있다.[65]

강구전쟁의 경위」(131-136쪽)에서 대화정권의 백제 파병은 그들의 정신적·문화적인 귀소행위에서 살펴야 함을 역설하고 그 근거로서『일본서기』에 실려 있는 '본향(本鄕)', '선묘(先墓)' 등의 표현과 구원군 패적의 암시 기사, 그리고 파병 준비에서 무기와 식량을 먼저 1차로 보냈다는 내용의 기사 등을 제시하였다.

60) 임종상,「七世紀中葉における百濟·倭の關係」,『古代日本と朝鮮の基本問題』, 學生社, 1974.

61) 이시모다 쇼(石母田正), 주 34)의 전게서.

62) 기토 키요아키(鬼頭淸明), 주 8)의 전게서.

63) 스즈키 히데오(鈴木英夫),「百濟救援の役について」,『日本古代の政治と制度』, 續群書類從完成會, 1985.

64) 근년에 나온 토야마 미츠오(遠山美都男),『백촌강』(講談社現代新書, 1997)의 견해도 이러한 학설에 입각해 있다.

65) 예를 들면 정효운『古代韓日政治交涉史 研究』(학연문화사, 1995)가 대표적이다. 그는 왜군의 참전이 처음에는 백제 부흥군의 요청에 의해 백제 구원을 목적으로 한 것이었으나, 이후 부흥군의 요청과는 별도로 왜국의 독자적 판단에

세 번째는 대외적 상황을 정권의 내부 모순과 위기를 타개하기 위한 수단으로 활용하였다는 견지에서 바라보는 참전론이 있다. 대표적인 연구로서는 예컨대 야마오 유키히사(山尾幸久)와[66] 연민수의 연구를[67] 들 수 있다.

이러한 기존의 연구에 대해서는 이미 舊稿에서 그 문제점을 언급한 바 있으므로[68] 여기서 새삼 거론하지는 않겠다. 그리고 필자의 견해는 이미 구고에서 밝힌 그대로이며, 왜국의 참전은 당의 세력 확대를 저지하기 위한 방책에서 나온 것이었으며 그 이면에는 왜국의 대외적 위기감이 도사리고 있었다는 생각은 지금도 불변이다. 즉 당 태종의 고구려 정벌에서 시작되는 당의 가칭 동방정책은 백제의 멸망과 기미주체제로의 신라 편입 그리고 고구려의 멸망으로 거침없이 이어졌으며 그 과정에서 왜국은 궁극적으로 자신도 당의 팽창의 희생물이 될 지도 모른다는 위기감을 가지고 있었다는 것이다. 그리고 이러한 위기 판단에 대한 공세적 방어책으로서 나온 것이 바로 백제 구원을 명분으로 한 왜국의 출병이었다는 것이다.

다만 舊稿에서는 간략하게 그 구상의 개요 정도만 언급한 것에 지나지 않았으며 구체적으로 논증하는 단계까지는 나아가지 못한 것이 사

의한 출병 준비가 이루어졌으며 그 결과 신라 정벌이라는 제국주의적 전쟁으로 성격이 전환되었다고 한다.

66) 야마오 유키히사(山尾幸久), 『古代の日朝關係』(塙書房, 1989).

67) 연민수, 주 39)의 전게 논문. 연민수의 경우 그는 왜국의 왕실에서부터 중하급 계층에 이르기까지 사회 저변에 깔린 왜국 내의 백제적 요소가 백제구원의 분위기를 촉진시켰으며 여기에 병력 동원이라는 일종의 국가동원령을 통해 권력 집중을 꾀하면서 대외적 상황을 내부적 모순과 위기를 타개하기 위한 수단으로 활용하려는 왜왕권의 내부적 요인이 합쳐져 결국 출병이라는 정치적 결단이 내려지게 되었다고 한다.

68) 졸고, 「백제부흥운동과 야마토 정권」, 『백제부흥운동사연구』, 서경, 2004.

실이었다. 이 위기감이 현실감 있게 전달되기 위해서는 당시 왜국(일본)이 얼마나 심각한 위기감에 휩싸여 있었으며 또 실제 당으로부터 침입당할 수도 있었다는 상황 증거를 제시하는 것이 필요하다고 생각한다.

사실 이러한 가칭 예방전쟁설의 한국 학계의 원조는 舊稿에서도 밝힌 대로 김현구이다. 최근 그는 이러한 관점에 입각한 연구 성과를 제시한 바 있는데[69], 그는 당시 왜국의 지배층이 신라와 당의 밀착이 고구려·백제 정벌뿐만 아니라 궁극적으로는 일본에게도 위협이 된다는 생각을 가지고 있었다는 방증으로서 나니와(難波)에서 아스카로의 천도 사실과 아스카 방위체제의 정비 사실을 들었다. 필자는 기본적으로 이러한 설정이 타당하다고 생각하며 이하 이 문제를 포함하여 기타 관련 사료와 함께 여기서 좀 더 구체적으로 살펴보기로 하자. 먼저 관련 사료를 제시하면 다음과 같다.

(8) 『日本書紀』제명천황 2년 是歲조.

　　是歲, 於飛鳥岡本, 更定宮地. 時高麗·百濟·新羅, .竝遣使進調. 爲張紺幕於此宮地, 而饗焉. 遂起宮室. 天皇乃遷. 號曰後飛鳥岡本宮. 於田身嶺, 冠以周垣.<田身山名. 此云太務.>復於嶺上兩槻樹邊起觀. 號爲兩槻宮. 亦曰天宮. 時好興事. 迺使水工穿渠. 自香山西, 至石上山. 以舟二百隻, 載石上山石. 順流控引, 於宮東山, 累石爲垣. .時人謗曰, 狂心渠.. 損費功夫, 三萬餘矣. 費損造垣功夫, 七萬餘矣. 宮材爛矣, 山椒埋矣. 又謗曰, 作石山丘. 隨作自破. (後략)

(9) 『삼국사기』신라본기 문무왕 11년 7월 26일조의 答薛仁貴書

　　(전략) 至總章元年‥‥又通消息云, 國家修理船艘, 外託征伐倭國. 其實欲打新羅, 百姓聞之, 驚懼不安. (後략)

69) 김현구, 「일본의 위기와 팽창의 구조」, 「문화사학」25, 2006.

(10)『續日本紀』天平寶字 2년 12월 戊申조.

遣渤海使小野朝臣田守等奏唐國消息曰, 天寶十四載歲次乙未十一月九
日, 御史大夫兼范陽節度使安祿山反, 擧兵作亂. …(중략) 天子歸于西京,
迎太上天皇于蜀, 居于別宮. 彌滅賊徒. 故遣下臣來告命矣. 渤海王爲其事
難信. 且留進義遣使詳問. 行人未至, 事未至可知. 其唐王賜渤海國王勑書
一卷. 亦副狀進. 於是, 勅大宰府曰, 安祿山者, 是狂胡狡豎也. 違天起逆,
事必不利, 疑是不能計西, 還更掠於海東. 古人曰, 蜂蠆猶毒, 何況人乎. 其
府帥船王, 及大貳吉備朝臣眞備, 俱是碩學. 名顯當代. 簡在朕心, 委以重
任. 宜知此狀, 預設奇謀, 縱使不來, 儲備無悔. 其所謀上策, 及應備雜事,
一一具錄報來.

(11)『日本書紀』효덕천황 白雉 2년 是歲조.(사료 (4)와 동일)

(12)『日本書紀』제명천황 4년 是歲조.(사료 (6)과 동일)

먼저 사료 (8)은 後飛鳥岡本宮을 비롯하여 제명천황이 일으킨 役事
에 대한 내용인데, 여기서 주목하고 싶은 것은 "於田身嶺, 冠以周垣"과
"洒使水工穿渠. 自香山西, 至石上山. 以舟二百隻, 載石上山石. 順流
控引, 於宮東山, 累石爲垣." 등에 보이는 산성 구축을 연상시키는 일련
의 공사이다. 전자와 후자의 "於宮東山, 累石爲垣"의 상관관계는 분명
하지 않으나,[70] 어찌 되었든 後飛鳥岡本宮의 건설과 더불어 수도 아스
카를 방어하기 위한 방어시설을 구축한 것이라는 점은 분명한 것 같다.
특히 위의 田身嶺의 담 구축은 천지천황 8년 8월의 高安嶺에서의 城
수축 논의와[71] 매우 유사한 성격의 것으로 보는 것이 타당하며 이러한

---

70) 日本古典文學大系『日本書紀 下』(岩波書店, 1965년, 329쪽의 頭註)는 동일한
　　내용을 가리키는 것으로 설명하고 있지만, 확실하게 이야기할 수 있는 것은
　　아니다.
71) 주 56)의 사료 (라) 참조.

일련의 공사가 군사시설임은 기존의 연구에서도 많이 지적되고 있다.[72] 이와 같이 제명조의 役事 강행이 일종의 군사 시설 구축과 관련된 것임을 인정한다면, 이것은 당시 왜국 조정이 외부의 적으로부터의 실제 침입 상황을 상정하고 이에 대비하려고 하였음을 보여준다고 할 수 있을 것이다. 그리고 아울러 아스카로의 재천도도 아스카 천도도 대외위기감의 표출에 따른 대응의 하나로서 충분히 해석될 여지가 있다고 생각한다.[73]

또한 사료 (9)에서는 백촌강 전투 이후에 실제로 당이 일본을 침입하려 한다는 소문이 퍼져 있었음을 보여주고 있다. 물론 소문을 퍼뜨린 당의 진의는 일본이 대상이 아니라 신라를 치기 위함이었다고 한다. 그런데 결과적으로 소문에 불과하였지만, 그런 이야기가 소문으로 유포된 것 자체가 당의 일본 침입이라는 현실에서의 가능성이 실제로 존재하고 있었음을 거꾸로 입증하고 있다. 적어도 그런 정보를 입수한 왜국이 어떻게 받아들였을 지는 상상하기 어렵지 않다. 그리고 이것은 백촌강 전투 발생 이전에도 당의 침입 가능성을 현실적으로 받아들일 소지가 있었음을 시사하고 있다.

---

72) 이노우에 미츠사다(井上光貞), 「大化改新と東アジア」, 『岩波講座 日本歷史古代2』, 岩波書店, 1975, 156쪽에서는 제명천황의 석축 시설물에 대하여 신라 경주나 백제 부여에 보이는 것과 같은, 京 주위의 산에 배치한 산성과 유사하거나 혹은 그것을 모방한 방어시설물이라는 견해를 피력하였으며 日本古典文學大系 『日本書紀 下』(전게, 328-329쪽의 頭註<아오키 카즈오(靑木和夫) 집필>)도 군사시설물임을 언급하고 있다. 그리고 예를 들어 이시모다 쇼(石母田正), 주 34)의 전게서(63쪽)와 가도와키 테이지(門脇禎二), 『新版 飛鳥』, 日本放送出版協會, 1977, 201쪽, 김현구, 주 69)의 전게논문, 93쪽 등에서도 동일한 지적이 보인다.

73) 김현구, 주 69)의 전게 논문(93쪽)에서는 효덕천황이 천도하였던 나니와(難波)가 입지상 대륙세력의 상륙 관문이었다는 점에서 그 위험성을 제거하고자 중대형 황자 세력은 아스카로 재천도하였다고 한다.

사료 (6)에서 이미 전개한 바, "由是, 國家以兵士甲卒, 陣西北畔, 繕修城柵, 斷塞山川之兆."라는 내용에서 왜국이 왜 백제 멸망으로 해안 경계 및 방비를 서둘러 강화해야 하는가에 대한 대답도 궁극적으로는 침입에 대한 위협을 느끼고 있었기 때문이라고 말할 수 있을 것이다. 후대의 사료이기는 하지만 사료 (10)에서는 나라시대에 안록산의 난의 여파로 일본열도가 침입을 받을 지도 모른다는 경계 심리가 작동하고 있음을 엿볼 수 있다. 이 심리를 위기감이라고 말하는 것은 분명 과장된 평가이겠으나, 고구려와 백제에 대한 정복 전쟁이 현실로 전개되고 있거나 예정되어 있는 상황에서 느끼는 왜국 지배층의 경계 심리는 단순한 경계감을 넘은 위기감이라고 해도 과언은 아닐 것이다.

이러한 위기감에 대한 대응으로서 나타난 것이 백제-고구려와 연합하여 당의 세력 확대를 저지한다는 것이었으며 이러한 방침을 확인시켜 주는 것이 바로 사료 (11)이라고 할 수 있을 것이다. 즉 효덕조 말기에 唐服 착용을 이유로 신라를 쳐야 한다는 왜국 내부의 논의-주장이 바로 백촌강 참전의 논리를 그대로 보여주고 있는 것이다. 당복을 입은 신라를 쳐야 한다는 것은 당과 결탁한 신라를 적대시해야 한다는 것을 의미하며 그것은 곧 당에 대하여 적대적 입장을 취하고 있었음을 보여준다. 따라서 왜 신라를 쳐야 하는지에 대한 이유는 그것이 곧 백제 구원의 명분으로 나-당 연합군과의 전쟁을 결심한 이유이기도 한 것이다. 사료 (11)에서는 그것이 복장의 문제가 이유로 제시되어 있지만, 문제의 본질은 그렇게 단순한 것이 아님은 불을 보듯 뻔하다. 그것을 필자는 소위 예방전쟁론으로서 풀어보고자 하는 것이다. 그리고 그 要諦는 "당이 백제와 고구려를 정벌한 다음에는 일본이 위험해지므로 신라·당과 손잡는 것보다는 백제·고구려와 손잡고 당의 세력을 한반

도에서 저지하는 것이 일본에게는 보다 안전하다."[74]는 취지의 설명에
간명하게 잘 드러나 있다.

한편 일본학계에도 예방전쟁론으로 분류할 수 있는 견해가 없는 것
도 아니다. 예를 들어 과거 이노우에 미츠사다(井上光貞)가 "백제의 요
청을 거부하는 것은 속국으로 생각하고 있었던 우호국을 상실하는 것
이다. 한편 신라를 속국으로 삼고 백제를 멸망시킨 당이 이윽고 고구려
를 포함한 한반도 전체를 세력 하에 두게 되면 일본은 크나 큰 위협에
노출되게 된다."고[75] 설명한 것이 대표적인 경우라고 할 수 있다. 이노
우에 미츠사다의 설명은 얼핏 필자나 김현구의 설명과 비슷해 보일지
모르나[76] 오히려 다른 점에 주의할 필요가 있다.

예를 들어 이노우에 미츠사다이 백제의 상실을 속국으로서의 우호국
상실로 받아들이는 것은 소위 "東夷의 小帝國" 논리를 전제로 한 설명
이며 필자와는 입장의 차이가 있다. 또한 이노우에 미츠사다의 위의
설명은 주로 백제 멸망 이후의 왜국의 판단에 관한 설명에 치중하고
있지만 필자와 김현구는 그 이전 시기(효덕조 후반)에 이미 백촌강 전투
로의 참전 논리가 형성되어 있었음을 강조한 것도 차이가 드러나는
점이라고 할 수 있다.

백제 멸망과 그 이후의 상황 전개는 왜국의 우려가 기우가 아니었음
을 확인시켜주었을 것으로 생각된다. 그렇기 때문에 왜국은 백제 멸망
의 소식을 접하자 지체 없이 대응태세에 들어간 것은 이러한 관점에서
보면 당연한 수순이었다고 할 수 있을 것이다. 속국 상실에 대한 반발

74) 김현구 외, 주 3)의 전게서, 154쪽.
75) 이노우에 미츠사다(井上光貞), 주 72)의 전게 논문, 159쪽.
76) 당이 한반도 전체를 세력 하에 두는 것이 일본에게는 큰 위협이었다고 보는
점은 필자와 비슷하다고 할 수 있다.

운운하는 발상은 문제의 핵심에서 벗어나 있다고 생각하며 어디까지나 당시 왜국에게 당의 위협이란 바야흐로 국가의 존망이 걸린 현실적 위협의 문제였다는 관점에서 보아야 함을 다시 한 번 강조해 두고 싶다.

5. 天武朝의 대외관계와 戰後 수습

672년 소위 壬申의 난으로 집권에 성공한 천무천황의 조정은 대외관계에서는 철저한 親신라 노선을 견지하고 있으며 당과의 관계는 단절 상태를 유지하고 있었다. 이 시기의 신라와 왜국의 관계는 아래의 도표에서 알 수 있는 것처럼 과거에 일찍이 보지 못하였던 긴밀한 관계를 유지하고 있었다는 점이 특징이다. 신라는 적대적으로 변한 당과의 관계 때문에 과거 적대적이었던 왜국과 긴밀한 관계를 유지하고자 하였으며 왜국으로서는 이러한 신라와의 관계를 유지함으로써 비로소 동아시아의 전쟁의 구도 속에서 벗어나올 수 있었다. 이것은 앞 절에서 언급한 바와 같이 신라와 당의 밀착이 궁극적으로 왜국의 위협이 될 수 있다는 효덕조 후반기의 상황 인식과 실제 신라·당 연합군과 일전을 치러 적대 관계에 놓이게 된 제명·천지조의 상황을 감안한다면 천무조는 신라와의 밀착 관계를 통하여 전시 위기 상황을 탈출하고자 하였음을 알 수 있다.

천무조 이후의 국제 관계와 일본열도를 둘러싼 상황 전개를 볼 때 천무조의 시기에 소위 戰後의 긴장 완화가 이루어졌음은 분명하다고 할 수 있다. 그리고 나아가 702년 견당사의 파견을 통해 이루어진 대당 관계의 재개는 7세기 왜국과 당 사이에 놓여 있던 적대적 관계를 형식적으로 완전히 청산하는 상징적인 의미가 있었다고 평가할 수 있을 것이다. 다시 말해 천무조의 시대에 실질적인 <終戰>=<실질적인 위기로부터의 탈출>=<戰時體制의 해체>가 이루어졌으며 702년의 견당사의 파견에서 형식적인 <終戰>이 완료되었다고 보아도 무방하다고 생각한다.

대국적인 관점에서 보면 천무조 이후의 왜국의 위기관리 양상은 이상과 같이 정리해도 大過는 없을 것이다. 그렇지만 좀 더 구체적으로 들어가서 왜국이 전시 위기의식에서 벗어났다고 비로소 안도하였을 때가 과연 언제였는가 하는 점도 중요한 문제이다. 다시 말해 천지조의 위기의식이 해소되는 것이 구체적으로 천무조의 어느 시기였는가 하는 문제인데, 이 점에 관해서는 그 동안 별로 언급이 없었던 것 같다.

천무조의 성립 이후 왜국의 조정은 천지조의 전시 체제에서 벗어나는 것이 시급한 과제였음은 짐작하기 어렵지 않다. 따라서 천무조의 초기는 천지조의 위기의식의 연속선상에 있었다고 해도 좋을 것이다.[77] 그렇지만 천무조의 전 시기를 그렇게 보기는 어려우며, 그렇기 때문에 전시체제로부터의 구체적 탈피 시기의 확정이 의미가 있는 것이다.

최근 요시카와 신지(吉川真司)는 천무10년(681)년 이후를 소위 臨戰體制에서 平時體制로의 전환이 이루어진 기점으로 주목하였다.[78] 670년대에 당이 북방의 돌궐과 서역의 吐蕃 문제로 인하여 동방에 힘을 집중할 여력이 없어지고 이로 인하여 680년대 이후에는 한반도를 포함

77) 쿠라모토 카즈히로(倉本一宏), 『日本古代国家成立期の政権構造』, 吉川弘文館, 1997, 요시카와 신지(吉川真司), 「律令体制の形成」, 『日本史講座 第1巻 東アジアにおける国家の形成』, 東京大學出版會, 2004, 234쪽.
78) 요시카와 신지(吉川真司), 주 77)의 전게 논문, 235-237쪽.

한 동아시아 전체의 긴장완화가 이루어졌으며 신라와 왜국에서는 마치 서로 약속이나 한 것처럼 공통적으로 이 시기 이후 본격적인 체제 정비가 단행되는 사실을 그 근거로 제시하였다.

〈표〉 7세기 후반 신라·고구려와 왜국의 사신왕래

연대		신라·고구려의 遣倭使	왜국의 遣新羅·高句麗使	
天武1(672)년	11월	金押實 등		
天武2(673)년	윤6월	韓阿飡 金承元, 一吉飡 金薩儒 등		
	8월	上部位頭大兄 邯子, 韓奈末 金利益(송사)		
天武4(675)년	2월	왕자 忠元 등	7월	小錦上 大伴連國麻呂 少錦下 三宅吉士入石
	3월	級飡 朴勤脩, 大兄 富干		
天武5(676)년	11월	沙飡 金清平, 汲飡 金孝儒 後部注薄阿于 등, 大奈末 金陽原(송사)	10월	大乙上 物部連麻呂 山背直百足
天武7(678)년		奈末 加良井山 등		
天武8(679)년	2월	上部大相桓父 등, 泰末 甘物那(송사)	9월	遣新羅使, 遣高麗使의 귀국(사신 명단, 파견 시기는 미상)
	10월	阿飡 金項那 등		
天武9(680)년	5월	南部大使卯問 등, 大奈末 考那(송사)		
	11월	沙飡 金若弼 등		
天武10(681)년	5월	西部大兄俊德 등, 大奈末 考那(송사)	7월	小錦下 采女臣竹羅 當摩公楯
	10월	一吉飡 金忠平		小錦下 佐伯連広足
天武11(682)년	6월	下部助有卦婁毛切 등, 大那末 金釋起(송사)		
天武12(683)년	11월	沙飡 金主山		
天武13(684)년	12월	大奈末 金物儒	4월	小錦下 高向臣麻呂, 小山下 都努臣牛甘
			5월	三輪引田君難波麻呂
天武14(685)년	11월	波珍飡 金智祥, 大阿飡 金健勳		

* 도표의 고구려국은 안승의 고구려국을 말하며 굵은 글씨는 모두 고구려국 사신 및 遣高麗使를 나타낸다.

필자도 이러한 견해는 기본적으로 타당하다고 생각한다. 다만 한 가지 특히 천무조 후반기에 당시 왜국 조정이 군사적으로 긴장하고 있었음을 보여주는 일련의 경향이 나타나는 점은 주목할 필요가 있다고 생각한다. 관련 사료를 들면 다음과 같다.

(13) 『日本書紀』天武天皇 8년(679) 2월 乙卯조.
　詔曰, 及于辛巳年, 檢校親王諸臣及百寮人之兵及馬. 故豫貯焉.

(14) 『日本書紀』天武天皇 8년 8월 己未조.
　幸泊瀨, 以宴迹驚淵上. 先是, 詔王卿曰, 乘馬之外更設細馬隨召出之. 卽自泊瀨還宮之日, 看群卿儲細馬, 於迹見驛家道頭, 皆令馳走.

(15) 『日本書紀』天武天皇 8년 11월 是月조.
　初置關於龍田山, 大坂山. 仍難波築羅城.

(16) 『日本書紀』天武天皇 9년(680) 9월 辛巳조.
　幸于朝嬬. 因以看大山位以下之馬於長柄杜. 乃俾馬的射之.

(17) 『日本書紀』天武天皇 10년(681) 3월 甲午조.
　天皇居新宮井上, 而試發鼓吹之聲. 仍令調習.

(18) 『日本書紀』天武天皇 10년 10월 是月조
　天皇將蒐於廣瀨野, 而行宮構訖, 裝束旣備. 然車駕送不幸矣. 唯親王以下及郡卿, 皆居于輕市, 而檢校裝束鞍馬. 小錦以上大夫皆列坐於樹下. 大山位以下者皆親乘之. 共隨大路自南行北.

(19) 『日本書紀』天武天皇 12년(683) 11월 丁亥조.
　詔諸國習陣法.

(20) 『日本書紀』天武天皇 13년(684) 윤4월 壬午朔조.

詔曰, 來年九月必閱之. 因以敎百寮之進止威儀. 又詔曰, 凡政要者軍事也.
是以, 文武官諸人務習用兵及乘馬, 則馬兵幷當身裝束之物, 務具儲足. 其
有馬者爲騎士. 無馬者步卒. 竝當試練, 以勿障於聚會. 若忤詔旨, 有不便
馬兵, 亦裝束有闕者, 親王以下逮于諸臣, 竝罰之. 大山位以下者, 可罰々
之, 可杖々之. 其務習以能得業者, 若雖死罪, 則減二等. 唯恃己才, 以故犯
者, 不在赦例.

(21) 『日本書紀』天武天皇 14년(685) 9월 甲寅조.

遣宮處王, 廣瀨王, 難波王, 竹田王, 彌努王於京及畿內, 各令校人夫之兵.

(22) 『日本書紀』天武天皇 14년 11월 甲辰조.

儲用鐵一萬斤, 送於周芳惣令所. 是日, 筑紫大宰請儲用物. 絁一百疋, 絲
一百斤, 布三百端, 庸布四百常, 鐵一萬斤, 箭竹二千連, 送下於筑紫.

(23) 『日本書紀』天武天皇 14년 11월 丙午조.

詔四方國曰, 大角, 小角, 鼓吹, 幡旗及弩抛之類, 不應存私家. 咸收于郡家.

이상의 제사료에서 우리가 엿볼 수 있는 것은 천무천황 8년 이후에도
군사적인 문제가 계속 관심사로 남아 있다는 사실이다. 이러한 양상을
가장 압축적으로 표현해 주고 있는 것이 천무천황 13년의 '무릇 政의
요체는 군사이다(凡政要者軍事也)'라는 말이다. 천무천황의 이 말에는
격동의 7세기를 헤쳐 나오며 또한 전쟁을 통해 권력을 장악한 자신의
인생역정이 묻어나 있다고 할 수 있다. 그렇지만 이 말 속에는 천무조
중반 이후의 관심사에 대한 솔직한 표현으로 보는 것도 가능하다고
생각한다. 병기와 軍馬에 대한 기사가 유난히 많고 전국적으로 진법을
익히게 한다든가 難波에 나성을 축조한다든가 하는 내용은 여전히 천

무천황의 조정이 군사적으로 긴장하고 있음을 잘 보여주며 이러한 관심사의 연장선상에서 이 말을 음미해 볼 수도 있는 것이다.

그런데 천무조 후반기의 군비 강화에 대해서는 종래 몇 가지 견해가 제출되어 있다. 예를 들면 과거 이시모다 쇼(石母田正)은 畿內의 무장 강화와 율령적 軍團制의 창설과 관련한 준비라는 측면에 초점을 맞춰 설명하였으며[79] 세카 아키라(關晃)은 임신의 난의 경험에 의거하여 예측 불허의 사태에 대비하여 조정 방위력의 증대를 위해 畿內勢力 그 자체의 私的 무력을 강화하려고 한 것이라는 시점을 제시하였다.[80] 이시모다 쇼의 견해가 율령 군단제의 준비로 상징되는 전국적 군사 체제의 정비에 핵심이 있다면 관황의 견해는 율령적 군사제도의 정비와는 관계없는 것이며 어디까지나 기내세력의 강화였다는 점에 핵심이 있다고 할 수 있다. 한편 외부(구체적으로는 신라)로부터의 위협에 대처하기 위한 조치였다는 견해도 있는데 예를 들어 마츠모토 마사하루(松本政春)와[81] 나오키 코지로(直木孝次郎)의 견해가[82] 대표적이다. 양자의 공통점은 신라로부터의 위협을 상정하고 이와 연동하여 천무천황 13년 이후 갑자기 시나노(信濃) 천도 계획이[83] 추진되었다고 보는 점이라고 할 수 있다.

이상의 제견해에 대하여 필자는 신라위협설이 가장 타당하다고 생각

---

79) 이시모다 쇼(石母田正), 주 34)의 전게서, 제3장 제2절 참조.
80) 세키 아키라(關晃), 「天武・持統朝の畿內武裝政策について」, 『關晃著作集 제4권』, 吉川弘文館, 1997.
81) 마츠모토 마사하루(松本政春), 「天武天皇の信濃造都計劃について」, 「續日本紀硏究」 264, 1989.
82) 直木孝次郎「天武朝の國際關係と難波宮」, 『日本古代の氏族と国家』, 吉川弘文館, 2005.
83) 『日本書紀』天武天皇 13년 2월 경신조, 동 윤4월 壬辰조, 동 14년 10월 임오조

하고 있다. 율령 군단제의 정비 과정이라는 관점에서 보면 나성 축조와 군마에 대한 강조 등 천무조에만 한정되어 나타나는 특징들이 설명되기 어렵다. 물론 위에 제사료에 보이는 조치들이 결과적으로는 율령 군단제의 성립에도 많은 영향을 미쳤음에 틀림없을 것이다. 하지만 그렇다고 상기 조치들이 처음부터 율령 군단제의 정비 차원에서 비롯된 것이라고는 하기 어렵다는 것이 필자의 생각이다. 또한 기내세력의 무장이란 관점도 타당하지 않다고 생각한다. 왜냐하면 예컨대 사료 (19)과 (21), (22) 등의 경우를 보면 이것은 기내세력만의 문제가 아니라 전국적인 차원의 군사 문제임을 보여주고 있기 때문이다. 그리고 혹자는 국내의 불온한 움직임에 대한 대처를 이유로 상정할 지도 모르지만, 사실 천무조의 후반기에는 내란을 걱정해야 할 만큼의 내부적 정치 불안이 존재하고 있었다고는 생각하기 어렵기 때문에 필자는 이러한 설명에는 찬성하지 않는다.

신라 위협설의 가장 큰 약점은 천무조의 양국 관계가 사신 왕래에서 보는 것처럼 기본적으로 긴밀하였다는 사실과 배치된다는 점에 있다고 할 수 있을 것이다. 하지만 당시 왜국 조정이 무언가로부터 심각한 위협을 느끼며 군비를 증강하는 조치를 취하기 시작하였다면 당시의 상황논리로 볼 때 그 위협 세력은 결국 신라 외에는 달리 생각할 대안이 없다는 것도 인정하지 않을 수 없을 것이다. 나오키 코지로(直木孝次郞)은 천무 8년 이후 지통조에 이르기까지 신라 사신의 入京이 허용되지 않았다는 점에 착안하여, 676년 당을 격파하고 동아시아의 군사 강국으로 등장한 신라에 대하여 왜국 조정은 신라에 대한 인식을 새롭게 하면서 한편으로는 對신라 경계 의식의 증폭에 따른 군사적 대비 조치로서 상기 사료에 보이는 제시책과 시나노 천도가 추진되었다고 추정하였다.[84] 신라 사신의 입경 여부 문제 및 시나노 천도 문제에 대해서는 별도로 검토해 볼 필요가 있다고 생각되나. 일단 나오키 코지로의 견해에 따른다면 당시 양국의 관계가 언제나 우호적인 것으로 시종한 것은 아니었던 셈이 된다.

필자도 양국의 제휴는 일종의 전략적 제휴이지 그것을 항상적인 것으로 볼 필요는 전혀 없다고 생각한다. 양국의 우호관계의 성립은 모두 당에 대한 신라와 왜국 각각의 이해관계의 일치(즉 당의 세력 확대를 저지하고 견제함)에서 나온 결과일 뿐이며 양국 자체의 이해관계는 또 다른 문제였다. 다시 말해 양국 관계는 서로에 대한 긴장을 전제로 한 우호였으며 상황의 전개에 따라서는 언제든지 대립적 관계로 변할 수 있는 여지를 안고 있었다. 그렇기 때문에 각각 당과의 관계가 안정되고 나면 상대방에 대한 기대치는 달라질 가능성이 농후하였다.[85]

5. 맺음말

6세기 말 수의 중국 통일을 계기로 점점 높아져 가는 긴장의 파고 속에서 왜국도 자유로울 수 없었다. 이 연구는 7세기에 들어와 점점 에스컬레이터해 가는 왜국의 긴장감과 위기의 도래 및 그 해소 과정에 대하여 검토하였다. 내용을 간단하게 요약하면 다음과 같다.

첫째 7세기 초 推古天皇의 시대에는 중국의 통일왕조의 출현을 계기

---

84) 나오키 코지로(直木孝次郎), 주 82)의 전게 논문, 111-122쪽.
85) 실제 8세기 이후의 상황 전개를 보면 주지하는 것처럼 그러한 경향이 가시적으로 나타나고 있다.

로 대외적 긴장감이 고조되어 갔으며 마침내 조정 내부에 친百濟 노선과 친新羅-唐 노선의 대립이 나타났다.

둘째 舒明天皇의 시대는 여전히 외교 노선의 대립이 잠복해 있었다. 친백제 노선을 지지하는 실권자인 蘇我氏는 친신라-당 노선의 세력을 억누르고 있었다. 당은 高表仁을 왜국에 파견하여 회유하였으나 소아씨는 신라-당과의 연대를 거부하였다.

셋째 645년의 쿠데타를 통해 소아씨를 제거하고 성립한 大化改新 정권은 친신라-당 노선을 추구하였다. 그렇지만 이윽고 中大兄皇子와 정치적 대립이 생겼다. 중대형황자는 孝德天皇을 고립시키고 권력을 장악하는데 성공하였으며 외교정책도 친백제 노선으로 선회하였다.

넷째 660년 신라-당 연합군은 백제를 멸망시켰다. 齊明天皇과 天智天皇은 백제부흥운동을 지원하기 위하여 군대를 파병하였다. 그렇지만 백촌강의 전투에서 패배하였다. 이후 왜국은 신라-당의 침입을 걱정하며 미증유의 위기감에 사로잡혔다.

다섯째 반란을 통해 집권한 天武天皇은 대외적 위기의 해소를 위해 노력하였다. 그는 친신라 정책을 추구하여 당과의 외교 관계는 단절한 채 오로지 신라와 빈번하게 사신 왕래를 주고받았다. 그렇지만 676년 신라가 당을 격파하자 신라를 경계하기 시작하여 군사적으로 대비하는 조치들을 취하였다.

한편 본고에서는 언급하지 않은 부분도 많다. 예를 들어 총령제의 실시 및 한반도식 산성의 구축 등 왜국의 구체적인 방어태세의 정비에 대해서는 자세하게 언급하지 않았다. 특히 총령제에 대해서는 왜국의 전시체제와 깊은 관련이 있는 것으로 생각되므로 별도의 기회에 검토해 볼 생각이다. 많은 질정을 바란다.

8세기중엽 '신라정토' 계획으로 본 고대일본의 대외방침

宋浣範 고려대학교 일본학연구센터 연구교수

1. 머리말

4세기 이래 오랫동안 왜와 긴밀한 관계를 유지하고 있던 백제가 660년 신라와 당의 연합군에 의해 멸망했다. 왜에게 백제 멸망 소식이 가져다 준 충격은 대단히 컸다. 그 충격에 대처하는 방법으로서 왜는 백제에 대규모의 군대를 파견했다. 이것이 바로 역사상 유명한 663년의 백촌강싸움이었다. 이 백촌강싸움에서는 당·신라의 연합군과 백제부흥군·왜의 백제구원군이 격돌했다. 이 때 파견된 왜의 백제구원군은 확실한 역사적 사료가 뒷받침되는 한반도에 대한 군사적 진출이다.

또한 백제가 멸망하고 거의 백년이 지난 759년 일본은 당에서 일어난 '安·史의 亂'의 소식을 듣고, 신라와의 전쟁을 결의한다. 그 후 몇 년간 일본은 실제로 전쟁준비를 하고 있다. 이것이 순인(淳仁)천황 때의 '신라정토' 계획이다.

백촌강싸움과 순인천황 때의 '신라정토' 계획은 시대와 주변 각국 상황은 다르지만, 유사시 대륙에서 닥쳐오는 압력에 대항하는 방법으로서, 일본열도 세력이 한반도에 대한 군사적 진출로 문제를 해결하려 했다는 유사점을 가지고 있다. 이러한 7세기와 8세기의 두 가지 사건을 통해 고대 일본의 대외 방침에 접근해 보는 것은 의미 있는 작업이라고 여겨진다. 본고에서는 후자의 '신라정토' 계획에 관심을 집중하여 논의를 전개시키고자 한다.

2. '적 − 신라' 의식의 顯在化

『続日本紀』의 천평보자3년(天平宝字3年(759)) 6월에 신라를 정토하기 위해 준비를 하도록 대재부에 명령하는 기사가 나오고 있다.[1] 이 기사가 나오기 이전 시기에도 일본 측은 신라에 대해 일방적이라고 해도 좋을 만큼 강한 적대감을 보인 적이 있었는데,[2] 성무(聖武)천황 때 신라에 대한 의식을 엿볼 수 있는 사건으로서는 세 가지를 들 수 있다.

첫째, 천평4년(天平4年(732))의 절도사체제[3] 이다. 절도사체제는 같은

---

1) 『続日本紀』천평보자3년(759)6월임자조 「令大宰府造行軍式, 以将伐新羅也」.

2) 河内春人(1999,「詔勅・処分にみる新羅観と新羅征討政策」,『駿台史学』108) 25-27쪽에 의하면, 이러한 의식의 시작은 일본서기 지통천황3년(689)5월 갑술조에 보이고 있고, 그 내용은 내조한 신라사의 관위가 이전에 비해 낮다고 하는 것과 신라의 말과 행동에 괴리가 많다고 하는 것이었다.

3) 北啓太(1984,「天平4年の節度使」,『土田直鎮先生還暦記念奈良平安時代史論集』上, 吉川弘文館) 참조. 그 외에 坂本太郎(1964,「正倉院文書出雲国会計長に見えた節度使と四度使」,『日本古代史の基礎的研究』下, 東京大学出版会), 村尾次郎(1964,「出雲国風土記の勘造と節度使」,『増訂版律令財政史の研究』, 吉川弘文館), 早川庄八(1997,「天平6年出雲国会計長の研究」,『日本古代の文

해 발해가 당을 공격하자, 그 틈을 노려 다음 해 신라가 발해를 공격하여 동아시아 동란의 조짐이 있었던 때의 일본의 반응이라고 보여진다. 또한 신구(神龜)년간까지의 대신라외교의 성격이 천평기에 들어서면 변화되었던 것을 반영하고 있다고 한다.4)

둘째, 천평9년(737) 3월 정축조·천평13년(741) 3월 을사조의 국분사(国分寺)창건이 대신라문제와 상관관계가 있다고 하는 것이다.5)

그리고 마지막으로는 천평13년 9월 후지와라노 히로쓰구(藤原広嗣)의 난 후에 시작된 성무천황의 방황이 천평17년(745) 5월 평성경(平城京)으로 돌아올 때까지 5년간 계속되었다. 그런데 이렇게 여러 번 천도를 했던 배경에는 히로쓰구의 반란 측과 신라의 연계를 두려워했기 때문이라는 견해도 있다.6)

이와 같이 8세기에 들어서면서 다양한 점에서 대신라문제가 현재화되고 있다. 이러한 신라에 대한 적대감은 무엇에서 기인하는 것일까? 이에 대해서는 여러 의견이 있을 수 있겠지만, 백촌강싸움을 언급하지 않고는 논의가 진척되기 어려울 것이다. 백촌강싸움 참가와 패배의 아픈 기억은 나라시대의 대외관계의 설정에 있어 사문화된 과거의 일만은 아니었던 셈이다.

그런데 당시 일본 측의 정사인 『続日本紀』를 보면, 신라를 「征」7), 혹은 「伐」8) 하는 대상으로 여기고 있다. 征과 伐의 개념은 율령 이념이

　書と典籍』, 吉川弘文館)을 참조.
4) 신일본고전문학대계 속일본기1, 보주1-41. 동 속일본기2, 보주101-21 참조.
5) 井上薫(1966, 『奈良朝仏教史の研究』, 吉川弘文館). 속일본기2 보주14-2 참조.
6) 井上薫(1980, 『古代史の群像』, 創元社) 120-124쪽 참조.
7) 『続日本紀』 천평보자3년9월임오조, 동6년11월경인조 참조.
8) 『続日本紀』 천평보자3년6월임자조, 동3년8월기해조 참조.

내포된 말이다. 즉 이것은 당시의 일본이 중국이나 한반도로부터 계수한 율령국가체제라는 통치 이념을 실현하려는 과정 속에서 생산된 용어이다.

8세기 전반의 동아시아 정세[9] 는 중국에서는 당이, 한반도 남부와 북부에서는 신라와 발해가, 각각 자국의 실정에 맞추어 독자적인 발전을 추구한 안정기였다. 이러한 대륙과 한반도의 안정기에 일본도 율령국가의 완성이라는 이상을 목표로 하고 있었다.

따라서 일본의 율령국가 이념이 내포된 征・伐의 의미는 당시 신라의 입장에서 보면 침략의 다른 표현이 아니었을까. 征・伐이 거스르는 것과 반항하는 자를 토벌한다고 하는 상・하관념이 포함된 용어라고 한다면, '신라정토' 계획이라는 표현에 입각하여, 천평보자3년(759) 이후의 사료, 혹은 이전의 '적－신라' 의식이 현재화되는 예로서의 전거들은, 어디까지나 당시의 나라조정 측의 입장이라고 하는 점에 유의해야 할 것이다.

3. '안・사의 란'이 미친 충격과 발해의 외교

천평보자원년 6월 발생했던 다치바나노 나라마로(橘奈良麻呂)의 난[10]의 충격에서 아직 벗어나지 않았을 때, 견발해사(遣渤海使) 오노노 다모

---

9) 池田温(1992, 『古代を考える 唐と日本』, 吉川弘文館), 鈴木靖民(1985, 『古代対外関係史の研究』, 吉川弘文館), 古畑徹(1983, 「7世紀末から8世紀初にかけての新羅・唐関係」, 『朝鮮学報』107) 참조.
10) 속일본기3 보주20-21(517-520쪽)에 의하면 이 시기의 쿠테타 계획 이전에도 벌써 세 차례의 쿠테타 계획이 있었다고 한다.

리(小野田守)가 발해사 양승경(揚承慶)과 함께 귀국하고 있다.[11]

그런데 다치바나노 나라마로 난 후 안정기를 맞이하려던 나라(奈良) 조정에는 이번의 견발해사가 가지고 온 당의 소식은 나라마로의 난의 충격과는 비교할 수가 없을 정도의 엄청난 것이었다. 이 충격의 요체는 안록산(安禄山)의 난이다. 안록산의 난은 7세기 후반 이후 동아시아의 안정된 시대가 끝났다는 것을 나타낸다. 당에 있어서 이 난은 성당(盛唐) 의 시대에서 쇠락의 시대로 변하는 것을 의미하였고, 당과 국경을 맞대 고 있는 발해는 말할 것도 없이 한반도남부에 있는 신라에게도 앞으로 당과의 관계를 어떻게 설정해야하는가를 과제로 던지고 있다. 그리고 율령국가의 내외적인 실현을 고민하고 있던 일본에게도 예외는 아니었 을 것이다. 이처럼 안록산의 난은 당만이 아니라, 당시 동아시아 여러 나라를 혼란 속에 밀어 넣었던 세계사적 규모의 전쟁이었다.[12]

史1 『続日本紀』天平宝字二(758)年十二月戊申(10日)条。
(a) 遣渤海使小野朝臣田守等奏唐国消息曰、天宝十四載、歳次乙未十一月 九日、御史大夫兼范陽節度使安禄山反、挙兵作乱、自称大燕聖武皇 帝。改范陽作霊武郡、其宅為潛龍宮、年号聖武。留其子安卿緒、知范 陽郡事。自将精兵廿余万騎、啓行南行。十二月、直入洛陽、署置百 官。天子遣安西節度使哥舒翰、将卅万衆、守潼津関、使大将軍封常 清、将十五万衆、別囲洛陽。天宝十五載、禄山遣将軍孫孝哲等、帥二 万騎攻潼津関。哥舒翰壊潼津岸、以墜黄河、絶其通路而還。孝哲鑿山 開路、引兵入至于新豊。六月六日、天子遜于剣南。七月甲子、皇太子

---

11) 『続日本紀』천평보자2년9월정해조 참조.
小野朝臣田守等至自渤海。渤海大使輔国大将軍兼将軍行木底州刺史兼兵署 少正開国公揚承慶已下廿三人、随田守来朝。便 於越前国安置。
12) 속일본기3, 보주21-24 참조. 布目潮渢・原益男(1997, 『隋唐帝国』, 講談社) 295 - 308쪽 참조.

与即皇帝位于霊武郡都督府、改元為至徳元載。

(b)—① 己卯条、

天子至于益州。平盧留後事徐帰道、遣果毅都尉行柳城県兼四府経畧判官張元澗、来聘渤海・且徴兵馬。曰、今載十月、当撃禄山。王須発騎四万、来援平賊。渤海疑其有異心、且留未帰。十二月丙午、徐帰道果鳩劉正臣于北平、潜通禄山・幽州節度使史思明、謀撃天子。安東都護王玄志仍知其謀、帥精兵六千余人、打破柳城斬徐帰道。自称権知平盧節度、進鎮北平。至徳三載四月、王玄志遣将軍王進義、来聘渤海、且通国故曰、天子帰于西京、迎太上天皇于蜀、居于別宮、殄滅賊徒。故遣下臣来告命矣。渤海王為其事難信、且留進義、遣使詳問。行人未至、事未可知。其唐王賜渤海国王勅書一卷、亦副状進。

(b)—② 於是、勅大宰府曰、安禄山者、是狂胡狡竪也。違天起逆。事必不利。疑是不能計西、還更掠於海東。古人曰、蜂猶毒。何況人乎。其府帥船王及大弐吉備朝臣真備、俱是碩学、名顕当代。簡在朕心、委以重任。宜知此状、預設奇謀、縦使不来、儲備無悔。其所謀上策、及応備雑事、一一具録報来。

다모리의 보고는 당에서는 안록산의 난(755~763)이 발생하였고, 당의 황제가 서쪽으로 몸을 피하였다고 하는 것과 이 난에 대한 당의 대응은 史1(a)에, 또 안록산군과 기존의 당과의 사이에서 어떻게 외교노선을 취할 것인가에 대해 고민하는 발해의 모습은 史1(b)-①에, 그리고 이상의 보고를 듣고 일본이 취한 대응은 史1(b)-②로 나눌 수가 있다.

우선 史1(b)-①에 의하면, 756년 7월 당이 발해에 군사요청을 하고 있다. 이 요청에 대하여 발해는 당에서 파견된 사신을 억류하고 귀국시키지 않았다. 이런 발해의 행동은 그 후의 사정을 살펴보는 한, 매우 적절한 외교적 선택이었음을 알 수가 있다. 그 이후 또 당에서 발해로 사신이 파견되지만, 역시 발해는 당의 사신을 억류하고, 직접 사신을 당에 파견하여 실정을 확인하려고 하고 있다. 바꾸어 말하면, '안·사의 난'에 대한 발해의 대응은 신중에 신중을 거듭하고 있던 것을 알 수 있다.

요컨대 발해는 당 정권과 안·사 측 사이에서 중립적인 자세 유지를 외교의 최대 목표로서 설정하고 있는 것이다. 이러한 발해의 신중한 외교적자세는 발해의 건국 이래 지속된 험난한 당과의 관계—특히 732년 당과 발해 사이의 전쟁[13] 등—를 통하여 얻은 교훈에서 나온 것이었다고 생각된다. 또 이 전쟁의 전사로서 727년 일본에 파견된 최초의 발해사는 당과 신라의 결합에 따른 신라의 후방에 대한 견제를 의미하고,[14] 이는 일찍부터 발해의 외교가 상당한 것이었음을 알게 해 준다.

이에 비하여 史1(b)-②에는 안록산의 난에 대한 견발해사의 보고를 들은 일본이 이 사건을 어떻게 이해했는가와 어떤 대응책을 취했는지가 나오고 있다. 즉 안록산은 당을 이길 수 없을 것이다. 따라서 안록산은 서쪽에 있는 당의 조정을 제압할 수가 없기 때문에, 도리어 해동을 침략할 가능성이 있다. 그래서 대재부는 미리 좋은 계책을 세워 비록 침략의 가능성이 없더라도 준비를 게을리 하는 일은 없도록 하라는 것이었다. 이러한 일본의 외교적자세는 발해의 중립적이고, 신중한 외교적 선택과 매우 대조적이다.

한편, 신라의 입장은 『三国史記』를 통해서 파악할 수 있는데, 망덕사(望德寺)의 탑이 흔들리는 것[15]을 시작으로 다음 해 2월 당의 현종이

---

13) 金子修一(2001, 『隋唐の国際秩序と東アジア』, 名著刊行会) 참조.
14) 西嶋貞生(2000,「東アジア世界と冊封体制」, 西嶋貞生·이성시편, 『古代東アジア世界と日本』, 岩波書店, 初出 1962 91쪽, 99쪽 참조) 石井正敏(2001, 『日本渤海関係史の研究』, 吉川弘文館) 참조.

서쪽의 촉으로 피난했던 것을 듣고, 그곳까지 가서 조공하고 있다. 이러한 신라의 태도에 현종은 감격하고, 스스로 시를 지어 경덕왕에게 보냈다.16) 이러한 신라의 외교적 입장은 발해와 일본의 외교적 입장에 비하면 단순하고 명쾌하기까지 하다. 또 신라의 당 중심의 외교 형태는 통일기에 신라가 취한 외교에 부합된다. 이와 같이 '안·사의 난'에 대한 당 주변의 동아시아 제국의 반응은 달랐다.

그런데 견발해사였던 소야전수의 보고가 끝난 후, 발해사 일행이 동월임술(24日) 입경한다. 그리고 다음 해인 천평보자3년(759) 정월 경오(3日) 순인천황 앞에 등장한다. 그 때 자국의 산물을 바치면서 이번 래일한 경위를 말하고 있다.

발해사 보고의 내용을 보면, 견발해사가 보고한 긴박한 국제정세와는 관계없는 것이다. 즉, 성무천황이 사망한 것에 대한 조문사절의 성격을 띠고 있다. 그리고 그 후 약 20여일 뒤에 당시의 실력자 후지와라노 나카마로(藤原仲麻呂)의 자택에 초대되어 극진하게 환대를 받고 있다.17) 발해사는 다음 달 귀국하고 있다.

이상의 발해사의 모습은 긴박하게 전쟁준비를 하는 나라조정의 분위기와는 거리가 있다. 즉 발해사는 전쟁과는 초연한 모습을 보이고 있다.

더 나아가 발해가 가지고 있는 외교적 탄력성은 거기에 그치지 않는다. 史1에 비견되는 것이 다음의 史2이다. 보다 정확히 말하면 위의

---

15) 『三国史記』신라본기 경덕왕14년(755)조에는, 당과 관계가 깊은 이 탑이 크게 흔들렸던 이유를 안록산의 난이 일어나는 조짐으로 이해하고 있다.

16) 『三国史記』신라본기 경덕왕15년(756)조 참조.

17) 『続日本紀』천평보자3년정월갑오조 참조.
大保藤原恵美朝臣押勝宴蕃客於田村第。勅賜内裏女楽并綿一万屯。当代文士賦詩送別。副使揚泰師作詩和之。

천평보자 2년 12월의 견발해사 다모리가 말한 '안·사의 란'의 보고를 史2에서 발해사가 대신 보고하고 있다고 말할 수 있을 것이다.

史2 『続日本紀』天平宝字七(763)年正月庚申(17日)条。

a。帝御閤門、饗五位已上及蕃客、文武百官主典已上於朝堂。作唐・吐羅・林邑・東国・隼人等楽、奏内教坊踏歌。客主主典已上次之。賜供奉踏歌百官人及高麗蕃客綿有差。

b。高麗大使王新福言、李家太上皇・少帝、並崩。広平王摂政。年穀不登、人民相食。史家朝議、称聖武皇帝。性有仁恕、人物多附。兵鋒甚強、無敢当者。州・襄陽已属史家、李家独有蘇州。朝聘之路、固未易通。

c。於是、勅大宰府曰、唐国荒乱、両家争雄。平殄未期、使命難通。其沈惟岳等、宜往往安置、優厚供給。其時服者、並以府庫物給。如懐土情深、猶願帰郷者、宜給駕船、水手、量事発遣。

史2의 b와 C를 자세히 보면 史1(a)・(b)-①과 (b)-②의 관계와 대응하고 있다. 즉 史2 b와 史1(a)・(b)-①이 당에서 발생한 안·사의 난의 경과를 알려주고 있다고 한다면, 史2 C와 史1(b)-②는 그에 따른 대재부에서의 준비와 대응이라는 관계이다.

그런데 여기서 주목하고 싶은 것은 史2의 b의 부분이다. 왜냐하면 이 사료가 발해의 외교력의 교묘함을 여실히 보여주고 있기 때문이다. 즉 史2의 단계라면 이미 사료상에서는 신라공격에 대한 기사는 전혀 나타나지 않는 때로, 기존의 설에서는 신라 정벌계획이 소멸했다고까지 이야기 되고 있다.[18] 또 대륙에서도 '안·사의 난'은, 거의 평정의 기미를 보이고 있었다. 그러나 이 단계에서 발해사는 아직도 대륙에서

는 '안·사의 난'이 계속되고 있는 것처럼 보고하고 있고, 또 그것에
따라 史2 C 처럼 나라조정은 대재부에 대응책을 내고 있는 것이다.[19)]
그리고 주16의 사료처럼 나카마로의 저택에서 회담하고 있는 것이
다.[20)]

그렇다면 발해에서는 왜 잘못된 정보를 일부러 나라조정에게 제공했
던 것일까? 여기에 바로 발해 외교의 힘이 숨어있는 것은 아닐까? 발해
는 본래 신라에게 멸망당한 고구려의 후예이다. 그것에 지나치게 주목
했던 것이 일본과 발해의 동맹설이었다.[21)] 즉 고구려의 후예인 발해는
고구려를 멸망시킨 신라에 대해 끊임없는 적대감을 갖고 있었는데,
'안·사의 난'이라는 국제적 혼란을 이용하여 양국이 동맹을 맺어 신라
를 견제하려 하였다는 것이다.

그런데 여기서 확인할 수 있는 것은 교묘한 발해 외교에 의해 일본은
당의 내란의 영향을 실제의 위협이라고 생각하고, 또 나아가 당의 내란
에 대해 대비하는 방침을 763년 이후에도 유지하려고 했던 것이다.
요컨대 발해는 자신의 힘을 들이지 않고도 발해와 국경선을 맞대고
있는 신라를 견제하는 수단으로서 신라의 배후에 있는 일본에게 계속
해서 전쟁준비를 하게끔 유도했던 것이다.

---

18) 石井正敏 (주14) 참조.
19) 발해사 왕신복의 내일의 목적은 일본으로 하여금 발해의 대신라견제책으로서,
   대륙에서 안사의 난이 소멸기에 들어갔음에도 불구하고 사가의 세력이 계속되고
   있는 것처럼 전하는데 있었다. 이 이유는 계속 일본이 신라를 견제한다고 하는
   것이야말로 발해에게는 더할나위 없는 외교상의 득책이었기 때문일 것이다.
20) 『続日本紀』천평보자7년이월정축조 참조.
   太師藤原恵美朝臣押勝、設宴於高麗客。詔遣使賜以雑色袷衣卅櫃。
21) 石井正敏 (주14) 참조, 酒寄雅志(2001, 『渤海と古代の日本』, 塙書房) 참조.

4. 소위 '신라정토' 계획의 재검토

지금까지 '신라정토'계획에 대한 연구는 다음과 같은 것들이 있었다. 먼저 천평승보4년(752) 이래 신라사의 내일이 중단되고 관인층의 신라에 대한 반감이 높아졌다는 점, 게다가 천평보자3년 견발해사 오노노 다모리 등에 의해 당에서의 안록산의 소식이 전달되고, 당이 신라를 구원할 수 없다고 보아 이 계획이 세워진 것이라고 한다.[22] 또 다른 의견으로서는 다모리와 함께 래일한 발해사와의 협의에 의해 발해와 제휴하여 신라에 대한 공격계획이 성립된 것은 아닐까라는 것이다. 전자는 와다 군이치씨·이시모다 쇼씨 이래 통설로 자리 잡고 있고, 후자는 이시이 마사토시씨와 사카요리 마시시씨 이래 계속해서 논의가 진행되고 있다고 할 수 있다.[23] 국내의 연구로는 한규철, 박진숙, 구난희 등의 개별 논문과 연민수의 통사적 정리가 있다.[24]

그런데 일본은 '신라정토' 계획을 실제로 실행할 의도를 가지고 있었을까? 아니면 나카마로 개인의 권력강화를 위한 한 수단에 지나지 않았던 것일까?

이 의문에 답하기에 앞서 천평보자 3년의 신라와의 쟁계화을 이야기할 때, 항상 가장 먼저 언급되는 기사는 대재부의 「4개 조의 불안기사」[25] 라든가, 혹은 동년 6월 임자조의 행군식(行軍式)을 만들어 신라를 정벌하려 했다는 기사(주1)이다. 그러나 여기서는 위의 두 기사의 사이

---

22) 속일본기3 보주22-28 참조.
23) 和田軍一(1924,「淳仁朝に於ける新羅征討計画について」,『史学雑誌』35-10, 11), 石母田正(1971,『日本の古代国家』第1章, 岩波書店), 石井正敏 (주 14), 酒寄雅志 (주 21) 참조.
24) 연민수(2003,『古代韓日交流史』, 혜안) 271-274쪽 참조.
25) 『続日本紀』천평보자3년3월경인조 참조.

에 위치하는 5월조 기사에 주목하고 싶다. 그 이유는 전자인 3월조의
기사는 대재부만의 준비에 국한하는 감이 있고, 후자인 6월조의 기사는
사전에 전쟁에 대한 아무런 준비도 없이 나라조정이 갑작스럽게 신라
공격에 뛰어들고 있는 것 같은 인상을 주기 때문이다.

史3 『続日本紀』天平宝字三(759)年五月甲戌(九日)条.
　勅曰、朕以㷀昧、欽承聖烈。母臨六合、子育兆民。見一物之或違、
恨尭心之未洽。聞万方之有罪、想湯責而多愧。而今大乱已平、逆臣遠
竄。然猶天災屢見、水異頻臻。窃恐、聴易隔於黎元、人含冤枉、鑒難
周於宇宙、家懐欝憂。庶欲博採嘉言、傍詢妙畧、憑衆智而益国、拠群
明以利人。宜命百官五位已上、緇徒師位已上、悉書意見、密封奉表、
直言正対、勿有隠諱。朕与宰相、審簡可否。不須詐称聖徳、苟媚取
容、面弗肯陳、退遣後毀。普告遐迩、知朕意焉。

　又勅曰、頃聞、至于三冬間、市辺多餓人。尋問其由、皆云、諸国調
脚不得還郷。或因病憂苦、或無糧飢寒。朕窃念茲、情深矜愍。宜随国
大小、割出公廨、以為常平倉、逐時貴賤、糴糶取利、普救還脚飢苦。
非直霑外国民、兼調京中穀価。其東海・東山・北陸三道、左平準署掌
之。山陰・山陽・南海・西海四道、右平準署掌之。

　이 기사는 전반부의 칙(勅)과 후반부의 칙으로 구성되어 있는데, 전반
부는 재이로 인해 관인 및 승려에게 의견을 구하는 일과, 후반부는
같은 이유로 여러 지방에 상평창(常平倉)을 설치해야할 것을 명한 것이
다. 그러나 이 기사를 재이에 대한 준비만으로는 해석해 버려도 좋을까?
필자는 상평창 설치를 재이 때문이라기보다는 신라공격을 위해 행해진
전국적인 준비작업의 형태로서 생각해 보고자 한다. 앞의 대륙정책의
최전선인 대재부에 대한 3월의 기사 이후, 5월의 전국적인 준비기사가

존재하는 것에서 신라공격의 실태가 보다 확실히 나타난다고 생각되기 때문이다.

이 기사에는 다치바나노 나라마로의 난에 대한 언급이 있다. 즉 나라마로의 대란이 끝났지만, 천재와 수이가 빈번하는 내용이다. 그러나 『속일본기』의 전후 기사를 살펴볼 때, 천재지변의 기사는 보이지 않기 때문에,26) 천재와 수이의 이유라는 것은 전쟁 준비를 위한 핑계일지도 모른다. 그렇다고 한다면 이 사료는 국내의 대혼란이었던 다치바나노 나라마로의 난의 충격으로부터 아직 벗어나지 못한 나라조정 측이 국외의 대혼란이었던 안록산의 난에 대한 대응책을 구하는 과정이라고 이해하는 것이 보다 합리적인 해석이 아닐까. 그러한 입장으로부터 본다면 사료 전반부의 백관 중 5위 이상과 승려 중 4위 이상의 사람들27)은 의견을28) 밀봉한 채로 상표문을 직언하기 바란다고 하는 것은, 신라공격의 의견을 구하는 것으로 이해될29) 가능성이 있다.

그리고 사료 후반부의 상평창30)을 설치하고 좌우평준서(左右平準署)31)를 설치한다고 하는 기사도, 기사의 겉모습은 쌀값이 고저(高低)이기 때문에 매매의 이익을 거두고, 조(調)를 운반해 온 여러 지방으로부터의 인부의 기아와 고통을 구원하기 위해서라는 국내 지향의 필요성

---

26) 『続日本紀』천평보자2년 8월정사조에, 한해와 역병이 있어 '마사반야바라밀다를 염송' 시켰다고 하지만, 실제로 천해와 수해가 있었다고 하는 기술은 보이지 않는다.

27) 속일본기3, 보주17-58 참조.

28) 공식령65조 참조. 속일본기3 290쪽의 주3에서, 상표가 中務省을 거쳐 직접 주상되는 것에 비해, 의견은 태정관을 경유하여 주상된다.

29) 전후의 기사가 당에서의 안사의 난의 보고와 '신라정토'의 기사가 만이 보이는데 비해, 천재지변의 기사가 보이지 않는 것으로 보아 역시 신라문제에 관한 의견을 모았을 가능성이 크다고 보인다.

30) 속일본기3, 보주22-10 참조.

31) 속일본기3, 보주22-11 참조.

에 설명이 집중되고 있다. 물론 그런 용도로도 사용되었겠지만, 진짜
이유는 기내(畿內)만이 아니고 동해(東海)·동산(東山)·북륙도(北陸道)
는 좌평준서(左平準署)가, 산음(山陰)·산양(山陽)·남해(南海)·서해도
(西海道)는 우평준서(右平準署)가 상평창의 업무를 맡았다고 하는 것으
로 보아 기내를 포함한 전국적인 차원에서 전쟁에 대비하는 기관으로
서 설치되었을 가능성이 있다.

물론 이러한 추측이 성립되기 위해서는 순인과 중마려정권이 취한
'한풍화정책(漢風化政策)'이라던가, 효겸(孝謙)과 순인조의 율령국가의
다양한 정책의 흐름에 대한 검토가 동반되어야할 것이다. 그러나 신라
와의 전쟁을 표방하기 1개월 전의 정책이라면 대외관계와 관련해서
보다 적극적인 의미로 해석해도 되지 않을까 생각한다.

그 후 천평보자3년에서 6년까지의 사료에서 신라와의 전쟁의 준비가
어떻게 실질적으로 추진되었던 가는 다음의 세 가지 사료들으로부터
충분히 알 수가 있다.

[표1] 天平宝字3年~6年의 '신라정토' 계획관련기사

a群 戦争의 雰囲気造成	①天平宝字三年(七五九)六月壬子(十八日)条。 　令大宰府造行軍式、以将伐新羅也。 ②天平宝字三年(七五九)八月己亥(六日)条。 　遣大宰帥三品船親王於香椎廟、奏応伐新羅之状。 ③天平宝字六年(七六二)十一月丁丑(三日)条。 　遣御史大夫正三位文室真人浄三、左勇士佐従五位下藤原朝臣黒麻呂、 　神祇大副従五位下中臣朝臣毛人、少副従五位下忌部宿祢呰麻呂等四 　人、奉幣於伊勢太神宮。 ④天平宝字六年(七六二)十一月庚寅(十六日)条。 　遣参議従三位武部卿藤原朝臣巨勢麻呂、散位外従五位下土師宿祢犬 　養、奉幣于香椎廟。以為征新羅調習軍旅也。 ⑤天平宝字六年(七六二)十一月庚子(二十六日)条。 　奉幣及弓矢於天下神祇。 ⑥天平宝字六年(七六二)十一月壬寅(二十八日)条。 　遣使奉幣於天下群神。

b群 武器와 武具의 準備	①天平宝字三年(七五九)九月壬午(十九日)条。 　造船五百艘。北陸道諸国八十九艘、山陰道諸国一百四五艘、山陽道諸国一百六十一艘、南海道諸国一百五艘。並逐閑月営造、三年之内成功。為征新羅也。 ②天平宝字五年(七六一)八月甲子(十二日)条。 　迎藤原河清使高元度等、至自唐国。初元度奉使之日、取渤海道、随賀正使揚方慶等往於唐国。事畢欲帰、兵仗様、甲冑一具、伐刀一口、槍一竿、矢二隻、分付元度。又有内使、宣勅曰、特進秘書監藤原河清、今依使奏、欲遣帰朝。唯恐残賊未平、道路多難。元度宜取南路、先帰復命。 ③天平宝字五年(七六一)十一月丁酉(十七日)条。 　以従四位下藤原恵美朝臣狩為東海道節度使。正五位下百済朝臣足人、従五位上田中朝臣多太麻呂為副。判官四人、録事四人。其所管遠江・駿河・伊豆・甲斐・相摸・安房・上総・下総・常陸・上野・武蔵・下野等十二国、検定船一百五十二隻、兵士一万五千七百人、子弟七十八人、水手七千五百廿人。数内二千四百人肥前国、二百人対馬嶋。従三位百済王敬福為南海道使。従五位上藤原朝臣田麻呂、従五位下小野朝臣石根為副。判官四人、録事四人。紀伊・阿波・讃岐・伊予・土左・播磨・美作・備前・備中・備後・安芸・周防等十二国、検定船一百廿一隻、兵士一万二千五百人、子弟六十二人、水手四千九百廿人。正四位下吉備朝臣真備為西海道使。従五位上多治比真人土作・佐伯宿祢美濃麻呂為副。判官四人、録事四人。筑前・筑後・肥後・豊前・豊後・日向・大隅・薩摩等八国、検定船一百廿一隻、兵士一万二千五百人、子弟六十二人、水手四千九百廿人。皆免三年田租、悉赴弓馬、兼調習五行之陳。其所遣兵士者、便役造兵器。 ④天平宝字六年(七六二)正月丁未(二十八日)条。 　造東海・南海・西海等道節度使料綿襖冑各二万二百五十具於大宰府。其製一如唐国新様。仍象五行之色、皆画甲板之形。碧地者以朱、赤地者以黄、黄地者以朱、白地者以黒、黒地者以白。毎四千五十具成一行之色。 ⑤天平宝字六年(七六二)二月乙卯(六日)条。 　造綿甲冑一千領、以貯鎮国衛府。 ⑥天平宝字六年(七六二)四月辛未(二十二日)条。 　始置大宰弩師。
c群 軍人의 準備	①天平宝字四年(七六〇)十一月丙申(十日)条。 　遣授刀舎人春日部三関、中衛舎人土師宿祢関成等六人於大宰府、就大弐吉備朝臣真備、令習諸葛亮八陳、孫子九地及結営向背。 ②天平宝字五年(七六一)正月乙未(九日)条。 　令美濃・武蔵二国少年、毎国廿人習新羅語。為征新羅也。 ③天平宝字六年(七六二)二月辛酉(十二日)条。 　簡点伊勢・近江・美濃・越前等四国郡司子弟及百姓、年已下廿已上練習弓馬者、以為健児。其有死闕及老病者、即以与替。仍准天平六年四月廿一日勅、除其身田租及雑徭之半、其歴名等第、毎年附朝集使送武部省。

a군의 ①·②·③은 당시의 전쟁준비가 신라를 공격대상으로서 의
식하고 있음을 명백히 나타내고 있다. 또 향추묘는 신공황후를 제신으
로 하는 곳으로 신라와의 전쟁을 고하는 상징적인 의미를 가지고 있다.
그리고 ③·⑤·⑥도 같은 목적을 가지고 있는 것을 추측할 수 있다.
③은「이세신궁(伊勢神宮)」에 ⑤·⑥은「천하의 신들」에 봉폐하고, 특
히 ⑤는 궁시(弓矢)를 바치고 있다. 즉 전쟁을 하려는 목적이 명백하고,
실제로 전쟁준비를 진지하게 진행하고 있던 것을 알 수 있다.

b군에서는 ①·②가 배의 건조에 관한 기사이다. 많은 배의 건조는
전쟁준비가 신라에 대한 단순한 협박이 아니라, 실제로 전쟁을 상정하
고 있었던 것을 명확하게 보여주고 있다. 그리고 다른 기사들은 무기의
제조에 관한 내용인데, 무기의 제조는 국내기술만이 아니고 ③「五行之
陳」, ④「唐国新樣」과 같은 당의 신식전법과 기술도 도입하여 본격적
인 대외전쟁준비를 시도하고 있다. 또 신식무기인 노(弩)[32]의 준비도
진척시키고 있는 일은 ⑥에 보이는 대로이다.

c군에서는 b군의 ②를 포함해 ①·③에서 전투원의 집합과 군사훈
련의 모습을 알 수가 있다. 그리고 같은 사료군의 ②에서는 신라어의
통역을 양성하는 것처럼 명실상부한 신라와의 전쟁에 대한 방침을 확
인할 수가 있다.

이상의 검토에서 나라조정이 신라와의 전쟁을 국가적과제로서 여기
고 있었다고 하는 점이다. 그 본심을 왜곡하고 나카마로가 자신의 정권

---

32) 板橋源,「鎮守府弩師考」(1955,『岩手大学学芸学府研究年報』811)17-22쪽 참
조, 近江昌司,「本朝弩考」(1979,『國學院雜誌』80-11)참조. 그 後 大宰府의 弩
師는「延暦十六年廃止」(『類聚三代格』弘仁5년5월21일),「史生 1人을 빼고
弩師를 増員」(『類聚三代格』寛平6년9월13일) 등에 보인다. 그 외 속일본기3,
보주 24-13 참조.

을 유지하기 위해 신라와의 전쟁의 준비를 강행했다던가, 신라와의 전쟁계화의 결과에 의해 양성된 군사력은 나카마로정권의 유지를 위해 이용되었다고 하는 종래의 주장[33]은 재고의 여지가 있다고 생각한다.

이상의 이해를 바탕으로 여기서부터는 사료를 세 그룹으로 나누어 '신라정토' 계획이 무슨 이유로 중단되었는지에 대해 생각해 보기로 한다.

①上皇과 天皇의 不和
(가)天平宝字六年(七六二)五月辛丑条。
　　高野天皇与帝有隙。於是、車駕還平城宮。帝御于中宮院、高野天皇御于法華寺。

(나)天平宝字六年(七六二)六月庚戌条。
　　喚集五位已上於朝堂、詔曰、太上天皇御命以＜弓＞(중략)但政事＜波＞、常祀＜利小事＞＜波＞今帝行給＜部＞。国家大事賞罰二柄＜波＞朕行＜牟＞。加久＜能＞状聞食悟＜止＞宣御命、衆聞食宣。

우선 ①군을 보면 (가)기사로 시작되는 천황권의 분렬의 내용이 보이고 (나)기사에 분렬 후의 직무실태도 다른 것을 여실히 보여주고 있다. (나)기사는 효겸천황의 선명인데, 그 중「정사에서 항례의 제사 등 작은 일은 지금의 제가 행하고 국가의 대사와 상벌의 두 가지 큰 일은 자신이 행하기로 한다」의 부분은 의론의 여지가 충분하다. 지금까지의 의론을 소개해 보면 이전은 문맥대로의 해석, 즉 상황이 우세한 입장이었던 점을 인정하는 쪽이 많았다. 그러나 최근에는 상황의 말은 자신의 노여

---

33) 北山茂夫(1959,『日本古代政治史の研究』, 岩波書店)참조, 岸俊男(1969,『藤原仲麻呂』, 吉川弘文館) 참조.

움의 표현이었고 실제로는 순인천황의 우위가 인정된다고 한다.[34]

제권의 분화를 다른 입장으로부터 생각하는 것은 불가능할까? 즉 상황과 순인천황과의 대립을 대외관의 차이에 의한 알력으로 보는 것은 어떨까?

다치바나노 나라마로의 난 때에 나라마로가 타도의 대상으로 삼은 자는, 당시의 천황이었던 효겸을 시작으로 순인과 나라마로였다. 이 3자가 천평보자3년부터 국력을 기울인 신라와의 전쟁의 문제로 인해 불화한 사이로 되었다고 보는 것이다. 상황측은 다음의 ②군의 기사에서 볼 수 있는 것처럼 국내의 불안상태를 이유로 신라와의 전쟁의 계획을 취소하고 싶어하는 세력이고, 순인천황과 나카마로 쪽은 신라와의 계획을 계속해서 추진하려고 하는 세력이었다고 한다면, 양자의 알력을 설명하는데 보다 쉽게 이해될 수 있다.

다음의 사료②군에서는 시간적인 순서에 따라 발생한 재해와 국명을 중심으로 배열했다.

②災害의 頻発、民心의 離反
a天平宝字七年(七六三)二月 ： 出羽国飢
b天平宝字七年(七六三)四月 ： 信濃・陸奥国飢, 壱岐嶋疫
c 天平宝字七年(七六三)五月 ： 伊賀国疫, 河内国飢
d天平宝字七年(七六三)六月 ： 尾張国・越前国・能登国・大和国・
　　　　　　　　　　　　　　　美濃国飢, 摂津 山背国疫
e 天平宝字七年(七六三)七月 ： 備前阿波飢
f天平宝字七年(七六三)八月 ： 近江・備中・備後・丹波・伊予国飢,

---

34) 春名宏昭,「太上天皇制의 成立」(1990,『史学雑誌』99-2). 속일본기3, 보주24-19 참조.

山陽南海等道諸国旱하여 両道節度使
를 停止하다. 丹後国・阿波・讃岐飢

g 天平宝字七年(七六三)九月 : 疫死者 많고 水旱이 거듭되어 神火도
빈번하게 発生尾張・美濃・但馬・伯
耆・出雲・石見等六国 흉년

h 天平宝字七年(七六三)十月 : 淡路国飢

i 天平宝字七年(七六三)十二月 : 摂津・播磨・備前飢

k 天平宝字八年(七六四)正月 : 播磨・備前飢

l 天平宝字八年(七六四)二月 : 石見国飢

m 天平宝字八年(七六四)三月 : 志摩国疫. 摂津・播磨・備前・備中・
備後・淡路・出雲国飢

n 天平宝字八年(七六四)四月 : 美作・阿波・讃岐・伊予飢, 淡路国疫

o 天平宝字八年(七六四)八月 : 山陽南海二道諸国旱疫.石見国疫,河
内・山背・近江・丹波・播磨・讃
岐・多嶋飢

p 天平宝字八年(七六四)是年, 兵과 旱의 연속으로 米価가 石당 千銭이
되다.

위의 사료②군을 통하여 천평보자7년과 8년에 전국적인 한해와 역
병의 만연 그리고 민심의 이반에 동반하는 신화(神火)의 발생 등이 여실
히 나타난다고 할 수 있다. 특히 사료 p는 이상의 많은 사료들을 한
마디로 정리해 준다고 할 수 있다. 즉 그러한 폐해를 불러일으킨 원인으
로서 이전부터 계속해서 추진되고 있는 '신라정토' 계획을 들고 있
다.35) 바꾸어 말하면 쌀 일석당의 가격36)이 천전까지 이르게 된 원인으

35) 속일본기4, 59쪽의 주17에서는 '나카마로의 난'이라고 하지만, 순인천황과 나카
마로가 주도한 '신라정토'를 위한 군사동원으로 해석한다.
36) 속일본기4, 보주25-116 참조.

로서 두 가지의 이유가 제시되었다. 우선 한 가지는「旱」때문이고, 또 다른 한 가지는「兵」즉 '신라정토' 준비라고 한다.

그런데 당시의 백성을 괴롭혔던 요인으로 旱이라는 자연적현상과 함께 신라와의 전쟁준비라는 인위적인 요인을 들어졌던 점, 그리고 그 시점이 천평보자8년이라고 하는 점에 주목하면 신라와의 전쟁계획의 중지의 시점을 추정할 수가 있다. 그런데 종래의 신라와의 전쟁계획중 지에 대한 의견으로서 절도사의 정지를 들고 있다. 사실, 위의 사료 f를 보면 산양도(山陽道)와 남해도(南海道)의 절도사가 정지되어 있다. 그리고 속일본기의 천평보자6년 말부터 신라전쟁에 대한 기사가 나오 고 있지 않는 것도 이전 설의 근거이다.

그러나 이하의 사료③과 함께 보면 알 수 있는 것처럼, 밖으로부터 천평보자8년 일본을 제외하고 당·발해·신라의 동아시아 삼국이 사 신 왕래를 하고 있고, 일본 국내에서는 같은 해 신라전쟁계획의 피해가 인민을 고통 속에 빠트리고 있는 큰 요인으로서 제시되고 있다(위의 사료p). 그렇다고 한다면 순인조의 신라와의 전쟁계획의 최종적인 중지 는 천평보자8년이라고 하지 않으면 안 될 것이다.

　③新羅使来日
　『続日本紀』天平宝字八年(七六四)七月甲寅条。
a。新羅使大奈麻金才伯等九十一人、到着大宰博多津。遣右少弁従五位下
　　紀朝臣牛養・授刀大尉外従五位下粟田朝臣道麻呂等、問其由緒。金才
　　伯等言曰、唐国勅使韓朝彩、自渤海来云、送日本国僧戒融、令達本郷
　　已畢。若平安帰郷者、当有報信。而至于今日、寂無来音。宜差此使、
　　其消息欲奏天子。仍齎執事牒。参大宰府。朝彩者、上道在於新羅西
　　津。本国謝恩使蘇判金容、為取大宰報牒寄附朝彩、在京未発。

b。 問曰、比来彼国投化百姓言、本国発兵警備。是疑、日本国之来問罪
也。其事虚実如何。対曰、唐国擾乱、海賊寔繁。是以徴発甲兵、防守
縁辺。乃是国家之設、事既不虚。

c。 及其帰曰、大宰府報牒新羅執事曰、検案内、被乾政官符称、得大宰府
解称、得新羅国牒称、依韓内常侍請、欲知僧戒融達不。府具状申上
者。以去年十月、従高麗国、還帰聖朝。府宜承知即令報知。

위 사료의 a를 검토해 보면 신라사가 내일한 목적이 단순히 당에
유학한 유학승의 안부를 묻는 것이 아니라는 사실에 직면하게 된다.
여기서 주목해야할 것은 당의 칙사인 한조채(韓朝彩)[37]가 발해에서 신
라로 왔다라고 하는 부분이다. 이 기사에서 알 수 있는 사실이라면,
이 시기는 당의 사자가 발해를 통하여 신라까지 와서 일본에 사정을
묻는 환경이 조성되어 있었다고 하는 것이다. 또 b에 가면 신라가 군대
를 모아 일본에 대한 경비를 하고 있다고 하는 사실, 즉 이것은 이미
진압된 安·史의 난의 영향에 대해서가 아니고 지금도 진행 중인 일본
의 신라에 대한 공격의 대응으로서 보지 않으면 안 된다고 생각한다.
이처럼 나라조정이 대륙정책의 일환으로서 긴 준비기간을 거쳐 추진
한 '신라정토'계획의 시나리오는 제권의 불화와 관련되고, 빈번히 발생
한 기근과 역병에, 더구나 당·발해·신라삼국의 관계가 정비됨으로
인해 추진될 방향성을 잃게 되었다. 또 이는 신라와의 계획을 고수해
왔던 순인과 나카마로 측의 멸망으로 연결되었다고 말할 수 있다.

---

37) 속일본기4 보주25-23, 24 참조. 丸山裕美子「唐国勅使韓朝彩についての覚書」
(1994,『続日本紀研究』290)12-22쪽 참조. 濱田耕作「留唐学生戒融の日本帰国
をめぐる渤海と新羅」(1995, 佐伯有清先生古稀記念会『日本古代の伝承と東
アジア』吉川弘文館)401-420쪽 참조.

5. 나라조정의 대외방침

최근 고대일본의 대외인식에 관해 활발한 성과를 거두고 있는 모리 기미유키(森公章)은 고대일본의 대외방침에 대해 다음과 같이 서술하고 있다.[38]

첫 번째로, 이중구조의 대외관의 존재 즉 사대주의와 일본중심주의 가 일본의 외교라고 규정한 것이다. 즉 중국과의 관계에서는 대외 지향 은 사대주의이지만, 국내 지향으로는 일본 중심주의라고 하는 이중 자 세를 가지고 있다. 그에 비해 신라와 발해에 대해서는 일관되게 일본중 심주의를 유지하고 있었다.

그리고 두 번째로는, 일본의 서툰 외교를 지적하고 있는데, 그것은 일국중심주의로 귀결된다. 구체적으로 말하면 백촌강싸움 이전에는 백 제 일변도의 외교를 지향하고, 그 결과 백촌강싸움에서 참패를 경험했 다. 또 백촌강싸움 이후에는 8세기 전반은 신라 일국중심으로, 8세기 후반부터는 발해 중심주의를 대외관계의 축으로 했다.

나아가 위 두 가지의 대외관은 정치보다는 문화를 중심으로 한 결과 라고 말할 수 있다고 하고, 문화중심주의란 대외관계의 상대를 선택할 때 선진문물을 어디서 구할 수 있는가, 즉 어디가 이득이 더 많은가를 중요한 선택 기준으로 한다. 그 결과 백제·견당사·신라·발해 등이 중요한 외교적 선택이었다고 한다.

그러나 필자는 두, 세 가지의 관점에서 모리씨의 의견과는 다른 견해 를 갖고 있다

---

38) 森公章a(1998, 『『白村江以後』—国家危機と東アジア外交—』, 講談社) 222-224 쪽 참조. 森公章b(1998, 『古代日本の対外認識と通交』, 吉川弘文館) 참조.

우선 모리씨는 일본의 외교적인 무능을 나타내는 하나의 예로서 일국중심주의의 예를 언급하면서 백촌강싸움에 참가하기까지 왜의 외교형태를 백제일변도로 해석했다. 그 결과 왜는 백촌강싸움에 참가하여 신라와 당의 연합군에 패배했다고 하는 것이다.

그러나 필자는 동아시아의 격동기에 왜는 몇 번이나 외교적 입장을 바꾸는 선택을 하고 있다고 생각한다. 이러한 왜의 대외로선의 변화는 모리씨가 말하는 것처럼 백제일국 중심주의만으로는 설명할 수 없고, 또 왜의 외교 무능을 의미한다고 볼 수만은 없다. 왜냐하면 동아시아의 변경에 위치한 왜로서는 자신이 나아갈 길을 부단히 모색한 결과가 백제 혹은 신라로 대표되는 외교노선의 변경으로 나타났다고 보기 때문이다.

다음으로 나라시대가 되면 전반기에는 신라와, 후반기에는 발해와 통교를 활발히 하고 있는데, 모리씨는 양국에 대해 일본중심주의를 일관했다고 서술하고 있다. 단 양국이 일본중심주의를 받아들였던가는 별도의 문제라고 한다. 그러나 이론적으로는 성립하면서 실태적으로는 성립하지 않는 일본중심주의란 도대체 무엇일까. 지금까지 이론과 실태의 차이를 극복하기 위해 많은 연구가 행해지고 있는데, 결국은 모리씨의 견해도 율령국가의 범주 안에서의 해석에 그치고 있다고 생각한다.

요컨대, 일본고대국가의 대외방침을 결정짓는 것은 일본지배층의 생각이다. 일본의 지배층은 백촌강의 싸움 시기는 물론, 안사의 난 때도 중국으로부터의 혼란이 한반도를 거쳐서 일본까지 닥쳐올 것이라고 판단하였다. 따라서 그 위험이 일본 열도까지 몰아치기 전에 한반도에 진출하여 위기에서 벗어나는 방법을 택하였다고 볼 수 있다.

6. 맺음말

　마지막으로 본론의 간단한 요약과 함께 금후의 과제에 대해서 서술하고자 한다.

　첫 번째로, '적-신라의식의 현재화'는 8세기 중엽의 '신라정토' 계획이 우연의 산물이 아니었음을 말해준다. 즉 '신라정토' 계획을 8세기 나라조정의 국가적 규모의 목표로서 보아야하는 이유가 바로 여기에 있는 것이다.

　두 번째로, '안사의 난과 발해의 외교'에서는 발해의 선택이 당에도 안사의 난 세력 어디에도 가담하지 않는 철저한 중립적 입장을 취하고 있음을 알 수 있었다. 이러한 발해의 자세는 동아시아의 다른 구성원인 신라와 일본의 태도와는 사뭇 다른 것이었다. 발해의 중립적인 외교 자세를 도외시한 채 발해와 일본이 동맹하여 '신라정토' 계획을 추진하였다는 종래의 견해는 재고의 소지가 있다고 하겠다.

　세 번째로, 나라시대의 순인조에 계획되고 준비되었으나 실제로 구현되지는 않았던 '신라정토' 계획에 대해 종래의 의견은 순인조의 권력자 후지와라노 나카마로에게 지나치게 의미를 부여해 왔다는 것을 지적하고, 아울러 국외에서의 안사의 난의 영향과 그에 따른 국내의 혼란 속에서의 정치현상에도 주목하였다. 그 결과 8세기 중엽의 나라조정에 의해 준비된 '신라정토' 계획은 대륙으로부터의 위협이 한반도를 거쳐 일본 열도에 다다르기 전에, 한반도에 진출하여 그 위협을 제거하려했다는 것임을 알 수 있었다. 이러한 의도 하에 준비된 국가적 사업이었던 '신라정토' 계획은 나라조정의 구성원들인 귀족세력 전체의 문제였지, 나카마로의 개인적인 문제만은 아니었던 셈이다.

이상의 사견이 보다 설득력을 가지기 위해서는 우선, 백촌강싸움에서의 한반도 진출과의 비교 연구가 필요하겠고, 나아가서는 순인조와 나카마로 시대를 포함하는 나라시대에서의 백제왕씨를 위시한 한반도의 유민세력의 존재에 대한 논급이 필요할 것이다. 여기서 언급한 이상의 문제점은 금후의 과제로 하고 싶다.

동아시아 해역의 아웃로(Outlaw)
13 · 14 세기 왜구 활동과 그 원인

金普漢 단국대학교 교수

1. 머리말

전 역사시대에 걸쳐서 동아시아 해역에서는 해적들의 활동이 지속적으로 나타난다. 특히 동아시아 세계가 갖는 특징 중의 하나로서, 중세 일본열도의 해적이 바다의 경계를 뛰어 넘어 대륙으로 활동 영역을 확대하는 현상이 뚜렷하다.

본고에서는 12세기부터 고려를 대상으로 활동하기 시작하여 14세기에 극성기를 맞이하는 왜구의 격렬한 활동에 주목하고 싶다. 물론 이들은 동아시아 세계의 보편성을 벗어난 이단적 집단이며 일본열도의 해양성에 기반을 갖고 활동하던 특수 집단이었다. 즉 국가권력의 교역 담당자 또는 비(非)국가권력 집단의 약탈자라는 이중적 태도를 견지하면서, 동아시아 교역질서를 교란시키는 기생집단이었다. 이미 한국학계에서는 이러한 이들의 불법적 행위를 고려의 쇠퇴와 멸망의 한 원인으로 보는 견해가 통설로 되어 있다.

　한편 일본학계에서도 왜구의 발생과 그 원인을 중심으로 다양한 연구성과가 축적되어 왔다. 이 중에는 왜구의 출현이 여·몽 원정군의 침입에 대한 반격에서 나온 「이국정벌(異國征伐)」 계획과 밀접하게 관련되어 있다고 보는 논리가 있다.[1] 즉 「분에이(文永)의 역」 이후 몽골·고려·일본 사이에 내재한 대결적 국제관계가 왜구 출현의 원인이었다고 분석하고 있는 것이다. 같은 맥락에서 「분에이의 역」 이후 고려와의 이해관계가 사라진 다자이쇼니(大宰少貳)가 실시한 왜구의 엄금책(嚴禁策)이 붕괴되면서 13세기 후반에 계속해서 왜구가 침입하였다고 보는 견해가 나오기도 하였다.[2]

　그런데 이러한 연구 성과에서는 동아시아 해역을 무대로 활약하던 왜구의 출몰 원인을 밝히는 수단으로 외부세계의 위협과 동아시아 국제질서의 변화라는 일본 밖의 현상만을 주목하고 있는 것이다. 이처럼 지금까지 일본학계에서 수용해 온 대부분의 학설은 일본 바깥의 외부에서 왜구의 출몰 원인을 찾고 있으며, 이것들을 중심으로 왜구의 동태를 분석하는 경우가 일반적이다.[3] 결국 이것들은 주관적 논리의 한계를 극복하지 못하였고, 동아시아 해역사에서 보편적 논리를 세우는 것도 무리인 견해로 판단된다.

　그러므로 앞으로의 연구에서는 동아시아 해역에서 왜구집단과 일본

　1) 中村榮孝, 『日朝關係史の硏究』上, 吉川弘文館, 1965, 96쪽 참조.
　2) 田村洋幸, 『中世日朝貿易の硏究』, 三和書房, 1967, 24쪽 참조.
　3) 田中健夫, 『中世海外交涉史の硏究』, 東京大學出版會, 1957 : 「倭寇と東アジア通交圈」『日本の社會史』, 岩波書店, 1987 : 太田弘毅, 「倭寇と結託した朝鮮人-「賊諜」·「奸民」·「詐倭」-」『藝林』36-3, 1987 : 高橋公明, 「中世東アジア海域における海民と交流 -濟州道を中心として-」『史學』33(名古屋大學文學部硏究論集), 1987 등.

내의 해적집단을 별개의 개체로 분리하지 않고 상호 관계를 유기적으로 보완하면서 접근해야 할 것이다. 한 가지 문제해결 방안으로서 일본 해적집단의 잠재적 활동성을 탐색하는 작업과 동아시아 해상의 경계를 넘어 먼 바다로 이들을 내몰았던 일본의 사회적·정치적 배경을 파악하는 작업이 선행되어야 할 것이다.

따라서 본고에서는 동아시아 해역에서 일본 해적과 왜구가 갖는 공통의 행동양식과 목적을 탐색하고, 일본의 해적들이 갖는 동아시아 해역에 대한 경계인식과 대(對)고려 인식을 파악해 나갈 것이다. 아울러 「백촌강싸움」·「임진왜란」·「러일전쟁」 등과 같이 한반도에서 치른 전쟁과 왜구의 활동이 어떻게 관계되어 있는지, 이를테면 왜구의 고려 침입이 일본의 대외팽창의 전조로서 어떠한 연계성을 갖는지도 밝혀보고자 한다. 이를 위해서 12세기부터 시기별로 동아시아 해역에서 「아웃로(Outlaw)」의 출현, 막부에서 추진한 「이국경고번역(異國警固番役)」과 「이국정벌(異國征伐)」, 해적금압령의 효과, 해양활동성이 확대된 「경인년(庚寅年) 왜구」, 이마가와 료슌(今川了俊)의 정치공작과 「해상 무사단」의 활동증가 등의 문제를 순차적으로 되짚어 보면서, 동아시아 교역질서의 역행자로서의 일본 해적과 왜구의 파행적 활동을 해역사 관점에서 파악하도록 하겠다.

2. 약탈자·교란자·아웃로(Outlaw)의 출현

일본사에서 해적의 활동에 관한 기록은 고대 나라(奈良)·헤이안(平安)시대부터 나타나기 시작하여, 중세 가마쿠라(鎌倉)·무로마치(室町)

시대에 들어와서도 계속되고 있으므로 일본열도에서 해양사의 흐름을
예측해 볼 수 있는 분명한 증거 자료이다. 이를테면 바다를 생업의
기반으로 삼고 삶을 영위해 나가는 '어민'이나 '해민', 그리고 소영주(小
領主) 이하 계층[4]과 이들의 행동양태를 예단하는 지표로 활용하는데
충분한 가치를 갖고 있다.

우선 고대 일본열도 세토(瀬戸)내해에서 활동하던 해적을 가장 잘
설명해 주는 자료는 『곤쟈쿠모노가타리슈(今昔物語集)』이다. 이 『곤쟈
쿠모노가타리슈』에는 항해하는 선박을 탈취하고 선적된 물품 약탈과
선원 살해 등의 해적행위를 자세히 묘사하고 있다.[5] 이를테면 일본
세토내해에서 항해하는 선박들을 대상으로 약탈과 살생을 일상으로
행하는 불법집단의 비인도적인 잔혹한 행동을 기술하고 있는 것이다.
여기에서는 해적으로 활동하는 자들을 '차인(侘人)'으로 규정하고 있는
데,[6] 이것은 가난으로 실의에 빠진 '어민'이나 '해민', 소영주 이하의
계층을 뜻하는 별칭으로 해석된다.

따라서 이들은 고대 말의 사회 불안에 따른 생활고를 해결하기 위해
서 항해하는 선박을 탈취하고 해안의 창고에서 식량의 도적질을 일삼
는 자들이었다. 이 시기의 해적의 행동은 세토내해의 지정학적 여건과

---

4) 토지를 기반으로 생활하면서도 부정기적으로 바다에 나가 활동하던 해안지역의
   주인(住人)를 비롯한 소영주까지도 포함하면서 지역연합체의 집단의식을 갖는
   자들을 일컫는 용어이다.
5) 『今昔物語集』 권24 제19 「播磨國陰陽師智德法師語」, '明石ノ前ノ沖ニシテ,
   海賊來テ船ノ物ヲ皆移シ取リ. 數人ヲ殺シテ去ニケリ. …(中略)… 「國ヨリ上
   ツルに, 此沖ニシテ, 昨日海賊ニ羅會テ. 船ノ物モ皆被取レ, 人モ被殺テ, 希有
   ノ命許ヲ生テ侍ル也」ト云ヘバ.'
6) 『今昔物語集』 권28 제15 「豊後講師 謀從鎮西上語」, '海賊ノ云ク. 「侘人ノ糧
   少シ申サムガ爲ニ參タル也」ト. 講師ノ云ク. 「此ノ船ニハ糧モ少シ有リ. 輕物モ
   人要ス許ノ物ハ少々有リ. 何ニマレ, 其達ノ御心ニ任ス…」'

도 밀접하게 관련되어 있었다. 그리고 약탈도 다분히 일상적인 삶을 영위하기 위한 생계수단과 더나아가 그 이상의 목적까지 가진 것으로 짐작된다. 그리고 점점 열악해지는 경제여건과 지역 상황을 호전시킬 수 없게 되자 스스로 약탈욕구를 통제하지 못하고 더욱 대범해져 가는 양상을 보여주고 있었다.

12세기에 접어들어 이들의 활동범위와 행동양식이 더욱 대범해지기 시작한다. 점차로 일본해역을 벗어나서 경계 밖으로 활동영역을 넓혀 나가는 것이다. 먼저 1152(仁平 2)년 규슈 히젠국(肥前國) 마쓰우라군(松浦郡) 고토(五島)열도 오지카시마(小値賀島)에서 예소직(預所職)을 갖고 있던 기요하라 고레카네(淸原是包)가 비법을 일삼아 백성을 도탄에 빠트리고 고려 선박을 탈취하였다는 이유로 그 직(職)을 박탈당하는 사건이 발생한다.[7] 고려 선박의 탈취 사건이 그가 직을 박탈당하는 이유인 점으로 보아서, 탈취된 고려 선박은 규슈의 다자이후(大宰府)를 오가는 무역선이거나 진봉(進奉)과 관련된 선박이었을 가능성이 충분하다. 따라서 고려선박의 탈취 행동은 일본 사료에 기록되어 있는 고려를 상대로 자행한 최초의 왜구 행위라고 보아도 무방하지 않을까 생각한다.[8] 본래 고토열도 내의 섬들은 견당선(遣唐船)이 중국으로 먼 항해를 떠날

---

7) 『靑方文書』 安貞 2년(1228) 3월 13일, '是包好狼藉, 致民煩, 依移高麗船, 仁平二年蒙御勘當, 被解却之刻'

8) 拙稿, 「동아시아 經濟 圈域에 있어서 약탈의 주역, 海賊과 왜구」『中國史硏究』 29, 2004, 151쪽 참조.
  『高麗史』 권10 세가 권10, 선종 10년(1093) 7월 계미조와 『高麗史節要』 권6, 선종 10년(1093) 7월조에는 연평도에서 송인 12인과 왜인 19인으로 구성된 해적이 승선해 있는 해선(海船) 1척을 나포한 것으로 기록하고 있다. 그러나 이 해선에 실려 있던 물품의 종류(수은, 진주, 유황, 법라)와 이들에 의한 약탈행위가 발생하지 않았던 점으로 미루어 보아, 이 선박은 상선이었을 가능성이 충분하다고 하겠다.

때 마지막으로 들르는 기항지로 자주 이용되었다. 이러한 지리적 특성 때문에 외국 선박의 왕래나 선적된 화물에 관한 정보가 넘쳐났을 것이다. 또한 송 상인의 생활 터전이 히라도시마(平戶島)[9]에 있는 것처럼, 고려와 중국의 최신 정보를 가장 빠르게 접할 수 있었고, 대륙에 대한 동경심이 강한 지역이었다. 아울러 중국을 왕래하는 선박의 잦은 입항과 외국인 거주가 자유롭게 보장된 국제화된 지역이었다.

이후에도 규슈 히젠국 마쓰우라군에서 나온 사료에서는 고려와 관련된 사건기록이 자주 등장한다. 그 첫 번째 기록은 1226년(嘉祿 2)『메이게쓰키(明月記)』기사에서 확인할 수 있다. 마쓰우라군을 중심으로 활동하는 마쓰우라당(松浦黨)의 한 무리가 수십 척의 병선을 이끌고 고려의 별도(別島)에 가서 민가를 습격하고 재물을 약탈하였다는[10] 내용이 그것이다. 여기에서 '마쓰우라(松浦)'라는 명칭은 규슈 히젠국 마쓰우라 4군(동·서·남·북)을 의미하며, '마쓰우라당'은 헤이안 말기부터 가마쿠라 초기에 마쓰우라군의 도서지역을 중심으로 활동하던「해상무사단」을 지칭하는 용어이다. 당시 일본 내에서는 마쓰우라 지역의 무사단을 '악당(惡黨)'의 경우와 마찬가지로 제삼자로부터 멸시의 의미로 '마쓰우라당(松浦黨)'이라 불르고 있었다.[11]

또 다시 마쓰우라 지역의 주인(住人)이 주동하여 바다를 건너 다시

---

9) 당시 히라도시마(平戶島)에는 송나라 출신의 상인 소씨(蘇氏)가 안정된 생활기반을 갖고 있었고, 그가 죽은 후에는 선박·수부·항해기술 등의 유산이 아들인 미나모토노 쓰라뉴(源連, 양아버지가 미나모토노 나오스(源直)이었음)에게 양여되었다(『靑方文書』安貞 2년(1228) 3월 13일).(拙稿, 「松浦黨 一揆의 再考」『史學志』30, 1997, 243쪽 참조).

10)『明月記』嘉祿 2년(1226) 10월 17일조, '高麗合戰一定云々, 鎭西凶黨等(號松浦黨), 構數十艘兵船, 行彼國之別嶋合戰, 滅亡民家, 掠取資財'.

11) 瀨野精一郎, 『鎭西御家人の研究』, 吉川弘文館, 1974, 459쪽 참조.

약탈을 자행하는데, 1232(貞永 원)년 히젠국 히카시마쓰우라군(東松浦郡) 가라쓰(唐津)에 위치한 가가미신사(鏡神社)의 주인들이 고려로 쳐들어가 재물을 약탈하는[12] 사건이 그것이다. 이것은 기존에 바다를 삶의 터전으로 삼고 있는 해상무사단의 활동이라기보다 가가미신사가 경영하는 영지 안에 살고 있는 주인들의 준동인 것이다. 따라서 해적 활동에 북 규슈 해안지역의 주인들이 가담할 정도로 해적의 구성원이 다양해지고 폭넓게 확대되고 있음을 확인할 수 있다.

이들의 약탈행위는 일본 내에서도 용납될 수 없는 불법적인 행위였다.『햐쿠렌쇼(百鍊抄)』에 따르면 1226년(嘉祿 2)에 다자이쇼니가 고려 사신의 면전에서 쓰시마의 「악당」 90인을 참수한 것으로 되어 있다.[13] 이는 다자이쇼니가 대(對)고려 관계를 고려하여 해적행위, 왜구활동을 강력하게 통제하고 있음을 보여주는 기록이다. 당시에 막부도 죠에이(貞永) 원년(1232) 공포한 「고세이바이시키모쿠(御成敗式目)」 제 3조와 제 11조에서 해적행위를 중죄로 다스리고 있었다.[14] 그런데 1263년(고려 원종 4) 왜구가 고려 공선(貢船)을 약탈한 사건이 발생하고 고려 사신이 다자이후로 건너가 추궁하였을 때, 다자이쇼니의 처리방식은 이전과 같은 범인 색출과 처단이 아니라 답례품의 회송이라는 비교적 간단한 절차로 사건을 마무리 짖고 있다.[15] 이 같은 해결방법의 변화는 다자이쇼니의 입장에서 색출이 어려울 정도로 왜구 세력의 근거지가 광범위하게 확장되었거나, 이미 가담자 몇 명만의 처형만으로는 그 근

---

12)『吾妻鏡』貞永 원년(1232) 윤9월 17일조.
13)『百鍊抄』安貞 원년(1227) 7월 21일조.
14)『中世法制史料集』「御成敗式目」 3·11조(貞永 원년(1232) 8월).
15)『高麗史』 권25 세가 권25, 원종 4년(1263) 2월 계유조 : 4월조 : 8월조(拙稿, 「一揆와 倭寇」『日本歷史硏究』10, 1999, 54~56쪽 참조).

절이 어려울 정도로 세력규모가 확대되었음을 의미하는 것이 아닐까? 위의 네 가지 왜구관련 사료에서 나타나는 약탈 행위는 마쓰우라 지역과 쓰시마 일대의 「해상 무사단」·주인(住人)·「악당(惡黨)」 등의 일본 해적세력이 해상경계를 넘어 동아시아세계를 무대로 본격적으로 활동하기 시작하는 약탈의 신호탄이었다.

그런데 일본 사료에서 동아시아 해역의 경계를 넘나드는 약탈 행위가 나타나는 시점에서 고려에서도 왜구의 약탈 사건기록이 나타난다. 『고려사』에서는 왜구가 1223(고종 10)년 왜구의 금주(金州) 침입을 시작으로 1225(고종 12)년에는 경상도 연해에 침입했다는 기사가 보인다. 또 다시 1226(고종 13)년에는 경상도 연해의 주군(州郡)을 침입하고 1227(고종 14)년에는 금주와 웅신현(熊神縣)에 출현하면서,[16] 이후에도 계속해서 왜구 활동이 확대되는 상황을 잘 기록하고 있다.

이 처럼 일본 사료인 『메이게쓰키』·『아즈마카가미(吾妻鏡)』·『햐쿠렌쇼』의 기록에서 마쓰우라 지역과 쓰시마의 「해상 무사단」·주인·「악당」들이 약탈을 시작하는 시점과, 고려 사료인 『고려사』의 기록에서 왜구가 출현하는 시점이 거의 일치하는 이유는 무엇인가. 단순한 우연이라고 간과할 수 있는 문제가 아니다. 여기에서 분명한 것은 양국의 기록은 동일한 사건을 묘사했다는 점이다. 이 두 사건 기록은 「죠큐(承久)의 난(1221)」에서 패한 공가(公家)측의 서국의 무사들이 토지를 몰수당하고 생존의 위기에 봉착하면서 새로운 삶을 찾아 세토내해에서 「해상 무사단」을 이끌고 동아시아 해역의 경계를 넘는 해적활동의 확대와 동일선상에서 파악해야 할 것이다.

---

16) 『高麗史』 권22 세가 권22, 고종 10년(1223) 5월 : 12년(1225) 4월 : 13년(1226) 정월 : 14년(1227) 4·5월.

종합해 보면, 일본의 「해상 무사단」·주인·「악당」 등의 일부가 고
려를 대상으로 활동하는 약탈자로 변신한 것이다. 이들은 동아시아 해
역이라는 무대에서 생존전략으로 약탈을 행하고 부(富)를 취하면서,
「동아시아의 해상 약탈자」 또는 「동아시아 국제질서의 교란자」라는
이미지에 걸 맞는 왜구로 대변신을 시도한 것이다.[17] 즉 세토내해에서
의 존재행태를 그대로 확대시켜서 「동아시아 해역의 아웃로(Outlaw)」[18]
라는 별명에 걸맞게 약탈과 살상의 불법행동을 펼쳐 나갔던 것이다.

3. 「이국정벌」과 해적금지 효과

13세기 중반에 접어들면서 동북아시아의 국제정세에 커다란 변화가
일어난다. 대제국 건설에 매진하던 몽골이 금(金)을 멸하고, 고려를 복
속시킨 다음 자신들의 의도대로 바다건너 일본열도까지도 지배하려는
의도로서 일본 초유의 사신을 파견하는 일련의 사건진행이 그것이다.
실제로 1266년부터 1274년 1차 일본 원정 때까지 모두 여섯 차례에
걸친 적극적인 일본 초유의 사신 파견이 이것을 잘 입증해 주고 있다.[19]
여섯 차례의 사신 파견 중에서 막부에 전달된 네 차례의 일본 초유의
첩장내용은 일본침입을 위협하는 것이었다기보다 명분론적으로 복속

---

17) 拙稿, 「동아시아 經濟 圈域에 있어서 약탈의 주역, 海賊과 왜구」, 160쪽.
18) 원어에는 무법자, 법외자, 반역자 등의 의미가 있다. 본고에서는 '일본 해적'의
    의미에 활동영역을 더 연장시켜서 '동아시아 해역에서 질서를 왜곡시키고 불법
    적 행위를 자행하는 자'라는 의미와 동일선상에서 「동아시아 해역의 이웃로
    (Outlaw)」라고 명명하였다.
19) 1266.11의 첫 번째 사신은 일본에 도착하지 못하였고, 이후 1268.1, 1269.3,
    1269.9, 1271.9, 1273.3 모두 5차례에 걸쳐서 일본 초유의 사신이 파견되었다.

을 유도하는 수준에 불과하였다. 그러나 몽골의 일본 초유에 대한 막부의 처세는 대의명분에 입각하여 융통성이 결여된 대응전략 일색이었다. 이러한 막부의 외교전략은 국제정세를 정확히 인식하지 못하는 「무능한 대처」였고, 오히려 내부적으로 일본의 「대외위기」를 조장해 가면서 일본 전체의 지배권 강화에 관심을 집중하고 있었다. 즉 마지막까지 몽골에게 반첩을 보내지 않고 강경한 대응을 고수하면서, 조정과의 외교권 싸움에서 주도권을 장악하려는 미숙성한 대외 대응전략으로 일관했던 것이다.

더욱이 1271년 5월 고려 삼별초의 거점인 진도가 여·몽 연합군의 공격에 의해 함락되기 직전에 삼별초의 첩장이 막부에 전달되었다. 이때 막부가 접한 내용에는 몽골이 일본을 공격해 올 것이라는 사실, 식량지원을 요청하는 것, 병력의 도움 요청 등을 통해서 일본과의 연대투쟁을 호소하는 내용이었다. 바꾸어 말하면, 고려에서 전개된 삼별초의 대몽항거가 1270년 6월부터 1273년 4월까지 전개되는 동안 가마쿠라 막부에게 몽골의 위협을 해결할 수 있는 군사적 연대와 시간적 여유를 제공하였던 것이다.[20] 그럼에도 불구하고 막부는 삼별초 첩장의 내용을 정확하게 파악하지도 못하였고, 자신들에게 유리하게끔 대응전략을 세우지도 못하는 등의 동아시아 정세의 국제적 감각이 뒤 떨어졌음을 보여주는 미숙한 처리 일변도였다.

오히려 막부는 몽골 사신 조양필(趙良弼)이 세 번째(총 제5회 사신) 사신으로 다자이후를 다녀간 1개월 후인 1272년 2월부터 규슈 연안의 경비태세를 더욱 강화하는 「이국경고번역(異國警固番役)」을 공포하고, 규슈지방에 소령을 가지고 있는 동국의 고케닌(御家人)들에게 본인 또

---

20) 拙稿, 「中世 日本의 麗·蒙 위기론」『文化史學』23, 2005, 42~43쪽 참조.

는 대관(代官)을 규슈로 내려 보내도록 명령하고 있다.21) 그런데 1274년 10월 신무기와 집단 전술로 무장한 여·몽 원정군이 하카타만(博多灣)에 상륙하였을 때, 폭풍으로 불리한 전황을 반전시킴으로써 극적으로 침입을 막아냈다.

자신감을 갖게 된 막부는 오히려 「이국정벌(異國征伐)」이라는 반격 명령을 고케닌들에게 지시하고, 규슈와 산인도(山陰道)·산요도(山陽道)·난카이도(南海道) 등의 본소일원지(本所一圓地)에서 선원들을 차출하여 다음 해(1276) 3월까지 하카타에 집결시키도록 명령하였다.22) 물론 이 「이국정벌」은 고려 공략을 목표로 하는 대반격 계획이었다. 그러나 다음 해에 기대와 달리 고케닌들의 참여가 소극적이어서 본격적으로 추진되지 못하였다. 실제적으로 「이국정벌」의 참여 대신에 하카타에서 석축(=石壘)을 쌓는 일에 동원하였기 때문에, 다음 해부터 북 규슈전 지역에 걸쳐서 대규모 토목공사가 진행되었다.

계속해서 1281년에 여·몽 원정군의 두 번째 침입이 있었지만, 막부는 첫 번째 침입 때와 마찬가지로 태풍으로 무사히 위기를 넘길 수 있었다. 두 번째 침입을 막아낸 다음 1281년 8월에도 규슈의 고케닌들에게 다시 「이국정벌」 명령을 내리고 있다.23) 그러나 1275년의 「이국정벌」 명령과 마찬가지로 실행된 흔적을 찾아볼 수가 없었다.

결론적으로 두 차례에 걸쳐 여·몽 원정군의 공격을 막아낸 막부가 보복과 반격의 차원에서 「이국정벌」을 계획하였지만, 이 계획은 실제

---

21) 「追加法」 447조.
22) 「追加法」473조 : 『東寺百合文書』 建治 원년(1275) 12월 8일(『鎌倉遺文』 <12170>).
23) 『東大寺文書』 弘安 4년(1281) 8월 16일(『鎌倉遺文』<14422>). '可被征伐高麗之由 自關東其沙汰候歟. 少貳乎大友乎爲大將軍 三ヶ國御家人 悉被催立 幷大和·山城惡徒五十六人 今月中可向鎭西之由 其沙汰候 …(하략)…'.

적으로 일본 국내의 위기를 극복하기 위해서만 유효한 전략이었지 실현 가능성이 희박한 계획이었다. 오히려 부족한 은상에 대한 고케닌의 불만과 지나친 경제 부담으로 야기되는 체제의 동요를 극복하려는「자기방어의 논리」차원에서 취한 정책에 불과하였다.[24]

한편 막부의 입장에서는 몽골 침입에 대한「위기의식」을 이용해서 긴장감을 유지하며「이국경고번역」을 지속시켜 나갈 필요성이 있었다. 따라서 1294년에 몽골의 세조가 죽고 여·몽 원정군의 위협이 무산되었음에도 1272년에 공포되었던「이국경고번역」을 유효한 명령으로 유지해 나갔다. 특히 석축의 부분적인 수리라든가 북 규슈 해안지역에서 연장공사가 가마쿠라 막부가 멸망할 때까지 계속된 것을 보더라도 이같은 사실을 잘 반영하다고 하겠다.

〈표1〉『고려사』에 기록된 왜구의 출몰 빈도 수[25]

		西紀	A	B	C			西紀	A	B	C
高 宗	10	1223	1	1	1	忠定王	2	1350	7	6	6
	12	1225	1	3	1		3	1351	4	3	4
	13	1226	2	2	3(2)	恭愍王	1	1352	8	12	7
	14	1227	2	1	2		3	1354	1	1	1
元 宗	4	1263	1	1	1		4	1355	2	2	2
	6	1265	1	1	1		6	1357	4	3	4
忠烈王	6	1280	1	1	1		7	1358	10	10	6
	16	1290	1	1	1		8	1359	4	5	4
忠肅王	10	1323	2	2	2		9	1360	8	5	5

---

24) 拙稿,「中世 日本의 麗·蒙 위기론」, 52쪽 참조.

25) A는 羅鐘宇의 통계(羅鍾宇,『韓國中世對日交涉史研究』, 원광대학교 출판국, 1996, 126쪽). B는 田村洋幸의 통계(田村洋幸,『中世日朝貿易の研究』, 三和書房, 1967, 36~37쪽). C는 田中健夫의 통계(田中健夫,『倭寇と勘合貿易』, 至文堂, 1961)( )는『中世海外交涉史の研究』, 東京大學出版會, 1957, 4쪽의 수정한 통계),(拙稿,「一揆와 倭寇」『日本歷史研究』10, 1999, 73쪽 <표 3> 참조).

한편 여·몽 원정군의 두 차례의 일본 공격이 있은 이후, 규슈의 재지무사들의 고려에 대해서 적개심과 복수심은 충분히 짐작하고도 남는다. 그런데 기존의 연구사에서 이것을 근거로 고려의 왜구 출몰이 「이국정벌」과 밀접하게 관련되어 있고,26) 「분에이의 역」 이후에 왜구의 규모와 구성이 현저하게 강화되었다고27) 보는 다무라(田村)의 연구가 있다. 그러나 <표1>에서 보는 바와 같이 1265년 이후부터 1350년의 「경인년 왜구」 때까지 약 80여 년간 여·몽 원정군의 두 차례 일본 침입이 있었음에도 불구하고, 1280년과 1290년에 각각 1회와 1323년 2회로서 모두 4회의 왜구 출몰만이 기록되어 있을 뿐이다.28) 이전과 비교하여 여·몽 원정군의 일본 침입 때문에 고려에 왜구 출몰이 잦아졌다고 볼 수 있는 횟수는 결코 아니다.

따라서 고려의 왜구 출현과 적개심이 불타는 「이국정벌」론을 관련지어 단정적으로 결론을 내리는 것은 부적절한 논리라고 판단된다. 반대로 1272년에 공포되어 1323년까지 지속된 「이국경고번역」과 「이국정벌」 그 자체가 수많은 고케닌들을 규슈지역에 장기간 전시체제로 동원함으로써, 오히려 고려에 왜구 출몰을 지연시키거나 자제시켰다고 보는 논리는 어떨까.

아울러 1323년에 전라도 지역에서 100여 명의 왜구가 참수된 사건과 「경인년 왜구」를 왜구의 규모와 구성 강화의 근거로 삼는다면, 오히려

---

26) 中村榮孝, 『日朝關係史の硏究』上 95쪽 참조.
27) 田村洋幸, 『中世日朝貿易の硏究』, 24쪽 참조.
28) 1280년에는 왜적이 고성 칠포와 합포에 들어와 어부를 붙잡아 간 사건과 1290년에는 왜가 변방에 침입한 사실을 元에 보고한 내용이 보인다. 또 1323년에는 왜구가 군산도 앞에서 조운선을 약탈하고 추자에 침입하여 사람을 잡아가는 송기(宋頎)가 전라도에서 왜구와 싸워 100여명의 목을 벤 사건이 발생했을 따름이다.

다음과 같은 또 다른 논리의 전개가 가능하지 않을까. 예를 들면 이전에 두 차례 여·몽 원정군의 일본침입으로 일본의 「해상 무사단」·주인·「악당」 등의 여러 세력은 고려의 강한 군사력을 몸소 경험하였다. 따라서 약탈을 목적으로 고려에 침입하는 일본의 다양한 해상세력은 자신들의 조직을 더욱 체계화하고 대규모화해서 고려군과의 군사적인 충돌에 대비하는 새로운 고려 공략방법을 구상해야 했을 것이다. 따라서 왜구의 규모 확대와 구성의 강화는 현실을 충분히 반영한 약탈 전략의 수정에 따른 결과였다고 결론 짓는 것이 더욱 설득력을 가질 것이다.

결론적으로 두 차례 여·몽 원정군의 침입과 관련한 「이국정벌」의 불타는 적개심이 고려에 대해서 노략질을 부축인 것도 아니고, 왜구 규모와 구성을 강화시킨 것도 아니다. 오히려 여·몽 원정군의 일본침입 때에 경험했던 고려의 강한 군사력에 대한 경외심이 고려 약탈 시에 소규모의 왜구 약탈을 자제시켰다. 더 나아가 왜구 규모의 확대와 인적 구성의 강화는 일본 해적들이 자신들의 방어를 위해서 필요하다고 느낀 경험적 판단에서 터득한 전략이었다.

4. 「간노죠란」과 해양 활동성의 확대

가마쿠라막부가 멸망한 후 아시카가 다카우지(足利尊氏)는 고다이고 (後醍醐)천황의 겐무(建武)신정에 반기를 든 후 거병에 실패하여 규슈로 피신한다. 그리고 전열을 재정비하여 1336(建武 3)년 교토로 되돌아와 고묘(光明)천황을 세우면서, 요시노(吉野)로 피신한 고다이고천황(남조) 과 교토의 아시카가 다카우지(북조, =고묘천황)가 대결하는 남북조내란이 본격적으로 시작되었다. 초기에 무로마치막부의 지지를 받는 교토의 북조가 강력한 군사력을 바탕으로 남조를 쉽게 제압할 것 같았다. 그러나 막부 안에서 장군 아시카가 다카우지와 그의 동생 아시카가 다다요시(足利直義)가 대결하는 「간노죠란(觀應擾亂)」이라는 내홍이 시작되면서, 남북조의 긴장감 넘치는 대립은 좀처럼 진정되지 않았다.

전 일본열도를 혼란에 빠트린 간노죠란의 진행과정에서, 먼저 장군 아시카가 다카우지의 집사인 고노모로 나오(高師直)의 습격을 받은 아시카가 다다후유(足利直冬, 다다요시의 양아들)가 1349(貞和 5)년 9월에 규슈로 피신해 내려온다. 다다후유는 규슈의 재지무사들에게 「군세최촉장(軍勢催促狀)」을 발부하면서 '교토로부터 명령에 따라서…'29), 혹은 '두 분(兩殿)의 뜻을 받들기 위해서…'30)라는 문구를 사용하여 규슈로 피신해 온 자신의 행위에 정당성을 부여했다. 본래 규슈에 자신의 지지기반이 없다는 약점을 드러내지 않기 위해서 서로 상극관계에 있는 생부인 다카우지와 양부인 다다요시, 두 사람의 권위를 적절히 이용하는 융통성까지 발휘한 것이다.

더 나아가 장군 고유의 권한에 속하는 「이서 안도장(裏書 安堵狀)」과 은상(恩賞) 급여에 관련된 「완행장(宛行狀)」을 적극적으로 발급하고, 히젠국의 슈고까지 임명해 가면서 규슈의 재지무사들을 자신의 편으로 적극적으로 규합해 나갔다. 이런 방법은 장군의 명령을 받고 그 권한을 대행하는 듯한 인상을 재지무사들에게 심어주면서, 규슈에서 자신의

---

29) 『志岐文書』貞和 5년(1349) 9월 16일 (『南北朝遺文』九州編 3卷, <2623>) : 『阿蘇文書』貞和 5년(1349) 9월 18일 (『南北朝遺文』九州編 3권, <2626>).
30) 『周防吉川家文書』 貞和 5年(1349) 11月 19日 (『南北朝遺文』九州編 3권, <2657>), "爲奉息兩殿御意, 所打入也, 急速厚東周防權守(武藤)令同心合力, 可致忠節之狀如件".

지지세력을 확대시켜가는 성공비결이었다.

　이러한 그의 적극적인 활동은 자신의 세력기반이 거의 전무하고 규슈가 북조 측과 남조 측으로 양분되어 있는 상황에서 빠르게 독자적인 세력을 확보해 가는데 효과적이었다. 이 때문에 '국(國)이 모두 셋으로 나뉘어져서 온 세상에 쟁란이 끊이질 않는다.'[31]라고 표현할 정도로 규슈의 재지무사들이 남조·북조·다다후유 측으로 나뉘어서 서로 대립하는 상황이 연출되었다.

　당시 자신의 소령을 안전하게 보전해야만 했던 재지무사들의 입장에서는 어느 편인가에 가담해야만 했고, 정세가 변화할 때 마다 시기적절하게 다다후유의 편에서 군충을 하거나, 때로는 북조 혹은 남조 측을 번갈아 가며 가담하는 유동성을 가질 수밖에 없었다. 이 과정에서 재지무사들은 일족 내부에서 부자·형제 사이에서도 지지하는 세력을 달리하는 일족분열 양상을 보이기도 하였다. 결국 지지세력 확보를 위한 다다후유의 정치공작 때문에 무사들 상호간의 분열은 물론 심지어는 일족 내부의 골육상쟁이라는 부작용까지 낳고 말았다. 그리고 다다후유가 규슈를 떠난 후에도 계속해서 북조 측의 쇼니씨, 또는 남조 측의 가네요시친왕(懷良親王)의 요청에 따라 군사행동에 보조를 맞춰야 하는 운명의 굴레에서 좀처럼 벗어날 수가 없었다.

　특히 마쓰우라지방의 마쓰유라씨 일족 내부에서도 이러한 양상이 확연하게 연출되었고, 일족 의식의 와해라는 상황까지 연출되고 있었다. 이러한 양상은 권력 측의 요구 또는 재지무사들의 자발적인 행동에서 나타나는 필연적인 결과였다. 예를 들어 마쓰우라지방의 소영주들

---

31) 『太平記』 28권, 「太宰少貳奉塔直冬事」 '是ニ依テ宮方, 將軍方, 兵衛佐殿方トテ国々三ニ分レシカバ, 世中ノ忩劇彌無休時'.

이 상호 해적질을 일삼는 극단인 예가 있다. 1354년(正平 9) 마쓰우라 아오카타노 시케루(松浦靑方重)와 마쓰우라 간자키 노(松浦神崎能)가 선박에 실렸던 곡식을 약탈하였기 때문에, 이에 대해서 도쿠 히사시(篤尙)와 히라쿠(披)가 서로 잇키(一揆)를 조직하여 소송을 제기하고 있다.[32] 여기에서 선박의 곡식을 약탈하는 독단적인 행동은 해적 행위임에 분명하다. 이는 당시 마쓰우라씨 내부의 일족의식이 와해된 상황에서 필연적으로 나타날 수밖에 없는 사건이며, 이후에도 어디에서나 발생 가능한 불법행위였다. 이러한 소영주들의 해적 활동은 고려의 경인년 왜구와 연결선상에서 파악할 수 있는 것이 아닌가 생각한다.[33]

한편 마쓰우라 지방을 중심으로 육지에서의 소령안도(所領安堵)와 마찬가지로 바다의 경계와 어업권의 확보를 둘러싼 분쟁으로 점차 확대되어 나갔다. 1344년(康永 3년) 해상에서 아지로(網代)어업권을 둘러싸고 소송이 제기되는데,[34] 이 소송은 어업권 분쟁이 발생하자 「치문(置文)」 형식의 계약을 통해서 아지로어업권을 확보하려는 적극적인 대응활동의 한 예이다.

이러한 경향은 다다후유(直冬)가 규슈에 내려온 이후 재지의 혼란이 가중되면서 더욱 가열되는 양상이었다. 1352년(觀應 3년) 해상의 어업권과 관련해서 작성한 「마쓰우라리 계약장(松浦理 契約狀)」[35]에서는 마쓰우라씨와 아오카타씨(靑方氏)가 합의하에 앞으로 상호마찰이 없도록 해안과 바다의 경계를 구분하고 있다. 이 계약이 성립한 시기는 다다후유가 규슈에 내려와 천하삼분(天下三分)의 상황이 전개되던 막바지 시

---

32) 『靑方文書』 正平九年 ? (1354) 5월 3일 (『南北朝遺文』 九州編 3권 <3676>).
33) 拙稿, 「一揆와 왜구」, 65쪽 참조.
34) 『靑方文書』 康永 3년(1344) 卯월 1일 (『南北朝遺文』 九州編 권 <2006>).
35) 『靑方文書』 觀應 3年(1352) 10月 25日 (『南北朝遺文』 九州編 3권 <3478>).

기였다. 이 시기에 이미 소영주들의 성장과 더불어 이들의 해양 활동성
이 이전 시대와 비교하여 더욱 활발해지고 있음을 시사한다.

이상과 같이 소영주 입장에서 바다 어업권은 남조 · 북조 · 다다후유
등 어느 누구에게나 군충 없이도 삶의 터전으로 확보 가능한 미개척지
나 다름없었다. 그리고 해양 활동성의 유지는 생존권의 사수라는 대명
제 하에서 절실한 선택이었다. 반면에 어업권에서 소외된 부류들은 생
존권을 보장받기 위해서 동아시아 해역을 향해서 멀리 항해를 떠나게
되었다. 결국 바다를 지향하는 이들의 해상 활동성이 경인년 이후 고려
의 왜구로 대변신했을 가능성은 배제할 수 없다.[36] 이것은 가(家)를 보
전해야 하는 절박한 상황에서 선택한 자력구제책(自力救濟策)이며 생존
전략이었다.

결과적으로 혼란과 생존의 선택 과정에서 유동적인 성격을 갖고 있
는 약소 무사들은 동아시아 해역의 경계를 넘어 광활한 미개척지를
대상으로 약탈의 길을 모색하게 되었다. 그 결과가 <표1>과 같이
1350년 이후에 갑자기 증가하는 왜구의 출몰 빈도수와 일맥상통하는
것이 아닐까. 이를테면 어업권에서 소외된 해안가의 「해상 무사단」이
군사적 활동과 약탈의 대상지를 고려로 선택하면서, 이들에 의한 원거
리 약탈활동이 『고려사』에 '경인년 이후 왜구'로 기록된 것이다.

5. 이마가와 료슌의 정치공작과 「해양무사단」의 증가

이제까지 고려에서 왜구의 출현이 「동아시아 해역의 아웃로」의 탄생

---

36) 拙稿, 「一揆와 왜구」, 69쪽 참조.

과 깊이 연관되어 있으며, '경인년 이후 왜구'도 「간노죠란」의 대혼란
에 따른 해상 무사단의 해양 활동성과 밀접하게 관련되어 있었다고
분석하였다. 그렇다면 본 장에서는 1370년대 고려에서 가히 폭발적으
로 증가하는 왜구가 어디에 연유하는가 하는 문제에 초점을 맞추어
접근해 보도록 하겠다.

1352년(文和 원년) 11월 아시카가 다다후유(足利直冬)가 나가토(長門)
로 떠난 후에 규슈의 정세는 대체로 북조와 남조 측으로 양분되어 있었
다. 전통적으로 북조가 장악했던 규슈탄다이(九州探題)는 잇시키 도유
(一色道猷＝一色範氏)가 그 자리를 지키고 있었지만 1355(文和 4)년 단다
이직을 그만두고 떠났고, 1361(正平 16)년 남조의 가네요시친왕(懷良親
王)이 다자이후를 점령함으로서 공석으로 남게 되었다. 결국 가네요시
친왕이 이끄는 남조 세력이 규슈지역에서 12년간의 전성시대를 맞이하
게 되면서, <표 1><표 2>에서 처럼 경인년(1350) 왜구의 출현 빈도수
와 대동소이한 상태를 유지하고 있었다.

그런데 1368년(應安 원년) 3대 장군에 오른 아시카가 요시미쓰(足利義
滿)는 실제로 공석상태에 있던 규슈탄다이의 자리에 최상의 적임자를
선임해야 했다. 그 결과 1370(應安 3)년 6월 간레이(管領) 호소카와 요리
유키(細川賴之)의 적극적인 추천으로 이마가와 료슌(今川了俊＝今川貞
世)이 규슈탄다이로 새롭게 임명되었고, 유일하게 규슈지역에서만 활
략하고 있는 남조세력을 제압하는 임무를 떠맡게 되었다.

먼저 료슌(了俊)은 남조세력이 장악하고 있는 북규슈 지역을 성공적
으로 탈환하기 위해서 상륙에 앞서 자신의 아들 이마가와 요시노리(今
川義範)와 동생 이마가와 나카아키(今川仲秋, ＝今川賴泰)를 규슈에 파견
하여 히젠국 마쓰우라지역의 재지무사 세력을 규합하도록 지시하였다.

그리고 1371년 12월에 부젠국(豊前國)으로 직접 내려가서 이곳을「단다이(探題)의 분국(分國)」으로 삼은 후,[37] 이것을 기반으로 1372년(應安 5) 8월 다자이후를 탈환하는데 성공하였다.[38] 마침내 1374년(應安 7) 10월 남조를 히코(肥後)의 기쿠치(菊池)로 패퇴시키는데 성공하면서[39] 히고국(肥後國)도「단다이의 분국」으로 삼아 버렸다.[40] 결국 그는 규슈에서 자의적으로 경제적 기반을 확보하고 독자적이고 강력한 전제권력을 지향하면서 지역권력체로의 전환을 시도하고 있었다. 이러한 규슈에서의 료슌의 과도한 야망은 치쿠젠국(筑前國)에서 쇼니 후유쓰케(少貳 冬資)의 권력 복귀 시도와 충돌하는 상황을 연출시켰다.

본래 전통적으로 가마쿠라시대부터 다자이후가 위치한 치쿠젠국과 부젠국·히고국의 슈고직은 쇼니씨가 담당하고 있었다. 남북조내란 초기에 쇼니 요리히사(少貳賴尙, 冬資의 父)가 치쿠젠국의 슈고로 있으면서 스스로 규슈의 지배자가 되고자 강한 의욕을 가지고 활략하고 있었다. 요리히사는 규슈탄다이인 잇시키씨가 규슈를 떠난 후 아들 후유쓰케(冬資)에게 치쿠젠국의 슈고직을 물려주었고, 1367년(貞治 6) 10월부터는 상경하여 무로마치막부의 2대 장군 아시카가 요시아키라(足利義詮)의 규슈 경영 계획에 영향력을 행사하면서 막부와 친밀한 관계를 유지하고 있었다.

---

37) 山口隼正, 『南北朝期九州守護の研究』, 文獻出版, 1989, 130쪽 참조
38) 『入江文書』應安 8년(1375) 일(『南北朝遺文』九州編 5권 <5171>) '至于同八月十二日宰府凶徒沒落之期').
39) 『阿蘇文書』應安 7년(1374) 12월 晦日(『南北朝遺文』九州編 5권 <5157>) '去十月十七日注進狀 披露訖 菊池以下凶徒 高良山沒落事' : 川添昭二, 『今川了俊』, 吉川弘文館, 10쪽6 참조.
40) 『阿蘇文書』應安 7년(1374)) 10월 7일(『南北朝遺文』九州編 5권 <5134>) '一. 肥後國事 先年守護御拝領候しかとも 今度九州の國國守護人とも多分あらだめられ候之間當國事も探題の分國ニなされ候て拝領して拝領して候を…(下略)').

그의 아들 쇼니 후유쓰케(少貳冬資)는 치쿠젠국의 슈고직을 물려받은 다음에 1359년(延文 4)부터 막부 측에서 활동하고 있었다. 그런데 1361년(正平 16) 8월 가네요시친왕(懷良親王)에게 치쿠젠의 다자이후를 점령당하자 이후부터 교토에 올라가서 치쿠젠국의 지배를 등한시하였다. 결국 규슈에서 단다이의 전제권력화를 계획하던 이마가와 료슌에게 규슈 지배의 기회를 넘겨주는 결정적인 빌미를 제공하였던 것이다. 다시 1370년(應安 3) 규슈로 돌아와 쇼니씨(少貳氏)의 부활을 시도는 후유쓰케의 정치활동은 료슌의 정치적 야망에 최대 걸림돌이 될 수밖에 없었다. 결국 과거의 규슈탄다이-쇼니씨의 대결 구도가 이마가와 료슌-쇼니 후유쓰케로 바뀌었어도 변함없이 지속되었던 것이다.[41]

마침내 료슌이 1375년(永和 원년) 8월 남조의 가네요시친왕과 히고국의 미즈시마(水島)에서 교전을 벌릴 때. 정적과 다름없는 쇼니 후유쓰케를 미즈시마 진영으로 유인해서 암살하고[42] 치쿠젠국 마저도 「단다이의 분국」으로 삼아버렸다. 결과적으로 이 같은 상황 연출은 부젠국·히고국을 시작으로 치쿠젠국·오오스미국(大隅國)·사쓰마국(薩摩國) 등을 모두 「단다이의 분국」화하여 규슈에서 전제권력체를 구축하려는 료슌의 정치공작에 기인한 것이었다.

후유쓰케를 살해한 규슈탄다이 이마가와 료슌의 행위는 누구도 예상하지 못한 돌출 행동이었다. 료슌은 곧 바로 사태 수습에 나서게 되는

41) 拙稿,「少貳冬資와 倭寇의 일고찰」『日本歷史硏究』13, 2001, 67~68쪽 참조.
42) 『阿蘇文書』(永和 원년)(1375) 7월 13일(『南北朝遺文』九州編 5권 <5211>) '十三日卯時 菊池·水島原二陳ヲ取候了 於今者菊池勢一モ人不可出候 …(下略)') : 『花營三代記』應安 8년(1375) 9월 14일조 '九月十四日. 去八月卄六日午剋 御肥後國軍陣 太宰府少貳冬資 爲探題今川伊與入道被誅之由 使者到來' : 『薩藩舊記』前篇 권28 永和 원년(1375) 8월조 '八月十一日 了俊會 公於水島 少貳冬資不來會 了俊使 公徵之 冬資乃來 二十六日 了俊令賊殺冬資於水島'.

데, 「남 규슈 국인(國人) 잇키(一揆)」의 성립에 능동적으로 대응하면서 장군에게 충성을 다하면 가(家)가 보전되고 무사로서의 체면도 세우며 난세에 종지부를 찍을 수 있다고 설득하는 「서장(書狀)」을 끊임없이 재지무사에게 보내는 적극적인 자세를 보여주었다.43) 또 왜구의 근거 지인 히젠국 마쓰우라 지방에서 하타씨(波多氏) 한 사람이라도 변심(心 替り)하는 일이 없어야 한다는 「서장」을 전달하고 있다.44) 이것은 재지 세력의 이탈을 막기 위해서 필사적으로 노력하는 료순의 정치공작의 좋은 예시이다. 반면에 료순의 초기 정치공작이 규슈의 슈고세력과 재 지세력에게 정치적 심리적 불안감을 안겨주어, 오히려 재지를 이탈한 「반(反)단다이 세력」과 「해상 무사단」을 양산시켰음을 인정하는 반증 이기도 하다.

〈표2〉『고려사』에 기록된 왜구의 출몰 빈도 수45)

	西紀	A	B	C		西紀	A	B	C
恭愍王 9	1360	8	5	5	17	1368	0	0	0
10	1361	10	4	3	18	1369	2	2	1
11	1362	1	2	1	19	1370	2	2	2
12	1363	2	2	1	20	1371	4	4	1
13	1364	11	12	8(10)	21	1372	19	11	10
14	1365	5	3	5 (3)	22	1373	6	7	3
15	1366	3	3	0	23	1374	12	13	10(11)
16	1367	1	1	0	禑 王 1	1375	10	16	11 (7)

43) 拙稿, 「今川了俊과 「南九州 國人 一揆」의 성립 배경」『문화사학』19, 2003, 251 쪽 참조.
44) 『阿蘇文書』(永和 2년(1376)) 1월 23일(『南北朝遺文』九州編 5권 <5266>) '一. 松浦浦事ハ波多一人心替候間煩なく候 …(下略)'.
45) 주)24 참조.

	西紀	A	B	C		西紀	A	B	C
2	1376	46	20	39(12)	10	1384	19	16	20(12)
3	1377	52	42	54(29)	11	1385	13	16	12(12)
4	1378	48	29	48(22)	13	1387	7	5	7 (4)
5	1379	29	23	37(15)	14	1388	20	17	14(11)
6	1380	40	21	40(17)	昌　王 1	1389	5	11	5
7	1381	21	19	26(19)	恭讓王 2	1390	6	2	1
8	1382	23	14	23(12)	3	1391	1	1	2
9	1383	50	28	47(24)	4	1392	1	2	1

그리고 규슈내의 정치적 혼란과 재지세력의 재편이 외부적으로는 <표2>에서와 같이 이웃한 고려에도 크게 영향을 미쳤다. 1371년(應安 4) 12월 료슌이 규슈탄다이로 내려온 다음부터 왜구의 출몰이 점차 잦아지기 시작하기 때문이다. 게다가 1375(永和 원)년 8월 26일 쇼니 후유쓰케가 피살된 다음 해부터는 왜구의 출몰이 가히 폭발적으로 늘어나고 있는 것이다. 이는 고려의 왜구가 규슈의 정치적 혼란과 긴밀하게 연결되어 있음을 시사하는 증거이기도 하다.

1378년 6월 이마가와 료슌이 승려 신홍(信弘)에게 69명의 군사를 주어 체포케 하였던 왜구와[46] 같은 해 11월에 하카타(覇家臺=하카타)의 사절로 와서 울주(蔚州)에 정박하였다가 신홍의 위협에 도망친 왜인,[47] 히젠국의, 다카기씨(高來氏)와 히고국(肥後國)의 아마쿠사씨(天草氏)와 같은 해적집단과[48] 1381년(永德 원년) 8월 고려에 건너가 해적질을 일삼

---

46) 『高麗史』列傳 卷46, 辛禑 4년(1378) 6월조 '日本규슈節度使源료슌 使僧信弘 率其軍六十九人 來捕倭賊'.

47) 『高麗史』列傳 卷46, 辛禑 4년(1378) 11월조 '覇家臺倭使 來泊蔚州 信弘言 彼若見我 必歸告其國 遂給曰 高麗將拘汝 使懼逃歸'.

48) 『禰寢文書』(康曆 2년(1380)) 6월 14일(『南北朝遺文』九州編 5권 <5605>) '一. いかにと其邊にもきこを候ハん, 治部少輔殿, 大將として高來・天草を四國海

던 '악당인(惡黨人)',[49] 등에서 등장하는 이들이 바로 「반(反)단다이 세력」이며 다루기 예민한 「해상 무사단」세력이었고 볼 수 있다. 그리고 이들은 언제든지 자신들의 필요에 따라 자의적으로 단다이 권력에서 이탈해서 동아시아 해역으로 해상약탈자로 나설 수 있는 세력집단이었다.

결과적으로 규슈탄다이 이마가와 료슌이 주도했던 쇼니 후유쓰케의 피살과 「단다이의 분국」화(化) 과정 속에서 발생된 규슈세력의 재편은 내부적으로는 「재지이탈 세력」과 「해상 무사단」세력을 양산하였고, 외부적으로는 고려에까지 그 영향을 미쳐서 왜구를 급격히 증가시키고 말았다. 그들은 고정된 남조의 세력도 그렇다고 규슈탄다이의 세력도 아니었다. 때로는 남조세력, 규슈탄다이 세력, 「반(反)단다이 세력」, 「재지이탈 세력」 등으로 그때그때 자유롭게 변신을 거듭하는 「해상 무사단」의 핵심적 세력이었다. 이들이 바로 14세기 고려를 공포 속으로 몰아넣고 활발하게 약탈을 자행하던 「동아시아 해역의 아웃로(Outlaw)」인 것이다.

6. 맺음말

일본 해적은 자국의 해역을 벗어나서 점차로 고려를 대상으로 자행

賊吉弘勢代つれ罷向之間，其方にハ御敵一人もなく候間，海賊御手洗藥師ニ大將相添られ候て，薩摩かたを可渡候，··(下略)'.
49) 『襧寢文書』永德 원년(1381) 8월 6일(『南北朝遺文』九州編 5권 <5673>) '當國惡黨人等渡高麗致狼藉由事，嚴密可加制止，若猶不承引者，爲有殊沙汰可注申候，右之狀依仰執達如件'.

하는 약탈자, 다시 말해서 왜구로 전환해 나갔다 특히 1220년대 한·일 양국의 사료에서 왜구와 일본 해적의 활동 기록이 거의 동일하게 등장하는 것은 가마쿠라시대 공가(公家)와 무가(武家)가 대결을 펼치는 「죠큐(承久)의 난」과 깊게 관련되어 있었다. 공가측에서 패한 재지무사들이 생존의 위기에 직면하자 「해상 무사단」으로 변신하고, 주인·악당 등도 새로운 영역을 찾아 동아시아 해역으로 약탈 영역을 확대시켜 나간 것이다.

13세기 후반 두 차례의 여·몽 원정군의 일본 침입은 공가와 무가, 그리고 재지무사에게 커다란 충격이 아닐 수 없었다. 이미 막부는 여·몽 원정군의 침입에 대비해서 1272년부터 「이국경고번역」을 실시하였고, 아울러 1275년과 1281년에 두 차례의 「이국정벌」 계획을 내놓았다. 이 계획은 「분에이(文永)의 역」과 「고안(弘安)의 역」을 막아낸 막부가 고케닌의 부족한 은상에 대한 불만과 지나친 경제적 부담으로 야기되는 체제의 동요를 극복하려는 「자기방어의 논리」 차원에서 취한 정책이었다.

따라서 두 차례의 「이국정벌」 계획이 불타는 적개심으로 고려에서 노략질을 부축이거나 왜구 규모와 구성을 강화시켰다고 보는 기존의 논리는 재고되어야 한다. 오히려 고려의 강한 군사력에 대한 경외심이 소규모의 왜구 약탈을 자제시켰다. 더 나아가 왜구 규모 확대와 인적 구성의 강화는 고려 안에서 자신들의 방어가 절실하다는 경험적 판단에 따른 자기보호 장치였다.

14세기 왜구의 출현은 일본 국내 특히 규슈지역의 정황과 밀착되어 있었다. 간노죠란(觀應擾亂)으로 규슈가 큰 혼란에 빠졌을 때, 소영주들은 해양의 경계를 넘어 신개척지를 향해서 새로운 삶의 길을 모색해

나갔다. 특히 규슈 해안가의 「해상 무사단」이 물적·인적 약탈의 대상
지로 고려에서 광범위하게 활동하기 시작하였는데, 「경인년 왜구」가
바로 그것이다.

그리고 1371년 12월 이마가와 료슌이 규슈탄다이로 내려오면서 규
슈의 정황은 더욱 악화되어 왜구가 잦아지기 시작한다. 다시 말해서
여러 개의 국을 「단다이의 분국」으로 삼고 1375년 8월 쇼니 후유쓰케
의 살해라는 극단적인 방법으로 단다이의 전제권력을 강화시켜 나가는
과정에서 내부적으로는 「반(反)단다이 세력」·「재지이탈 세력」과 「해
상 무사단」의 세력을 양산시키고, 외부적으로는 고려에까지 영향을 주
어서 왜구를 가히 폭발적으로 급증시켰던 것이다. 이것은 고려의 왜구
가 규슈의 정치적 혼란과 긴밀하게 영향을 주고 받았음을 시사하는
증거이다. 결국 14세 말기의 왜구는 일본 규슈의 정황에 따라 민감하게
반응하는 「반 단다이 세력」·「재지이탈 세력」과 「해상 무사단」의 약
탈 행위였다. 이들이 바로 약탈과 살생을 자행하며 14세기의 동아시아
세계를 공포 속으로 몰아넣던 「동아시아 해역의 아웃로(Outlaw)」인 것
이다.

따라서 왜구가 자행한 활동은 고려에 대한 적개심과 보복 심리, 그리
고 한반도에 대한 침입의 예비적 전조로 평가할 만한 군사적 행동이
아니었다. 즉 고려의 왜구는 항상적인 주둔이나 점령을 목적으로 자행
하는 원정이나 침략이 아니고 약탈을 목적으로 자행하는 일시적인 침
입행위였던 것이다. 다만 고려시대 잦은 침입을 통해서 확보한 한반도
의 해안과 일부 내륙지역의 지리·교통·산업 정보가 고려에서 조선시
대로 이어지면서 자신감과 오만함을 싹 띄웠을 지도 모른다. 이는 금후
의 과제로 미루고자 한다.

도요토미 히데요시의
조선침략 발발전 한일교섭 실태

尹裕淑 성균관대학교 동아시아학술원 HK연구교수

1. 序 論

조선통신사는 조선국왕이 일본의 쇼군(將軍)에게 파견하는 외교사절로서 조선 전후기를 통해 총 19회 파견된 것으로 알려져 있다. 그 중 1590년과 1596년의 통신사는 당시 일본의 최고 권력자인 도요토미 히데요시(豊臣秀吉)에게 파견되었다. 특히 1590년 통신사는 약 150년간 두절되었던 통신사행의 부활인 동시에 히데요시의 조선침략 직전에 이루어진 사행이라는 점에서 전근대 한일관계사에서 갖는 의의는 매우 크다.

1590년 통신사는 이미 도요토미 정권이 대륙정복을 선언한 가운데 히데요시로부터 조선국왕의 입공을 명령받은 쓰시마(對馬)島主 소오씨(宗氏)가 특유의 외교 공작을 구사한 결과 실현되었다. 따라서 이 통신사행의 성격에 대한 조선, 일본 양국의 인식은 근본적으로 상이했고

약 2년여에 걸친 사전교섭과 사행 이후의 과정에서 조선과 쓰시마 간에
는 외교적으로 복잡한 세부 교섭들이 동원되었다.

이에 본고는 1586년 히데요시의 '高麗御渡海(조선침략)' 선언부터
1592년 조선침략 발발 직전에 이르는 기간 동안 한일교섭의 추이를
통신사파견을 둘러싼 교섭 및 1590년 통신사에 대한 양국의 인식, 통신
사 귀국 후의 정세 등을 중심으로 검토하고자 한다.[1]

2. 쓰시마(對馬)島主 소오씨의 대조선 교섭과 히데요시

1) 소오씨의 첫 번째 교섭

히데요시가 대륙정복 의사를 최초로 천명한 것은 1585년 7월 關白에

---

1) 조선침략 발발전의 한일교섭을 다룬 연구로는 武田勝蔵, 「伯爵宗家所蔵豊公文
書と朝鮮陣」慶應義塾大学文学部内三田史学会『史学』4-3, 1925, 76-77쪽,
100쪽, 池内宏, 『文禄慶長の役』, 南滿洲鐵道株式會社, 1928, 185-194쪽, 中村
榮孝, 『日鮮關係史の硏究 中』, 吉川弘文館, 1986, 83-102쪽, 三宅英利, 『近世
日朝関係史の硏究』, 文献出版, 1986, 北島万次, 『豊臣秀吉の朝鮮侵略』, 吉川
弘文館, 1995, 8쪽, 36-37쪽, 同『秀吉の朝鮮侵略』, 山川出版社, 2002, 8쪽 등이
있다. 그 외 김문자, 「이벤트로서의 朝鮮通信使-豊臣政權期에 파견된 통신사
를 중심으로-」『일본역사연구』22, 2005, 49쪽, 52쪽, 山室恭子, 『黃金太閤』, 中
央公論社, 1992, 89-94쪽 등은 히데요시에 의한 1590년 통신사의 정치적인
활용에 관해 다루었고, 1590년 통신사행을 위한 사전교섭을 중점적으로 다룬
논고로는 김문자, 「島井宗室과 1590년 通信使 派遣問題에 대해서」『상명사학』
2, 98-99쪽, 米谷均, 「豊臣政權期における海賊の引き渡しと日朝関係」『日本歴
史』650, 2002, 12-13쪽 등이 있다. 본고는 조선침략이 처음 공언된 이후 그것이
실행되기까지 실질적인 한일교섭의 추이, 실태 규명에 역점을 두었으므로 전쟁
원인론에 관해서는 생략한다. 전쟁원인론에 관해서는 井上光貞編, 『日本歴史
大系3 近世』, 山川出版社, 1988, 72-73쪽. 김문자, 「히데요시는 왜 전쟁을 일으
켰을까」『한일관계2천년 보이는 역사, 보이지 않는 역사 근세』, 경인문화사,
2006, 61-73쪽을 참조.

취임한 직후이다. 가신에 대한 知行地 확보를 위해서는 唐國까지도 정복할 의사가 있다고 밝힌2) 히데요시는 이듬해 1586년에는 예수회 선교사 가스파르 쿠에료에게 조선과 明을 정복하고 싶다는 의사를 밝히면서 그 때가 되면 대형 南蠻船(군함) 2척을 알선해 주도록 의뢰하기도 했다(イエズス会日本年報下). 同年 구로다 요시타카(黒田孝高) 등에게 규슈를 정복하면 다음은 明을 정복한다고 전하였고 모리 테루모토(毛利輝元)에게도 규슈평정의 연장선상에 '高麗御渡海(朝鮮渡海)'가 있음을 명시하였다.3) 이 때부터 히데요시는 규슈평정과 조선침략을 금후 실행해야 할 현실적인 과제로 천명하기 시작했다.

그로부터 수개월 후 규슈로 출병하는 길이던 1586년 6월 히데요시는 쓰시마도주 소오 요시시게(宗義調)에게 서한을 보냈다. 宗家文書(天正14년6월16일 宗義調宛 豊臣秀吉御內書)4)에 의하면 이 서한에서 히데요시는 '규슈에 출병하면 고려에 군사를 파견하는 일에 관해 지시할 것이니 그렇게 되면 충절을 다하도록' 통고하여, 단도직입적으로 조선에 대한 군사적인 정복을 선언하고 있었다. 1587년 3월 20만 대군을 이끌고 규슈평정에 나선 히데요시는 5월 시마즈 요시히사(島津義久)를 항복시키고 규슈전역을 정복했다. 히데요시가 사쓰마(薩摩)에 在陣하고 있던

2) 天正13년9월3일 一柳末安宛 豊臣秀吉朱印狀(伊予・小松一柳文書). 岩澤愿彦,「秀吉の唐入りに關する文書」『日本歴史』163, 1962, 73쪽. 이 점에 근거하여 池享은 '唐入りと는 전국제패의 연장선상에 있는, 家臣의 知行 擴大欲을 만족시키기 위한 수단이자 가신을 영토확장 전쟁에 동원하는 슬로건이었다. 關白정권 발족 당초부터 히데요시의 염두에 있었고 발상의 출발점은 영토확장이었다'고 보았다. 池享,「天下統一と朝鮮侵略」, 池享編『天下統一と朝鮮侵略 日本の時代史13』, 吉川弘文館, 2003, 60쪽.
3) 天正14년4월10일 毛利輝元宛 豊臣秀吉朱印覺書(毛利家文書 949). 天正14년8월5일 安國寺惠瓊・黒田孝高・宮木堅甫宛 豊臣秀吉朱印狀(黒田文書).
4) 武田勝蔵, 앞의 논문 소수.

5월 초순 무렵 소오 요시시게는 가신 야나가와 시게노부(柳川調信), 유타니 야스히로(柚谷康廣) 등을 히데요시에게 보내 전승을 축하했다. 그러자 곧 히데요시로부터 '규슈가 모두 평정되어 고려에 출병할 것이므로 충절을 다하라'는 명령과 함께 소오씨 본인이 히데요시에게 출두하라는 고니시 유키나가(小西行長)의 권고가 전달되었다.5) 5월, 요시시게는 소오 요시토시(宗義智)와 함께 황급히 규슈로 건너가 6월 7일 하코자키(箱崎, 후쿠오카市)에서 히데요시와 접견하였다.6) 히데요시는 소오씨에게 쓰시마 一國을 安堵하는 한편 '고려에 출병하여 정복한다고 명하였으나 요시시게가 청하니 (출병을)연기하겠다. 그러니 (조선)국왕을 일본에 上京(參洛)시키도록 하라. 만약 상경이 지체되면 즉시 渡海하여 誅罰할 것이다'7)고 하였다. 소오씨는 히데요시에게 청원하여 일단 조선출병을 유보시켰으나 그 대신 조선국왕을 상경시키라는 하명을 받게 된 것이다.

히데요시는 '(對馬國主가) 明年 고려의 왕과 供奉할 것이다. (고려는) 지금까지 쓰시마의 屋形(소오씨)을 추종했으므로 明年 반드시 일본에 도해할 것이다'8)고 하며 조선국왕의 상경을 기대하는 모습을 보였다. 이 사료에도 드러나듯이 히데요시는 당시 조선을 쓰시마 소오씨의 휘하에 있는 나라로 이해하여 조선국왕의 상경이 용이하게 실현되리라고 낙관하고 있었던 것 같다. 물론 이것이 당시 조선과 쓰시마와의 실질적인 관계를 완전히 誤認한 것임은 말할 나위 없다. 또한 조선국왕에게

---

5) 天正15년5월4일 宗義調宛 豊臣秀吉朱印狀(宗家文書), 天正15년5월8일 宗義調宛 小西行長書狀.
6) 鈴木棠三編, 『對州編年略』, 東京堂出版, 1972, 215쪽.
7) 天正15년6월15일 宗義調·宗義智宛 豊臣秀吉朱印狀(宗家文書).
8) 大村由己, 『九州御動座記』(前田尊經閣文庫所藏).

천황에의 出仕를 요구하는 것은 그간 일본의 국내전에서 大名나 武將들이 出仕라는 복속의례를 취했던 관례를 외국에까지 그대로 적용한 것이었고, 출사를 거부하면 공략하겠다는 엄포 역시 국내에서 행해진 히데요시의 정복논리였다.9) 그런데 군사적인 정벌위협을 동원하여 복속과 入貢을 요구하고, 일단 외국의 사절파견이 실현되면 이를 자신에 대한 복속으로 간주하는 식의, 지극히 일방적인 대외정책은 비단 조선에만 국한된 것은 아니었다. 그는 1588년 시마즈씨(島津氏)를 매개로 하여 류큐(琉球)에 입공을 요구했고 뒤이어 스페인령 필리핀, 高山國(대만) 등에도 동일한 요구를 했기 때문이다. 규슈정벌 이후 히데요시는 주변국들을 향해 복속과 입공을 강요하는 강압적인 외교를 본격적으로 펼치면서 明정복 계획을 추진하게 된다.

그가 추진한 일련의 대외정책이 독선적인 대외인식의 소산임은 부정할 수 없다. 그의 국제인식에는 분명 정확성이 결여된 면이 있지만, 일본을 둘러싼 대외적인 상황, 해외정세에 완전히 무지했다고 속단하기 어려운 측면도 있다. 그의 측근 중에는 해외정세에 밝은 국제무역 종사자들(사카이·하카다의 豪商들, 부장 고니시 유키나가)이 있었고 유럽 선교사들과의 접촉을 통해 유럽국가의 포교활동과 해외 식민지 획득사업 등에 대해서도 어느 정도 파악하고 있었을 가능성을 배제할 수 없기 때문이다. 문제는 일본통일이라는 본인의 국내적인 업적, 군사력에 대한 자신감의 고양 등이 주변국에 대해서도 강압적이고 우월적인 자세

---

9) 高木昭作, 『将軍権力と天皇』, 青木書店, 2003, 131쪽, 136-140쪽에 의하면 다이묘가 惣無事令을 거절하면 히데요시에게 '成敗'되지만 수락하면 그 증표로 상경(上洛)하여 '御禮'를 행하는 것이 의무였다. 즉 '御禮'란 히데요시의 군사적인 지휘 하에 들어가 그 보호를 받는 것에 대한 '御禮'이자 臣從의 의례였다. 히데요시에게는 주변국(朝鮮, 琉球)이 행한 '聘禮'도 곧 '御禮'를 의미했다.

를 창출하는 요인으로 작용했고, 더구나 관백 취임 직후부터 조선·명 정복을 정권의 당면과제로 천명한 상황 하에서 정권의 정당성 강화와 히데요시 자신의 국내 위상을 높이기 위해서는 주변국의 입공과 복속 이라는 '장치'를 필요로 했던 게 아니었을까 생각된다. 따라서 주변국 과의 기존 통교관계의 실상은 무시되었고 그러한 정책의 첫 번째 화살 이 조선으로 향했던 것이다.

그런데 조선에 대한 무지 내지 왜곡된 정보는 히데요시에게만 국한 된 예외적인 현상은 아니었다. 그 일례로 모리 테루모토는 조선에 상륙 하고 나서 처음으로 조선이 광대하며 언어가 통하지 않는다는 사실에 놀랐다고 한다.[10] 또한『フロイス일본사2』에는 '히라도(平戸)항의 북 방에 있으며 우리들(포르투갈인)의 (里數로)30 레그아 지점에 對馬라고 칭하는 섬이 있다. 이 섬에는 일본인이 거주하고 있으며 일본으로부터 는 이 섬(을 경유해서)만이 조선과 무역을 하고 있다. (중략) 조선은 매년 일종의 貢物로서 米 1만俵를 쓰시마의 國主에게 바치고 있다'는 구절 이 나온다. 조선이 쓰시마의 국주에게 매년 쌀 1만 표를 공물로 바치고 있다는 구절은 조선이 쓰시마에게 하사하던 歲賜米豆 100石이 와전된 것으로서 사실관계의 주객전도 현상이 나타나고 있다.

또한 국제관계에 있어 조선에 대한 우월의식은 이미 히데요시 이전 의 戰國大名에게서도 확인된다. 대조선 무역에도 종사하던 오우치 요 시타카(大内義隆)가 파견한 遣明使 일행은 1540년 명의 수도 북경에 이르러 '일본은 조선을 服事시키고 있으므로 席次는 조선의 上으로 해주기 바란다'고 발언했다.[11] 이 같은 우월의식을 동시기 大名들의

---

10) 貫井正之,『豊臣政権の海外侵略と朝鮮義兵研究』, 青木書店, 1996, 29쪽.
11) 이 점에 대해 村井章介는 '義隆은 領國내에 확보하고 있던 이와미(石見)銀山의

공통된 보편의식으로 섣불리 단정할 수는 없지만 오우치조차 이러하니 전국동란의 치열한 경쟁을 뚫고 최고 권력자로 부상한 히데요시의 대외적인 자신감이 어떠했을지 상상하기란 그리 어렵지 않을 것이다.

어쨌거나 히데요시의 명령으로 인해 소오씨는 갑작스레 실현 불가능한 과제를 떠맡게 되었다. 무로마치 시대 이래 대조선 통교에 대한 쓰시마의 경제적인 의존도가 컸던 까닭에 壬申약조(1512), 丁未약조(1547) 이래 불리해진 무역조건을 개선하기 위하여 僞使파견 등 갖가지 노력을 기울이고 있던 소오씨에게 있어 조선출병은 곧 무역단절을 의미했다. 오랜 통교를 통해 조선의 사정에 밝았던 소오씨는 조선국왕이 일본의 大名들처럼 천황에게 출사하거나 히데요시에게 臣從의 예를 취할 리 만무하다는 사실을 숙지하고 있었다. 그러나 그렇다고 해서 히데요시의 명령을 무시할 수도 없는 입장이었다.

그리하여 소오 요시시게는 가신 유타니 야스히로(柚谷康廣)를 日本國王使로 假稱하여 조선에 파견하게 된다. 조선에서는 1587년 9월 경상좌수사가 계본을 통해 '橘康年(柚谷康年)'이 와서 일본이 적자를 바꾸어 新王을 세웠고 가까운 시일에 通仕하고자 하는 뜻을 밝혔다'고 보고했다.[12] 그러자 조선조정에서는 신왕이 파견하는 일본국왕사를 과연 접대하는 것이 옳은가를 놓고 논의가 행해졌고, '化外의 國을 禮儀로 비난할 수 없으니 사신이 올 경우엔 관례에 의해 접대해야 한다'는 결론을 내렸다. 이로 보아 유타니 야스히로가 도해하기에 앞서 9월에 柚谷康年이 먼저 조선에 도해하여 일본국왕의 교체와 일본국왕사의

---

silver rush를 배경으로 해서 조선에 대해 강경한 태도를 취했다'고 풀이했다. 村井章介, 『中世倭人伝』, 岩波書店, 1993, 218쪽.

12) 『조선왕조 선조실록』20년9월 癸巳조(이하 『선조실록』으로 약칭함).

조선도해를 알린 것으로 보인다.[13] 야스히로가 조선에 입국한 시점은 분명하지 않지만 12월 하순, 서울에서 일본국왕사로서의 접대를 받고 히데요시가 일본의 新王이 되었으니 이를 축하하는 통신사를 파견해 줄 것을 요청했다.[14] 조선국왕의 입조가 실현되기 어렵다는 것을 잘 알고 있었을 쓰시마는 히데요시의 명령을 통신사 파견이라는 보다 현실적인 요구로 대체하여 조선과 교섭했던 것이다.

이듬해(1588)가 되자 조선에서는 일본국왕사에 대해 부정적인 의견이 분출되기 시작했다. 사신의 접대에서 '주인을 폐위시킨 倭奴'의 사신라는 물의가 일어났고, 사신을 구류하고 明에 보고하여 征討의 帥를 일으켜야 한다든가, 일본을 정벌하여 단교해야 한다는 등의 의견이 나왔다[15]. 조정의 중론은 일본측 외교문서의 어구가 매우 오만하며(今天下歸朕[秀吉]一握), 히데요시가 아시카가(足利)씨의 지위를 찬탈하여 국왕이 되었다는 점 등을 들어 야만국에 대해서는 예의를 갖추어 응대할 필요가 없다는 결론으로 모아졌다.[16] 결국 조선은 '水路迷昧'를 구실로 삼아 통신사 파견을 완곡하게 거절했다.[17] 『조선왕조실록』에 의하면 당시 조선에는 히데요시가 弑逆하여 왕위를 찬탈한 것으로 소문이 났고 1590년의 통신사가 귀국한 후에도 그 실상을 자세히 알지 못했던

---

13) 조선조정이 10월 하순 시점에 국왕사의 접대 여부를 논의하고 있는 점, 그리고 新王이 보낸 사신이 대마도에 당도했다는 사실을 대마도주가 서계로 조선에 통지한 점 등으로 미루어 康年와 야스히로의 도해는 시간차를 두고 이루어졌다고 생각된다. 야스히로가 그의 형제 康年과 함께 이전부터 조선에 사신으로 자주 왕래했었다는 『懲毖錄』의 기술로 보아 그들은 대조선 외교상의 풍부한 경험 때문에 사절로 채택되었던 것 같다.
14) 『선조실록』20년10월 丁丑조・12월 丙子조.
15) 『선조실록』21년정월 丁亥조, 乙丑조.
16) 『선조실록』21년3월 丁亥조.
17) 『조선왕조 선조수정실록』20년9월 丁亥조. (이하 『선수실록』으로 약칭함)

것 같다. 이렇게 해서 조선국왕의 상경 대신 통신사 來日을 획책한 소오씨의 계획은 조선의 거부에 부딪혀 실패로 끝났다. 이러한 일련의 교섭내용에 관하여 소오씨가 히데요시에게 어떤 보고를 했는지는 분명하지 않다. 히데요시는 규슈정벌을 마치고 오사카로 귀환한 후에도 소오씨에게 '고려국 사안을 실패 없이 수행하도록' 강조했고, 고니시도 1587년 12월 가신 平賀弥右衛門을 대마도에 파견하여 교섭의 경과를 살펴보게 하는 등 대조선 문제에 시종 관심을 갖고 있었던 것은 분명하다.[18] 유타니 일행이 교섭에 실패하고 귀국한 1588년 한 해 동안 히데요시는 刀狩令, 海賊禁止令을 발포하여 국내경영에 치중했고 12월에 소오 요시시게가 사망했다.

2) 소오씨의 두 번째 교섭

1589년 3월이 되자 히데요시는 소오 요시토시(宗義智)에게 조선국왕의 상경이 지체되고 있는 점을 질책하고 이번에는 소오씨가 직접 교섭하여 금년 여름 중으로 조선국왕을 입조시키라는 명령을 내렸다.[19] 당초 히데요시는 조선국왕의 입조가 재차 지연될 것을 우려하여 히고(肥後)에 入部한 고니시 유키나가와 가토 기요마사(加藤淸正)를 규슈의 大名들과 함께 조선에 출병시키려 했으나 소오씨가 자신이 직접 조선과 교섭하는 것을 조건으로 내걸면서 이 계획은 중지되었다고 한다.[20] 신속한 진행을 위해 히데요시가 거하고 있던 교토가 아닌 규슈의 고니시

---

18) 中村榮孝, 앞의 책, 96-97쪽.
19) 天正17년3월28일 宗義智宛 豊臣秀吉直書(榊原家所藏文書).
20) 三鬼淸一郎, 「秀吉の國家構想と朝鮮出兵」, 大石愼三郎編『海外視点 日本の歷史8』, ぎょうせい, 1986, 136쪽.

와 가토에게 진행상황을 보고하도록 지시하는 등 교섭을 독촉하는 강
도가 한층 높아졌다.

이에 소오씨는 同年 6월 게이테츠 겐소(景轍玄蘇, 하카다 聖福寺 승려)
를 일본국왕사 正使로 삼고 자신은 副使가 되어 조선에 건너가 다시
통신사 파견을 요청했다.21) 조선조정은 이들의 접대와 요청을 둘러싸
고 앞서 일본국왕사 때와 마찬가지로 쉽사리 결론을 내지 못했다. 국왕
선조(宣祖)는 평시에야 통신사를 보내는 것이 어렵지 않지만 히데요시
는 제 임금을 시해한 역적이므로 불가하다는 입장이었으나 얼마 후
다음과 같은 방책을 제시하고 이를 비변사와 예조에서 심의하게 하였
다. 그 방책을 요약하면, ①조선이 海路의 험난함을 이유로 들어 통신
사 파견을 또다시 거절하게 되면 소오씨가 안내역할을 자청할 것이므
로 더 이상 핑계를 댈 수 없게 된다. 예로부터 해로는 험난했으나 거리
낌 없이 왕래한 일도 있었으므로 이제 와서 해로만을 문제 삼을 수는
없다. ②일본이 하루아침에 화친을 단절당한 뒤 조선강토를 침범하여
그 유감을 풀려고 한다면 변방의 문제를 감당할 수 없게 된다. ③2년
전 조선을 침탈한 일본의 왜구집단과 포로가 된 조선인을 조선에 인도
하라는 조건을 먼저 제시하고, 저들의 대응여하에 따라 통신사를 파견
한다면 저들의 정성과 후의에 보답한다는 파견 명분이 설 것이다, 는

---

21) 조선으로 하여금 통신사를 파견하도록 하고 통신사를 복속사절로 위장시키는
계책은 소오씨와 그의 장인인 고니시의 아이디어라는 설이 일반적이다. 笠谷和
比古·黑田慶一은 고니시 일문의 경제기반이 중계무역이었고 소오씨와 마찬
가지로 중국, 조선과의 평화가 유지되어 무역을 계속해야 이익을 얻는 입장이
었으므로 조선과의 전쟁을 회피하기 위해 소오씨와 함께 조선과 히데요시 양쪽
을 속이는 교섭을 감행했다고 보았다(笠谷和比古·黑田慶一共著,『秀吉の野
望と誤算』, 文英堂, 2000, 24-25쪽). 그러나 이에 관해서는 금후 좀 더 많은
검토가 필요하다고 생각된다.

구상이었다.[22] 왕위 찬탈자의 즉위를 축하하는 사절보다는 왜구 縛送
에 回謝하는 사절로서 통신사를 파견하는 편이 한층 외교적 명분이
선다고 판단했기 때문이었을 것이다.

　그렇다면 선조가 언급한 2년 전의 왜구침탈이란 어떤 사건이었을까.
1587년 2월 전라도 손죽도(損竹島, 전남여수 선죽도)를 비롯하여 각처가
왜구에게 습격당한 결과 鹿島만호 이대원이 살해당하고 다수의 조선인
들이 납치되는 사건이 발생했다. 납치된 사람들 중 김개동과 이언세
등이 南蕃國에 전매되었다가 중국으로 도망쳐 북경에 이송된 후 謝恩
使와 함께 1588년 조선에 귀국하였다. 김개동의 진술[23]을 통해, 손죽도
사건에서 왜구의 길안내 역할을 담당한 자가 전라도 珍島 출신의 조선
인 沙火同(沙乙火同, 沙乙背同, 沙乙浦同 등)이라는 인물로서, 사화동은
五島(고토)에 거주하고 있으며 五島에는 사화동 외에도 생포된 조선인
이 많이 있다는 사실이 드러났다. 요컨대 사화동이라는 인물은 五島의
왜구세력과 행동을 함께 하며 그들에게 협력하는 조선인이었다. 그런
데 김개동이 사화동에 대해 진술하기 훨씬 이전부터 사화동과 왜구와
의 밀착관계는 이미 조선에 알려져 있었다. 『선조실록』20년12월 乙卯
조에 의하면 전년도인 1587년, 조헌(趙憲)이 올린 소장에 사화동이 왜구
침탈의 안내역할을 했다는 귀순자의 증언이 언급되어 있었기 때문이다.

　선조의 구상이 하달된 후 조정에서는 사화동과 해적을 모은 五島와
히라도의 영주 및 賊魁의 縛送과, 피로인의 쇄환을 통신사파견의 조건
으로 내거는 방안을 검토하게 되었다. 선조는 '나의 처음 생각으로는
저들로 하여금 賊魁를 포박하여 데려오게 한 뒤 통신사를 파견하면

---

22) 『선조실록』22년8월 丙子조, 己卯조.
23) 『선조실록』21년11월 丙寅조.

우리가 돋보이리라 여겼다. 그러나 일본이 조선인을 쇄환하는 데에만
그쳐도 통신사를 보내야 하는가'며 조선이 내건 조건이 완전히 충족되
지 못했을 경우의 파견여부에 대해 망설이는 태도를 보였다. 그러자
대제학 유성룡이 '통신사 문제를 당초 조정이 모르는 바 아니지만 海寇
가 출몰하고 파도가 험난하여 오랫동안 폐지해 왔는데 얼마 전에도
해구가 우리의 남쪽 변방을 침범했고 조선의 백성을 전혀 쇄환하지
않고 있다. 그런데도 해구가 안정되었다고 말할 수 있는가. 만약 적괴를
포박해 보내고 도망친 조선의 백성을 빠짐없이 되돌려 보낸다면 통신
사에 관해 의처할 수 있을 것이다'는 의사를 일본국왕사에게 전달하는
방안을 제시했다.[24] 유성룡의 『懲毖錄』에 의하면, 조선측이 '損竹島
사건 때의 叛民을 깨끗이 (조선에) 돌려보낸 뒤에 통신에 대해 다시 의논
하자'고 넌지시 말하자 소오씨는 '그야 어려울 게 없다'며 쾌히 수락했
다고 한다.

  이상과 같은 논의를 거친 후 9월 21일에 열린 최고관료 평의에서
통신사의 파견이 가결되었고 선조도 이를 수락했다.[25] 조선은 일본국
왕사에게 통신사 파견을 위한 요구조건을 제시하는 동시에 내부적으로
는 통신사를 파견하기로 결정한 것이다. 이처럼 요구조건이 미처 충족
되기도 전에 통신사 파견을 조기에 결정한 것은 조선이 내건 조건이
통신사 파견의 명분을 얻기 위한 수단이었기 때문일 것이다. 11월에는
三使(上使 황윤길, 副使 김성일, 書狀官 허성)가 각각 임명되어 통신사가
편성되었다. 종래의 연구서 중에는 소오씨가 실제로 사화동과 피로인
들을 조선에 쇄환한 사실과, 조선정부가 통신사 파견결정을 내린 시기,

---

24) 『선조실록』22년9월 癸丑조.
25) 『선조실록』22년9월 乙丑조.

이 양자 간의 전후관계가 애매하게 기술되고 있는 점이 발견되기도
한다.[26] 그러나 위에서 검토한 바와 같이 조선은 피로인들이 쇄환되기
도 전에 통신사 파견을 결정했고 三使까지 임명했다는 점에 유의해야
할 것이다.

한편 조선의 요구사항이 어렵지 않다고 호언했던 소오씨는 실제로
이듬해인 1590년 2월 사화동과 다수의 조선인 피로인을 조선에 쇄환하
는 데 성공한다. 그는 그들을 어떻게 조선으로 송환했을까. 소오씨는
계속 조선에 체재하면서 일본측과 연락을 취하여 왜구 포박과 조선인
피로인 쇄환에 협력해 줄 수 있는 인맥을 총동원했던 것으로 보인다.
다음은 1589년 11월 8일자로 고니시 유키나가가 아사노 나가마사(淺野
長政, 五奉行의 일원)에게 보고한 내용이다.

> 高麗(조선)에 있는 對馬守(宗義智)로부터 급보가 와서(飛脚) 高麗人의
> 出船이 확정되었음을 알려 왔다. 그렇기는 해도 遠國이라서 今年內에 왕
> 래하기는 어려우므로 (내년)正月 中에 동행하여 (일본에)도해하겠다는 내
> 용이다. 對馬守는 고려에 그때까지 머물고, 對馬守와 동행하게 하여 고려
> 에 파견해 두었던 저의 使者 島井宗室이 오늘이나 내일 귀환할 것이므로
> 그를 데리고 가서 彼國(조선)의 상황에 관해 말씀드리겠다.[27]

이것은 고니시가 조선에 체재중인 소오씨로부터 통신사 파견이 결정
되었음을 연락받은 후 이 사실을 히데요시에게 보고하도록 아사노에게
의뢰하는 내용이다. 위 사료에 의하면 고니시는 자신의 사자로 조선에
건너가 있던 하카다의 豪商 시마이 소오시츠(島井宗室)[28]가 근일간 귀

---

26) 北島萬次, 『秀吉の朝鮮侵略』(전게), 8쪽의 서술이 그 일례이다.
27) 『武家事紀』권35, 續集, 雜家下 所收.

국하면 그와 함께 아사노에게로 가서 조선의 동향에 관해 보고할 예정
이었다. 위 사료대로 시마이가 도중 일본에 귀국했다면 조선측이 소오
씨에게 제시한 요구가 그를 통해 고니시에게도 전해졌을 것으로 짐작
된다.

한편 조선에서 통신사파견 논의가 거의 마무리되고 손죽도 사건와
관련된 요구사항이 소오씨에게 제시된 무렵인 1589년 10월 3일, 일본
에서는 히데요시의 朱印狀이 히라도 城主 마츠라 시게노부(松浦鎭信)
에게 발행되었다. 그 내용은 '지난 天正17년(1589) 봄에 히라도의 商船
이라고 칭하여 <텟구와이>라는 唐人이 대장이 되어 일본내항중인 唐
船에게 해적행위를 했으므로 그와 그의 동료를 포박하여 내게 진상하
라. 자세한 것은 고니시가 말할 것이다'는 것이었다. 주지하듯이 히데요
시는 1588년 7월 海賊禁止令을 전국에 공포하여 전국 항구의 地頭·
代官에게 海上 생활자를 조사하도록 명하고 해적의 거점을 영유하는
給人, 영주에게는 그들의 감독, 책임을 엄격하게 물어 海賊衆의 세력기
반 파괴를 꾀하였는데[29] 위의 명령은 바로 해적금지령의 일환으로 취

---

28) 하카다에서 주로 朝日무역와 쌀 거래, 酒屋, 土倉 등을 경영하던 豪商. 1587년
   히데요시의 규슈평정 후 시마이는 히데요시로부터 戰國大名의 戰火로 황폐해
   진 하카다를 부흥시키라는 명을 받고 이 일에 전념하였다. 하카다의 정비가
   시작되자 시마이는 奉行으로 임명된 고니시 유키나가, 나츠카 마사이에(長束正
   家) 등과 친분을 쌓게 되었고, 1588년 히고의 반란을 진압하기 위해 하향했던
   고니시, 아사노 나가마사, 안코쿠지 에케이(安國寺惠瓊) 등과 茶 모임을 통해
   한층 가까워졌다고 한다. 金文子, 「島井宗室과 1590년 通信使 派遣問題에 대
   해서」(전게) 참조.
29) 히데요시는 해적금지령에서 영주나 大名에게는 海賊追捕 책임 및 권한만을
   부여하고 포박·압송된 해적에 대한 최종적인 처벌권은 자신이 독점하는 체제
   를 구축했다. 해적금지령에 관해서는 藤木久志, 『豊臣平和令と戰國社會』東
   京大学出版会, 1985, 藤田達生, 「海賊禁止令の成立過程」, 『日本近世國家史
   の研究』校倉書房, 2001 참조.

해진 조치였다. 히데요시의 주인장은 11월 7일, 아마쿠사(天草) 國衆一揆를 평정하기 위해 고니시와 함께 아마쿠사에 在陣 중이던 마츠라에게 전달되었다.30) 이튿날 고니시는 아사노에게 '고토, 히라도의 唐人이 해적행위를 했다는 뜻의 御朱印을 어제(7일) 받았다. 히라도(마츠라)와 고토(우쿠 스미하루, 宇久純玄)가 아마쿠사에 在陣하고 있으니 그들에게 히데요시의 의향을 전하고 금년 봄에 大唐에 장사하러 갔던 唐人들을 조사하여 남김없이 모아 뵙게 될 것이다.'31)라고 전했다.

이상을 종합해 보면 1589년 10월 3일 발포된 히데요시의 唐人해적 체포령은 11월 7일 고니시, 마츠라, 우쿠 등에게 전달되었고, 고니시는 11월 초순경(또는 그 이전) 소오씨로부터 통신사 파견결정에 관한 보고를 받았으며 시마이(혹은 소오씨의 급보)를 통해 조선의 요구조건에 관해서도 알게 되었을 것이다. 시기적인 전후관계로 볼 때 히데요시의 唐人해적 체포령이 조선측의 요구사항에 기인하여 발포되었다고 보기는 어려울 것이다. 唐人해적 체포령이 내려지고 나서 조선정부의 사화동 縛送요구에 관해 통지받은 고니시가 히데요시의 명을 칭하여 五島의 우쿠 스미하루로 하여금 五島의 사화동과 왜구를 포박하게 하고 대마도를 경유하여 조선에 이송시켰을 것으로 추측된다. 단 그들이 일본에서 포박되어 대마도에 인계되기까지 그 구체적인 경위에 대해서는 아직 규명되지 못한 부분이 많은 관계로 사화동 등의 조선이송이 히데요시의 허가를 얻어서 이루어졌는지, 아니면 사후 승낙의 형태가 취해졌

---

30) 마츠라 시게노부에게 발행된 히데요시 주인장에 관해서는 米谷均, 「豊臣政権期における海賊の引き渡しと日朝関係」『日本歴史』650, 2002, 12-13쪽, 同「後期倭冠から朝鮮侵略へ」『天下統一と朝鮮侵略』, 吉川弘文館, 2003, 155쪽 참조.
31) 이는 앞서 인용한 사료(1589년 11월8일자, 고니시가 아사노에게 보낸 서신)에 함께 언급되어 있다.

는지, 唐人해적 텟구와이와 사화동과의 관계 등은 모두 명확하지 않다.[32]

다만 대마도가 아닌 他領에 거주하는 해적을 수색, 포박하고 사화동과 피로인 이송이 불과 서너 달 내에 신속하게 실현된 점으로 미루어 소오씨의 대조선 교섭을 성공시키기 위해 고니시가 적극적으로 조력했을 가능성은 배제할 수 없을 것이다. 조선은 통신사파견을 계기로 왜구에게 협력한 조선인 叛民의 포획과 조선인 피로인 쇄환이라는 외교적인 성과를 거둘 수 있었고, 일본의 입장에서는 豊臣정권의 해적금지령이 '결과적으로' 외교의 장에서 실질적인 성과를 거둔 셈이었다.

소오씨의 보고는 아사노를 통해 히데요시에게도 보고된 듯 하다. 히데요시는 直書를 보내 '國主參洛(조선국왕의 상경)은 寒天 때문에 부자유하여 來春에 데리고 오기 위해 그 곳(조선)에 체류한다 하니 장기간의 辛勞가 지극하다'면서 소오씨의 노고를 치하했다. 흥미로운 점은 고니시의 보고문에는 '高麗人의 出船'(통신사의 渡日을 지칭하는 것으로 추측됨)이라고 표현되어 있으나 히데요시는 이를 '國主參洛' 즉 조선국왕의 입공으로 이해하고 있었다는 사실이다.

이듬해(1590) 2월, 소오씨는 사화동, 賊倭 3명(三甫羅, 緊時要羅, 望古時羅), 그리고 다수의 조선인 피로인을 쇄환했고, 인정전에서 헌부(獻俘)의 禮가 거행되었다.[33] 사화동은 성 밖에서 참수되었거나 혹은 宗廟에 헌수되었다고도 전해지며 적왜 3명이 어떻게 처리되었는지는 알 수

---

32) 米谷均, 「後期倭寇から朝鮮侵略へ」(전게)에 의하면, 텟구와이(텟카이)라는 唐人에 관한 사료상의 정보는 히라도와 고토에 거점을 둔 중국인 海商으로, 1589년 봄 일본근해를 왕래하는 唐船을 약탈했다는 정도이고 사화동은 아마 그의 부하로서 해적활동을 했던 것이 아닐까 추측했다.
33) 『선조실록』23년2월 庚子조.

없다. 당초 조선이 제시한 조건 중에 '고토와 히라도 영주의 인도'는
실현되지 않았고 현실적으로 실현될 수도 없는 사항이었지만 이로써
통신사파견의 명분은 충족된 셈이었다. 조선은 피로인 쇄환과 사화동
인도가 관백 히데요시의 下命에 의해 이루어졌다고 이해했고 그 결과
통신사파견 역시 관백이 보여준 외교적인 성의와 신의에 회답하는 사
절이라는 인식을 갖고 있었다.[34] 1590년의 통신사파견은 일본국왕의
즉위축하와 교린을 지향하는 조선왕조의 전통적인 대일외교책이었던
것이다. 이리하여 소오씨의 교묘한 외교공작으로 일본방문 길에 오른
통신사 일행은 조선의 의도와는 상반되게 그들을 조선의 복속사절로
인식하는 히데요시와 대면하게 된다.

3. 1590년 조선통신사와 그 후의 정세

왜구와 피로인이 쇄환되자 통신사는 곧바로 다음 달인 3월, 줄곧
서울에 체재하고 있던 일본국왕사 일행을 동반하여 왕성을 출발, 7월
하순 교토에 도착했다. 히데요시는 그간 오다와라(小田原)공략, 오슈(奧
州)평정 등이 계속되었던 관계로 9월에 교토로 개선했고 11월초가 되어
서야 처음으로 통신사와 대면했다. 山室恭子에 따르면 원래 히데요시
는 新營 중이던 御所(皇居)가 완성되면 통신사와 함께 천황을 접견하여
자신의 위광을 높이려 했으나 고려인(狛人, こまびと) 따위를 황거에
데려와서는 안된다는 고루한 公家들의 반대에 부딪혀 자신의 거처인

---

34) 「答玄蘇書」「擬答對馬島主書」,『金鶴峯 海槎錄4』(『국역해행총재1』, 민족문화
추진회, 1977).

聚樂第에서 접견하게 되었다.[35] 주지하듯이 후일 통신사는 히데요시의 접대가 매우 무례했다는 평가를 남겼으나 적어도 히데요시 본인은 시종일관 기분 좋게 접견에 임했던 것 같다.

통신사가 전달한 선조의 國書는 히데요시의 국내통일을 축하하고 금후 양국의 隣好를 공고히 하자는 취지인데 일본학계에서는 이 국서도 그간의 외교적인 공작을 은폐하기 위해 대마도가 개찬했을 가능성이 제기되고 있다.[36] 전술했듯이 조선이 통신사를 파견한 목적 중의 하나가 피로인과 사화동 인도문제를 해결해 준 히데요시의 외교적인 성의에 대한 보답인데 정작 조선의 국서에는 이 점에 관해서 일언반구의 언급도 없기 때문이다.[37]

어쨌거나 조선은 히데요시의 일본통일을 축하하기 위해 통신사를 파견했고, 조선국왕 자신이 내일한 것도 아니었으므로 엄밀한 의미에서 이 사절은 히데요시가 소오씨에게 하명한 조건에 전혀 부합되지 않는 사절이었다. 그러나 히데요시는 통신사의 내방에 만족해했고, 그

---

35) 山室恭子, 앞의 책, 92쪽.

36) 선조의 국서는 현재 日本宮內廳書陵部에 소장되어 있고, 田中健夫, 『善隣國寶記 新訂續善隣國寶記』, 集英社, 1995, 에도 게재되어 있다(제36호 문서). 궁내청서릉부에 소장된 국서가 개찬된 국서라고 보는 이유는 국서에 날인된 朝鮮國王印(印影:爲政以德)과 印影이 동일한 宗家舊藏의 僞造木印이 현존하기 때문이다. 개찬된 부분에 관한 사료상의 고증은 어렵지만 아마도 原국서가 返書의 체제를 취해 '奉復'(1589년 일본국왕사에 대한 회답)이라 기재한 부분을 '奉書'로 수정했을 가능성이 제기되고 있다. 田代和生 · 米谷均, 「宗家旧蔵〈図書〉と木印」『朝鮮学報』156, 1995, 86-88쪽, 伊藤幸司, 「現存史料からみた日朝外交文書, 書契」『九州史学』132, 2002, 41-42쪽 참조.

37) 통신사의 파견경위를 고려해 보면 조선국서에 해적박송에 관한 언급이 전혀 없는 점은 분명 자연스럽지 않다. 이 점에 관해 米谷均은 '만약 대마도가 국서를 개찬하는 과정에서 해적박송과 관련된 문장을 삭제했다면 이는 곧 해적박송이 히데요시의 승인 없이 행해졌기 때문일 것이다라고 보았다. 米谷均, 「豊臣政権期における海賊の引き渡しと日朝関係」(전게) 참조.

것은 아마도 소오씨가 사절단의 성격에 대해 변명함으로서 히데요시가
통신사의 내방을 일본에 대한 조선의 복속으로 받아들인 결과라는 추
측이 일반적이다. 선조의 국서에 대한 히데요시 답서의 내용은 ①자신
의 국내업적인 일본통일 강조 ②명을 정복하여 일본의 政化를 심겠다
는 명정복 의지의 표명 ③히데요시의 명정복에 임해서 조선에게 선도
역할(征明嚮導)을 하도록 명함 ④자신의 소망은 佳名을 三國에 드러내
는 것, 으로 요약된다.[38] 히데요시에게 있어 통신사의 내방은 곧 조선의
복속, 臣從을 의미했고 따라서 '복속한' 조선에게 征明에 협력하도록
명했던 것이다. 副使 김성일은 일본의 무력을 과시하면서 先驅入朝
운운하는 답서가 교린의 의에 어긋날 뿐만 아니라 조선국왕을 '閤下'
('殿下'보다 下格)라고 칭한 점, 국왕의 贈物을 '方物'(貢物)로 표현한 점
등에 크게 분개하여 겐소(玄蘇)에게 改書를 요구했다. 그러나 개서는
뜻대로 이루어지지 않았고 통신사 일행은 어쩔 수 없이 답서를 수령하
여 겐소·야나가와 시게노부(柳川調信) 등과 함께 1591년 2월 부산에
귀환했다.[39]

그렇다면 과연 1590년 조선통신사는 일본국내에서 어떻게 인식되었
을까. 異國의 의상을 입고 행렬하는 조선통신사의 모습은 무사, 공가는
물론 일반인들에게 많은 호기심과 관심을 불러일으켰다. 당시 일본측
문헌에 등장하는 통신사에 관한 묘사는 '朝鮮國使節'(義久公卿譜中 677,

38) 히데요시 국서의 요점은 北島万次, 『豊臣秀吉の朝鮮侵略』(전게), 8쪽 참조.
39) 『선수실록』『懲毖錄』『金鶴峯 海槎錄5』 등에는 통신사의 요구로 히데요시 국서
   가 수차례 수정되었다(또는 겐소가 改書하기로 약속했다)고 되어 있으나 정작
   『선수실록』24년3월 丁酉조에 수록된 히데요시 국서에는 문제시되었던 '閤下,
   方物' 등의 표현이 그대로 기재되어 있다. 따라서 히데요시 국서는 수정되지
   않았을 가능성이 높다.

『鹿兒島縣史料 舊記雜錄後篇』2), '高麗의 關白'(『晴豊記』天正18년7월21일
조), 히데요시가 통신사와 함께 황거에 參內하려던 계획에 관해서는
'오늘 關白殿이 고려의 王에게 함께 參內하도록 했다'(『多聞院日記』天
正18년10월28일조), 또는 '高麗, 南蠻에서도 복속의 예를 취하기 위해
使者가 와서 교토와 사카이에 체류하고 있다. 전대미문의 일이다'(『多
聞院日記』) 등등 매우 다양하다.40) 통신사의 성격에 관한 이 같은 오해
는 대외사정에 무지할 수 있는 일반인들 사이에서 자연적으로 발생한
루머라기보다는 조선, 명정복을 선언한 가운데 히데요시 자신의 정치
적인 위엄과 위치를 강고히 하기 위해 豊臣정권이 의도적으로 유포시
킨 것이었다. 통신사는 히데요시에 대한 조선의 복속사절로, 그리고
명정복에 대한 조선의 협력이 마치 기정사실인 듯 선전되었고41) 그
결과 일본국내에서는 그것이 상식으로 정착되어 갔던 것이다.

그러면 히데요시 본인은 통신사를 어떻게 여기고 있었을까? 통신사
의 내방 바로 전년도(1589)에 히데요시가 통신사를 '國主參洛'으로 이
해하고 있었다는 점은 이미 전술했다. 그런데 조선침략이 감행되기 불
과 수개월 전인 1592년 정월, 히데요시가 소오씨에게 발송한 문서42)에
는 1590년의 통신사를 가리켜 '고려국은 先年 국왕의 대리인으로서
(히데요시에게) 복속의 예를 취했다'는 구절이 나온다. 언제부터인지는

---

40) 金文子, 「이벤트로서의 朝鮮通信使-豊臣政權期에 파견된 통신사를 중심으로-」
   (전게), 49쪽, 52쪽, 山室恭子, 앞의 책, 93쪽.
41) 풍신정권에 의한 통신사의 정치적인 이용에 관해서는 山室恭子, 앞의 책, 89-94
   쪽 참조. 山室恭子, 앞의 책, 94쪽에 따르면 公家의 기록(三藐院記)에 '내(히데
   요시)가 大明에 들어갈 때에는 先驅하도록 고려국왕에게 명했다'는 구절이 나
   온다고 한다. 히데요시는 명 정복에 있어 조선의 군사적인 협조가 기정사실인
   양 선전했던 것이다.
42) 天正20년1월18일 宗義智宛 豊臣秀吉朱印狀. 이 사료는 武田勝蔵, 앞의 논문,
   100쪽에 인용됨.

확실치 않지만 히데요시는 통신사가 조선국왕이 파견한 사절이라는
사실을 정확히 인지하고 있었던 것이다. 그러나 추측컨대 히데요시에
게 있어 조선국왕 본인이 아닌 국왕의 신하들이 내일했다는 사실은
그다지 중요하지 않았을 것이다. 상대방 의사에 관계없이 일방통행식
의 강압적인 외교자세를 관철하고 있던 그에게 있어 최대 관심사는
통신사의 구성원이 누구인가 하는 점보다 일본을 방문한 통신사를 자
신에 대한 조선의 복속사절로 단정하고 대내외적으로 그렇게 인식되도
록 연출, 선전하는 것이었다고 생각되기 때문이다.

　한편 통신사의 일본행을 통해, 히데요시의 명정복에 협조하라는 충
격적인 통고를 받은 조선은 일본이 과연 명침공을 실행에 옮길지 그
여부를 판단해야 하는 상황에 놓이게 되었다. 당시 집권동인의 입김이
작용하여 황윤길의 의견이 묵살되고 일본군의 침공은 없을 것이라는
결론이 내려진 점은 익히 알려진 사실이다. 통신사가 조정에 복명하고
있는 사이 겐소와 야나가와 시게노부는 조선에 '假途入明'을 요구했다.
그들은 조선측에 '내년에 길을 빌어 上國을 침범할 것이다', '중국이
오랫동안 일본을 거절하여 조공을 바치러 가지 못했다. 이 때문에 히데
요시가 분하고 부끄러운 마음이 쌓여 전쟁을 일으키려 한다. 만약 조선
이 먼저 奏聞하여 조공할 수 있도록 길을 열어 준다면 조선은 무사할
것이고 일본 백성들도 전쟁의 노고를 덜게 될 것이다'라고 발언했다.
또한 '명이 嘉靖 이래 일본의 入貢을 허가하지 않으므로 明年 2월 征明
의 군사를 일으킬 것이니 조선도 일본을 도와 명에 들어가지 않겠는가'
라는 내용의 서계도 제출했다.[43] '假途入明'이란 히데요시가 국서를

---

43) 『선수실록』24년3월 丁酉조, 3월 丙寅조. 『寄齊史草』.

통해 표명한 '征明嚮導'요구를 대마도가 糊塗하여 부드럽게 고친 표현으로서, 진의는 다름 아닌 명 침공에의 조력강요였다. 조선은 답서를 통해 가도입명 요청을 거부하는 한편 히데요시의 征明계획이 부당함을 강조했다.[44] 겐소 일행이 귀도하자 6월에는 소오 요시토시가 부산에 건너와 '일본이 大明과 통호하려고 하니 조선은 이를 명에 奏聞해 달라'고 했으나 조선은 이를 무시했다.

소오씨는 귀국한 즉시 이를 히데요시에게 보고하고 조선의 지도를 헌상하자 히데요시는 대노하여 조선공격을 명하였고, 선봉에 서도록 하명받은 소오씨는 귀도하여 전쟁준비에 임하였다.[45] 대마도로서는 '日明통호의 주선''假途入明' 등의 논리를 동원하여 조선의 협조 내지 수락을 받아내려 했으나 이 논리 역시 조선의 입장에서는 현실적으로 수용 불가능한 요구에 불과했다.

통신사의 귀국 후 히데요시는 대외전쟁 준비를 본격화한다. 히젠나고야(肥前名護屋)에 城下町을 구축하여 대륙정복의 전초기지로 삼는 한편 1592년 1월 5일 九州, 中國, 四國의 大名들에게 '3월 朔日(1일)부터 조선에 도해하라'는 명령을 내린다.[46] 1592년 1월 18일자로 소오씨에게 발부된 문서[47]에 의하면, 히데요시는 먼저 소오씨와 고니시를 조선에 도해시켜 '唐入り는 (일본의) 군대가 고려국을 통과하는 형식으로 시행하며, 고려국은 先年 국왕의 대리인(통신사)으로서 복속의 예를 취했다는 점에 변동이 없음'을 통보하게 하고, 만약 일본군이 조선을 거쳐

---

44) 『선수실록』24년5월 乙丑조.
45) 『對州編年略』(전게), 220쪽. 소오씨는 이 때 히데요시에게서 쌀 1만석, 白銀 천牧, 武具, 鉛鹽消 등을 하사받았다.
46) 天正20년1월5일 黑田長政宛 豊臣秀吉朱印狀(黑田文書).
47) 天正20년1월18일 宗義智宛 豊臣秀吉朱印狀.

서 명에 들어가는 것을 조선이 반대할 시에는 4월에 조선공격을 개시할 계획이었다. 소오씨와 고니시 두 사람으로 하여금 조선이 향도요구에 복종하는지 여부를 3월중으로 확인하게 하고 九州, 四國의 다이묘들은 이키(壹岐)와 쓰시마에서 진을 치고 대기하면서 두 사람의 결과보고를 기다리도록 지시했다.[48] 조선에 건너가 조선의 의향을 확인하는 문제는 소오씨와 고니시가 히데요시에게 진언한 것이었다.[49] 그것은 히데요시가 본격적으로 大名들의 조선도해 시기를 선언하기 시작하자 히데요시와 조선 양측의 극단적인 입장 차이를 잘 알고 있던 두 사람이 짜낸 계책이었을 것이다.

하지만 조선에 도해한다던 장본인 고니시는 3월 12일 이키, 히라도, 아리마(有馬), 오오무라(大村) 등의 군사를 이끌고 대마도의 이즈하라(嚴原)에 머물고 있었다.[50] 또한 적어도 조선측 사료에 소오씨와 고니시 당사자, 혹은 두 사람의 사자가 조선에 도해했다는 기록은 확인되지 않는다. 이미 통신사가 귀국한 직후 조선측에 정명향도, 가도입명의 의사가 없다는 사실을 수차례 확인했던 소오씨는 또다시 교섭을 시도한다 해도 조선의 입장이 바뀌지 않을 것이라고 판단하여 새로운 교섭을 포기한 것이 아니었을까. 그간 히데요시, 소오씨, 고니시 사이에 조선의 의향확인을 둘러싸고 어떠한 논의가 오갔는지는 불분명하다.

---

48) 天正20년정월18일 毛利吉成 ·加藤淸正 ·黑田長政宛 豊臣秀吉朱印狀(黑田文書). 天正20년3월1일 毛利吉成 ·黑田長政 ·鍋島直茂宛 豊臣秀吉朱印狀(鍋島家文書28).
49) 北島万次, 『豊臣秀吉の朝鮮侵略』(전게), 36-37쪽.
50) 『西征日記』天正20년3월12일조 中村榮孝는 고니시가 조선에 사자를 파견하여 가도입명을 요구했으나 교섭이 결렬되었을 것이라고 추측했고, 北島万次 는 두 사람이 조선에 건너가지 않았다고 보았다. 中村榮孝, 앞의 책, 103쪽, 北島万次, 『豊臣秀吉の朝鮮侵略』(전게), 37쪽.

그리고 3월이 되자 히데요시는 당초의 계획을 변경하여 다음과 같은
지시를 내린다.

第一條, 조선문제에 관해서는 소오 요시토시와 고니시 유키나가가 도해
하여 조선이 出仕(히데요시의 정명향도 명령에 따르는 것)할지 어떨지를
확인한다고 한다. 그래서 諸大名의 군사는 여러 섬에 진을 치고 소오 요시
토시와 고니시 유키나가의 보고를 기다리라고 전에 지시하였다. 그러나
더 이상 기다리기 어려운 데다가 두 사람의 일(조선의 의향을 확인하는
것)에 진전이 없어서 군사를 조선에 도해시키도록 명한다. 書狀에 따라
도해하라.

第二條, 조선은 어떻게 해도 달라진 점이 없으므로 出仕하던 하지 않던
관계없이 조선의 항구에 우선 九州·四國·中國의 군사가 도해하여 조선
의 항구에 城을 구축하라. (중략) 모리 테루모토와 고바야카와 다카카게(小
早川隆景)는 그 성에 在城하라. (후략)[51]

즉 3월 13일, 히데요시는 조선의 태도여하에 관계없이 즉시 조선에
병력을 출진시킬 것을 선포하고, 역시 같은 날 약 16만 병력의 편성내역
(朝鮮渡海의 陣立)과 조선도해를 위한 船奉行의 배치를 발표했다.[52] 요
컨대 히데요시는 명정복을 위한 출정에 있어 이미 자신에게 복속했다
고 여겼던 조선을 入明 경로로 선택했고, 소오씨의 진언을 받아들여
조선측의 협력여부를 최종적으로 확인하려 했으나 오랫동안 진척이
없자 우선 조선 공략을 결행하기로 결정한 것이다. 4월 일본군은 대마
도의 오오우라(大浦)를 출항하여 그날 부산에 도착했다. 제1군으로 부
산에 도착한 소오씨는 부산첨사 정발에게 서한을 보내 가도입명을 요

---

51) 天正20年3月13日 豊臣秀吉朱印状写(萩藩閥閲録10-4).
52) 『毛利家文書』885, 886.

청했으나 정발은 회답하지 않았다. 이에 일본군은 공격에 돌입하게 되고 부산성 함락, 정발의 전사를 서막으로 한일양국은 다년간의 전쟁에 돌입하게 된다.

한편 1591년 겐소, 소오씨가 연이어 가도입명을 조선측에 역설하고 있는 사이 조선조정에서는 통신사가 가져온 히데요시의 征明계획과 조선에 대한 정명향도 요구 등의 긴급정보를 명에 보고하는 문제를 둘러싸고 치열한 논의가 진행되고 있었다. 결국 명에 상주해야 한다는 의견이 채택되어 명의 禮部 앞으로 '왜적이 上國을 범하려 하고 있다'는 취지의 咨文을 작성하여 聖節使 편에 북경에 송부하기로 했다.[53] 그런데 1591년 7월경 성절사가 명에 입국했을 때에는 同年 봄 무렵 류큐를 경유한 일본정보[54]가 북경까지 도달하여 조선이 정명향도한다는 소문이 이미 요동 방면까지 유포된 상태였다. 조선이 우려하던 사태가 현실화되고 만 것이다. 성절사는 북경에 도착하자마자 즉각 명의 관원에게 호출되어 사정청문을 받았고 禮部 左侍郞에게도 문서를 제출하여 사정을 설명하는 등 분주히 움직인 결과 명측이 품었던 정명향도 혐의는 일단 해소되었다.

그런데 同年 8월, 정명향도의 진위를 묻는 遼東都司의 咨文이 조선국왕 앞으로 도착했다. 앞서 언급한 류큐 경유의 일본정보가 북경에

---

53) 『선수실록』24년5월 乙丑조. 임진왜란 직전 명에 전해진 征明계획의 내용 및 일본정보를 둘러싼 명·조선의 동향에 관해서는 米谷均, 「≪全浙兵制考≫ <近報倭警>에서 본 日本情報」, 『한일관계사연구』20, 2004를 참조.
54) 이 정보는 1591년 봄 進貢船에 편승하여 류큐에서 福州로 귀환한 陳申이 제출한 것으로, '①1590년 4월 히데요시가 조선에 병사를 보내 승리하고 300명의 來降者를 획득했다. ②히데요시는 1591년 3월에 大明에 入寇하고자 하여 북경에서 침입할 자는 조선에게 선도시키고, 福建, 廣東, 浙江, 南京에서 침입할 자는 唐人에게 선도시키려고 한다'는 내용이었다. 米谷均, 「≪全浙兵制考≫ <近報倭警>에서 본 日本情報」(전게), 175쪽.

전해지자 명의 兵部는 通事를 조선에 파견하여 사실여부를 확인하기로 하고, 요동도사에게 명하여 조선으로 하여금 회답을 奏上하도록한 것이었다. 조선조정은 즉시 요동도사에게 선조 명의의 回咨를 송부하고, 10월 奏請使를 북경에 파견하여 일본이 명 침략을 1592년 3월로계획하고 있다는 점, 조선이 그간 명에 지극한 忠順을 다해 왔다는점 등을 강조했다.[55] 조선의 해명활동과 일본정보 제공은 실효를 거두어 1592년 3월 만력제의 격려 칙서가 선조에게 하사되었다.

그러나 불행하게도 이러한 조선의 신뢰회복 노력을 일거에 무너뜨리는 정보가 1592년 3월 福建에 상륙했다. 그것은 사쯔마에 연행된 江西출신의 許儀後가 작성한 陳報인데, '①조선이 1590년 5월에 貢物을받들어 일본에 입공했고 이때부터 조선이 입공하기 시작했다. ②1591년 7월 조선은 官人을 일본에 파견하여 입공하였고 관백에게 명 정복의조기결행을 촉구했다'는 내용이었다. 許儀後의 陳報는 주청사가 북경을 떠난(3월 상순) 후 북경에 도착했을 가능성이 높다. ①은 1590년 조선통신사의 일본방문에 관한 오보이고, ②역시 사실무근의 정보였음을말할 나위 없다.

문제는 조선은 이미 일본에 복속하여 일본의 征明에 협력하려 하고있다는 완전히 잘못된 인식이 통신사행 이후 일본 국내에서는 상식으로 정착되어 버렸고, 일본에 체재하던 중국인에 의해 이러한 誤認 정보가 여과 없이 명조에 보고되었다는 점이라 하겠다. 조선의 필사적인

---

55) 『선조실록』24년10월 丙辰조. 遼東都司의 咨文은 聖節使 일행이 아직 명에 체제하고 있던 기간 중에 사절과 엇갈려 도착했다. 주청사 파견에 있어 조선은정명계획의 정보출처를 1591년 3월 일본에서 송환된 김대기의 공술, 5월에來朝한 왜인들의 발언, 6월에 부산에 온 소오 요시토시의 발언 등에 한정하고, 통신사행에 관해서는 함구했다. 명의 의심, 오해를 피하기 위해서였다.

해명활동에도 불구하고 명조에 전달된 일련의 오보는 명의 관인들 사이에 조선에 대한 뿌리 깊은 불신감을 만들어 냈고, 일본군의 조선침략이 현실화되자 그 불신은 한층 강화되어 전쟁에 참전한 명군의 상황이 악화될 때마다 조선을 괴롭히는 트집거리가 되었다.

4. 결 론

이상 본고에서는 조선침략 선언으로 시작된 히데요시의 대조선 정책이 대마도의 외교교섭을 거친 결과 통신사 파견으로 귀착되는 과정을 검토하였다. 아울러 1590년 통신사를 둘러싼 양국의 인식차이, 그 인식의 차이로 인해 조선이 떠안게 된 외교적인 과제, 통신사행 이후의 한일교섭에 대해서도 살펴보았다.

1587년부터 개시된 대마도 소오씨의 통신사파견 요청교섭은 그 출발부터가 히데요시의 조선출병 선언을 무마하기 위한 미봉책으로 고안된 것이어서 조선침략을 근본적으로 봉쇄하기에는 미흡했다. 비록 통신사의 일본행 이후 히데요시의 대조선 정책이 초기의 '조선침략'에서 '大明정복에의 협력'으로 그 수위가 낮아지기는 했으나 이것 역시 현실적으로 조선의 동의를 얻어낼 수 없는 일방통행식 선포에 불과했다.

한편 히데요시를 왕위찬탈자, 시역자로 인식하여 통신사 파견을 주저하던 조선조정은 보다 정당한 외교적인 명분을 원했고 소오씨에 의한 사화동과 피로인 인도 수락은 곧 통신사 파견을 결정짓는 요인으로 작용했다. 조선에게 있어 1590년 통신사는 사전 교섭과정에 있어서 왜구에 협력한 조선인 叛民의 인도 및 다수의 피로인 쇄환을 성취해

냈으므로 이 점에서 외교적으로 실리적인 성과를 거둔 사행이었음을 부정할 수 없다. 그러나 조선의 의도와는 상반되게 통신사는 히데요시 정권의 정치적인 의도하에 일본에 대한 복속사절로 선전되었고 그 결과 일본 국내에서 히데요시의 명정복에 대한 조선의 협력은 기정사실화되었다. 그리고 그로 인해 조선은 히데요시의 명정복에 협력하고 있다는 대외적인 오해를 떠안게 되었다.

1592년 1월, 히데요시는 이미 자신에게 복속했다고 여긴 조선을 入明 경로로 선택하여 大名들에게 3월에 조선으로 도해하도록 명하였다. 도중 히데요시는 소오씨의 진언을 받아들여 조선의 협력여부를 최종적으로 확인하려 했으나 오래도록 별다른 진척이 없자 계획을 변경하여 3월 중순경 조선부터 공략하기로 결정했고 4월에는 일본군이 부산에 상륙했다. 1590년 조선통신사를 자신에 대한 복속사절로 인식했던 히데요시가 조선침략을 감행하기까지에는 이와 같은 경위가 있었음을 간과해서는 안 될 것이다.

본고는 통신사의 사전 교섭과정에서 다수의 조선인 피로인이 쇄환된 구체적인 경위 및 조선침략 발발 직전 소오씨와 고니시의 대조선 교섭에 관해서는 검토가 불충분했다. 이는 금후의 과제로 삼고자 한다.

메이지초기 대외팽창론의 한 유형
아라이 쇼고(新井章吾)와 오사카사건을 중심으로

1. 머리말

오사카사건은 갑신정변 실패 후 오이 켄타로(大井憲太郎)·고바야시 쿠스오(小林樟雄)·이소야마 세이베(磯山清兵衛)·아라이 쇼고(新井章吾) 등의 구(舊) 자유당 좌파인사들이 청년활동가인 소시(壯士)들을 동원하여 조선의 수구파를 제거하려던 계획을 세웠다가 1885년(明治18) 11월에 발각된 사건을 말한다.[1] 그 개략적인 내용은 조선으로 직접 건너가 당시 조선의 정권을 장악하고 있던 친청파(親清派) 고위관료들을 암살하고 김옥균·박영효 등 조선의 개화파 인사들이 정권을 수립할 수 있도록 도와줌으로써 조선의 내정을 민주화시키고, 이로 인한 청과 일본의 대립이라는 외환(外患)을 계기로 일본인의 애국심을 환기시켜서

---

[1] 오이 켄타로 등이 계획을 실행에 옮기려던 차에 오사카 경찰서에 의해 검거되었고, 공판 또한 오사카 중죄재판소에서 열렸기 때문에 오사카사건이라 불린다.

일본국내의 민주주의혁명을 성취시키려던 것이었다. 즉 메이지초기의 민권운동을 주도해 온 자유당이 1884년(明治17) 3월에 발생한 군마사건(群馬事件) 등과 같은 이른바 '격화사건'을 계기로 같은 해 10월에 당의 해체를 결정하고, 이어서 발생한 치치부사건(秩父事件) 등의 봉기가 실패로 끝나는 등 민권운동의 전반적인 퇴조 속에서 이를 타개하는 실마리를 '조선개혁'이라는 대외적 사안에서 찾고자 하였던 것이다.

본고에서는 우선 오사카사건에 대한 종래연구들의 특징을 정리함으로써 종래연구의 성과와 문제점을 알아보고, 이를 바탕으로 그동안 오사카사건의 주모자 중 한사람이면서도 그다지 주목을 받지 못했던 아라이 쇼고가 오사카사건에 참가한 논리를 검토하고자 한다.

2. 오사카사건에 대한 종래연구 분석

오사카사건에 대해서는 국내의 민주주의와 아시아 민중의 연대·해방을 지향하는 민권론의 연장이라고 적극적으로 평가하는 입장[2], 주관적 의도가 민권론의 연장선상인 국제주의에 있었음에도 불구하고 국내혁명의 계기를 '조선개혁'과 대외긴장에서 찾았으므로 현실적으로는 민권론에서 국권론으로의 전향이라고 평가하는 입장[3]으로 크게 나눌

---

2) 平野義太郎 『馬城大井憲太郎伝』(大井馬城傳編纂部, 1938), 平野義太郎 『大井憲太郎』(吉川弘文館, 1965), 平野義太郎 「自由民権とくに大阪事件の評価について」(『大井憲太郎の研究』, 風媒社, 1968) 등이 있다.
3) 遠山茂樹 『尊攘思想と絶対主義』(白日書院, 1948), 遠山茂樹 「自由民権運動と大陸問題」(『遠山茂樹著作集』第三卷, 岩波書店, 1991(1950 초출), 遠山茂樹 「日本のナショナリズム」(『遠山茂樹著作集』第五卷, 岩波書店, 1992(1951 초출), 由井正臣 「大井憲太郎の思想」(近代日本史研究会編, 『近代日本史研究』6,

수 있다. 현재는 후자의 입장이 일반적이라 할 수 있다. 예를 들어 최근
에 간행된 한중일 삼국 공동 교과서에서는 '자유민권운동의 한계와
변질'이라는 소제목에서 "자유민권운동은 일본을 자유와 인권의 나라
로 만들려는 운동이었으나, 일본 국내의 개혁운동이 점차 한계에 봉착
하자 나라밖으로 눈을 돌려 외국으로 세력을 확대해야 한다고 주장하
였습니다. 1884년(明治17) 조선에서 갑신정변이 일어나자 민권운동 측
신문은 청을 강하게 비난하며 일본은 청과 싸워야 한다는 강경론을
폈습니다. 이듬해 1885년(明治18)에는 무기를 지니고 조선으로 건너가
정권의 실력자들을 살해하여 청과 일본이 대립하면 이를 이용하여 일
본 국내에서 혁명을 일으킨다는 자유 민권파의 계획이 사전에 발각되
는 사건마저 일어났습니다"라고 오사카사건을 설명하고 있다.[4]

1958), 山口光朔 「大井憲太郎の国権主義」(『国史論集；創立五十年記念』2,
読史会, 1959), 中塚明 「自由民権運動と朝鮮－とくに大阪事件について－」(『奈
良女子大学文学部付属中学校、高等学校研究紀要』第二集, 1959), 中塚明 「大
井憲太郎論」(『歴史学研究』No.247, 1960), 中塚明 「大井憲太郎の歴史的評
価－とくにアジア連帯の側面について平野義太郎氏の見解を批判する－」(『歴
史評論』188号, 1966), 中塚明 『近代日本と朝鮮』(三省堂, 1969), 井上清『条約
改正－明治の民族問題－』(岩波新書, 1955), 井上清 『日本の歴史』中(岩波新
書, 1965), 旗田巍『日本人の朝鮮観』(勁草書房, 1969), 山田昭次 「征韓論・自
由民権論・文明開化論－江華島事件と自由民権運動－」(『朝鮮史研究会論文
集』7, 1970), 山田昭次「甲申政変期の日本の思想状況－『大同合邦論』および
大阪事件研究序説－」(林英夫・山田昭次編『幕藩制から近代へ』柏書房, 1979),
西重信 「大井憲太郎の朝鮮観－「大阪事件」公判の弁論をとおして－」(季刊『三
千里』, 1979), 森長英三郎「自由党大阪事件」(『裁判自由民権時代』, 日本評論
社, 1979), 大阪事件研究会編著『大阪事件の研究』(柏書房, 1982) 等이 있다.
이중 자유민권 백주년을 기념하여 출판된 大阪事件研究会編著『大阪事件の
研究』는 오사카사건에 대한 근래의 연구성과라고 할 수 있는데, 여기에서는
후자의 입장을 취하면서도 '국권론으로의 전향'보다는 '민권론의 연장'에 초점
을 맞추고 있다.
4) 한중일3국공동역사편찬위원회 지음『미래를 여는 역사』(한겨레신문사, 2005)
53쪽.

이상과 같은 오사카사건에 대한 종래연구의 특징은 첫째 오사카사건의 논리를 분석하는 주된 대상이 오이 켄타로의 사상에 집중적이라는 점이다. 종래연구에서는 오사카사건 이전의 오이 켄타로에 대해 대체적으로 민주적·평민적·급진적이라는 평가를 내리면서 구 자유당 좌파로 분류하고 있다.[5] 하지만 1892년(明治25)에 오이 켄타로 등이 결성한 '동양자유당'은 그 취지문에서 "우리 일본인은 모름지기 아시아 혁신의 지도자임을 자임해야 한다. 특히 조선은 우리나라의 제방(堤防)이다. 일단 무너지면 그 화환(禍患)이 막대하다. 애써 이를 수축(修築)하고 조선국의 안전을 도모하는 것은 일본국의 급무"[6]라고 언급하고 있듯이, 한반도를 발판삼아 아시아대륙으로 진출하고 이 지역의 개혁을 추진하는 것을 목표로 삼는 단체였다. 이것은 당시의 수상 야마가타 아리토모(山県有朋)가 주장한 '이익선'론과 동일한 국권론적 논리이기도 하다. 이렇듯 오사카사건이후 불과 7여년 후에 국권론적 경향으로 명확히 '전향'하는 오이 켄타로의 사상이 오사카사건에서부터 시작하는지의 여부가 검토되고 있고, 이는 곧 오사카사건의 성격을 민권론에서 국권론으로의 '전향'이라고 보는 근거가 되고 있다. 다시 말해서 오사카사건의 성격은 오이 켄타로의 사상을 어떻게 평가할 것인가에 달려있다고 할 수 있는 것이다.

하지만 오사카사건으로 체포된 139명 중 공소된 자가 58여명이고, 제1심에서 경금고(輕禁錮) 1년 이상의 중형을 받는 자는 오이 켄타로를 포함하여 26명이나 된다. 이중 현재 연구되어 있는 자는 오이 켄타로와

---

5) 마키하라 노리오(牧原憲夫) 씨는 오이 켄타로의 급진성을 인정하면서도 '궁국적으로는 체제내적인 계몽사상가'로 평가하고 있다.(牧原憲夫「大井憲太郎の思想構造と大阪事件の論理」, 앞의 大阪事件研究会編著『大阪事件の研究』, 40쪽)
6) 앞의 平野義太郎『馬城大井憲太郎伝』, 297쪽.

함께 오사카사건의 발기인으로 참여한 고바야시 쿠스오, 군자금 획득
을 위해 강도를 감행한 오야 마사오(大矢正夫), 그리고 유일한 여성참가
자인 카게야마 히데코(景山英子) 정도이다.[7] 아무리 오사카사건의 주동
자로서 오이 켄타로가 차지하는 위치를 인정한다 할지라도, 오이 켄타
로의 사상이 곧 참가자 모두의 사상을 대표한다고 할 수는 없기 때문에
오사카사건의 전모를 파악하기 위해서는 그 참가자 각각의 사상을 검
토가 필요하다고 할 수 있다.

둘째 오사카사건을 민권론의 연장이라고 평가하든 국권론으로의
'전향'이라고 평가하든, 오사카사건의 주관적 의도는 민권론에 기초한
국제연대주의에 있었다고 평가하고 있는 점이다. 예를 들어 도야마 시
게키(遠山茂樹)씨는 "자유당 최고수뇌의 조선독립당 지원계획[8]과 달리

---

7) 이들에 관한 연구는 주로 앞에서 언급한 大阪事件研究会編著『大阪事件の研
究』에 수록되어 있다. 松尾貞子의「小林樟雄小論」, 小川原健太의「大矢正夫
素描」, 江刺昭子의「景山英子と大阪事件」이 그것이다. 한편 大矢正夫에 대해
서는 色川大吉編『大矢正夫自徐伝』(大和書房, 1979)이 있고, 景山英子에 대
해서는 玉城肇「大阪事件と景山英子」(『歴史科学』3巻12号, 1934), 住谷悦治
『自由民権女性先駆者－三瀬喜多子・岸田俊子・景山英子－』(文星堂, 1948), 住
谷悦治編『福田英子 妾の半生涯』(実業之日本社, 1949), 村田静子『福田英
子－婦人解放運動の先駆者－』(岩波新書, 1959), 村田静子「景山英子の警察
調書と予審調書について」(『歴史評論』195号, 1966), 女性史研究会編『福田英
子研究－35周年を記念して－』(女性史研究会, 1962), 光田京子「景山英子の
女性解放思想－民権期を中心に－」(藤井駿先生喜寿記念会編『岡山の歴史と
文化』, 福武書店, 1983) 등이 있다. 카케야마 히데코에 관한 연구는 주로 근대
일본 여성해방운동의 선구자라는 관점에서 이뤄지고 있다. 이는 메이지말기에
그녀가 사회주의에 기초한 여성해방운동을 펼쳤기 때문이다. 최근에 그녀의
저작과 편지 등 관계 자료를 편집한 村田静子・大木基子編『福田英子集』(不
二出版, 1998)이 출판되었다. 참고로 '후쿠다(福田)'는 결혼 후의 성이다.
8) 1883년(明治16)에 베트남을 둘러싸고 청불전쟁이 일어나자 자유당의 고토 쇼지
로(後藤象二郎) 등이 조선에서 청의 세력을 약화시키기 위해 김옥균 등 개화파
에게 프랑스로부터 원조받은 자금을 제공하여 정권을 장악하게 하려던 계획
이다.

표면적으로는 같은 목적을 내걸면서도 방법은 대척(對蹠) 적인, 즉 어디
까지나 재야성을 견지하면서 일본인민의 자유민권 투쟁과 조선인민의
자유민권 투쟁의 동맹이라는 형태로 시도되었던 것이 오이 켄타로 등
의 자유당 좌파가 일으킨 오사카사건이었다"9)고 언급하면서, "이른바
자유당의 오사카사건은 민주주의를 기초로 하여 국제주의로 나아간
민족주의의 표현이었다. 여기에 국내 변혁운동의 봉착을 국제적 위기
의 압력으로 타개하려는 전략의 혼란이 있었다는 것은 오늘날 엄밀히
비판받아야 하지만, 그 본의는 그들이 신봉하는 자유민권주의를 확장
하고, 조선의 독립을 확보하여 조선의 야만봉건주의를 철폐하고, 민중
의 자유평등을 실현하기 위해 일본·조선이 서로 형제와 같은 동정을
느끼며 어려울 때 서로 돕고자 하는 철저한 국제주의의 입장을 취하였
다"10)고 평가하고 있다. 오사카사건이 현실적으로는 국권론(=침략주의)
적 경향을 보이더라도 그 주체의 주관적 의도는 '천황제절대주의의
국권론(=위로부터의 내셔널리즘)'과 구별되는 '자유민권파의 국권론(=
아래로부터의 내셔널리즘)'에 기초한다는 것이다.11)

---

9) 遠山茂樹 「自由民権運動と大陸問題」(『遠山茂樹著作集』第三巻, 岩波書店, 1991(1950 초출) 83쪽.
10) 앞의 遠山茂樹 『尊攘思想と絶対主義』, 46쪽.
11) 앞의 遠山茂樹 「日本のナショナリズム」, 229쪽. 이러한 입장은 메이지초기에 등장한 이른바 '아시아주의'에 대한 연구에서도 보이고 있다. 예를 들어 일본의 '아시아주의' 연구자 다케우치 요시미(竹内好)씨는 1880년대 아시아주의를 설명하는 가운데 '오이 켄타로와 오사카사건'이라는 소제목에서 "오이의 경우 어쨌든 대의명분이 '자유민권'에 있었고, '신질서'나 '공영권', '皇道' 그 자체에 있지 않았다는 점에서 그 뒷 세대 구별된다"라고 지적하고 있다.(竹内好 「解説 アジア主義の展望」, 竹内好編 『現代日本思想大系9 アジア主義』, 筑摩書房, 1963, 31쪽. 이 논문은 다케우치 요시미 지음, 서광덕·백지운 옮김 『일본과 아시아』(소명출판, 2004년)에 「제4장 일본의 아시아주의」로 번역되어 있으며, 해당 인용문은 261쪽이다)

하지만 이와 같은 오사카사건의 평가는 근대일본의 국가구상이 자의가 아니라 타의에 의해 개국된 현실을 배경으로 이뤄지고 있는 점을 간과하고 있다. 즉 '천황제절대주의의 국권론(=위로부터의 내셔널리즘)'이든 '자유민권파의 국권론(=아래로부터의 내셔널리즘)'이든 '내셔널리즘' 이외의 다른 것이 아닌 이상, 그것이 이데올로기적 기능을 수행하기 위해서는 특정계급이 아닌 전국민적 요구를 반영해야 하고, 당시의 전국민적 요구는 바로 서구국가와 대등한 근대적 국가의 건설이었던 것이다. 자유민권운동은 1873년(明治6) 10월 정한론정변 이후 하야한 이타가키 타이스케(板垣退助) 등 사족들이 제출한 「민선의원설립건백서」로 시작되었지만, 1880년(明治13) 3월의 국회기성동맹(國會期成同盟)에 이르러서는 농민을 포함한 대규모 국민운동으로 발전하였다. 당시 정부는 이제 막 지폐정리를 위한 긴축정책을 시작하여 당시 해군측이 요구하였던 대규모 군비증강을 실행할 재원조차 마련하기 힘든 상황이었기 때문에 청과의 협조를 기조로 하는 외교정책을 취하고 있었다. 그 결과 정부는 1882년(明治15) 임오군란과 1884년(明治17) 갑신정변 당시 청과의 충돌을 회피하기 위해 조속한 해결을 도모하는 태도를 취하였다. 이러한 정부의 소극외교를 굴욕외교로 공격하며 대외강경노선을 주장한 세력은 오히려 민권파였다.[12] 이후 이들의 주장은 정부의

---

12) 이 시기의 민권파의 대외강경론에 대해서는 岡義武「明治初期の自由民権論者の眼に映じたる当時の国際情勢」(明治史料研究連絡会編 『民権論からナショナリズムへ』, お茶の水書房, 1957), 中塚明「自由党と朝鮮問題ー『自由新聞』社説を通じてー」(『国史論集；創立五十年記念』2, 読史会, 1959), 坂野潤治「第一章 壬午・甲申政変期の外交論」(『明治・思想の実像』, 創文社, 1977), 長谷川直子「壬午軍乱をめぐる自由民権派の朝鮮論」(『国際関係学研究』第16号, 1989), 伊藤之雄「日清戦前の中国・朝鮮認識の形成と外交論」(古屋哲夫編『近代日本のアジア認識』, 京都大学人文科学研究所, 1994) 등 참조.

조약개정안 반대를 계기로 시작되는 1887년(明治20) 삼대사건건백운동
(三大事件建白運動)이나 1894년(明治27) 청일전쟁 후의 삼국간섭반대운
동과 같은 반정부운동으로 이어지게 된다. 민권파가 정부를 비판하고
자신들의 정당성을 주장하는 주요한 논리적 근거는 서구와 대등한 근
대적 국가 건설이라는 강렬한 내셔널리즘이었고, 그 결과 근대일본의
내셔널리즘을 국민적으로 추진한 주체는 오히려 정부가 아니라 민권파
였다고 할 수 있는 것이다. 따라서 오사카사건은 민권론에서 국권론으
로의 '전향'이라는 종래의 관점이 아니라 근대일본이 만들어낸 내셔널
리즘의 발현이라는 관점에서 재검토되어야 할 필요가 있는 것이다.[13]
    이상과 같은 오사카사건의 종래연구에 대한 문제의식을 바탕으로

---

13) 사케다 마시토시(酒田正敏)씨는 종래연구가 '국권론'과 '민권론'을 서로 융화
    될 수 없는 완결한 이데올로기로 파악하면서 '국권파'와 '민권파'의 대립점만을
    강조해 왔지만, 이것은 '국권론·국권주의·국권파'와 '민권론·민권주의·민
    권파'라는 용어에 대한 오해에서 비롯된 것으로, 국권없는 민권론은 있을 수
    없고 민권없는 국권론도 있을 수 없다는 측면을 너무도 무시한 것이라고 지적
    하고 있다. 즉 메이지 시기에 사용된 '국권'이라는 용어는 '국권확립·국권회
    복'(=대외독립), '국권신장'(=대외진출), '국가권력' 등 세 가지 의미로, '민권'
    은 '자연적 인권'(=人民의 權), '국민의 정치적 권리'(國民의 權) 등 두 가지
    의미로 혼용되고 있으며, '국권파'이든 '민권파'이든 실현되어야 할 정치적 목
    적과 가치로서 양자를 모두 취하고 있었다는 것이다.(酒田正敏『近代日本にお
    ける対外硬運動の研究』, 東京大学出版会, 1978, 4~8쪽 참조, 강조는 원문)
    물론 이러한 사케다씨의 지적은 1887년 이후에 펼쳐지는 '국권론·국권파'와
    '민권론·민권파'의 연속을 안이하게 '전향'으로 치부해버리는 종래연구에 대
    한 비판이지만, 본고에서는 이와 같은 사케다씨의 문제의식을 참고로 하여
    1887년 이전에 발생한 오사카사건을 근대일본이 잉태한 내셔널리즘이라는 관
    점에서 검토하고자 한다. 이미 알려진 바와 같이 근대국가의 형성과 발전은
    동서양을 막론하고 '민족'이나 '국민'을 주체로 하는 네이션 건설이라는 틀거리
    속에서 이뤄졌고 이를 통해 내셔널리즘이 만들어졌다. 그 결과 내셔널리즘이라
    는 용어는 '국민주의'·'국가주의'·'민족주의' 등 다양한 의미를 포함하고 있
    다. 따라서 근대국가 건설이 절대적 가치를 점하고 있던 메이지 초기의 정치
    활동가들은 '국권파'이든 '민권파'이든 모두가 내셔널리스트라 할 수 있고, 그
    들의 논리나 운동 또한 내셔널리즘에 기초한 운동이었다고 할 수 있는 것이다.

'도한대실행대장(渡韓隊實行隊長)'14) 아라이 쇼고를 분석하고자 한다. 아라이 쇼고는 1856년(安政3)에 도치기현(栃木縣) 후키가미촌(吹上村)에서 농사와 상업을 겸업하는 집안의 장남으로 태어나, 후키가미촌의 부호장(副戶長)·호장(戶長)과 현의원(縣議員)을 거쳐 자유민권운동에 투신한 전형적인 호농출신의 민권운동가이다. 오사카사건으로 옥살이를 한 후, 1890년(明治23) 제1회 중의원 총선거에서 당선된 이래 1903년(明治36) 제9회 총선거까지 7번이나 당선되었고, 나카에 초민(中江兆民)이 주필을 담당한 정론지 『자유평등경륜(自由平等經綸)』과 『민권신문(民權新聞)』을 발행한 출판사 사장이자 투고자이기도 하였으며, 1897년(明治30)에는 고등관 2등에 해당하는 척식무성(拓植務省) 북부국장(北部局長)에 임명되어 잠시나마 관직에 몸을 담기도 하였다.15) 이렇듯 호농출신으로 자유민권운동에 뛰어든 후, 구 자유당 좌파계열 중에서도 몇 안되는 거물급 정치가로 성장한 아라이 쇼고가 오사카사건 당시 '도한대실행대장'으로 참가하며 내세웠던 논리를 근대일본이 만들어낸 내셔널리즘의 발현이라는 관점에서 분석하고, 이를 통해 오사카사건이 지니는 역사적 의미를 재검토하고자 한다.

---

14) 처음 계획은 이소야마 세이베(磯山淸兵衛)가 '도한대실행대장', 아라이 쇼고는 부(副) 대장을 맡을 예정이었으나, 이소야마가 도중에 연락을 끊자 아라이 쇼고가 '도한대실행대장'을 맡게 되었다.
15) 아라이 쇼고의 일생에 관해서는 大町雅美 『新井章吾―栃木県の自由民權家と政治―』(下野新聞社, 1979) 참조.

3. 아라이 쇼고와 오사카사건의 논리

1) 『자치정담(自治政談)』[16]의 논리-'문명'적인 천황을 매개로 한 내셔널리즘

1879년(明治12) 11월 7일 오사카에서 개최된 제3회 애국사(愛國社) 대회의 참가자들은 국회개설의 급무를 제기하면서 이듬해에 다시 오사카에 모여 국회개설에 대한 건언서를 정부에 제출하기로 결정하였다. 이듬해 3월 15일 오사카에서 개최된 제4회 애국사 대회에서는 농민을 주체로 하는 각지의 민권결사도 합류하여 2부(府) 22현(縣) 총대 97명이 참가하는 국회기성동맹으로 애국사의 명칭을 바꾸고 본격적인 국회개설운동에 들어갔다. 이후 민권결사들이 국회개설청원서를 정부에 대대적으로 제출하기 시작하면서 국회개설운동은 전국적으로 확산되기 시작하였다.[17] 다음은 국회개설운동 초기에 제출된 국회개설청원서 중 하나이다.

---

16) 『자치정담』은 비록 제2호 발행으로 중단되었지만, 아라이 쇼고가 민권운동에 투신할 당시의 사상을 엿볼 수 있는 좋은 자료라 할 수 있다. 지금까지 아라이 쇼고의 사상에 대한 본격적인 연구가 이뤄지지 않은 탓인지 『자치정담』의 분석은 전혀 이뤄지지 않았다.

17) 1882년 임오군란과 1884년 갑신정변을 계기로 민권운동이 민권에서 국권으로 '전향'한다는 종래연구의 관점에 따라, 이 시기에 제출된 국회개설청원서에 대해서는 대외침략적인 국권확장이라기 보다는 조약개정의 조속한 실현과 국권회복을 위해 내치의 충실과 국회개설을 주장한 것으로 보는 것이 일반적인 견해이다.(坂野潤次 『近代日本の外交と政治』, 硏文出版, 1985, 18~19쪽 등 참조) 하지만 국회개설청원서의 대외의식을 분석한 박진우씨는 "이러한 주장 속에서도 서구에 대한 열등감과 위기감의 반작용으로 근린 아시아에 대한 우월감이 증폭되고 있으며 이는 민권운동이 전국적으로 확대되어 가는 과정에서 더욱 두드러지게 나타나고 있었다"고 분석하고, 이는 '배외적인 내셔널리즘'을 부추기는 것이었다고 지적하고 있다. (박진우 『근대 일본 형성기의 국가와 민중』, J&C, 2004, 166~167쪽)

(전략) 오늘날 천하의 인심이 관심을 가지고 있고 소조(宗藏) 등도 열심히 갈망해 마지않는 것은 바로 국회의 개설이다. (중략) 밖으로는 강국의 눈치를 살피고 안으로는 국고(國庫)가 궁핍하여 국권의 확장과 국세의 떨침이 불가능하다. 관민이 서로 소원하여 장차 국가가 위험하다. 이러한 때에 정부가 영단을 내려서 공의(公議)를 국시로 삼고 여론에 의해 정략을 결정하지 않으면 천하가 어찌되겠는가. 민(民)은 그 마음을 정부와 하나가 되어 분진결기함으로써 널리 불패독립의 정신을 발휘하고, 정부 또한 부디 이러한 민의 뜻에 따라 모든 힘을 빠짐없이 중지(衆智)에 활용함으로써 국가의 체면을 보존하고 오늘날 위기에 처한 국세를 구하기 바란다. 이렇듯 관민이 일치하면 어찌 국기(國基)가 확고하지 않고 국체가 온전하지 않겠는가. 오늘날 우리들이 국회개설을 급히 요구하는 것이 어찌 우연이라 말할 수 있겠는가. (중략) 오늘날 우리 정부는 하루속히 국회를 개설하여 우리 인민에게 의정(議政)의 권리를 부여하여 우리들로 하여금 널리 불패독립의 정신을 발휘하게 함으로써 국가의 장래를 위험에서 함께 구제한다면 이는 곧 국권의 확장이요 국세의 떨침이요 국기(國基)의 확고함이요 국체의 보전이다. 메이지가 자유 세상을 만끽하고 오랫동안 부강을 세계에 빛낼 수 있는 것은 관민일치를 철저히 하는 것뿐이다.(후략)[18]

여기에서 국회의 개설이라는 민권적인 요소가 필요한 이유는 '관민이 서로 소원하여 장차 국가가 위험'한 이때에 인민이 '정부와 하나가 되어 분진결기함으로써 널리 불패독립의 정신을 발휘'하기 위해서이고, 이를 통해서만이 '국권의 확장·국세의 떨침·국기의 확고'가 가능하기 때문이다. 즉 민권확보를 위한 국회개설은 국가의 자주권·독립권을 뜻하는 '국기의 확고'와 독립국가로서의 권위증대를 비롯하여 세계에 대한 영향력 증대 및 정치경제적 진출을 뜻하는 '국권의 확장·국

---

18) 1880년 3월 2일, 愛媛縣士族綾野宗藏·茨城縣平民中山三郎等1府9縣27名「國會開設建言」(『明治建白書集成』第五卷, 筑摩書房, 1996)751~752쪽.

세의 떨침'을 이루기 위한 전제조건인 것이다. 이처럼 국권을 위해 민권
을 주장하는 민권파의 논리에는 서구국가와 대등한 근대적 국가를 건
설하여 '불패독립의 정신을 발휘'하겠다는 강렬한 내셔널리즘이 작용
하고 있는 것이다.

이와 같은 국회개설운동이 전국적으로 확산되어 가던 1880년(明治
13)은 아라이 쇼고에게 있어서도 의미있는 해였다. 1876년(明治9)부터
후키가미촌의 부호장과 호장을 역임하면서 민권운동에 관심을 가지게
된 그는 민권운동에 참여하기 위해 1879년(明治12)에 호장을 그만두고
도쿄로 상경하였지만, 가업계승을 주장하는 아버지에 의해 곧장 다시
고향으로 돌아올 수밖에 없었다. 하지만 정치참여를 반대하던 아버지
가 1880년(明治13) 4월에 병으로 죽자, 24살 청년 아라이 쇼고는 자신의
뜻대로 민권운동가의 길을 선택하였으며 같은 해 11월에 시모츠케(下野
地) 지방의 국회개설청원위원으로 선출되었다.[19]

이 시기의 아라이 쇼고는 자비로 『자치정담(自治政談)』이라는 잡지
를 발행하고 있다. 『자치정담』은 제1호 권두언에서 "최대의 힘을 다하
여 인권균일(人權均一)·자가신위(自家身位) 사상의 존중해야함을 변론
하고, 이로써 세상 사람들의 미몽을 깨어 부수고자 한다. 이것이 자치정
담을 발행하는 이유이다"[20]라고 적고 있듯이, 자신의 생각을 적극적으
로 세상에 알리려는 의도에서 자비로 발행되었다. 제1호의 내용 중에는
「중국정부가 한가하니 류큐(琉球) 사건에 대해 전쟁을 호소한다」라는

---

19) 1887年 6月 7日 午前 「大阪国事犯嫌疑事件の公判記録」(松尾章一·松尾貞子
    共編 『大阪事件関係資料集』上卷 大阪日報付録 国事犯事件公判傍聴筆記,
    日本経済評論社, 1985) 132쪽.
20) 新井章吾 「自治政談ヲ發兌スルノ主意」(『自治政談』第一号, 1884年 9月 4日)
    3쪽.

글이 있다. '류큐사건'은 1879년(明治12) 3월에 일본이 일방적으로 류큐를 일본 영토로 귀속시킨 것을 계기로 발생한 청과의 분쟁을 말한다. 당시 청은 이리지역21)의 국경을 둘러싸고 러시아와 분쟁 중이었기 때문에 일본에게 적극적인 항의를 하지 않았으나, 이것이 해결되자 1881년(明治14) 6월 일본에게 류큐처분에 대한 강한 불만을 전하며 협상할 것을 요구하였다.22) 이러한 청의 태도에 대해 아라이 쇼고는 "저들이 백여 개의 주(州) 18성(省)의 남아를 모아 우리에게 오면, 우리들은 철골석육(鐵骨石肉)의 3천 5백만 인민으로 하여금 이를 일격에 소탕"하여 "야마토(大和) 남아의 철권"을 보여 줘야한다고 적고 있다.23) 오사카사건의 공판기록을 분석한 마키하라 노리오(牧原憲夫) 씨는 "청국에 대한 그들(아라이 쇼고를 포함-인용자)의 적개심은 말할 필요도 없이 임오군란 이후의 것"24)이라고 지적하고 있지만, 임오군란 이전에 간행된 『자치정담』에서 아라이 쇼고는 이미 청에 대해 '야마토(大和) 남아의 철권'을 보여주겠다는 적개심을 드러내고 있다. 아라이 쇼고의 적개심은 이미 자국의 영토로 삼은 류큐를 간섭하는 청을 향한 것이었고, 이는 류큐확보라는 '국기의 확고'를 위해서 청과의 전쟁도 불사해야 한다는 주장으로 이어지고 있는 것이다. 여기에는 일본을 청이나 조선과 다르다고 인식하는 내셔널리즘이 강렬히 작용하고 있고, 이러한 내셔널리즘은

21) 중국 신강지역. 1867년에 천산북로 회교도민들이 이리지역을 공격하여 점거하였고, 이에 대해 1871년에 러시아가 질서유지의 명목 하에 남하하여 1876년에 진압하였다. 러시아는 이를 계기로 신강지역까지 진출하였다. 청과 러시아는 1881년에 이 지역 국경문제에 대해 이리조약을 체결하였다.
22) 『明治天皇紀』第五(吉川弘文館, 1971) 386~388쪽 참조.
23) 新井章吾「支那政府閑暇ニ付キ琉球事件ヲ干戈ニ訴ヘントス」, 앞의 『自治政談』第一号, 5쪽.
24) 牧原憲夫「大井憲太郎の思想構造と大阪事件の論理」, 앞의 大阪事件研究会編著 『大阪事件の研究』, 56쪽.

천황을 매개로 하고 있다. 다음은 1881년(明治14) 10월에 10년 뒤에 국회를 개설을 약속한 「국회개설의 칙유」25)가 내려진 직후 발행된 제2호에 실린 글이다.

(전략)지나인민의 상황을 살펴보고 조선의 국정(國情)을 관찰해 보자. 그들은 우리 대일본국과 단지 일본해수를 사이에 두고 있는 가장 가까운 영토임에도 불구하고 국체가 서로 달라 군민(君民) 사이가 너무도 멀어서 아래의 뜻이 위에 달하지 않고 위의 뜻이 아래에 관철되지 않는다. 국군(國君)의 의사는 국군 혼자 집행하고 하민(下民)의 고통은 하민이 스스로 참아 내는 것을 당연시 여긴다. 이 어찌 군민동치라는 좋은 제도를 향유할 여지가 있겠는가. 이를 생각하건데 그 국민의 불행을 슬퍼하지 않을 수 없다. 하지만 광명청랑한 천지를 우러러 보고 예성청명하신 황제폐하를 숭봉하며 천재일우의 시운을 맞이한 우리 동포는 옛 조상들과 조선지나의 인민들에 비교하면 그 행복과 고통의 차이가 마치 하늘과 땅의 차이다. 어찌 감격하여 눈물을 흘리지 않을 수 있겠는가. 그런데 국민된 자들이 성은에 감격하여 단지 감읍할 뿐이거나 황제폐하의 성유(聖諭)를 읽는 것에 그쳐서야 되겠는가. 무릇 우리들의 본분은 반드시 이 성유의 뜻을 받들고 하루속히 의원(議員)을 소집하여 국회를 개설함으로써 군민동치의 좋은 결과를 만들어내 폐하께서 애초 생각하신 바의 성지(聖旨)를 관철해야 한다. 이것이 우리 동포 신민(臣民)된 자의 직분이다. 만약에 정부 유지들이 이를 나태하여 잘 못하는 자가 있으면 우리 인민은 이를 압박하여 재촉해야 한다.(후략)26)

여기에서 '군민공치라는 좋은 제도'는 국회를 의미하고, 이는 어디까지나 서구의 근대적 제도를 의미한다. 이처럼 서구의 근대적 제도를

---

25) 1881년 10월 12일, 內閣官報局編『法令全書』明治14年, 原書房, 1976復刻, 1쪽.
26) 新井章吾「聖諭ヲ謹讀ス」,『自治政談』第二号, 1884年 10月 28日, 4~5쪽. '지나'라는 표현은 중국을 멸시하는 용어이지만 사료인용에 한해서 사용하였다.

'좋은 제도'로 파악하는 것은 메이지초년에 유행한 이른바 '문명사관'
에 따른 것이다. '문명사관'에 따르면 세계는 '최상의 문명국'인 유럽국
가 및 미국, '반개국(半開國)'인 터키・청・일본 등 아시아국가, '야만국'
인 아프리카 및 호주 등으로 나뉜다.[27] 당시의 일본은 아직 다른 아시아
국가들과 마찬가지로 '반개국'인 것이다. 하지만 아라이 쇼고에 따르면
일본은 '군민공치라는 좋은 제도'=국회를 10년 뒤에 개설하겠다는 천
황의 '성지'로 인해 청이나 조선 등과 같은 아시아 국가는 물론이고
일본의 옛 조상들과도 다르게 된다. 여기에서는 에도중기 이후 등장하
여 막말기에 위력을 발휘한 존왕주의와 약간 다른 성격의 존왕주의가
주장되고 있음을 알 수 있다. 막말기의 존왕주의가 만세일계라는 황통
의 연면성만을 강조하는 천황 절대주의적 성격이었다면, 아라이 쇼고
의 경우는 '군민'사이가 가까운 '국체'라는 점에서 일본이 다른 아시아
국가와 다르고, 이러한 '국체'의 기본인 천황이 '군민공치'라는 서구문
명을 실현하고자 한다는 점에서 '일본의 옛 조상'과는 다르다는 존왕주
의, 즉 천황의 '문명성'이 강조되는 성격인 것이다.[28] 그리고 이와 같은
천황의 '성지'를 받들어 '정부의 유지'들에게 국회개설을 압박하는 것
이야 말로 아라이 쇼고를 포함한 '신민'된 자들의 직분인 것이다. 이렇
듯 아라이 쇼고가 국회개설을 정당화한 논리에는 서구문명을 실천하는
'근대적인' 천황을 매개로 하여 일본이 근린 아시아 국가와 다르다는
내셔널리즘이 존재하고 있었고, 이는 곧 그가 오사카사건에 참가하는

---

27) 福沢諭吉 『文明論之概略』(岩波文庫, 1995) 25쪽.
28) 1871년 폐번치현과 궁정개혁을 거치면서 천황에게는 '개화군주'로서의 성격,
   즉 문명개화의 선두에 서서 이를 실천하는 군주의 성격이 강하게 드러나게
   된다.(安田浩 『天皇の政治史-睦仁・嘉仁・裕仁の時代』, 青木書店, 1998,
   45~48쪽 참조)

논리이기도 하였다.

2) 「회천기사(回天記事)」[29]의 논리-아시아해방의 외양을 띤 내셔널리즘

1881년(明治14) 10월 12일 천황의 「국회개설의 칙유」가 내려진 후, 같은 달 29일에 이타가키 타이스케를 중심으로 자유당이 결성되었다. 자유당은 도쿄에 중앙본부를 설치하고 지방에 지방부를 두어 지방조직화를 도모하였다.[30] 이 시기의 아라이 쇼고는 시즈오카현(静岡県)에서 도이 코카(土居光華)와 함께 자유당 시즈오카지부 '가쿠난자유당(岳南自由黨)'[31] 을 결성하는 등 자유당 당원으로서 지방의 지부결성에 적극적으로 가담한 후, 도치기현으로 돌아와 1882년(明治15) 2월 현의원에 당선되었다. 노치기현에서는 자유당 시모츠케지방부(下野地方部)를 거쳐 1882년(明治15) 8월에 도치기자유당이 결성되었다. 여기에는 국회개설운동기부터 활동한 「시모츠게유지공동회(下野有志共同会)」가 주도적인 역할을 하였는데, 아라이 쇼고는 이 모임의 창립회원이었다.

한편 1882년(明治15) 4월 16일에는 1881년 정변으로 하야한 오쿠마

---

29) 野島幾太郎『新井章吾先生』(野島幾太郎 發行, 1930) 34~200쪽 수록. 1888년 「회천기사」는 크게 '인', '의', '예', '지', '신'의 5부로 나뉘어 있는데, 이중 '인'은 오사카사건에 참가한 자신의 '주의'와 '목적'을 논리적으로 서술한 것이고, 나머지는 오사카사건 계획부터 옥중생활에 이르기까지를 일기 형식으로 정리한 것이다. 본고에서는 주로 '인'을 분석하기로 한다. 이 자료 또한 종래연구에서 부분적으로 인용되고는 있지만 전체적인 분석은 아직 이뤄지지 않았다.
30) 「自由党規約」(板垣退助監修, 遠山茂樹・佐藤誠朗校訂『自由党史』中, 岩波文庫, 1961) 80~81쪽.
31) 구자유당 격화사건 중 하나인 1886년 6월의 시즈오카사건(静岡事件)을 주도하였다. 아라이 쇼고가 가쿠난자유당 결성에 참가한 경위 등에 대해서는 長谷川権一「民権運動家と地域啓蒙ー土居光華の思想と行動ー」(『維新変革における在村的諸潮流』, 三一書房, 1972) 402~406쪽 참조.

시게노부(大隈重信)를 중심으로 입헌개진당(立憲改進黨)이 결성되었고, 도치기현에서도 10월 중에 다나카 쇼조(田中正造)를 중심으로 도치기개진당이 결성되었다.[32] 이후 자유당과 개진당의 대립이 전국적으로 심화되어 가는 가운데, 아라이 쇼고는 1883년(明治16) 4월 자유당 정기대회에 현대표로 참가하였다. 여기에서 그는 15명의 상의원(常議員) 중 한명으로 선발되어 도쿄를 중심으로 한 자유당의 정담연설회에 참가하는 등 점차 자유당의 중심적 인물로 성장해 갔다. 그러던 중 9월에 도치기현내 1년간 정담연설회 참가금지를 당하고, 11월에는 집회조례 위반·관리모욕 등으로 미토경죄재판소(水戶輕罪裁判所)로 소환되어 재판을 받은 뒤 이듬해인 1884년(明治17) 6월 19일부터 1885년 2월 18일까지 도치기경죄재판소(栃木輕罪裁判所)에 수감되었다. 아라이 쇼고는 출옥 후의 상황에 대해 다음과 같이 서술하고 있다.

> (전략)그동안 사회에서는 카바잔(加波山) 거사라든가 치치부사건(秩父事件)이라든가 여러 종류의 변동이 있었습니다만, 오랜 시간동안 감옥에 있었던 탓에 이를 전혀 알지 못했습니다. 따라서 당분간은 집에서 세상 돌아가는 것을 주의 깊게 살피다가 보다 널리 시찰할 생각으로 그 해(1885년-인용자) 3월에 상경하여 오이(大井)·고바야시(小林)·이소야마(磯山) 등을 만나 마침내 오늘(오사카사건 재판-인용자)에 이르렀습니다(후략)[33]

아라이 쇼고가 수감되어 있는 동안 발생하였던 자유당 해산(1884. 10.29)은 중앙 지도부와 지방 당원들 사이의 계급적 이해가 대립한 결과

---

32) 도치기현의 자유당·입헌개진당 결성과정에 대해서는 大町雅美 『自由民権運動と地方政治-栃木県明治前期政治史-』(隨想会, 2002) 72~94쪽 참조.

33) 앞의 1887年 6月 7日 午後 「大阪国事犯嫌疑事件の公判記録」, 앞의 『大阪事件関係資料集』上卷 大阪日報付録 国事犯事件公判傍聴筆記, 133쪽.

였고, 이는 카바잔사건(加波山事件, 1884.9.23), 치치부사건(秩父事件, 1884. 10.31), 나고야사건(名古屋事件, 1884.10), 이다사건(飯田事件, 1884.12.6) 등과 같은 자유당 소속 빈농들의 무장봉기를 낳았다.[34) 또한 아라이 쇼고가 출옥한 2월은 정부가 지난 1884년 12월의 갑신정변과 관련하여 청과 평화롭게 마무리지려는 태도를 취하는 것을 비판하는 민권파의 움직임이 활발한 때였다. 『자유신문(自由新聞)』을 비롯한 민권파 신문들은 조선에 대한 내정간섭, 청과의 전쟁결행, 이를 위한 군비확충 등을 주장하면서 정부를 압박하고 있던 것이다.[35) 아라이 쇼고는 "출옥 후 신문지 또는 세인의 담론 등을 통해"[36) 이처럼 변해버린 정치적 상황을 파악하려고 애썼고, 그 일환으로 3월에 오이 켄타로 등을 만났다고 할 수 있다. 오사카사건 재판 당시, "본건의 의사를 결정한 것은 18년(1885년[明治18]-인용자) 3월 이후인가"라는 재판관의 질문에 대해, "그렇습니다. 일청담판 후 즉 5, 6월경입니다." 구체적으로 "제가 조선의 독립을 돕고자 결심한 것은 이토 히로부미(伊藤博文) 대사가 담판을 마무리 한 후입니다(3월에 오이 등을 만난 후-인용자). 일단 도쿄에서 돌아왔다가 다시 메이지 18년 7월 19일에 도쿄로 가서 이소야마를 방문하여 자신의 결심을 말하였습니다"[37)라고 답하고 있다. 고바야시 쿠스오에 따르면 '조선계획'을 "오이, 이소야마 등에게 말한 것은 18년 2, 3월 경"[38)이다. 따라서 3월에 상경한 아라이 쇼고는 이미 세워진 '조선계획'을 전해

---

34) 後藤靖『自由民権―明治の革命と反革命―』(中公新書, 1972) 171~192쪽 참조.
35) 앞의 坂野潤治『明治・思想の実像』, 80~83쪽 등 참조.
36) 「回天記事」義, 앞의 『新井章吾先生』, 76쪽.
37) 앞의 1887年 6月 7日 午後 「大阪国事犯嫌疑事件の公判記録」, 133~134쪽.
38) 1887年 7月 16日 第一回 「大阪国事犯嫌疑事件の補遺訊問」, 앞의 『大阪事件関係資料集』上巻 大阪日報付録 国事犯事件公判傍聴筆記, 320쪽.

들었을 때 즉답을 피하고 고향에 돌아 왔지만, 4월 18일 이토대사의
담판에 불만을 품고 다시 7월에 도쿄로 가서 계획에 합류할 것을 전한
것이 된다. 여기에서 이토대사의 담판은 텐진(天津) 조약을 말한다. 그
내용은 양국 군대를 조선에서 철수하고 이후 사정에 따라 출병할 시에
는 상대국에게 통지할 것을 정했을 뿐, 갑신정변 당시 일본군을 공격한
청국장교의 처벌은 포함되지 않았다. 이와 같은 이토 대사의 담판에
대해 아라이 쇼고는 다음과 같이 적고 있다.

> (전략)이 담판은 국욕을 씻고 국인(國人)의 손해를 보상받는데 부족하다.
> 그저 앞으로 경성에 있는 양국 군대를 서로 철수할 것을 약속한 것에 불과
> 하다. 본디 청국에 대해 우리 정부가 요구한 조건은 도대체 무엇인가. 지극
> 히 비밀로 하고 있어서 애초부터 우리들이 알 수 없지만, 결코 이것이 요구
> 를 관철시킨 결과라고 볼 수는 없다. 이를 알 수는 없지만 우리들은 이와
> 같은 결과에 만족 할 수 없다. 하지만 이토 전권공사가 이에 만족하며 의기
> 양양하게 귀국한 것은 실로 놀라지 않을 수 없다(후략)"[39]

아라이 쇼고는 텐진조약을 청에게 받은 '국욕을 씻고 국인의 손해
를 보상받는 데 부족한' 것으로 파악하고 있다. 텐진조약을 계기로 '조
선을 돕고자 결심'하였다는 것은 그 주된 방향이 '조선'에 있다기보다
이러한 조약을 맺은 일본 정부와 이를 일본에게 강요한 청에게 있음을
말해준다. 다시 말해서 타국(=청)에 의한 자국민의 살해라는 국가의
자주권 침해에 대해 정당한 대처를 하지 못한 정부를 비판함과 동시에,
침해 당사국인 청을 공격하기 위한 수단으로서 '조선의 독립'이 거론되
고 있는 것이다.

---

39) 「回天記事」義, 앞의 『新井章吾先生』, 76~77쪽.

이와 같은 아라이 쇼고의 생각은 오사카사건에 참가한 자신의 '주의'
와 '목적'을 논리적으로 서술한 「회천기사(回天記事)」 '인(仁)'에서 보다
명확히 드러난다. 아라이 쇼고는 현재의 정부를 "천하의 정권을 한사람
혹은 여러 명이 장악"하여 '동등자유를 침해'하는 '전제정체'라고 규정
짓고, 이를 개혁하여 '대의정체'를 설립해야하는 정당성을 다음과 같이
적고 있다.

> (전략)메이지유신 초에 황상은 천지신기에게 제사드리고 5개조 서문을
> <u>선포하셨다. 그 첫째는 널리 회의를 열어 만기공론에 의거하여 결정한다는</u>
> <u>것이다.</u> 이로서 구래의 누습을 없애고, 구미문명의 제도를 퍼트리고, 번을
> 없애고 현을 설치하고, 사민(四民)에게 동등한 권리를 주고, 새로운 율(律)
> 을 제정하고, 집의원(集議院)을 세우고, 좌원(左院)을 실치하고, 원로원(元
> 老院)을 세우고, 부현회(府縣會)를 열고, 또한 지조개정(地租改正)의 성업
> 을 이루어 세상에 편중편경의 우려가 없도록 하신 바, <u>이 모든 것은 동등자</u>
> <u>유의 주의를 법으로 만들어 대의정체의 기초를 세우신 것에 다름 아니다.</u>
> 어찌 공명정대하시다고 말하지 않을 수 있겠는가. 그러나 간신들이 관직에
> 올라 하민(下民)을 학대하고 위세를 떨면서 성덕을 가리고 언로를 막으니
> 유신 창업의 정신을 볼 수 없다. 그 결과 상하가 날로 멀어지고 민심도
> 날로 이반하며 법률은 점점 엄해지니 이를 범하는 자 점점 많아져 거의
> 그 끝을 모를 지경이다. 어찌 개탄하지 않겠는가.[40]

여기에서 '대의정체'의 정당성은 '황상'이 선포한 '5개조 서문'에 있
음을 알 수 있다. 즉 앞에서 검토한『자치정담』의 논리와 마찬가지로
'대의정체'는 단순히 '구미문명의 제도'이기 때문만이 아니라 이를 실
천하는 '황상'을 매개로 정당성이 확보되고 있는 것이다. '5개조 서문'

---

40) 「回天記事」仁, 앞의『新井章吾先生』, 38쪽.

은 1868년(明治1) 4월 6일 메이지천황이 공경(公卿)과 제후 등에게 제시한 유신정부의 기본방침이다. 이것의 제1조 '널리 회의를 열어 만기공론에 의거하여 결정한다'는 작성과정에서 몇 번이고 수정이 가해졌는데,[41] 이는 당시 재정력도 군사력도 지니지 못한 '웅번연합정권'에 불과했던 유신정부가 장차 권력의 강화를 도모하기 위해서는 '열후회의'적 요소를 부정해야 했기 때문이었다.[42] 하지만 이후 이와 같은 작성자들의 의도와 달리 제1조는 아라이 쇼고와 같은 민권론자들에 의해서 국회를 개설해야 하는 근거로 확대 해석되었다. 즉 '대의정체' 실현의 정통성을 "천황의 권위에 기초하여 실현되는 '공론'"[43]에 두고, 이를 실현하지 않는 '전제정체'인 정부를 비판하는 근거가 되었던 것이다. 이처럼 천황의 권위를 매개로 정부 비판의 근거를 확보한 아라이 쇼고는 '책임 재상제(宰相制)가 아님을 논한다', '사당내각(私黨內閣)임을 논한다', '내각교체가 없음을 논한다', '육해군을 논한다', '화족(華族)을 논한다', '삼권이 독립되어 있지 않음을 논한다', '언론의 자유를 논한

---

41) 1868년 1월에 도사번(土佐藩)의 후쿠오카 타카치카(福岡孝弟)가 제후회맹(諸侯会盟)을 건의한 것을 받아 들여 후쿠이번(福井藩) 출신의 참여(参与) 유리 코세이(由利公正)가 5개조 서문의 원안인 '의사의 체(体) 대의'를 작성하고, 이것에 대해 후쿠오카가 제목을 회맹으로 바꾸고 제1조의 맨 앞에 '열후회의를 열어'라는 문구를 추가시키는 등 열후회맹의 색채를 강하게 만들었다. 후쿠오카는 천황과 제후가 함께 회맹을 약속하는 형식으로 발표할 것을 제안하였으나, 이 형식은 천황과 제후를 대등하게 취급하는 것이라는 공경들의 반발을 샀다. 우여곡절 끝에 천황이 공경과 제후를 이끌고 신(神)에게 맹서하는 형식을 기도 타카요시(木戸孝允)가 제안한 것이 최종적으로 채택되었다. 이 때 기도 타카요시, 이와쿠라 토모미(岩倉具視), 산조 사네토미(三条実美)는 후쿠오카가 추가한 제1조의 '열후회의'를 '널리 회의'로 바꾸고, 최종안의 제4조를 새롭게 추가하는 등 최종적인 수정을 하여 발포하였다.
42) 大久保利謙「五カ条の誓文に関する一考察」(『大久保利謙歴史著作集1 明治維新の政治過程』, 吉川弘文館, 1986(1957 초출) 참조.
43) 安丸良夫「一八五〇~七〇年代の日本」(『岩波講座 日本歴史』第16卷 近代1, 岩波書店, 1994) 40쪽.

다', '공업간섭을 논한다', '교육간섭을 논한다' 등44)과 같은 목차를 설정하여 정부의 폐해를 구체적으로 서술한 후, "지금 우리 전제정부를 개혁하기 위해서는 우선 전제정부에게 부적당한 시세를 만들어서 정부로 하여금 스스로 개혁하려는 마음이 생기도록 하여야 한다"45)고 적고 있다.

그렇다면 아라이 쇼고가 생각하는 '전제정부에게 부적당한 시세'란 무엇일까. 우선 아라이 쇼고는 '우내(宇內)의 대세'가 "아침에 탄우(彈雨)를 지중해에 떨어뜨리고 밤에는 포연으로 흑해를 뒤덮으며 서로 일승일패를 겨루는 것"이 마치 "지나(支那)의 춘추전국"과도 같아서, "파란(波蘭, 폴란드-인용자)과 같은 나라는 이미 여러 대국에게 분유되어 이들이 더 이상 유럽에서 다툴 곳이 없어졌기에 이제 요기와 살기는 우리 동양으로 향하였으니 이 어찌 위험하다 하지 않겠는가"46)라고 적고 있다. 이러한 '우내의 대세' 속에서 아라이 쇼고가 보는 '아시아의 대세'는 어떠한가. 문명을 자랑하던 대국 인도는 영국의 땅이 되어 "그 인민은 마치 노예와 같은 참담한 경우"에 처해있고, 안남(安南, 베트남-인용자)·섬라(暹羅, 태국-인용자)·미얀마·조선·파사(波斯, 페르시아-인용자) 등이 타국의 간섭을 벗어나 있기는 하나 순연한 독립을 유지하는 것은 오직 일본과 청뿐인데, 여전히 아시아의 여러 국가가 "구미문명의 제도를 모방하여 위로는 정치 법률로부터 아래로는 예의 풍속에 이르기까지 개량진보를 도모하지 않고 완고히 고제(古制)를 묵수하며 구습을 고집"하는 원인은 "주로 지나에게 있다고 말하지 않을 수 없다"고

---

44) 「回天記事」仁, 앞의 『新井章吾先生』, 39~64쪽.
45) 위의 『新井章吾先生』, 65쪽.
46) 위의 『新井章吾先生』, 66쪽.

한다. 왜냐하면 과거에 거대한 문명국으로서 근린 각국을 크게 감화시켰던 청이 여전히 "구태를 못 벗어나니까 근린 각국도 이를 답습"하고 있기 때문이라는 것이다.[47] 서구의 식민지획득이라는 '우내의 대세'가 일본의 독립을 위협한다는 논리는 개국이래의 일반적인 주장이었다. 하지만 아라이 쇼고의 경우에는 약간 그 문맥을 달리 하고 있다. 즉 서구의 위협은 간접적으로 일본의 독립을 위협하는 것이고, 오히려 직접적으로 일본의 독립을 위협하는 것은 일본과 달리 '개량진보'를 도모하지 않는 청의 존재이고, 이로 인해 아시아 전체가 위험에 빠지는 것이다. 따라서 일본의 독립을 유지하고 "아세아 각국을 문명화하려면 제일 먼저 지나의 현 정부를 멸하여 무수한 소국을 세우고, 여기에 서구문명의 제도를 퍼트려 자유정체를 설립"하여 "지나를 개량하면 근린 각국도 스스로 개량하여 마침내 구주 각국의 모멸을 이겨내고 대등한 권리를 가지고 교류하며 인생의 지락(至樂)을 향유할 수 있을 것"이라고 적고 있는 것이다.[48] 그리고 청을 개량할 구체적인 방법은 청의 간섭(=임오군란과 갑신정변)으로 고통 받고 있는 조선을 위해 "내 자신의 몸과 마음을 바쳐 조선 조정내의 간적을 처단하고, 이로써 (조선의) 독립을 회복"하여 '지나 개조의 시기'를 만들어 내는 것이고, 이로써 "내가 바라는 바를 이루는 단서로 삼을 것"이라고 전망하고 있다.[49] 즉 아라이 쇼고가 오사카사건에 참가한 이유는 어디까지나 서구의 침략으로부터 일본의 독립을 유지하겠다는 내셔널리즘에 기초한 것이었고, 조선의 독립을 도와 청의 개량에 힘쓰는 것은 이를 위한 '단서'일

---

47) 위의 『新井章吾先生』, 67쪽.
48) 위의 『新井章吾先生』, 68~69쪽.
49) 위의 『新井章吾先生』, 71쪽.

뿐인 것이다. 따라서 이로 인해 "일, 청, 한(韓) 사이에 갈등이 생겨서 우리나라의 국사가 복잡해지면 전제정부는 자신을 유지하기 위해 여론을 살펴 자발적으로 정부개혁을 행하게 될 것"이라면서, 이것이야 말로 자신이 "지나의 개조를 바라는 이유"라고 적고 있다.[50] 즉, 일본을 서구 열강으로부터 지켜내려는 강렬한 내셔널리즘은 국내의 개혁이 아니라 국외, 그 중에서도 '문명화'되지 않은 아시아 지역을 일본의 선도하에 '문명화' 시키겠다는 논리, 다시 말해서 일본 주도하의 아시아 해방론으로 발전하고 있는 것이다. 이와 같은 내셔널리즘의 논리는 대외적 팽창을 통해 확립되어 온 근대일본의 내셔널리즘이 지니고 있는 특징을 단적으로 보여주는 것이다. 그리고 이와 같은 근대일본의 내셔널리즘은 아라이 쇼고 자신이 오사카 사건의 참가를 정당화한 논리 속에서 전형적으로 보여지고 있는 것이다.

4. 맺음말을 대신하며

지난 9월 26일에 제90대 일본총리로 임명된 아베 신조(安部晋三)가 관방장관이었을 때, 후쿠오카시(福岡市)에서 개최된 자민당 큐슈(九州) 블록대회에서 대(對) 아시아 외교에 대해 다음과 같은 흥미로운 발언을 하였다.

건전한 내셔널리즘과 편협한 내셔널리즘은 무엇이 다른가. 편협한 내셔널리즘은 국기를 휘두르며 국가를 부르는 것이 아니라, 외국의 국기를 태우

---

50) 위와 동일.

고 찢는 것이다. 일본은 이러한 국가가 되어서는 안된다.[51]

　이것은 산케이신문(産経新聞)의 해설대로 고이즈미 준이치로(小泉純一郎) 수상의 야스쿠니신사 참배와 역사인식문제 등을 문제삼아 온 중국과 한국의 움직임을 간접적으로 비판한 발언이라 할 수 있는데, 여기에서 주목되는 것은 아베가 내셔널리즘을 '건전'과 '편협'이라는 기준으로 구별하고, 앞으로 일본이 취해 나갈 방향으로서 '건전한 내셔널리즘'을 시사하고있다는 점이다. 이는 북한의 일본인 납치문제를 자국민에 대한 타국의 침해라는 내셔널적인 시각에서 비판하고, 이를 통해 국민적인 인기를 얻을 수 있었던 아베의 정치적 행보의 특징을 전적으로 보여주는 것이라 할 수 있다. 즉 자국민에 대한 타국의 침해를 국가의 자주권 침해로 간주하고, 이를 해결하기 위해서는 대북제재라는 타국에 대한 자주권 침해도 행할 수 있다고 주장하는 순간, 아베가 말하는 일본의 '건전한 내셔널리즘'은 어느새 자신이 비판한 '편협한 내셔널리즘'으로 변화할 수밖에 없는 것이다. 이는 근대국가가 국민통합의 이데올로기로 만들어 낸 내셔널리즘이 지니는 태생적인 성격에서 기인하는 것이기 때문에, 아베가 아무리 '건전한' 내셔널리즘을 지향한다 하더라도 내셔널리즘이 지니는 '편협함'을 벗어날 수는 없는 것이다.

　현재의 상황과 120여년 전에 발생한 오사카사건을 동일선상에서 논한다는 것 자체가 비역사적인 방법이겠지만, 아라이 쇼고가 오사카사건에 참가한 이유는 서구의 침략으로부터 일본의 독립을 유지하는 것이었으므로, 아베는 이를 '건전한 내셔널리즘'이라고 평가할지도 모른다.

---

51) 2006년 9월 4일 기사, 『産経新聞 Web』, http://www.sankei.co.jp/news/060904/sei096.htm 에서 인용.

하지만 아라이 쇼고가 서구의 침략으로부터 일본의 자주권을 확보하려는 '건전한 내셔널리즘'의 발로에서 참가한 오사카사건이 조선에게는 조선의 자주권을 침탈한 '편협한 내셔널리즘'에 불과하였다는 점에 오사카사건을 분석하는 현재적 의미가 있는 것이다.

제3장

일 본 의 대 외 위 기 와 팽 창 의 구 조

金鉉球

·

李 領

·

趙明哲

일본의 위기와 팽창의 구조
663년 백촌강싸움을 중심으로

金鉉球 고려대학교 교수

1. 머리말

고대 가야지역에서 활약한 왜, 663년 백촌강(白村江)싸움의 백제 구원군, 고려 말의 왜구, 16세기말의 임진·정유 왜란, 1894년의 청일전쟁, 20세기 초의 한일합방 등 일본은 역사적으로 대륙문제에 적지 않게 관여해 왔다. 이런 사실들을 이론화한 것이 한반도남부경영론이요, 소중화사상이라고 할 수 있을 것이다. 동아시아 세계[1]는 중국을 중심으로 하는 세력과 일본을 중심으로 하는 세력이 대를 이루면서 발전되어 왔다는 것이다. 이들을 더욱 발전시킨 것이 아시아의 패자를 목표로 하는 대동아공영권이나 엔(円)경제권구상이라고 할 수 있을 것이다.

---

1) 동아시아 세계의 의미에 대해서는 이성시의 「고대동아시아 세계의 형성과 그 현재적 의미」(『고려대학교 개교 백주년 국제학술 심포지엄 -고대 한·일관계의 현재적 의미와 전망- 발표논문집』, 고려대학교 일본학연구센터, 2004.) 참조

그런데 한반도남부경영론이나 소중화사상 등은 당시부터 존재하던 논리가 아니라 20세기 대륙을 침략하면서 그 침략을 역사적으로 정당화시키기 위해서 만들어낸 이론들이다. 그 출발점은 야마토(大和) 정권이 임나를 중심으로 한반도남부를 지배했다는 한반도남부경영론과 이를 바탕으로 663년 백제부흥운동군을 지원하기 위해서 당·신라연합군과 싸운 백촌강싸움을 당을 중심으로 하는 대제국주의와 한반도남부를 지배하던 소제국 일본간의 고대제국주의 전쟁으로 규정지은 고대제국주의 전쟁설이라고 할 수 있을 것이다.[2]

그러나 전후 일본에서 학문의 자유가 허용되면서 대륙침략을 합리화시키기 위해서 만들어냈던 한반도남부경영론이나 고대제국주의 전쟁설 등은 비판을 면치 못하게 되었다. 그리고 오늘날 세계도 동서냉전체제가 종식되면서 지역적 협력의 방향으로 나가고 있다. 따라서 상호간에 침략을 하고 침략을 받았던 한·중·일이 주축을 이루고 있는 동아

---

[2] 종래 백촌강싸움의 성격에 대해서는 크게 두 가지 견해가 있었다. 일본학계에서는 石母田正(『日本の古代國家』, 岩波書店, 1971, 70쪽)의 고대 일본이 한반도남부를 지배하고 있었다는 소위 한반도남부경영론을 전제로 백촌강싸움은 당나라가 중심이 된 大帝國主義와 일본이 중심이 된 小帝國主義가 부딪친 고대제국주의 전쟁이라는 설이 통설적인 위치를 점하고 있다. 그 뒤 鬼頭淸明(『白村江』, 敎育社, 1981, 129쪽)도 백제구원이라는 명목으로 조선반도의 상황에 간섭하지 않으면 신라·백제·임나의 조를 받는 입장을 잃어버린다고 하여 石母田의 설을 계승하고 있다. 그리고 遠山美都男(『白村江』, 講談社現代新書, 1997, 204쪽)도 이와 같은 입장을 취하고 있다.
한편 한국학계에서는 林宗相(「七世紀中葉における百濟·倭の關係」, 『古代日本と朝鮮の基本問題』, 學生社, 1974.)을 필두로 변인석(『白村江戰爭과 百濟·倭 관계』, 한울아카데미, 1994.) 등 당시 백제인들이 일본의 지배층을 이루고 있었다는 전제하에 백촌강싸움을 백제출신 일본의 지배층이 조국을 부흥시키기 위해서 출병한 전쟁이라고 규정하는 소위 조국부흥전쟁설이 주류를 이루고 있다. 근년 鄭孝雲(『古代 韓日 政治交涉史 硏究』, 1995.)은 신라를 정복하기 위한 전쟁이라는 설을 제시하고 있다.

시아 세계도 늦던 빠르던 지역적 협력의 방향으로 나가지 않을 수 없게 되어 있다. 이런 움직임을 보여주는 것이 한·중·일간의 긴밀한 무역 관계요, ASEAN 등 지역협의체의 등장이라고 할 수 있다.

그런데 근래 일본이 군사대국화를 지향하려는 움직임 속에서 비판은 받았지만 뚜렷한 대안이 제시되지 못하던 탓으로 명맥을 유지해 오던 한반도남부경영론이 다시 일본역사교과서에 등장하려 함으로서 주변 국가들을 불안으로 몰아넣고 있다.[3] 한반도남부경영론이라는 것이 대륙 침략을 정당화시키기 위해서 등장했던 역사적 교훈을 잊을 수가 없기 때문이다. 따라서 한반도남부경영론과 한반도남부경영론을 전제로 하고 있는 백촌강싸움의 고대제국주의전쟁설을 재검토해 봄으로서 대륙을 침략하면서 역사적 근거로 삼았던 그들의 실체를 밝히고 이를 동아시아 세계의 지역적 협력의 출발점으로 삼고자 한다.

2. 한반도남부경영론과 백촌강싸움

백제부흥운동군의 요청으로 파견된 4백여 척에 약 2만 7천여의 일본군과 백제부흥운동군이 663년 8월 27·28 양일에 걸쳐 백촌강에서 신라·당연합군과 싸웠다. 일본 학계에서는 이 백촌강싸움을 당을 중심으로 하는 대제국주의와 한반도남부를 아우르는 일본을 중심으로 하는 소제국주의가 부딪친 고대제국주의 전쟁이라고 하는 것이 정설로

---

3) 일본의 역사교과서 서술이 한일간에 문제가 되어 2002년 5월부터 2005년 5월까지 한일역사공동연구위원회가 발족되어 한반도남부경영론 등 쟁점이 되는 부분들을 검토하였다. 그 결과가 『한일역사공동연구보고서』, 한일역사공동연구위원회, 2005. 전 6권으로 출판되었다.

되어 있다.[4] 그러나 백촌강싸움을 당을 중심으로 하는 세력과 한반도남
부를 아우르는 일본이 부딪힌 고대제국주의 전쟁이라는 주장은 왜가
한반도남부를 아우르고 있었다는 소위 한반도남부경영론을 전제로 하
고 있다.

그런데 고대 일본이 한반도남부를 지배하고 있었다는 소위 임나일본
부설이라고도 불리는 한반도남부경영론을 체계화한 것이 스에마쓰(末
松保和)의 『任那興亡史』(吉川弘文館, 1949)다. 스에마쓰의 『任那興亡史』
는 출판은 전후에 됐지만 대부분 전전에 발표한 내용을 모은 것으로
그 핵심은 일본이 4세기 중반에서 6세기 후반까지 약 200여 년 간 한반
도남부를 지배하고 그 지배기구로서 임나일본부라는 기구를 설치하고
있었다는 내용에 있다.

수위 한반도남부경영론은 20세기 초 일본이 한일합방의 역사적 근거
로서 만들어낸 이론으로서 전후 학문의 자유가 허용되고 객관적인 연
구가 시작되면서 무너지기 시작하였다. 그러나 한반도남부경영론이 무
너진 뒤 당시 한반도남부에서 활약했던 왜의 역할에 대해서 아직까지
도 뚜렷한 대안이 제시되지 못하자 한국학계는 왜가 활동한 한반도남
부 지역에 왜 대신 가야연맹체라는 것을 대체시키고 있다.[5] 반면 일본
학계는 왜의 한반도남부에 대한 직접적인 지배는 부정하면서도 왜의
한반도남부지배를 전제로 한 고대사의 틀은 그대로 유지함으로서 묵시
적으로 한반도남부경영론을 그대로 인정하는 모순을 범하고 있다. 그
대표적인 예가 일본의 한반도남부지배를 전제로 하고 있는 백촌강싸움
의 고대제국주의 전쟁설이 아직까지도 통설적인 지위를 점하고 있다는

---

4) 주 2) 참조.
5) 김태식, 『가야연맹사』, 일조각, 1993을 참조.

사실이다.[6] 따라서 근래 일본의 군사대국화와 함께 백촌강싸움에 대한 고대제국주의 전쟁설뿐만 아니라 그 전제가 되었던 한반도남부경영론 까지도 재등장하려 하고 있는 것이다.[7] 백촌강싸움에 대한 재검토의 필요성이 여기에 있는 것이다.

3. 백촌강싸움 전야의 동아시아 정세

백촌강싸움의 한 주역인 일본은 당시 대외관계에서 선진문물의 도입을 최대 과제로 하고 있었다. 따라서 스이코(推古)天皇 10년(602)까지는 주로 백제와만 관계를 갖는 일면외교를 전개하고 있었다. 지정학적 위치 때문에 백제가 당시 동아시아 문물의 중심지였던 중국남조의 선진문물을 독점적으로 도입함으로서 한반도 3국 중에서 일본에 선진문물을 제공할 수 있는 가장 유력한 위치에 있었기 때문이었다. 따라서 백제에서 선진문물을 도입하는 대신 백제에게는 군원을 제공하는 특수한 용병관계를 맺고 있었다.[8]

그러나 589년 북조의 수가 중국을 통일함으로써 문화의 중심이 남조에서 북조로 바뀌고, 554년 신라가 한반도의 대중국통로인 한강 하류를 장악하게 되자 일본은 선진문물을 도입하기 위해서는 대중통로를 장악

---

6) 한반도남부경영론을 전제로 백촌강싸움을 고대제국주의 전쟁으로 규정한 石母田正(『日本の古代國家』, 岩波書店, 1971, 70쪽)의 설이 백촌강싸움에 대한 최근의 대표적인 업적이라고 할 수 있는 遠山美都男(『白村江』, 講談社現代新書, 1997, 204쪽)에 그대로 계승되고 있는 사실로도 짐작이 간다.

7) 주 3) 참조

8) 김현구, 『6세기의 한·일관계 -교류의 시스템을 중심으로-』, 한일역사공동연구위원회, 2005.

한 신라나 북조와 국경을 맞대고 있는 고구려와도 관계를 맺지 않을 수 없게 되었다. 그런데 백제뿐만 아니라 신라나 고구려와도 관계를 갖기 위해서는 한반도 3국간에 전쟁이 없어야 한다. 3국간에 전쟁이 일어나면 일본으로서는 어느 한쪽을 선택할 수밖에 없게 되기 때문이었다.9)

한편 고구려 원정의 실패로 몰락한 수(589-618)에 이어 등장한 당(618-906)도 체제가 안정되자 본격적으로 한반도문제에 개입하기 시작한다. 632년 당은 일본이 파견한 1차 견당사 이누카미노(犬上君三田耜, いぬがみのきみみたすき)의 귀국길에 고표인(高表仁)을 파견하여 신라에 대한 지원을 요청한다. 고표인의 신라 지원 요청에 접한 야마토 정권에서는 친백제 정책을 고수할 것인가 아니면 신라·당과의 관계를 강화할 것인가 하는 외교노선을 둘러싸고 권력투쟁이 전개된다.10) 그런데 당시 백제와의 관계를 중개하는 과정에서 성장하여 야마토 정권의 실권을 장악하고 있던 소가(蘇我)씨로서는 당의 요청을 받아들여 백제와의 관계를 단절하고 신라·당과의 관계를 강화하는 것은 권력의 기반을 상실하게 되는 것이며, 반대로 백제와의 관계를 중시하여 신라·당과의 관계를 거절하고 백제와의 일면외교로 회귀하는 것은 선진문물의 도입이라는 지배층의 이익에 반하는 것으로 야마토 정권에서의 고립을 자초하게 되는 것이다. 따라서 소가씨로서는 당장 권력을 유지하기 위해서는 당의 요구를 거절하고 친백제 정책으로 회귀하지 않을 수 없었다.

일본이 신라에 대한 지원을 거절하자 당은 귀국하는 일본 유학생들

---

9) 김현구, 「對百濟關係の實體」, 『大和政權の對外關係研究』, 吉川弘文館, 1985, 47쪽.

10) 김현구, 「初期の日·唐關係に關する一考察-『日本書紀』高表仁の來日記事を中心に-」, 『日本歷史』423, 吉川弘文館, 1983. 7쪽.

을 그 때까지 백제를 거쳐서 귀국시키던 관례를 무시하고 신라로 보내서 신라가 송사로 하여금 귀국시키게 하는 등의 방법으로 야마토 정권에 대해서 압력을 가한다. 한편 야마토 정권 내부에서도 선진문물의 도입이라는 지배층의 이해에 반해서 친백제 정책을 취하는 소가씨에 대한 비판이 일기 시작한다. 소가씨는 친백제 정책을 고수할 수도 없고 그렇다고 친신라·당 정책을 취할 수도 없는 딜레마에 빠진다. 그럼에도 불구하고 소가씨 정권이 유지될 수 있었던 것은 한반도에서 백제와 신라 간에 결정적인 전쟁이 없었다는 사실이다. 당장 백제에 대한 지원에 나서거나 반신라정책을 취할 필요는 없었기 때문이다.[11]

그런데 640년대에 들어서자 소강상태를 유지하던 한반도 정세에 커다란 변화가 일어나기 시작한다. 백제에서는 641년 의자왕이 신라에 대해서 유화정책을 취하던 친일본파를 제거하고 권력을 장악한 다음, 이듬해인 642년에는 신라의 대야성 등 40여성을 탈취함으로써 일본으로서는 백제나 신라 중에서 어느 한쪽을 택하지 않으면 안 될 상황으로 내몰리게 되었다. 같은 해 고구려에서는 연개소문이 당과의 유화정책을 취하던 영류왕(618-641)을 몰아내고 보장왕(642-668)을 세움으로서 당과 일촉즉발의 상황으로 치닫고 있었다.

한반도에서 고구려와 백제에게 시달리던 신라가 구원을 청하자 당은 644년 11월 마침내 이세적(李世勣)을 요동도행군대총관으로 삼아 고구려 원정에 나선다. 신라·당과 백제·고구려라는 대립 구도가 분명해지고 당의 고구려 원정이 구체화되자 야마토 정권도 위기에 처하게 된다. 친백제 정책을 취하고 있던 야마토 정권으로서는 당이 승리하는 경우 일본의 안전도 장담할 수 없게 되었기 때문이다.

---

11) 당시 일본의 정세에 대해서는 주 9) 김현구 전게서 참조.

4. 백촌강싸움 출병의 원인

당의 고구려 원정에 위기의식을 갖게 된 야마토 정권은 645년 신라와 관계가 깊은 나카토미노 가마타리(中臣鎌足) 등이 중심이 되어 황실의 나카노오에(中大兄)황자(皇子)(당시 고쿄쿠(皇極)천황의 아들로 뒤의 덴치(天智)천황 662-671)와 가루(輕)황자(고쿄쿠천황의 동생으로 뒤의 고토쿠(孝德)천황: 645-654) 등을 끌어들이고, 승려 민(旻)·다카무카노 겐리(高向玄理) 등 당·신라 유학생들의 도움을 받아 친백제 정책을 취하던 소가씨를 타도하고, 가루황자를 고토쿠천황(645-654)으로 세운 다음 다이카개신(大化改新)을 단행한다. 그리고 백제와의 관계를 단절한 다음 646년 9월 개신정권의 국박사 다카무카노 겐리를 신라에 보내 일본에 친신라적인 개신정권이 들어섰음을 알리자 신라는 이듬해 다카무카노 겐리의 귀국 길에 김춘추를 파견하여 신라와 개신정권과의 연합을 추진한다. 개신정권은 다음해에 입당하는 김춘추를 통해서 보낸 표를 통해서 632년 고표인이 요청했던 신라에 대한 지원 요청을 수락했음을 알리고 당과의 관계를 회복한다. 여기서 일본·신라·당이라는 3국연합 체제가 들어선다.

그러나 고토쿠천황을 중심으로 하는 일본·신라·당이라는 3국연합 체제는 개신정권 내의 고토쿠천황과 나카노오에황자 간의 권력 투쟁으로 흔들리게 된다. 개신정권 내부에서 고토쿠천황 체제가 확립되어 가자 불안을 느낀 나카노오에황자는 고토쿠천황 체제를 견제하기 위해 신라·당이 고구려·백제를 멸망시키면 궁극적으로는 일본도 위험해진다는 논리로 신라·당과 손을 잡는 것보다는 오히려 백제·고구려와 손잡고 대륙에서 당의 세력을 저지해야 한다는 논리로 일본·신라・당이라는 3국연합 체제를 축으로 하는 고토쿠천황 체제의 견제에 나선다.

나카노오에황자는 649년 개신정권 내부에서 쿠데타를 통해서 고토쿠천황의 측근 좌대신 아베노 우치노마로(阿倍內麻呂)와 우대신 소가노 구라야마다노 이시카와마로(蘇我倉山田麻呂) 등을 제거하고 실권을 장악한다. 나카노오에황자가 실권을 장악한 뒤 그의 복심 고세노 오미노 도코다(巨勢大臣德陀古)는 651년 "지금 신라를 정벌하지 않으면 뒤에 반드시 후회하게 될 것입니다. 그 정벌 방법은 힘들지 않습니다. 나니와 쓰(難波津)에서부터 쓰쿠시(筑紫)해에 이르기까지 연이어 배를 가득 띄워놓고 신라를 불려서 그 죄를 묻는다면 쉽게 이룰 수 있을 것입니다."[12]고 신라 정벌을 주장한다. 도코다의 신라 정벌론은 그 해 당나라 복장을 착용하고 왔다는 이유로 쓰쿠시에 도착한 신라 사신 지만사찬(知萬沙湌) 등을 입경도 시키지 않고 쓰쿠시에서 그대로 돌려보내면서 나온 것이다.[13] 따라서 도코다가 신라정벌을 주장한 근본 원인은 신라와 당의 밀착에 있었다고 할 수 있다. 일본이 신라와 당의 밀착을 두려워하고 있었다는 것은 신라・당연합군의 고구려, 나가서는 백제정벌이 궁극적으로는 일본에 대한 위협이라는 생각을 가지고 있었다는 의미가 된다.

신라와 당의 밀착이 궁극적으로는 일본에 위협이 된다는 생각은 천도나 아스카(飛鳥)의 방위체제문제에서도 잘 나타나고 있다. 645년 개신정권 출범과 함께 수도를 친백제 세력의 근거지라고 할 수 있는 아스카에서 신라・당과의 교류가 원활한 해안 나니와(현, 오사카)로 옮긴다. 그런데 개신정권의 실권을 장악한 나카노오에황자는 653년 원래의 아

---

12) 「孝德紀」白雉 2년(651) 是歲條.
13) 「孝德紀」白雉 2년(651) 是歲條.

스카로 다시 돌아갈 것을 주장한다.[14] 당의 고구려 원정이 진행 중인 상황에서 신라와 당의 연합을 일본에 대한 위협으로 간주하던 나카노오에황자의 입장에서는 대륙에서 상륙하는 관문인 나니와를 그대로 수도로 하고 있다는 것은 위험천만한 일이 아닐 수 없었기 때문이다. 고토쿠천황이 아스카로의 천도를 거절하자 나카노오에황자는 황조모(皇祖母, 고토쿠천황), 하시히토(間人)황후(고토쿠천황의 딸, 나카노오에황자의 누이), 그리고 황제(皇弟, 오아마노황자(大海人皇子)), 뒤의 덴무천황(天武天皇))들을 거느리고 왜의 아스카노카와라(飛鳥河邊)행궁으로 가서 머물렀다.[15] 여기서 고토쿠천황이 추진하던 3국연합 체제는 실질적으로 막을 내린다

　실질적인 아스카 천도 이듬해인 654년 고토쿠천황이 사거하자 나카노오에황자는 어머니 고쿄쿠천황(642-645)을 사이메이천황(齊明天皇, 655-661)으로서 다시 등극시킨 다음 수도 아스카의 방위 체제의 정비에 나선다. 「齊明記」2년(656) 후타쓰키노미야(是歲條)에는 '다무노미네(田身嶺)의 꼭대기에 둘러 담을 쌓았다. 또 산봉우리 위에 두 개의 물푸리나무 근처에 관(觀)을 세웠다. 이름 하여 후타쓰키노미야(兩槻宮)이라고 했다. 또는 아마쓰미야(天宮)이라고도 했다. 천황은 공사를 즐겼다. 수공(水工)으로 하여금 도랑을 파게 했다. 카구야마(香山)의 서에서 이소노카미노야마(石上山)에 이르렀다. 배 200척으로 이소노카미노야마의 돌을 싣고 물이 흐르는데 따라 내려와서 궁의 동산에 돌을 쌓아서 담을 만들었다. 사람들이 비방하여 "미친 생각의 도랑이다. 인부를 낭비한 것이 3만이며, 담장을 쌓는데 낭비한 것이 7만여, 궁재를 썩히고 산정이

---

14) 「孝德紀」白雉 4년(653) 是歲條.
15) 「孝德紀」白雉 4년(653) 是歲條.

무너졌다."라고 했다. 또 비방해서 말하기를 "돌로 산악을 만들었다. 만든 대로 저절로 무너질 것이다"라고 말하였다.'로 되어 있는데 이는 막대한 인부를 동원해서 아스카의 방위체제를 구축하고 있다는 점을 보여준다. 주로 돌담을 쌓고 도랑(渠)을 만들고 있는 것으로 보아 아스카의 방비 시설임은 의심의 여지가 없다.[16] 당·신라군의 고구려원정이 이루어지는 가운데 내륙 아스카로의 천도와 아스카의 방위체제의 구축이 당·신라의 침략에 대비한 것임은 말할 필요도 없을 것이다.

당의 고구려 정벌에서 촉발된 내륙 아스카로의 천도나 아스카 방위체제의 강화라는 수동적인 대륙정책은 당·신라의 침공 위협 속에서 자기 방어를 목적으로 하는 것으로서 적극적으로 한반도를 경영하기 위해서 진출하려 했다든지, 동아시아 세계에서 중국과 패권을 다투는 모습이라고는 할 수 없을 것이다. 당시 일본이 대륙의 정세에 수동적으로 대처하고 있었음은 백제구원군의 출병과정에서도 확인된다.

660년 10월 백제부흥운동군의 요청으로 시작된 백촌강싸움에 대한 출병은 사이메이천황(655-661)이 그 해 12월부터 준비에 착수하여 급거 규슈(九州)에 까지 내려가서 준비하다 사이메이천황이 급사하자 아들 덴치천황(天智天皇, 662-671)이 단행한 것이다. 백촌강싸움에 대한 출병은 처음부터 일본이 주체가 된 것이 아니고 백제부흥운동을 주도하던 복신(福信)의 요청으로 단행된 것이다.[17] 따라서 661년 4월 한반도의 전황 호전을 이유로 복신이 구원군 파견의 유보를 요청하자 거국적으

---

16) 이들이 아스카의 방위시설임은 石母田正의 『日本の古代國家』(岩波書店, 1971, 63쪽)와 門脇禎二의 『新版飛鳥』(日本放送出版協會, 1977, 201쪽) 이래의 통설이다.

17) 齊明紀 6년 12월조에는 '天皇幸于難波宮. 天皇方隨福信所乞之意, 思幸筑紫, 將遣救軍'로 복신의 요청에 따라서 구원군을 보내려 하고 있음을 알 수 있다.

로 준비하던 파병이 잠시 보류되기도 한다.[18]

한편 백제부흥운동군 내부에서는 일본에서 귀국한 명목상의 지도자 왕자 풍장(豊璋)과 실질적 지도자인 복신이 부흥운동군 내부의 주도권을 둘러싸고 대립하고 있었다. 그러므로 663년 3월에 도착한 일본의 구원군이 곧바로 백제부흥운동의 거점인 주류성에 입성하면 부흥운동군 내부의 주도권이 일본의 뒷받침을 받고 있던 왕자 풍장에게 넘어갈 가능성이 컸다. 따라서 복신이 그들의 입성을 허락하지 않음으로써 당시 웅진성과 사비성에서 고립되어 있던 당군을 구축할 수 있는 기회를 잃어버리게 되었고 왕자 풍장이 복신을 제거한 8월에야 입성을 시도했지만 그 사이에 이미 도착하여 기다리고 있던 손인사(孫仁師)가 이끄는 당의 증원군에게 패배하게 되는 것이다.[19] 백제구원군은 어디까지나 백제부흥운동군의 요청에 따라 움직이고 백제의 부흥운동도 백제부흥운동군의 주도하에 있었음을 알 수 있다.

일본이 대륙의 정세에 수동적으로 대처하고 있었음은 백제구원군의 출병과정과 움직임에서도 확인된다. 백촌강싸움에 대한 당시 일본 지배층의 의식을 잘 보여주는 것이 출병의 명분이다. 일본이 출병하면서 내건 명분은 백제의 요청을 받고 백제부흥을 지원한다는 입장이지 그 이상의 명분은 전혀 보이지 않는다. 일본의 백제구원군은 출병의 명분으로 '백제 구원군'이나 '고구려 구원군' 또는 백제를 구원하기 위해서 신라를 정벌한다는 표현은 쓰지만,[20] 한반도경영이나 당과 싸우기 위

18) 김현구 외 3인, 『일본서기 한국관계기사 연구 3』, 일지사, 2004, 205쪽.
19) 김현구 외 3인, 『일본서기 한국관계기사 연구 3』, 일지사, 2004, 228쪽.
20) 660년 10월 복신의 구원 요청에 대해서 공격의 목표가 신라임을 분명히 하고 있다. 齊明紀 6년 是歲條에는 출병을 준비하면서도 그 목적이 '欲爲百濟, 將伐新羅'로 신라를 정벌하는 데 있음을 분명히 하고 있다. 663년 3월 본대가 출발할 때도 天智紀 3년 3월조에는 '遣前將軍上毛野君稚子, 間人連大蓋, 中將軍

해서 출병한다는 표현은 어디에도 없다. 심지어는 당을 적대시하는 표현조차 없다.[21] 이는 백촌강싸움에 대한 전반적인 일본의 시각을 잘 보여주고 있다고 할 수 있다.

5. 맺음말

과거 일본 학계는 한일합방의 근거로서 고대일본이 한반도남부를 200여 년간 지배했다는 소위 한반도남부경영론을 들고 나왔었다. 그리고 한반도남부경영론을 바탕으로 663년의 백촌강싸움을 당을 중심으로 하는 대제국주의와 한반도남부를 아루르는 일본을 중심으로 하는 소제국주의가 부딪친 고대제국주의 전쟁이라고 규정했다. 고대제국주의 전쟁설은 동아시아 세계가 중국과 일본을 양대축으로 발전해왔다는 이론으로 발전하고 이는 다시 대동아공영권으로 발전하면서 아시아의 패자를 목표로 하는 이론으로 발전되었다.

그러나 한반도남부에서 활약한 왜의 역할에 대해서는 이론이 있지만 일본이 한반도남부를 직접 지배했다는 한반도남부경영론은 이미 무너

巨勢神前臣譯語, 三輪君根麻呂, 後將軍阿倍引田臣比邏夫, 大宅臣鎌柄, 率二萬七千人, 打新羅'로 그 명분은 '打新羅'로 신라를 친다는데는 변함이 없다. 그리고 663년 3월에 본대가 파견되어서 실행한 최초의 작전도 天智紀 2년 6월 조에는 '前將軍上毛野君稚子等, 取新羅沙鼻岐奴江二城.'으로 신라를 취하는 것으로 되어 있다. 백제 부흥을 위해서 출병하는 야마토 정권이 신라를 공격 목표로 하는 것은 너무나 당연한 사실이다. 한편, 齊明紀 7년 是歲條에는 '又日本救高句麗軍將等 泊于百濟加巴利濱而燃火焉 灰變爲孔 有細響 如鳴鏑'이라고 해서 고구려를 위해 출병하는 기사도 보인다.

21) 『日本書紀』에는 출병의 목적이 여러 곳에 보이지만 어디에도 당을 적대하는 표현은 보이지 않는다.

진 지 오래다. 그렇다면 한반도남부경영론을 전제로 한 백촌강싸움의 고대제국주의 전쟁설이 성립될 수 없다는 것도 명백한 사실이다. 실제로 백촌강싸움에의 출병은 당이 백제를 멸망시키자 일본열도까지 침입할지도 모른다는 불안감에서 백제부흥운동군의 요청을 받고 그들의 침략을 한반도에서 저지하기 위한 것에 불과하다. 따라서 한반도남부경영론을 명분으로 한 한일합방이나, 백촌강싸움의 고대제국주의 전쟁설을 바탕으로 한 동아시아 세계가 중국과 일본을 양대 축으로 발전해왔다는 논리도 성립될 수 없음이 명백하다.

동아시아 세계가 지역적 협력을 모색하기 위해서는 먼저 그 구조를 이해하는 것이 선결과제라고 생각된다. 그리고 동아시아 세계의 구조라는 것은 동아시아 세계가 뒤엉킨 사건들을 검토하여 공통점을 추출함으로서 밝혀질 수 있다고 생각된다. 그런데 백촌강싸움이야말로 동아시아 세계의 전 구성원이 뒤엉킨 사건이라고 생각된다. 당·신라 연합군과 백제·고구려·일본이라는 당시 알려져 있는 동아시아 세계의 중요 국가가 전부 뒤엉켜 싸운 최초의 전쟁이기 때문이다.

그런데 동아시아 세계가 뒤엉킨 백촌강싸움은 당이 백제를 멸망시키자 백제부흥운동군이 일본에 구원을 청했고 당·신라가 백제를 멸망시키게 되면 궁극적으로는 일본까지도 쳐들어 올 것이라는 위기의식에서 일본이 백제부흥운동군의 요구에 응해서 출병한 사건일 뿐이다. 이는 1592년 임진왜란 때에 일본이 조선을 침략하자 조선이 동아시아 세계의 다른 한편에 있는 중국에 구원을 요청했고 그들이 중국까지 침략할지도 모른다는 위기의식에서 중국이 조선의 요구에 응해서 구원군을 파견한 사건과도 대칭되는 사건이라고 생각된다.

백촌강싸움이나 임진왜란처럼 중국이나 일본이 한반도에 영향력을 확대하려 하는 경우 동아시아 세계는 반드시 전란에 휩싸이게 되었다. 그 원인은 지정학적으로 한반도가 중국이나 일본의 침략을 받는 경우 다른 일방이 자국까지도 침략을 당할지 모른다는 위기감에서 도움을 요청하는 한반도를 지원했기 때문이라고 할 수 있을 것이다. 이런 동아시아 세계의 구조를 잘 이해하는 것이 동아시아 세계가 지역적 협력을 이룩하는 출발점이 아닌가 생각된다.

14세기의 동아시아 국제 정세와 왜구
공민왕15년(1366)의 금왜사절(禁倭使節)의 파견을 중심으로

李 領 한국방송통신대학교 교수

서 론

왜구는 약 4세기(13세기-16세기) 가까이 지속되어 동 아시아의 국제관계는 물론, 한·중·일 삼국의 사회 전반에 걸쳐 지대(至大)한 영향을 끼친 역사 현상이었다. 그런데 현금(現今)의 왜구상(倭寇像)은 많은 부분이 왜곡(歪曲)되었으며, 또 해결되지 않은 문제들이 적지 않은 연구 분야라고 할 수 있다. 일본사에서 중세에 해당하는 역사 현상인 왜구는, 고대(古代) 또는 근세 이후 근대까지의 일본의 대외팽창 현상과는 달리, 정치적 목적을 달성하기 위한 것이거나 또는 영토욕(領土慾) 때문이 아니라 단순히 인간과 재화(財貨)를 약탈하기 위한 것이었다는 점에 그 특징이 있다.

또한 본고에서 고찰하고자 하는 고려 말의 왜구, 소위 <경인년 이후의 왜구>는 당시 남북조 내란기(1336-91)라는 상황 때문에, 일본의 공권력(公權力)이 약탈 행위를 통제할 수 없었기 때문에, 나아가서는 공권력이라 할 수 있는 쇼니씨(少弐氏)와 규슈 남조(征西府)가 왜구의 주체였기에 장기화(長期化)·대규모화(大規模化)되었다고 할 수 있다[1].

　중세 일본인들의 대외 팽창(왜구)에는 내부적으로는 일본 사회의 모순이, 그리고 외부적으로는 원 제국의 붕괴에 따른 동 아시아의 국제 질서의 혼란이 복잡하게 뒤얽혀서 상호 작용을 하고 있었다. 본고는 경인년(1350) 이후 고려를 침구해 온 왜구가, 어떠한 일본 국내 및 국제 정세 속에서 발생하고 변화되어갔으며, 이에 대하여 고려 왕조는 외교적으로 어떻게 대응해갔는가? 라고 하는 문제를, 특히 공민왕 15년(1366)의 왜구 금압을 요구하는 사절(이하『금왜사절』이라 한다)의 파견을 중심으로 고찰하고자 한다. 그럼으로써 왜구가 원명(元明) 교체기라고 하는 동 아시아의 국제 정세와 어떠한 상호 유기적인 관련이 있는지 생각한다.

1. 금왜사절(禁倭使節) 파견 지체의 배경

1) 기존 연구의 재검토

　고려 조정이 <경인년(1350)의 왜구>[2] 이후, 일본에 금왜사절을 파견한 것은 공민왕 15년(1366)이었다. 이 해는 남조의 정평(正平) 21년,

---

1) 이 문제에 관해서는 졸고,「경인년 이후의 왜구와 마쓰라토」(『일본역사연구』제24집 2006년 12월호 참조).
2) 왜구의 정의와 분류 등에 대하여는 졸고, 「전환기(轉換期)의 동아시아 사회와 왜구(倭寇)-<경인년 이후의 왜구>를 중심으로-」(한국역사학회 123호. 2003년 12월)를 참조.

북조의 정치(貞治) 5년에 해당한다. 이후 고려 왕조가 멸망할 때까지
모두 10차례의 금왜사절 파견이 확인 된다3). 이하 이 사건과 관련해
기존 연구가 지닌 문제점들에 대하여 간략하게 살펴보기로 하자. 이
사건을 처음 본격적으로 검토한 나카무라 에이코(中村榮孝)는 그 의의
에 대하여 다음과 같이 서술했다.

"아시카가 막부가 직면한 최초의 외교적인 사건으로 가장 주의해야 할
것이다.(중략) 또한 고려로서는 왜구 진압책의 하나로 해적금제(海賊禁制)
를 요구하는 사절을 최초로 아시카가 막부를 위시해, 일본의 요로(要路)에
파견한 것이었다. 고려가 멸망한 뒤에도사절은 계속 파견되어 일본과 조선
사이에 마침내 밀접한 통호무역(通好貿易) 관계를 발생시키는 동기가 되었
다. 어쨌든 아주 중요한 사건이라 해야 할 것이다"4).

나카무라는 공민왕 15년의 금왜 사절 파견이, 고려(조선)의 일본에
대한 최초 파견이라고 하는 점과, 이후 양국 사이에 전개된 통호 무역의
계기가 되었다는 점에 그 의의를 지적하고 있을 뿐, 왜구의 금압과
관련해 어떠한 의의가 있는지에 대해 고찰하지 않았다. 금왜 사절에
대한 나카무라의 평가를 그대로 받아들인다면 고려(조선)측의 외교적
노력은 금왜(禁倭)에 별다른 실효를 거두지 못한 채, 본래 의도와는 달
리 양국간의 통호 무역을 열게 하는 계기만을 제공해주었다고 하는
것이 된다.

남북조 시대 연구의 대표적인 명저(名著)로 손꼽히는 『南北朝の動
乱』5)에서 사토 신이치(佐藤進一)는, 규슈 남조(南朝, 征西府)의 가네요시

3) 후술하는 바 <표5>를 참조.
4) 나카무라 에이코(中村栄孝), 「太平記に見えた高麗人来朝の記事に就いて」는
다이쇼(大正) 14년(1925)12월 탈고, 쇼와(昭和) 6년(1931) 4월에 수정한 뒤, (『日
鮮関係史の研究』上, 吉川弘文館, 1965년)에 재 수록했다.

(懷良) 친왕의 대명외교(対明外交)에 대해 중점적으로 서술하면서도, 공민왕 15년의 사절 파견에 대해서는 한 줄도 언급하지 않았다.

다나카 다케오(田中健夫)는 이 사건의 의의에 대하여 "이 사절의 파견은 왜구의 금지에 다소 효과가 있었던 것 같았다. 『고려사』공민왕17년조에는 왜구에 관한 기술이 하나도 보이지 않고 있다"[6]고 했다. 그러나 다나카 역시 사절 파견이 왜구 금압에 어떤 역할을 했는지 구체적으로 검토하지 않았다.

무라이 쇼스케(村井章介)는 "1367년에 왜구 금압을 요구하는 고려 사신이 도래한 이후, 왜구는 일본을 둘러싼 국제 관계 중 가장 기저적(基底的)인 요인이 된다[7]" 라고 하였을 뿐 이후의 모든 서술은 일명관계(日明關係)에만 집중하였다. 또한 이 사건의 경위를 단순 서술하고, "왜구의 금압(禁寇)은 상당히 실효가 있었던 것 같아서 1368년에는 드물게도 왜구의 침구(入寇)가 기록되어 있지 않다"[8]고 할 뿐, 공민왕 15년의 금왜사절 파견이 이후의 남북조 내란의 전개와 왜구에 미친 영향과 그 의의에 대해서는 특별한 주의를 기울이지 않았다.

반면, 가와조에 쇼지(川添昭二)는 이 사건의 의의를 다음과 같이 평가했다. 첫째, 아시카가 정권이 외교를 자신의 권력 하에 장악해가는 단서가 되었다. 둘째, 막부로 하여금 규슈(九州) 평정(平靜)을 진지하게 생각하게 하는 계기가 되었다. 셋째, 규슈탄다이(九州探題)를 시부카와 요시

5) 佐藤進一, 『南北朝の動乱』, 日本の歷史9, 中央公論社, 1965년.
6) 田中健夫, 「十四、十五世紀の倭寇と武家外交の成立」, 『日本歷史大系』2, 中世, 山川出版社, 1985년.
7) 村井章介, 「建武・室町政権と東アジア」, 『講座日本歷史4、中世2』, 歷史学研究会・日本史研究会編集, 東京大学出版会, 1985년.
8) 村井章介, 「庚寅以來之倭賊と日麗交渉」, 『アジアのなかの中世日本』, 校倉書房, 1988년.

유키(渋川義行)에서 이마가와 료슌(今川了俊)으로 바꾼 것과 이 사건은
상당히 깊은 관련이 있었다[9], 고 했다. 그러나 가와조에 또한 공민왕
15년의 금왜 사절의 도래가 당시 내란 중이던 일본 사회에 미친 파장이
나 또 그것이 이후 왜구 금압과, 그리고 그것과 밀접한 관련이 있었던
규슈 남조 세력의 평정과 구체적으로 어떤 상관관계에 있는지에 대하
여 구체적으로 고찰한 것은 아니다.

 이상의 나카무라·사토·다나카·무라이·가와조에의 연구는 모
두 공통적으로 공민왕 15년의 금왜 사절의 파견이 내포하고 있는 여러
가지 문제점을 간과(看過)하고 있으며, 그 역사적 의의(意義)에 대한 시
각도 결여되어 있다. 따라서 이후 왜구 문제를 둘러싼 고려와 일본
간의 외교 교섭도 단지 언제, 누가 사절로 양국간으로 왕래하였는가,
라는 사실을 나열하는 수준에 그치고 있을 뿐, 금왜를 둘러싼 일본의
대외교섭은 오로지 명나라 태조 주원장이, 쇼군 아시카가 요시미쓰(足
利義滿)를 '일본국왕'에 책봉한 문제에만 집중되어 왔다고 해도 틀리지
않을 것이다.

 다시 말하자면, 공민왕 15년의 금왜사절 파견 이후 이어지는 사절
파견이 왜구금압과 어떠한 상호 관련이 있는지에 관해서 지금까지 이
렇다 할 연구가 없는 것이 현실이다. 과연 10차례에 걸친 고려의 사절
파견은 왜구의 금압에 아무런 역할도 하지 못했으며 또 의미도 없었던
것일까? 만약 있었다면, 그 시초라 할 수 있는 공민왕 15년의 사절
파견의 의의는 어디에 있을까, 라고 하는 문제를 밝히고자 하는 것이
본 고의 목적이다.

---

9) 川添昭二, 「九州探題今川了俊の対外交渉」, 『対外関係の史的展開』, 文献出
   版, 1997년.

2) 공민왕의 대원(対元) 정책

본 절에서는, 공민왕 15년의 금왜사절(禁倭使節) 파견이 내포하고 있
는 문제점과 그 의의에 대하여 고찰하기 위해, 당시 고려 조정이 왜구
문제와 관련해서 취했던 대원(対元) 외교 정책에 대해 검토하고자 한다.
앞에서 본 바와 같이, 최초의 금왜 사절 파견이 지닌 의의에 대하여
적극적으로 평가한 나카무라・가와조에 양씨(兩氏)의 경우에도 금왜
사절 파견이 지니고 있는 문제점과 그 의의(意義)에 대해 간과(看過)하고
있는 점들이 많다. 예를 들면, "고려가 금왜 사절 파견을 17년 동안이나
미뤄왔던 이유"라든가, "최초의 금왜 사절 파견에 원나라가 개입하였
는지 여부(與否)" 등과 같은 문제이다. 이하 이러한 점들에 초점을 맞춰
서 공민왕 15년(1366)의 금왜 사절 파견에 대해 다시 한번 검토해보자.

이 사건의 개요는 『타이헤이키(太平記)』권39, 「高麗人來朝事」에 보
이는 데, 관련 사료도 남아있어서[10] 그 경과를 알 수 있다. 그 사료에
따르면, 정치(貞治) 5년 9월, 고려 사신 김용(金龍)이 이즈모(出雲) 지방에
도착[11], 그 다음 해 2월 14일에 셋쓰노구니(摂津国) 후쿠하라(福原) 효고
노시마(兵庫島)[12]를 거쳐서 교토(京都)에 들어왔다[13]. 이 당시 고려 사
신이 제출한 첩장(牒狀)이 『타이헤이키』권39 「高麗人來朝事」와 「호온
인몬죠(報恩院文書)」에 수록되어 있다. 이 「호온인몬죠」에는 일본국에
보내는 원나라 정동행중서성(征東行中書省)의 답부(割付)와 자(咨) 등을
포함하고 있는데, 지정(至正)10년(正平5, 観應元年, 1350) 즉, 경인년(庚寅

10) 『大日本史料』제6편 해당조.
11) 『太平記』권39, 「高麗人來朝事」
12) 『善隣國寶記』
13) 『後愚昧記』貞治6년3월24일조.

年) 이래 창궐하고 있던 왜구를 금압해 줄 것을 요청하고 있다[14].

그런데 여기서 문제로 삼고자 하는 것은 고려의 금왜사절 파견은 경인년(1350)에 왜구가 재침(再侵)한 지 무려 17년이나 지난 시점(時點)에서 이루어졌다는 사실이다. 이는 왜구가 발생하면 곧 일본에 외교 사절단을 파견했던 13세기 당시와 비교한다면 큰 차이라고 할 수 있다. 다음의 <표1>를 보자.

〈표1〉 〈13세기의 왜구와 외교적 대응〉

	연월	피해지역	규모	결과·내용	출신지	사료	사절파견
①	1223/ 5	금주 (김해)	?	?	?	「高」	
②	1225/ 4	경상도 연해주군	2척	전원 체포	?	「高」	
③	1226/ 正	경상도 연해주군	?	왜구2명을 살해	?	「高」	
④	1226/ 6	금주	?	?	對馬· 松浦黨	「高」· 「吾」·「明」	
⑤	1227/ 4	금주	2척	왜구30명을 살해	?	「高」· 「吾」	동년5월, 전라도 안찰사가 파견
⑥	1227/ 5	금주 웅신현	?	왜구7명을 살해	對馬	「高」· 「吾」	동년 12월 박인을 파견
⑦	1232/ 9	?	?	다수의 보물 약탈	松浦黨	「吾」	
⑧	1251	?	?	금주에 성을 쌓다	?	「高」	
⑨	1259/ 7	?	?	?	?	「高」	한경윤·홍저를 파견
⑩	1263/ 2	금주웅신 현물도	?	조운선을 약탈	對馬	「高」· 「靑」	동년 4월, 홍저· 곽왕부를 파견
⑪	1265/ 7	남도연해 주군	?	?	?	「高」	

*「高」는 『고려사』, 「吾」는 『아즈마가가미(吾妻鏡)』, 「明」은 『메이게쓰키(明月記)』, 「靑」은 『아오가타몬죠(靑方文書)』를 의미한다.

14) 가와조에 쇼지(川添昭二), 「今川了俊の対外交渉」, 『九州史学』제75호, 1982년 10월.

　　<표1>의 <13세기의 왜구>는 ①(1223년 5월)의 왜구 발생에서 ⑥ (1227년 4월)까지의 왜구에 대응해 최초 발생 이후 4년만인 1227년 5월 14일에 전라주도 안찰사 趙(趙) 아무개가 첩장을 보내왔으며[15], 그럼에도 불구하고 같은 해 5월에 또 왜구가 발생하자 그 해 12월에 박인을 파견했다[16]. 또 ⑨의 1259년 7월의 사절 파견[17]의 배경에 대하여는 잘 알 수 없지만, 역시 소규모의 침구가 있었을 것으로 생각되며, ⑩의 1263년 4월에 홍저와 곽왕부를 파견한 것[18]은 그 해 2월의 금주 웅신현 물도에 침구해 조운선을 약탈한 것에 대한 항의로 이루어진 것임을 알 수 있다.

　　그런데 <13세기의 왜구>는 소규모(예를 들면, 선박 2척, 왜구 30명을 살해)였으며, 또 거의 대부분 고려군에 의해 소탕되고 있다. 즉 고려 조정의 입장에서 볼 때, 국가적인 위기라고 느낄 정도로 심각한 상황은 아니었음을 알 수 있다. 그럼에도 금왜사절은, 총 11건의 왜구에 모두 4차례나 파견되고 있다. 또한 그 파견시기도 최초 발생에서부터 만 4년 뒤(⑤), ⑥의 5월에 왜구가 발생한 지 7개월 뒤인 같은 해 12월, ⑩의 1263년 2월에 왜구가 발생한 지 불과 2개월 뒤인 같은 해 4월 중 빠르게 는 2개월 뒤, 늦어도 만 4년 뒤에는 파견했음을 알 수 있다. 이에 대해 <경인년 왜구>의 규모와 빈도는 어떠했을까? 다음의 <표2>를 보자.

---

15) 『아즈마카가미(吾妻鏡)』, 安貞元年五月十四日條.
16) 『고려사절요』권15, 고종14년 12월조.
17) 『고려사절요』권15, 고종46년 7월조.
18) 『고려사절요』권15, 원종4년 4월조.

〈표2〉〈경인년(1350) 왜구의 침구 상황〉

시기	침구지역	규모	비고
2월	고성·죽림·거제	?	왜구300명을 참수하다
4월	순천부	100여척	남원·구례·영광·장흥의 조선을 약탈하다
5월	순천부	66척	아군이 추적해 배1척을 포획하고 13명을 살해
6월	합포·고성·회원·장흥부	20척	
11월	동래향	?	

　　<13세기의 왜구>와 <경인년의 왜구>의 규모는 단순 비교하더라
도 2척과 100여척, 참수된 왜구의 숫자는 30명과 300명, 그리고 침구
빈도는 많아야 (2회/년)에 비해 (5회/년)이 됨을 알 수 있다. 뿐만 아니라,
그 다음해(1351년) 8월에는 130척의 선단을 이루어 전국의 조운선이
모여드는 강화도 부근에 위치한 자연도(紫燕島)와 삼목도(三木島)까지
침구[19])하고 있음에도 고려 조정은 이에 항의하는 금왜사절을 파견하지
않았던 것이다. 필자는 별고에서 그 이유로 「그것은 아마도 몽고의 일
본 침공을 계기로 하여 일본과 고려 사이의 외교관계가 단절되었기
때문에, 그리고 원(元)의 지배 하에 있었기 때문에 원의 허가 없이 독자
적으로 일본에 사자를 파견하는 것을 주저한 것일 것이다」[20])라고 하였
다. 그러나 당시 왜구로 인한 피해가 후술하는 바와 같이, 아주 심각한
수준에 달했던 것과 공민왕 대에 자주 독립 노선에 입각한 대원 외교
정책을 추진했음을 고려한다면, 위에서 제기한 이유는 설득력이 부족
한 것 같다. 보다 구체적인 이유가 있지 않았을까?

---

19) 『고려사』 권제37 세가제37, 충정왕3년 秋8월 丙戌條.
20) 이영, 「庚寅年以降の倭寇と内乱期の日本社会」, 『倭寇と日麗関係史』, 東京大
　　学出版会, 1999年.

여기서 경인년(충정왕2) 당시 고려가 처한 정치·외교·군사적인 상황에 대하여 살펴보기로 하자. 85년간의 <왜구의 공백기>[21]를 깨고 침구를 재개한 경인년 2월에 다음과 같은 기사가 『고려사』에 전해지고 있다.

> 1. 임진일, 지평(持平) 최용생(崔龍生)을 경상도 안렴사로 임명하였다. 그런데 최용생은 내시(內侍)들이 원나라의 총애를 믿고 우리나라 백성들에게 해독을 끼치는 것을 증오했다. 그래서 그 악행을 폭로하는 방을 써 붙여서 사람들에게 광고하였더니 어향사(御香使) 환자(宦者) 주완지(朱完之) 첩목아(帖木兒)가 왕과 공주에게 최용생을 고소하였으므로 최용생을 파면하고 김유겸을 안렴사로 임명하였다[22].

경상도 안렴사 최용생이 목민관(牧民官)으로서 취한 당연한 조치였음에도 충정왕은 이를 보호하기는커녕 파면해야 했던 것이다. 그리고 결국, 그 다음 해 10월에 원나라 조정은 강릉대군(江陵大君) 기(祺)를 국왕으로 책봉하고 단사관(斷事官) 완자불화(完者不花)를 파견해 모든 창고와 궁실들을 봉인하고 국새(國璽)를 회수해가지고 돌아갔고, 왕은 왕위에서 물러나 강화에 가있다가 독살당하고 말았다[23]. 이처럼 당시 원나라는 고려 국왕의 책봉과 양위는 물론 심지어 독살까지도 자행할 정도로 고려를 장악하고 있었다. 이런 상황 하에서 충정왕 대의 조정이 왜구에 대하여 능동적·자주적으로 대응하기는 어려웠을 것이다.

뒤를 이어 즉위한 공민왕은 어떠했을까? 즉위 당시의 교서(教書)에서 공민왕은 왜구에 대해 다음과 같이 언급하고 있다.

---

21) 이영, 「倭寇の空白期」전게 주(20)연구서 참조.
22) 『고려사』권제37, 세가37, 충정왕 2년 2월 임진일조.
23) 『고려사』권제37, 세가37, 충정왕 3년 겨울 10월 임오일조.

2. 왜적이 변방 지역을 침노하여 백성을 살육하고 주택에 방화하며 회조선(回漕船)을 약탈하고 있다. 이것은 모두 방어에서 규율이 문란하여 저장과 준비가 전혀 없는 데 기인한다. 대책을 세울 수 있는 자는 누구나 왕에게 제의할 수 있다[24].

즉위 당시의 공민왕은 적극적으로 왜구에 대처하고자 했음을 알 수 있다. 그렇지만 공민왕의 왕권 역시 결코 안정된 것이 아니었다. 여기서 왜구를 포함한 공민왕대의 국내외 주요 정치·외교·군사적인 사건들을 개략적으로 살펴보면 다음과 같다.

〈표3〉 공민왕 대의 주요 정치·외교·군사적 사건

연도	주요사건
원년(1352)	조일신(趙日新)의 반역사건
3 년(1354)	원 조정이 남방의 반란 세력 토벌을 위해 고려에 정예부대의 파견을 요청
4 년(1355)	왜구, 조운선 200여척을 약탈
5 년(1356)	기철 일당을 숙청(4월), 쌍성 수복 작전의 전개(4월), 정동행성을 철폐(4월), 지정 연호의 사용 중지(6월), 원이 80만 대군으로 침공 위협(6월), 쌍성 탈환(7월), 총동원령(제주도인·화척·재인까지 포함, 9월), 제주도 반란(10월),
6 년(1357)	채하중과 전찬의 반역 도모(6월)
7 년(1358)	왜구로 인해 수도가 계엄 상태(5월), 장사성의 사자 파견(7월)
8 년(1359)	홍두적 3천명 침구(11월), 4만명 침구(12월)
9 년(1360)	홍두적 2만명을 살해(2월).
10년(1361)	홍두적 10 만명의 침공(10월), 국왕이 남쪽으로 피난(11월), 개경 함락(11월)
11년(1362)	개경 수복, 10만 홍두적을 살해(1월), 납합출의 수 만 병력의 침공(7월), 제주 목자의 반란(8월), 원이 덕흥왕을 국왕으로 옹립했다는 정보가 전해짐(12월)
12년(1363)	국왕의 환도(2월), 김용의 공민왕 암살 기도 사건(3월), 왜적의 선박 213척 교동 침구(4월), 원 조정이 덕흥군을 고려로 호송(5월),

24) 『고려사』 권제38, 세가 제38, 공민왕 원년 2월 병자일조.

13년(1364)	원나라 군사 1만 명이 의주를 포위(1월), 여진족의 침구(2월), 왜적 3천 명을 살해(5월), 방국진이 사자 파견(6월), 원 조정이 공민왕을 복위시킴(9월),
14년(1365)	왜적이 창릉에 들어와 세조의 초상을 약탈(3월)
15년(1366)	제주 토벌 작전이 실패(10월)
16년(1367)	원나라가 왜적이 고려를 경유해 원으로 오는 것을 막으라고 지시(5월)
17년(1368)	김일 일행이 귀국(1월), 일본이 사자 파견(7월), 대마도 만호가 사자를 파견(7월), 강구사 이하생을 대마도에 파견(7월), 원의 황제, 황후, 황태자가 상도(上都)로 도주했다는 소식이 전해짐(9월), 대마도 만호 숭종경(崇宗慶)이 사자를 파견해 입조, 숭종경에게 쌀 1천석을 하사(11월)
18년(1369)	명나라 황제가 사신을 고려에 파견(4월), 지정 연호의 사용을 중지(5월), 거제 남해현의 귀화 왜인들이 배반해 귀국(7월), 아주에서 왜적의 배3척을 포획(11월), 왜적이 영주·온수·예산·면주의 양곡 운송선을 약탈(11월)

*위 내용은 『고려사』세가(世家)를 토대로 하여 작성한 것이다.

 <표3>에서 보듯이, 공민왕 대(代)는 한국 역사상, 손꼽을 정도의 국난(國難)의 시대로, 거의 매년 국가와 왕조 사직의 존립을 위협하는 사건들이 발생하고 있음을 알 수 있다. 즉, 공민왕 대에는 원나라가 동요하기 시작하자 공민왕이 옛 영토 회복 정책을 추진했고, 그러자 원과 결탁한 내부 세력이 반란을 도모해 왕권이 불안정해지면서 다양한 혼란이 드러나기 시작하였다. 즉, 내부적으로는 조일신의 반역, 친원파(親元派) 기씨(奇氏) 일족의 반역과 토벌, 채하중의 반역, 공민왕에 대한 암살 기도 사건, 그리고 제주도 목자들의 반란 등이 연이어 발생하였다. 그리고 그 와중에 홍두적의 수만에서 20만 명에 이르는 대 부대를 위시해 나하추의 수 만 명의 군대와 여진족의 침구가 이어지면서 국왕이 남천(南遷)하게 되었다. 또 홍건적의 난이 어느 정도 진정되자 이번에는 원나라 조정이 공민왕을 폐위시키고 심양(瀋陽)에 있던 덕흥왕을 즉위시키고 1만 명의 군사를 딸려서 고려로 보내는 등, 그야말로 걷잡을 수 없는 격동의 시기를 보내고 있었던 것이다.

그러면 금왜 사절을 파견하지 않은 것은 단지 왕권이 불안정하거나 또는 이처럼 과도(過度)한 군사·정치적 혼란으로 인해, 정신적인 여유가 없었기 때문이었을까? 그런데 당시 왜구가 초래했던 충격과 공포도 결코 가벼운 것이 아니었다. <표3>의 사례 이외에 몇 가지 대표적인 사례를 보자.

3. 원년(1352) 3월 기미일. 왜구의 침공으로 인해 "부녀자들이 가두에 몰려 나와서 통곡하고 개성이 크게 놀랐다"고 하였다[25].

4. 1355년 여름 4월 신사일. 왜적이 전라도의 조운선 200여척을 약탈하였다[26].

5. 1357년 여름 4월 무자일. 왜적이 개경의 바로 코앞에 위치한 교동도에 침입해 개경이 계엄 중 이었다[27].

6. 1357년 9월 무술일. 왜적이 승천부 홍천사에 들어와 충선왕과 한국공주의 초상화를 약탈해갔다[28].

7. 1358년 3월 기유일. 왜적이 각산 방어소에 침입해 배 300여척에 방화했다[29].

8. 1358년 가을 7월 임술일. 왜적의 방해로 수상 운수가 통하지 않았다[30].

9. 1360년 윤5월 초하루 병진일. 왜적이 강화에 침입해 쌀 4만 여석을 약탈했다[31].

10. 1363년 4월 기미일. 왜적의 선박 213척이 교동도에 정박해 수도가 계엄 상태에 들어 갔다[32].

---

25) 『고려사』권제38, 공민왕 원년 3월 기미일조.
26) 『고려사』권제38, 공민왕 4년 여름 4월 신사일조.
27) 『고려사』권제39, 공민왕 6년 여름 4월 무자일조.
28) 『고려사』권제39, 공민왕 6년 9월 무술일조.
29) 『고려사』권제39, 공민왕 7년 3월 기유일조.
30) 『고려사』권제39, 공민왕 7년 가을7월 임술일조.
31) 『고려사』권제39, 공민왕 9년 윤5월 초하루 병진일조.
32) 『고려사』권제40, 공민왕 여름4월 기미일조.

11. 1364년 5월. 경상도 도순문사 김속명이 왜적 3천을 진해에서 쳐서 대파
하였다[33].

12. 1365년 3월 무진일. 왜적이 창릉에 들어와 태조 왕건의 부(父)인 세조의
초상화를 약탈해갔다[34].

"개성이 크게 놀랐다" "수상 운수가 통하지 않았다"고 한 것에서
왜구가 고려 사회에 얼마나 큰 충격과 피해를 끼쳤는지 충분히 짐작할
수 있다. 이상과 같은 왜구의 침구는 수십만 홍두적의 침공만큼은 아니
라 하더라도 큰 충격과 공포를 초래했다. 특히 <사료6>과 <사료12>
의 침구는 고려 조정에 큰 충격을 주었음에 틀림없다. 지방의 조세
운송을 해상 수송에 의지하고 있었던 고려는, 북방의 대규모 군사침공
에 적절하게 대응하기 위해서 중남부 지방에서 운반해오는 물자 및
인원의 수송이 원활하게 이루어져야 하였는데, 왜구가 수상 운송에 막
대한 지장을 초래함으로써(사료8) 긴박한 상황에 효율적으로 대응하는
데 큰 지장을 주었던 것이다. 따라서 북쪽에서 가해지는 정치·군사·
외교적인 위협이 클 때일수록, 남쪽 지방으로부터의 물자 수송은 더욱
긴요한 국가적 사안이 되었고 따라서 왜구가 고려 사회에 안겨준 물질
적·정신적인 타격은 더 증폭되었던 것이다.

그러므로 대규모의 침구에 대해 지체하지 않고 금왜 사절을 파견해
항의하는 것은 국가 권력으로서 우선적으로 취해야할 지극히 당연한
조치였다. 더욱이 <13세기의 왜구>의 경우, 고려는 즉각 금왜 사절을
파견해 일시적이나마 그 효과를 보았던 선례도 있는 것이다[35]. 설사

---

33) 『고려사』권제40, 공민왕 13년 5월조.
34) 『고려사』권제40, 공민왕 14년 3월 기사일조.
35) "급제 박인을 예빙사로 일본에 파견했다. 이 때에 왜적이 주현을 침략하므로

사절 파견이 당장 왜구를 완전히 금압(禁壓)할 수 없다할지라도 최소한
침구의 원인 정도는 파악할 수 있었을 것이고 또 그래야지만 적절한
대책도 강구할 수 있기 때문이다.

또한 당시 고려 조정이 일본과의 외교 행위에 원나라의 눈치를 봐야
했던 상황도 아니었다. 그것은 <표3>에서 당시 원나라에 대한 반란세
력인 장사성(張士誠)·정문빈(丁文彬)·방국진(方國珍)·이우승(李右丞)
·주평장(朱平章) 등과 여러 차례에 걸쳐 사절을 주고받았던 사실을
봐도 알 수 있다36). 이렇게 볼 때, 고려 조정이 17년 동안이나 금왜
사절을 파견하지 않았던 것은 다른 확고한 이유가 있었다고 생각해야
할 것이다. 이런 관점에서 공민왕 당시의 대원 외교를 살펴보자. 결론을
먼저 말하자면, 고려는 필요할 경우에는 일본의 존재를 대원(對元) 외교
에 적절하게 활용하는 한편, 왜구의 빈번한 침공 사실과 그로 인해
고려가 받은 피해에 관해서는 원나라에 대하여 적극적으로 숨겨왔던
것 같다. 그것은 공민왕 5년(1356) 겨울 10월 무오일에 원나라에 보낸
표문(表文)에 있는 다음 문장을 통해 확인할 수 있다.

국가에서 이를 걱정해 박인에게 공문을 주어 보내어 대대로 우호관계를 가지고
있는 만큼 침략해서는 안 된다고 타일렀더니 일본에서 침략을 일삼던 왜적을
찾아내어 죽였다. 이리하여 그들의 침략 행위가 좀 잠잠해졌다."『고려사』권제
22. 세가 제22 원종 14년 12월 을해조.
36) 일본에 김용과 김일 일행을 파견하기 전까지 고려 조정은 다음과 같이 원나라
지방 세력의 사절이 왕래하였다. 장사성 11회(공민왕8년 4월과 7월, 9년 3월,
10년 3월, 10년 7월, 11년 7월, 12년 4월, 13년 4월, 13년 7월, 14년 4월, 14년
10월) 정문빈 2회(공민왕 8년 4월, 7월) 방국진 3회(공민왕 8년 8월, 13년 6월,
14년 8월) 이우승 1회(공민왕 9년 7월) 주평장 1회(공민왕 13년 4월). 이 가운데
에 공민왕이 회신을 써서 보낸 것이 사료에 확인되는 것이 정문빈(공민왕 8년
7월)이다. 그러나 장사성이 일본에 최초로 금왜사절을 파견할 시점까지만 모두
11차례의 사절을 파견한 것은 그에 상응하는 고려 측의 반응이 있었기 때문이
라고 생각해야 할 것이다.

13-A. 세조가 일본 정벌 당시에 설치한 만호는 중군·우군 및 좌군만호뿐
　이었는데 그 후에 순군(巡軍)·합포(合浦)·전라(全羅)·탐라(耽羅)·
　서경(西京)등의 만호부를 증설하였다. 이들은 실제로 거느리는 군사도
　없으면서 공연히 금부(金符)만 차고 다니며 선명(宣命)을 자랑하며 백성
　을 꾀어 모으며 허망하게 호계(戶計)로 자칭하고 있다. 그리고 여러 주와
　현에 압력을 가하여 관리도 파견하지 못하게 하니 대단히 옳지 못한
　일이다. 만일 허락한다면 세조 황제가 정한 옛 제도에 따라서 세 곳의
　만호만을 그대로 두어 일본에 대한 수비를 하게끔 하는 것 이외에는
　나머지 증설한 다섯 만호부(萬戶府)와 도진무사(都鎭撫司)를 모두 폐지
　해주기 바란다.

(중략)

B. 우리나라는 왜적이 침구해 노략질하기 시작한 이후, 그에 대한 방비를
　거의 한 순간이라도 늦출 수 없다. 추밀원(樞密院)에서 파견하는 체복사
　(體覆使)를 폐지하여야 하며 선휘원(宣徽院)·자정원(資政院)·장작원
　(將作院)·대부감(大府監)·이용감(利用監)·태복시(太僕寺)등　여러
　기관이 보내는 사람을 일체 금지하고 필요한 방물(方物)은 그 수량을
　명확하게 결정해 우리나라가 스스로 바치게 함으로써 통로 연변의 백성
　들이 편히 살 수 있게 해주시오[37].

이 <사료13>는 전반부(A)에서, 원 세조(쿠빌라이)의 일본 침공에 대
하여 언급하고 있으며 후반부(B)에 막연히 "왜적이 침구해 노략질하기
시작한 이후"라고 표현하고 있는 것으로 봐서, B에 언급한「왜적」이
<13세기의 왜구>인지 아니면 <경인년 이후의 왜구>의 침공 사실을
가리키는 것인지 판단하기 어렵다. 여기서는 <왜구>의 침공 사실을
구체적으로 원에 알리려는 의도라기보다는 막연히 일본의 침공 위협을
빌미로 해서 원의 수탈(收奪)을 거부하기 위한 적절한 명분으로 이용하

---

37) 전게 주(37) 사료 참조.

고 있는 것으로 보인다. 더욱이 왜구가 최초로 중국을 침구한 것이 1358년[38] 임을 생각하면 이 표문이 작성된 1356년 당시의 원 조정으로서는 「왜구」라는 용어 자체가 아직 생소한 것이었을 것이다.

고려는 오히려 교동도와 강화도·승천부 홍천사(개풍군) 등 수도권 (首都圈) 해역(海域)에서의 왜구들의 약탈에 아무런 효과적인 조치를 취하지 못하고 있었음에도 불구하고, 1363년 여름 4월 원나라 어사대에 제출한 백관기로서(百官耆老書)에 "왜구와 싸울 때마다 물리쳤다"[39]고 거짓 보고를 올리고 있었다. 당시 고려 조정은 왜구의 침구 사실을 무엇 때문에 원에 숨기려 하였으며 또 그 위협을 애써 축소하려고 하였을까? 아마도 고려 조정은 이 사실이 원에 알려지면, 이를 고려의 약점으로 인식하고 군사·정치 공세에 더욱 적극성을 띠게 될지도 모른다, 고 우려하고 있었던 것 같다. 이는 앞의 <사료13>의 A 내용에서도 확인된다.

즉, 고려는 국내에 설치되었던 원의 군사기구가 끼치고 있는 폐해를 지적하고, 중군·우군·좌군 만호를 제외한 기타 군사기구를 폐지할 것을 건의하고 있다. 그렇지만 쌍성이나 제주 등, 옛 영토의 회복을 위해 원과의 충돌도 불사(不辭)했던[40] 고려 조정이 올린 상소(上疏)의 본래 의도는, 앞으로 원과의 군사적으로 충돌할 때, 원의 군사적 압력에 내응(內應)할 위험성을 지닌 세력을 약화시키려 하는 것에 있었다. 이런 상황 속에서 당시 고려가 처한 왜구의 심각성을 원이 알게 된다면,

---

38) 『원사(元史)』권제46, 순제(順帝) 23년 8월 정유삭조.
39) 『고려사』권제40, 공민왕 12년 여름4월 갑인일조. 이 '백관기로서' 이외 달리 고려가 원나라에 대하여 <경인년 이후의 왜구> 침구 사실에 대하여 언급하고 있는 기록은 찾아보기 어렵다.
40) 『고려사』권제39. 공민왕5년 9월 경진일조.

고려가 폐지하고자 하는 다섯 만호부와 도진무사를 오히려 존립 내지
는 강화시켜야 하는 명분을 제공하는 결과가 될지도 모를 일이었다.

당시 고려는 원과의 정면충돌은 가능한 회피하면서 옛 영토를 회복
하고자 하는 정책을 추진하고 있었다. 그러나 피할 수 없다면 정면충돌
도 꺼리지 않는다는 자세로 임하고 있었다. 실제로 고려가 쌍성지역의
회복에 착수하자 1356년 6월에 원나라는 고려 사신을 요양성에 가두고
80만 병력을 동원해 고려를 토벌하겠다고 위협해왔으며[41], 이에 고려
는 제주도 사람과 화척·재인까지 서북 국경지역에 총동원하는 체제로
맞섰던 것이다[42]. 공민왕의 고지(故地) 회복 정책으로 원과의 충돌이
예상되고 있었기 때문에, 원나라가 알면 군사·외교적 약점이 될 수
있는 왜구의 침구 사실을 고려는 적극적으로 숨기고 싶었을 것이다.

이러한 군사적인 이유 이외에 정치적인 원인도 있었다. 그것은 소위
심양왕(瀋陽王) 덕흥군(德興郡)의 존재였다. 즉, 왜구의 빈번한 침구에
거의 속수무책 상태였던 고려의 실상이 원 조정에 알려진다면 그것은
곧 공민왕의 무능함으로 평가되고, 이는 과거에 자신이 충정왕을 밀어
내고 왕위를 차지하였던 것처럼, 원이 자신과 덕흥군을 교체할 수 있는
중요한 명분이 될 수 있음을 인식했을 것이다. 또한 이러한 원의 압력에
호응하는 형태로 내부에서 야기될 반역 음모 등에 대하여도 충분히
의식했을 것이다. 그래서 앞에서 언급한 것처럼 백관기로서(百官耆老書)
의 "싸울 때마다 물리쳤다"[43]고 허위 보고를 하였던 것이다.

고려는 1362년 봄 정월에 홍두적의 20만 대군의 침공을 격퇴하고

---

41) 『고려사』권제39. 공민왕5년 6월 을해일조.
42) 전게 주(42) 사료 참조.
43) 전게 주(39) 사료 참조.

그들로부터 노획한 원나라 황제의 옥새를[44] 비롯한 원의 보물들을 돌려주는 큰 공을 세웠다[45]. 그럼에도 불구하고, 원 조정은 같은 해 12월에 덕흥군을 고려의 새로운 국왕으로 세웠다. 이 정보가 전해지자 고려 조정은 곧바로 이러한 외부 정세와 연계한 내부의 배신에 대하여 경계하고 있음을 알 수 있다[46].

이처럼 덕흥군의 옹립과 고려로의 귀국을 둘러싼 원과의 군사·정치적 긴장 상태는, 1364년 9월에 원나라 황제가 공민왕을 복위(復位)시키고[47] 그 해 10월에 음모의 배후 주역이라 할 수 있는 최유를 체포해 고려로 압송함으로써[48] 일단락된다. 고려 조정의 덕흥군 압송 요구를 원이 유예(猶豫)시킴으로써[49] 재연(再燃)될 가능성이 완전히 사라진 것은 아니었지만 이미 이 당시 원나라는 멸망 직전의 상황까지 몰려서[50], 더 이상 고려의 내정에 관여할 여력이 없었다. 1367년 2월에는 마침내 원나라 황제가 제주도로 피난하려 한다는 소식이 고려 조정까지 전해질 정도였다[51]. 어쨌든 원나라와 군사적 충돌까지 각오하고 있었던 고려는, 왜구의 빈번한 침구 사실은 대원관계(對元關係)에 있어서 군사·

---

44) 『고려사』권제40. 공민왕11년 정월 갑자일조.
45) 『고려사』권제40. 공민왕11년 6월 병진일조.
46) 『고려사』권제40. 공민왕11년 12월 계유일조.
47) 『고려사』권제40. 공민왕13년 9월 기사일조.
48) 『고려사』권제40. 공민왕13년 겨울 10월 임인일조.
49) 『고려사』권제41. 공민왕14년 봄 정월 무진일조.
50) "정월에 명나라의 군대는 보경로(寶慶路)를 점령했는데, 이를 지켜야 할 장군은 도망했고, 또 위한(僞漢)의 장군 웅천서(熊天瑞)는 공주(贛州: 강서성)와 소주(韶州)를 장악하고 있었으며, 남웅(南雄)은 명나라에 항복했다"(『元史』권46. 본기 제46. 順帝9. 25년 정월 기사조)라는 기사 내용에서 알 수 있듯이, 반란 세력들에 의해 수도를 정복당하고 있었던 원나라의 쇠망은 더 이상 감출 수 없을 정도였다.
51) 『고려사』권제41. 공민왕16년 2월 계해일조.

정치적으로 중요한 약점이 될 수 있었으며 따라서 이를 적극적으로 숨기고 싶었을 것이다. 고려가 금왜 사절을 일본에 파견한 것은 원의 멸망이 거의 기정사실이 되다시피 한 1366년 8월의 일이었다[52].

3) 공민왕의 대일(対日) 정책

그러면 이번에는 금왜 사절의 파견을 지연해왔던 이유를 대일관계 (対日関係)의 측면에서 생각해보자. 원의 멸망이 결정적인 사실이 될 때까지 금왜 사절의 파견을 미루어 왔던 고려 조정의 의도는 무엇이었을까? 공민왕 대에 설장수가 왜구 대책으로 건의한 상소문 내용 중의 일부를 보면, "(왜적들은) 성을 공격하고 토지를 약탈해 장구지책(長久之策)을 꾀하는 것이 아니라 특히 약탈에만 그 목적이 있으므로 소득이 없으면 기필코 퇴각할 것입니다[53]"라고 했다. 고려 조정으로서는 약탈만 하고 돌아가는 왜구보다도 북쪽 국경 문제가 국정(國政)의 우선순위에 있었을 것이다. 그렇지만 아무리 그렇다고 하더라도 일본에 금왜 사절을 파견하는 정도는 충분히 시도할 수 있지 않았을까? 그럼에도 불구하고 사절을 파견하지 않은 것은 왜일까? 그것은 아마도 왜구가 대규모로 빈번하게 침구하는 배경에 대한 정보도 없는 가운데에, (어쩌면 일본의 국가권력이 보다 더 큰 영토적 야심을 가지고 왜구를 조종하고 있을지도 모를 상황에) 사절을 파견하고 또 답례사절이 고려를 왕래하게 되면, 북방 국경지대로부터의 대규모 침공 등, 고려의 군사・정치적 취약

---

52) 김용 일행이 일본의 이즈모(出雲) 지방에 도착한 것은 貞治5년(1366) 9월의 일이다. 그러므로 그들이 고려를 출발한 것은 적어도 9월 이전의 일로 생각된다.
53) 『고려사』권제112. 열전 제25. 설손 전.

성이 드러날 것을 우려했기 때문이 아니었을까?

외국의 사자(使者)가 자국의 정보를 염탐할 위험성에 대해서, 일본·중국·고려 삼국 조정이 공통적으로 우려하고 있었음은 다음 사례에서도 확인할 수 있다. 우선 일본의 사례를 보자. 다음 <사료14>는, 소위 '도이(刀伊)' 즉 여진족으로 구성된 해적의 침구(1019년) 이후, 대마도에 와서 체재하고 있던 고려 사자 일행을, 우선 다자이후(大宰府)로 데려와서 거기서 여러 가지 질문을 하고 식량 등을 지급한 뒤 귀국시킬 것을 결정한 '진노사다메(陣定)'의 결론을 전해 들은, 전(前) 다이나곤(大納言) 미나모토 도시가타(源俊賢)가 후지와라 사네스케(藤原実資)에게 보낸 편지이다.

> 14. 많은 사람들이 작은 섬에 와서 열흘이나 한 달 동안 체재한다면 국가의 강하고 약함을 알게 되고 의식이 풍족한지 부족한지도 알게 될 것입니다. 빨리 돌려보낼 것을 최우선으로 생각해야 합니다.[54]

여기서 미나모토 도시가타는 고려 사신들이 일본의 국정을 파악하고 방어가 약한 곳을 알게 될까봐 경계하며, 그들을 다자이후로 데려오는 것을 반대하는 것은 물론, 곧바로 돌려보낼 것을 건의하고 있다. 중국의 예를 보자. 송(宋) 정강(靖康) 원년(1126)에 시어사(侍御史) 호순척(胡舜陟)의 「論高麗人使所過州縣之擾」에 다음과 같은 기록이 있다.

> 15. (前略) 전하는 이야기에 의하면, (고려가) 우리나라에서 주는 물건은 글안·금(金)과 나누고, 우리나라의 산천(山川)의 형세와 군사의 많고

---

54) 「數多者, 著小嶋送旬月者, 可量國強弱(弱), 可知衣食乏, 以早返爲先」『小右記』 寬仁3년 9월 23일조.

적음, 재용(財用)의 허실을 염탐해 이를 글안과 금에 알린다고 합니다. 그러니 (고려 사신 일행의) 입조(入朝)는 단지 비용만 막대한 것이 아니라, 실로 호랑이를 키워서 (장래의) 환난을 만드는 것과 같습니다. 만약 고려 사신들이 명주(明州)에 도착하면 명주로 하여금 (고려의) 표문(表文)만 조정에 바치게 하고, 사신은 거기서 돌아가게 해야 합니다.[55] (後略)

고려 사신이 송의 내정에 대해 염탐을 했는지 여부는 알 수 없지만, 고려 사신들의 첩보활동 가능성에 대해 송이 심각하게 우려하고 있었으며, 강한 경계심을 품고 있었던 것은 확인된다. 이번에는 조선의 예를 보자. 태종 13(1413)년에 명나라 수군이 일본을 토벌하겠다고 하는 황제의 선유(宣諭)를 전달받고 이에 대한 대책을 논의하는 과정에 태종은 다음과 같이 언급했다.

16. (前略) 또 왜인이 만약 이 변(變)을 안다면 크게 불가하다. 지금 서울에 와있는 왜사(倭使)의 족류(族類)가 우리나라에 퍼져있어 그들로 하여금 알지 못하게 하는 것도 어려운데, 만약에 알아가지고 통지하게 되면 뒷날 중국에서 반드시 말이 새나간 이유를 따질 것이다. 정왜(征倭)를 위한 거사는 반드시 5 · 6월에 있을 것이니, 왜사를 구류(拘留)해 2 · 3개월만 지난다면 누가 다시 이를 말하겠는가?[56]

이처럼 동양 삼국이 모두 외국 사신이 내왕할 때에 자국의 비밀이 누설되는 것을 극도로 경계했음을 보여주는 사례는 일일이 다 열거할

---

55) 『歷代名臣奏議346夷狄』. 모리 가쓰미(森克己)「日宋麗連鎖關係の展開」(『續日宋貿易の研究』国書刊行会, 1975년)의 계시(啓示)에 의함.
56) 『태종실록』태종13년 3월 20일조.

수 없을 정도로 많다[57]. 따라서 홍건적·나하추·여진족의 침입과 제
주도의 반란 그리고 원의 군사·정치적 위협이 가해지고 있던 시기에,
일본이 파견한 사절이 고려의 대일(対日) 창구(窓口)였던 동남해도부서
(東南海都部署)나 수도 개성까지 왔다면 이런 정보가 일본 측으로 흘러
가는 것을 차단하기는 불가능했을 것이다.

실제로 1368년 봄 정월, 김용 일행에 이어 두 번째로 파견한 금왜
사절인 김일 일행이 귀국할 때에 일본은 승려 범탕과 범류를 함께 파견
하고 있으며[58] 또 같은 해 가을 7월에도 사자를 파견하고 있고[59], 이어
서 대마도 만호(소 쓰네시게, 宗經茂)가 같은 달 7월[60]과 11월에 고려에
사자를 보내는 등[61], 1년 동안에 모두 4차례의 사절이 일본과 왜구의
주요 근거지인 대마도에서 파견되어 왔던 것이다. 이들 사자가 수도
개성까지 왔는지 아니면 동남해도부서(東南海都部署, 당시는 금주에 소
재)[62]까지만 왔는지는 확실히 알 수 없다. 그러나 고려 국내에 일정
기간 이상 체재하면서 고려 관리와 접촉하는 동안 고려 국내외 정세에
대한 중요한 정보를 얻을 수 있었을 것임에 틀림없다.

만약 그렇다면 후술하는 <사료18>의 "ⓒ만약 군대를 일으켜 그들

---

57) 예를 들면, 몽고의 사신 조양필은 일본에 파견되어 교토까지 가지도 못하고
　　다자이후에서 체재하다가 돌아오고 말았고(『고려사』권제27. 세가 권제27, 원
　　종14년 3월 계유조), 우왕 원년(1375) 2월에 일본에 금왜사절로 파견된 나흥유
　　는, 일본에 건너가자마자 첩자로 오해받아 구속당하기도 했다. (『고려사』권제
　　133, 열전 제46, 우왕 원년2월조.『고려사』권제114, 열전 제27, 나흥유 전).
58) 『고려사』권제41. 공민왕17년 정월 무자일조.
59) 『고려사』권제41. 공민왕17년 가을 7월 을해일조.
60) 『고려사』권제41. 공민왕17년 가을 7월 기묘일조.
61) 『고려사』권제41. 공민왕17년 11월 병오일조.
62) 동남해도부서는 최초 경주에 설치되었는데, 이후에 금주(김해)로 이전과 경주로
　　의 복귀를 반복한 끝에, 고려 말기 단계에는 경주로 낙착되었다. 변태섭,「고려
　　안찰사고」,(『高麗政治制度史硏究』,一潮閣, 1971년).

을 체포한다면 아마도 이웃나라와의 우호관계에 어긋날 것이다" 고
한 것처럼 고려 조정이 일본에 대해 강경한 태도를 취하기 어려웠을
것이며, 오히려 약점만 드러내는 결과가 되었을 것이다. 그리고 그 때까
지 약탈과 납치만 하고 돌아갔던 왜구가, 고려 내부의 약점을 알게
된다면 영토에 대한 야심을 드러내 본격적으로 침공할지도 모른다는
의구심을 고려의 지배층들은 지니고 있었을 것이다. 그것은 앞에서 제
시한 <사료13>의 "우리나라는 왜적이 침구해 노략질하기 시작한 이
후, 그에 대한 방비를 거의 한 순간이라도 늦출 수 없다"고 한 부분에서
도 엿볼 수 있을 것이다. 또한 실제로 몽고와 고려의 일본 침공 이후에
가마쿠라 막부가, 비록 실행에 옮기지는 않았지만, 당시 기나이(畿內)
지방 일대의 아쿠토(惡党)들을 동원하여 고려를 침공할 계획을 수립하
였던 사실[63]로 볼 때 고려의 우려는 결코 기우(杞憂)라고는 할 수 없
다. <13세기의 왜구>가 단순한 해적행위였음에 반해, <경인년 이후
의 왜구>는 두 차례에 걸친 몽고・고려 연합군의 일본 침공 이후에
전개된 침구였기에, 더욱이 그 규모가 <13세기의 왜구>와는 비교가
되지 않을 정도로 컸고 또 빈번했기에, 일본의 국가권력이 어떤 정치적
인 의도를 가지고 배후에서 조종하는 것이라고 생각했을 가능성이 크
다. 고려가 당시 우려하고 있었던 최악의 상황은 북(홍건적・나하추・여

---

63) 건치(建治, 1275-77)와 홍안(弘安, 1278-87)의 고려출병계획을 살펴보면, 오타
부미(太田文: 토지등록대장)에 입각하여 서쪽 지방(西國)의 장원과 공령(莊鄕)
마다 선박, 무기, 인부역(人夫役)을 부과하고 무용(武勇)이 뛰어난 자를 소령의
면적(所領額)에 따라서 모두 다 동원한다고 하는 철저한 것이었음을 알 수 있다.
기나이(畿內) 지방의 죄인(流人)과 아쿠토(惡黨)을 파병(派兵)하고 또 은상(恩
賞)을 기대하는 규슈의 광범위한 범위에 걸친 주민들에게 군사의무를 다할 것
을 명령(軍事催促)하는 등, 일본 역사에서 예전에는 그 예를 찾아볼 수 없는
사태였다. (海津一朗 『蒙古襲来 対外戦争の社会史』吉川弘文館、1998년).

진족・원나라)과 남(일본)의 양쪽에서부터, 단순한 약탈이 아니라 동시에 대규모 군사적 침공을 당하는 것이었다.

이것이 바로 고려가 왜구의 심각한 침구를 당하면서도 17년 가까이 대일사절(対日使節)의 파견을 자제해 온 가장 중요한 이유였다고 생각한다. 당시 고려는 남과 북, 안팎에서부터 왕조 사직이 흔들리고 국토를 유린당해 수많은 장병과 백성들이 살상당하는 심각한 군사 정치적 위기 상황을 맞이하고 있었다. 그러나 그 와중에서도 고려 조정은, 원에 대해서는 왜구의 침구를, 일본에 대해서는 북쪽 국경의 동요와 이와 연계한 내부의 혼란을 숨기기 위해 금왜 사절의 파견을 자제하는 외교 정책을 17년 가까이 굳게 지켜왔던 것이다.

2. 금왜사절 파견의 실상(實像)과 의의(意義)

1) 공민왕 15년 금왜(禁倭) 사절의 의문점

공민왕 15년(1366, 貞治5) 8월, 금왜사절로 파견된 김용 일행이 일본에 도착한 것은 공민왕 15년(1366)년 9월이다[64]. 고려는 이어서 불과 3개월여 만인, 같은 해 11월[65]에 또 김일 등 30여명으로 구성된 사절을

---

64) 『太平記』卷第39,「高麗人來朝の事」에는 다음과 같이 되어 있다.「これによって高麗國の王より、元朝皇帝の勅宣を受けて、牒使十七人わが国に来朝す。この使ひ異国の至正二十三年八月十三日に高麗を立って、日本国貞治五年九月二十三日出雲に着岸す」. 여기서 至正23년(1363)은 至正26년(1366)의 오기(誤記)로 보인다. 즉 당시 김용 일행은 1366년 8월 13일에 고려를 출발해 9월 23일에 이즈모 지방에 도착한 것이다.
65) 『高麗史』권41, 공민왕15년 11월조.

파견하였다. 김일은 그 다음 해(1367년) 2월 27일, 일본에 도착해[66] 4월 초순에 교토에 들어오고 있다[67].

그런데 당시의 고려의 사절단 파견에는 몇 가지 의문점이 있다. 첫째, 『고려사』의 공민왕 15년(1366)년 기록에는, 최초로 금왜 사절 김용 일행이 8월 무렵에 출발하였음에도 불구하고, 이에 관한 기사는 보이지 않고 같은 해 11월에 두 번째로 출발한 김일 일행에 관해서만 기록되어 있다는 점이다. 앞 장에서 이미 고찰하였듯이, 김용 일행은 고려 조정으로서는 17년 동안이나 인내해왔던 끝에 파견한 최초의 사절이었다. 또한 나카무라 에이코의 연구에 따르면, 김용 일행은 원나라 황제의 뜻을 담은 첩장을 일본 조정에 전달하는 목적을 띠고 있었다[68]. 그렇다면 김용 일행의 파견은 고려 조정으로서도 아주 중요한 외교 행위였으며 이 점에서 보더라도 뒤에 파견된 김일 일행보다도 그 의미가 더 컸다고 해야 할 것이다. 『고려사』에 김용의 파견 기록이 누락되어 있고 반면에 김일 일행에 관해서 기록되어있는 것은 조금 이상하다고 하지 않을 수 없다.

그러나 그로부터 약 11년 뒤인 우왕 3년(1377) 6월조에 안길상을 금왜 사절로 파견할 당시, 지참한 서장(書狀)속에 "병오년(공민왕 15년)에 김용 등을 파견했다" 고 언급하고 있는 것[69]을 보면, 『고려사』를 편찬할 당시의 기록상의 누락이라고 생각할 수도 있을 것이다.

두 번째 의문은 1366년 8월에 김용 일행이 사자로 파견한 지, 불과 4개월도 채 되지 않은 같은 해 11월에 왜 또 김일 일행을 파견하였을까

---

66) 後光嚴院, 『善隣國寶記・新訂續善隣國寶記』, 貞治6년 丁未條, 集英社, 1995년.
67) 『師守記』貞治6년4월6일조.
68) 전게 주(2) 나카무라 에이코 논문 참조.
69) 『고려사』 권제133, 열전 제46 우왕3년 6월 을묘일조.

라고 하는 것이다. 이 문제에 대하여 나카무라 에이코(中村榮孝)는 "왜 연이어 파견되었는지는 분명하지 않지만, 어쩌면 김용 일행은 원나라 정동행중서성의 첩장(牒狀)과 신물(信物)을 가지고 가는 것을 사명으로 하였는데 그들의 귀국이 너무 지체되었기에 - 이즈모(出雲) 지방에 상 륙하였기 때문에 - 김일 일행은 다시금 고려의 국서(國書)를 가져가기 위한 사신이 아니었을까?" 라고 했다[70].

그렇지만 당시 고려와 일본 양국간의 교통 여건이나 외교상의 관 행[71] 등을 고려할 때 외교 사절단이 불과 3-4개월 동안에, 즉 김일 일행 이 11월에 파견되기 전에 김용 일행이 임무를 수행하고 귀국한다는 것은 생각하기 어렵다. 그러나 이것도 다음과 같이 생각할 수 있을 것이다. 즉 김용 일행을 파견하였지만 무사히 일본에 상륙해 일본 조정 에 첩장(牒狀)을 전달하는 임무를 완수하였는지 여부를 확인할 수 없었 기 때문에 만약의 경우를 고려해, 같은 임무를 띤 사절단을 다시 파견한 것이라고.

세 번째 의문은 이 당시의 금왜 요구 사절 파견에 원나라가 개입하였 는지 여부(與否)이다. 이 문제에 대하여 나카무라 에이코는 또 다음과 같이 언급하고 있다.

---

70) 전게 주(2) 나카무라 에이코 논문 참조.
71) 고려 측에서 가지고 간 국서에 대하여 일본 조정은 우선 선례를 조사해보고 여러 차례의 회의를 거친 뒤 답신을 쓸 것인지 여부와 누가 쓸 것인지 또 그 내용은 어떻게 할 것인지를 둘러싸고 여러 차례의 회의를 거듭하였다. 이 문제 에 관해서는 고려 문종 32(1078)년 당시 고려측의 의사 파견 요청을 둘러싸고 전개된 양국 간의 외교 교섭에 대해 고찰한 田島公, 「高麗との関係, 第6章 海外との交渉」(橋本義彦編『古文書の語る日本史』2, 平安. 筑摩書房. 1991년) 을 참조.

"공민왕은 이에 또 다른 외교정책에 입각해 이(당시 고려가 처한) 궁지를 벗어나고자 한 것일까? 사신을 일본에 파견해 금적(禁賊)을 요구하게 된 것이다. (중략) 이 부분의 서술은 <사료18>을 참조)또 여기서 당시 원나라와 고려와의 관계를 생각했을 때 원의 첩장으로 고려가 왜구금압을 요구하는 것은 언뜻 보기에 이해하기 어려운 일이다. 그러나 『고려사』의 공민왕 세가에 의하면 그 다음 해인 공민왕 16년 5월 30일 원의 중서성 직성사인 걸철이 보낸 첩장에, '倭賊入寇, 必經高麗, 宜出兵捕之'라고 되어 있는 것을 보면 그 당시의 사정을 알 수 있을 것 같다. 즉 이 내첩(來牒)은 전년도의 첩장을 가지고 온 사신의 소식을 알 수 없었기 때문에 출병해 왜구토벌을 행할 것을 고려에 명령한 것임에 틀림없으며 따라서 전년도의 정동행성의 첩장의 의미는 원나라 스스로도 사실상 왜구의 금압을 요구할 필요가 있었기 때문에 고려의 시급한 요구와 겹쳐져 발생한 것이다. 더욱이 원 세조 이래의 전통적인 대일본 교섭책에 입각해 고려는 그 첩장을 전달해야 하는 임무를 맡았고 동시에 자국의 시급한 사정에도 이용한 것일 것이다"[72].

나카무라 주장의 요점을 요약하면 대략 다음과 같다.

㉠ 김용 일행은 원나라의 정동행중서성의 첩장과 신물을 가지고 간 사절이었다.
㉡ 김일 일행은 고려의 국서를 가지고 간 사절이었다.
㉢ 김용 일행이 파견된 지 얼마 지나지 않아서 김일 일행이 파견된 것은 김용의 귀국이 너무 지체되었기 때문이었다.
㉣ 당시의 원나라와 고려와의 관계를 생각했을 때 원의 첩장으로 고려가 금왜(禁倭)를 요구하는 것은 언뜻 보기에 이해하기 어려운 일이다.
㉤ 전년도(1365년)에 원나라로부터 같은 취지의 첩장(牒狀)이 고려로 전해졌다.

---

72) 전게 주(2) 나카무라 에이코 논문 참조.

우선 ㉠과㉡ 즉, 나카무라씨가 김용 일행과 김일 일행의 역할에 차이가 있음을 지적한 것에 대하여는 필자도 같은 견해를 가지고 있다. 그러나 앞에서 언급한 바와 같이 ㉢김용 일행의 귀국이 너무 지체되었다고 한 것은 수긍하기 어렵다. 다음의 <표5>의 ③을 보면 알 수 있듯이 가장 가까운 대마도에 파견된 사절이 귀국하는 경우에도 최소한 약 5개월이 소요되었던 것이다.

〈표5〉 고려의 대일(対日) 사신 파견

	사신	파견 연월	귀국 연월	기간	직책	행선지	비고
①	김 용	공민왕15년 (1366) 8월	공민왕17년 (1368) 정월	약1년 6개월	만호좌 우위보 승중랑 장	교토	원나라 첩장(?)을 전달.
②	김 일	공민왕15년 (1366) 11월	공민왕17년 (1368) 정월	약1년 3개월	검교중 랑장	교토	승려 범탕과 범류의 파견 답례.
③	이하생	공민왕17년 (1368) 7월	공민왕17년 (1368) 11월	약5개월	강구사	대마도	대마도 만호 송종경이 사자를 파견.
④	나흥유	우왕 원년 (1375) 2월	우왕2년 (1376) 10월	약1년 9개월	판전 객시사	대재부 교토	고려 출신 승려 양유의 파견. 승려 주좌의 편지.
⑤	안길상	우왕3년 (1377) 6월	동6년 (1380)11월, 일본에서 사망	약3년 6개월	판전 객시사	대재부	답례사 승려 신홍을 파견. 今川了俊의 서한 전달.
⑥	정몽주	우왕 3년 (1377) 9월	우왕4년 (1378) 7월	약11개월	전대 사성	대재부	승려 신홍과 군사 69명과 주맹인을 고려에 파견.
⑦	한국주	우왕4년 (1378) 10월	우왕 5년 (1379) 5월	약8개월	판도 판서	대재부	大內義弘, 朴居士와 군사 186명을 고려 파견.
⑦	이자용	우왕4년 (1378) 10월	우왕 5년 (1379) 7월	약10개월	전사재 령	대재부	今川了俊, 포로 230명을 고려로 송환.
⑧	윤사충	우왕 5년 (1379) 5월	불명	불명	검교예 의판서	대재부 교토	大內義弘報에 대한 聘使로 파견(?).
⑨	방지용	불명	우왕6년 (1380) 11월	불명	중랑장	대재부	探題將軍五郎兵衛등 사신 내왕. 토산물을 바침.
⑩	송문중	공양왕 3년 (1391) 10월	불명	불명	판종부 시사	대재부	동년8월의 今川了俊의 사자 파견에 대한 답례사.

*<표5>는『고려사』의 기록에 의한 것임.

즉, 행선지에 따라 대마도(약 5개월)·대재부(8개월-11개월)·교토(1년 3개월-1년 6개월)의 시간이 걸렸음을 알 수 있다[73].

더욱이 <사료18>에서 보듯이, 김용 일행이 전달한 첩장은 교토에 가서 "ⓔ국주(國主)를 알현하고 일본국의 답신을 받을 것"을 분명히 제시하고 있다. 따라서 파견할 당시부터 3-4개월이라는 기간은 당시의 외교관례나 일본 국내의 혼란한 정세(내란) 등을 고려할 때 불가능한 것이었다. 또한 ⓜ에서 나카무라가 추측한 것과는 달리, 사절 파견의 전년도인 1365년에 원나라가 고려에 대해, 금왜(禁倭)를 취지로 하는 첩장을 보내었다고 하는 사료는 없다. 그렇지만 실제로는 그런 외교행위가 이루어졌지만 기록에서 빠져서 전해지지 않았다고 생각할 수도 있을 것이다. 그런데 이 해(1365)는 고려와 원나라 사이에 사절이 12차례나 왕래한 기사가 남아있는데[74], 그 어디에도 금왜 요구 첩장에 관한

---

73) ⑤의 안길상의 경우에는 일본에서 병이나 이를 치유하느라고 약 3년 6개월간 체재했지만 결국 병사하고 말았다. 따라서 그의 경우는 적당한 체재기간으로 보기 어렵다.
74) 그 내용을 정리하면 대략 다음과 같다.
　①밀직부사 김유를 원나라에 보내어 덕흥군을 잡아 보낼 것을 청하였다.(『고려사』권제41. 공민왕 14년 봄 정월 무진일조).
　②황원군 최백과 좌부대언 김정을 원나라에 보내어 황제의 생신을 축하하였다.(『고려사』권제41. 공민왕 14년 2월 계축일조).
　③밀직부사 이자송을 요양에 보내어 은과 안장을 흑려에게 선사하였다.(『고려사』권제41. 공민왕 14년 2월 병진일조).
　④밀직부사 양백언을 원나라에 보내어 공주의 사망을 통보하게 하였다.(『고려사』권제41. 공민왕 14년 3월 임술일조).
　⑤원나라가 이부시랑 왕타례독과 이부주차 호천석을 보내어 왕을 태위로 책봉하고 겸하여 술을 주었다.(『고려사』권제41. 공민왕 14년 3월 기사일조).
　⑥밀직부사 홍사범을 원나라에 보내어 책명에 대한 사의를 표명하였다.(『고려사』권제41. 공민왕 14년 3월 무자일조).
　⑦감찰대부 전록생과 환자 부원군 방절을 원나라에 보내어 황태자에 예물을 전하게 하고 또 곽확첩목아와 심왕 등에게 선물을 보내었다.(『고려사』권제41. 공민왕 14년 4월 신축일조).

내용은 보이지 않는다. 해가 바뀌어 김용 일행이 파견되는 1366년 8월 이전에도 원과 고려 사이에는 5차례 정도의 사절 왕래가 있었지만[75] 역시 금왜(禁倭)와 관련된 내용은 없다.

약 1세기 전, 원 세조(世祖)가 고려에 대해, 일본이 복속하도록 하기 위한 사신을 파견할 터이니 길 안내를 하라고 하는 내용의 첩장이 전해지자, 고려 조정이 그 대책에 부심(腐心)하였음은 잘 알려진 사실이다[76]. 비록 공민왕 15년 당시 원의 쇠퇴(衰退)를 고려가 충분히 깨닫고 있었다 할지라도, 원이 금왜 요구의 첩장을 고려에 보냈다면, 이는 고려로서는 중요한 외교적 사안(事案)이었음에 틀림없다. 따라서 김용 일행의 일본

---

⑧최백 양백언 홍사범 등이 원나라가 어지러워져 길이 막혔으므로 가지 못하고 돌아왔다.(『고려사』권제41. 공민왕 14년 4월 신축일조).

⑨원나라 황태자가 첨원 성대용을 보내어 서한을 전하고 왕에게 옷과 술을 주었다.(『고려사』권제41. 공민왕 14년 9월 을축일조).

⑩밀직사 상의 최백을 원나라에 보내어 황태자의 생신을 경축하였다.(『고려사』권제41. 공민왕 14년 10월 계해일조).

⑪원나라가 대부소감 안승을 보내어 원나라 황태자가 역적 발라첩목아를 토벌 평정하였다는 조서를 전하였다.(『고려사』권제41. 공민왕 14년 10월 갑자일조).

⑫원나라가 직성사인 아동야해를 보내어 백살리를 태사우승상으로, 곽확첩목아를 태부좌승상으로 임명하였다는 조서를 전하였다.(『고려사』권제41. 공민왕 14년 11월 계사일조).

75) 그 내용을 정리하면 대략 다음과 같다.

①사신을 파견하여 황태자가 반란을 평정하고 개선한 것을 축하하였다.(『고려사』권제41. 공민왕 15년 봄 3월 경자일조).

②신년 축하 사절인 부사 임대광이 원나라로부터 돌아왔다.(『고려사』권제41. 공민왕 15년 여름 4월 경신일조).

③신년 축하사 판 삼사사 전보문이 원나라에서 돌아왔다.(『고려사』권제41. 공민왕 15년 여름 4월 신미일조).

④왕이 전으로 개명하고 사신을 원나라에 보내어 새 이름으로 사용한다는 표문을 올렸다.(『고려사』권제41. 공민왕 15년 8월 임신일조).

⑤8월 기묘일. 요양의 평장 고가노가 5색꿩을 바쳤다.(『고려사』권제41. 공민왕 15년 8월 기묘일조).

76) 이것에 관해서는 이영, 「元寇と日本・高麗関係」, 전게 주(20)연구서 참조.

파견에 앞서, 이와 관련해서 원 조정의 지시가 있었다면 그 것이 사료로 전해지지 않았다고는 생각하기 어렵다.

앞에서 고찰한 바와 같이, 왜구의 빈번한 침구와 이에 대해 무방비에 가까운 대처는, 고려 조정으로서는 원에 대해 적극적으로 숨기고 싶은 약점이었다. 반대로 원의 입장에서 볼 때, 고려의 왜구 문제는 고려 조정과 공민왕의 무능함을 지적해 외교적인 공세를 취할 수 있는 좋은 명분이었다. 이 점은 명 태조 주원장이 왜구에 적절히 대처하지 못한다고 해서, 고려에 대하여 여러 차례 외교적인 압박을 가해온 사례를 보더라도 잘 알 수 있다[77]. 명나라의 외교적 압박에 대해 고려는, 왜구 토벌을 명분으로 명이 침공해 올지 모른다고 크게 우려했던 것이다[78]. 따라서 원 조정이 고려에 대해 금왜사절을 일본에 파견할 의사가 있었거나 또 그런 지시를 했다면, 1365년부터 66년 9월 사이의 무려 17차례나 되는 양국간의 사절 왕래에 금왜 요구 관련 기록이 남아있지 않았으리라고 생각하기 어렵다.

그런데 1365년 당시 원나라 조정이 금왜 요구 사절의 파견을 고려에 지시할 정도로 여유가 있었을까? 당시 원나라의 국내 상황을 주요 정치·군사적 사건을 통해 살펴보면, 당시 원나라는 발라첩목아 일당이 수도를 점거하고[79] 황태자의 모친을 유폐시키고 있었으며[80], 이에 대항하는 황태자와 확곽첩목아는 7월에 발라첩목아을 살해하는 등 병란

---

77) 기록에 의해 확인이 가능한 것은 세종25년(1443)·26년·27년의 3차례이다. 이 문제에 관해서는 有井智德, 「十四~五世紀の倭寇をめぐる中韓関係」, (『高麗李朝史の研究』国書刊行会、1985년)을 참조.
78) 『고려사』권제113. 열전 제26. 정지 전.
79) 『원사』권46. 본기 제46. 順帝9. 25년 3월 경신조.
80) 『원사』권46. 본기 제46. 順帝9. 25년 3월 병인조.

(兵亂)이 일어나고 있었다[81]. 이 틈을 타서 전국에서 다른 반란세력들이 기세를 올리고 있었으며 특히 명나라 군대는 점점 더 그 영역을 확장해 가는 심각한 상황에 이르고 있었다. 점령당한 수도를 반란군으로부터 회복한 것은 9월의 일 이었다[82]. 이 기간 동안에 왜구가 침구하였는지 여부와, 그리고 만약 침구했다면 그 규모와 피해는 어느 정도였는지는 이 『원사(元史)』를 통해서는 알 수 없다. 그러나 분명한 것은 1365년 당시 원나라 조정은 왜구를, 이러한 내란 상황보다도 더 심각한 사안으로 여기지 않았다는 것이다. 따라서 사료에 남지 않았던 것으로 생각할 수 있다. 원으로서는 내부 반란이 심각한 위기 상황이었기에 왜구 문제에 신경을 쓸 여력이 없었다고 해야 할 것이다.

이 문제를 또 다른 시점에서 고찰하기 위해 다음의 원의 지정(至正) 23년(1363) 8월의 기사를 살펴보자.

17. 倭人寇蓬州、守將劉★擊敗之、自十八年以來、倭人連寇瀕海郡縣、至是海隅遂安[83]、

즉 지정 18년(1358) 이래로 왜구가 처음 침공해 연이어 원의 연해지방을 침구하고 있었는데, 유★이 1363년 8월에 봉주(산동성)에서 왜인을 격파하자 마침내 평온을 되찾았다, 는 것이다. 왜구가 침공해오지 않았던 기간이 얼마동안 지속되었는지는 알 수 없다. 그러나 그 동안은 전혀 침구하지 않았든지, 침구했더라도 그다지 심각한 정도는 아니었을 것이다. 원이 고려에 왜구를 붙잡으라고 하는 요청을 한 것은 나카무

81) 『원사』권46. 본기 제46. 順帝9. 25년 가을7월 을유조.
82) 『원사』권46. 본기 제46. 順帝9. 25년 9월조.
83) 『원사』권46, 본기 제9, 順帝9. 23년 8월 정유삭조.

라도 지적하였듯이, 왜구가 중국에 대한 침구를 개시한지 9년 뒤, 김용 일행이 파견된 지 약 10개월 뒤인 공민왕 16년(1367) 5월의 일이었다. 그러나 그것은 왜구가 원나라로 침구해오는 과정에 고려를 거쳐서 온 것이기에, 고려로 하여금 왜구를 막으라고 요청한 것일 뿐이다. 일본에 보낼 원의 사절단을 고려에 파견한 것도 아니고 또 그러한 임무를 띤 사절단을 일본에 파견하라고 고려에 지시한 것도 아니었다. 원 조정으로서는 왜구 문제는 고려가 도중에 차단하기만 하면 해결될 것이라고 생각하지 않았을까? 이렇게 생각하면 원나라 조정이 1365년에 금왜의 요구를 내용으로 하는 첩장을 고려에 보내었다고 생각하기는 어렵다.

원나라의 패색은 이미 짙어져 1367년 2월에 황제가 제주도로 피난을 계획할 정도로 궁지에 몰려있었다. 이런 상황 속에서 원나라 조정이 왜구 문제의 해결에 적극적인 자세를 취할 수 있었다고는 보기 어렵다. 결론적으로, 공민왕 15년의 금왜 요구 사절의 파견에 원 조정의 의사는 전혀 개입되지 않았으며, 오로지 고려 조정 단독의 의지에 의한 파견이었다고 봐야 한다.

2) 금왜 사절 파견의 실상(實像)

이상과 같은 문제들을 재확인하기 위해, 여기서 김용 일행이 일본에 전한 첩장의 본문의 내용에 대하여 살펴보기로 하자.

18. ⓐ황제의 명령에 따라서 정동행중서성(征東行中書省)은 일본과 본성이 관할하는 고려의 경계가 수로(水路)로 서로 접하고 있음을 조사하여 확인하였다. 대개 귀국의 표류민을 여러 차례 인도적인 입장에서 호송

해왔다. 그런데 생각지도 않게 지정(至正)십년 경인년(庚寅年)부터 많은 해적선이 침구해왔다. 이는 모두 귀국의 영토에서 나와 ⓑ본성(本省)의 합포(合浦) 등과 같은 곳에 와 관청을 불 지르고 백성을 괴롭혔다. 극단적인 경우에는 살인까지도 서슴치 않았다.

그 뒤 십여 년 동안 선박은 바닷길을 항해하지 못하고 변경에 사는 백성들은 편안하게 살 수가 없었다. 그야말로 이는 귀국의 섬에 사는 백성들이 나라의 법을 두려워하지 않고 오로지 탐욕스러운 행동을 일삼아 땅에서는 숨고 바다로 나와 위협하고 약탈해가는 것이다.

그런데 잘 생각해보니 귀국은 땅이 넓어서 어찌 주변 지역의 이런 사정까지 상세하게 알 수 없으리라고 여겨진다. ⓒ만약 군대를 일으켜 그들을 체포한다면 아마도 이웃나라와의 우호관계에 어긋날 것이다. 그래서 일본국에 문서를 보내어 알아보기로 한 것이다. 그러니 여기저기에 명령을 내려서 지면(地面)의 바다 섬(海島)들을 잘 관리하고 엄격히 침구를 금해 ⓓ예전처럼 국경을 넘어와 난폭한 행동을 하지 않도록 해주기 바란다. 본 성부가 지금 본 관리들을 파견하여 함께 여러 역들을 지나서 마침내 ⓔ국주(國主)를 알현하고 이런 사실들을 아뢰고, 일본국의 답신을 받아 우리나라로 돌아가고자하니 합하(閤下)는 판단을 내려 주길 바란다. 위의 업무를 행하여 반드시 회답을 주시기 바랍니다. 이런 사태는 앞에서 언급한 이유로 발생하였으니 회답하여 주길 바란다. 만호 김을귀, 천호 김용 등 이에 따르다[84].

이 첩장의 본문 내용에서 주목해야 할 것은 ⓐ부분, 즉 원나라 황제의 칙선(勅宣)을 받아서 정동행중서성이 작성한 것으로 되어있다. 만약 이 당시의 첩장이 나카무라가 추측한 대로 "김용 일행이 파견하기 전해인 1365년도에 원나라가 고려에, 일본 정부의 금왜(禁倭)를 요구하는 취지의 첩장을 전달하였고 또 그 것을 전제로 하여 정동행중서성이

---

84)『태평기』권제39,「高麗人來朝事」.

일본에 보낼 첩장을 작성하였다"면 그 첩장의 내용에는 원나라의 의사 (意思)가 강하게 반영되어야 마땅할 것이다. 따라서 첩장 안에 왜구의 피해지로 ⓑ고려의 합포(현재의 마산시)만이 아니라 중국의 해안 지방, 특히 봉주(蓬州) 등과 같은 산동성 일대 지방도 피해지방의 예로 거론되 었어야 했을 것이다[85]. 그러나 당시의 첩장 본문에는 전혀 그런 점을 발견할 수가 없다. 원나라가 왜구 문제를 가지고 고려에 최초로 언급한 것은 앞에서 본 대로, 김용 일행이 파견된지 약 9개월 뒤인, 1367년 5월이었다고 보아야 할 것이다.

또 하나 결정적인 것은 당시 김용 일행이 전한 원나라의 첩장 속에 기록되어 있는 정동행성은, 반원(反元) 정책이 실시되던 공민왕 5년 (1356) 4월에 폐지되어[86] 이미 존재하지 않았다는 사실이다. 즉 다시 말하자면 김용과 김일이라고 하는 두 사절단의 파견은 원나라의 의사 와는 전혀 무관하게 이루어졌다고 해야 할 것이다[87]. 이 문제에 관해서 는 무라이도 다음과 같이 언급하고 있다.

---

85) 초기에 중국에 침구한 왜구는 그 침구 대상지가 주로 산동성 연해 지방(봉주와 래주 등)이었다. 이는 『명사(明史)』를 통해서도 확인된다. 그런데 『태평기』권제 39「高麗人來朝事」에는 왜구들이 명주(明州)와 복주(福州)에 침구하였다고 되 어있다는데, 이는 그 당시 일본인들이 가장 가깝게 느꼈던 중국의 지방을 의미 하는, 어디까지나 작자의 상상(想像)에 기인한 것이지 고려의 사절이 전한 첩장 을 토대로 한 것은 아니다.

86) 『고려사』권제39, 세가 제39, 공민왕 5년 여름 4월 정유일조.

87) 이 사건에 대하여 가와조에 쇼지씨도 "원나라의 이름을 빌린 금적(禁賊)의 요 구"라고 하면서도 원나라의 의지가 작용한 것이라고 평하고 있다. 전문(全文)을 인용하면 다음과 같다.
　　"고려는 원나라의 이름 하에 일본에 대하여 왜구의 금압을 요구하였던 것이 다. 원나라 왕실이 쇠퇴하는 정 세속에서 원나라와 고려의 국교는 반드시 원만하지 않았다. 원나라의 이름을 빌린 금적(禁賊)의 요구가 원나라의 의지 가 작용한 원과 고려의 금적(禁賊)이라고 하는 공통의 목적에 의한 것이었을 것이라고 해석 되지만, 특히 고려의 강한 요구였음은 말할 나위가 없다." 전게 주(8) 가와조에 쇼지 논문 참조.

　　"정동행중서성(줄여서 정동행성)이라고 하는 것은 사료2(본 고의 <사료
18>)에 "本省所轄高麗地面"이라고 되어 있는 것처럼, 원나라가 고려에
설치했던 내정(內政) 감독기관이다. 그렇지만 고려왕은 정동행성의 장관을
겸하고 있었기 때문에 실질상으로는 고려정부가 보낸 것이라고 봐도 좋
다"[88].

　　그렇다면 나카무라도 지적한 바, 요점ⓛ 즉 "당시의 원나라와 고려
와의 관계를 생각했을 때 원의 첩장으로 고려의 왜구금압을 요구하는
것은 언뜻 보기에 이해하기 어려운 일이다"고 한 부분도 다음과 같이
이해할 수 있다. 즉, 바로 김용 일행이 일본에 가지고 간 원나라의 첩장
은 고려가 거짓으로 작성한 것이라고 하는 점이다.

　　이렇게 생각하면 앞에서 필자가 제시한 두 의문도 다음과 같이 해석
이 가능할 것이다. 즉, 첫째 김용 일행은 가짜 원나라 첩장을 가지고
고려 내부적으로 본다면 원 나라 황제의 가짜 첩장을 전달할 목적으로
일본에 건너갔기 때문에 『고려사』공민왕 15년의 기록에서 일부러 누락
시킨 것이고, 둘째 김용 일행이 출발한 지 채 4개월도 되지 않은 시점에
서 김일 일행을 파견한 이유는, 고려 조정이 김용 일행이 전한 첩장은
원나라의 것임을 믿게 하기 위한 의도에 있었다는 것이다. 즉 다시
말하자면 김용은 원나라의 첩장을 전달하는 사절이고 김일은 고려 국
왕의 첩장을 전달하는 사자라고 하는 의미로, 일본 측에 받아들여지도
록 하기 위함이었던 것이라고 생각한다.

　　또 같은 내용의 첩장을 지닌 사절을 짧은 기간 동안에 연속적으로
파견함으로써 강한 임팩트를 주는 효과를 기대한 것이 아닐까? 그럼으
로써 일본 정부로 하여금 시급한 대응을 촉구하고자 한 데에도 그 의도

---

88) 무라이 쇼스케(村井章介), 「倭寇と朝鮮」, 전게 주(7) 연구서 참조.

가 있었다고 생각할 수 있을 것이다.

금왜사절의 파견은 왜구의 침구를 무려 17년 동안이나 인내한 끝에 파견한 것이었다. 그리고 그것은 바로 원의 쇠망이 확실해진 뒤에 추진된 것이었다. 원의 쇠퇴와 새로운 제국 명의 건국이라고 하는 소위 원명(元明)의 교체기에 일시적으로 나타난 고려 북방 국경 지대의 소강시기에 추진된 사절 파견이었다. 따라서 이러한 사신 파견은 무엇보다도 단번에 효과의 극대화(極大化)를 기해야 하였던 것이고, 그래서 고려 단독의 금왜 요구보다는 원을 이용함으로써 무게를 더하고자 했던 것이다. 고려 조정이 "ⓐ황제의 명령에 따라서" 라는 거짓 문구를 첩장에 삽입한 이유는 바로 여기에 있었다고 봐야 할 것이다.

3) 사절 파견에 대한 일본의 반응과 의의(意義)

김용과 김일이 전달한 원과 고려의 첩장에 대해 일본에서는 어떻게 반응하였을까? 이 당시의 귀족의 일기를 살펴보자. 1367년(正平22, 貞治6, 공민왕16)의 3월 20일자, 『愚管記』에는 다음과 같이 기록되어 있다.

> 19. 丙申 晴
> 異國或人云高麗云々使者來朝、有牒状云々、此事宜為聖斷、彼牒
> 状武家可執達然為公家可被召之被處樣之間、可有計沙汰之由、去
> 十六日武家執奏云々、被使者経廻天龍寺遷云々[89]、

여기서 "異國或人云高麗云々使者來朝" 즉, "이국(異國) (어떤 사람은

---

89) 『愚管記』2, (『續史料大成』2. 臨川書店, 137쪽. 1967년).

고려라고 한다) 사자가 내조(來朝)하였다" 라고 한 것을 보면 당시 일본에
서는 외국 사신이 몽고 사람인지 고려 사람인지를 놓고 엇갈렸던 것
같다. 또 1367년(正平22, 貞治6, 공민왕16) 3월 24일자『後愚昧記』에는
다음과 같이 기록되어 있다.

20. 自去月之比、蒙古并高麗使持牒狀、来朝之由、有其聞[90]、(下略)

여기서도 "몽고와 고려의 사절이 첩장을 가지고 왔다"고 기록하고
있다. 즉 몽고와 고려 두 나라에서 사절을 파견한 것, 즉 김용(몽고)·김
일(고려)의 사절로 이해하고 있었던 것이다. 또한『타이헤이키』에도

21. これによって高麗国の王より、元朝皇帝の勅宣をうけて、牒使十七人
    わが国に来朝す。

즉, "고려국왕이 원나라 황제의 칙명을 받고 사신 17명을 일본에
파견했다."고 서술하고 있다. 이것은 뒤에 우왕 원년(1375)에 사절로
파견된 나흥유가 전한 첩장을 둘러싸고 대책을 논하고 있었던 1376년
(天授2, 永和2, 우왕2) 5월 3일 당시의『愚管記』에서도 확인할 수 있다.

22. 丙辰 晴. 俊任爲勅使來, 高麗國牒状豹皮五領人蔘二十斤噠嚫物目六
    相副之幷武家執達之申詞等如此、 何樣可爲沙汰乎者, 余申云, 此事
    國家重事候, 輒難計申候被行殿上定, 可被決群議乎, 牒狀 之趣 海賊
    可被禁制之旨也, 大概同貞治之牒狀, 但今度高麗一國牒狀也[91],

90)『後愚昧記』1,(『大日本古記錄』岩波書店, 109쪽. 1980년).
91)『愚管記』4,(『續史料大成』4 臨川書店, 33쪽. 1967년).

여기서 "첩장의 내용은 해적을 금제(禁制)하라고 하는 것으로 대략의 내용은 정치(貞治) 당시의 첩장과 동일하지만 이번에는 고려 한 나라만의 첩장이다" 고 하고 있다. 김용 일행이 가지고 간 첩장을 원나라의 것으로 보이고자 한 고려 조정의 의도가 적중했음을 알 수 있다.

그렇다면 실제로 당시 일본 사회는 김용과 김일 두 사절단의 내일(來日)을 어떻게 받아들였을까? 이를 위해서는 금왜사절이 파견되기 약 1세기전에 있었던, 몽고와 고려 연합군의 일본 침공이 일본 사회에 미친 충격과 공포에 대해 이해할 필요가 있을 것이다. 가이즈 이치로(海津一朗)는, "몽고 침공이 당시 일본 사회에 엄청난 공포를 초래하였으며" "몽고의 일본 침공에 대하여 철저하게 항전한다고 하는 일본의 선택은 열도 사회에 예전에 볼 수 없었던 깊이와 폭의 변혁을 야기하였다" "가마쿠라 후기 이후의 사회에서는 정치, 경제, 문화의 모든 국면에 몽고침공의 영향이 미치고 있었다"[92] 고 했다.

몽고와 고려 연합군의 일본 침공이 초래한 충격과 공포는 남북조 시대의 상황을 잘 서술하고 있는 군기모노가타리(軍記物語)인 『타이헤이키(太平記)』에서도 확인된다. 『타이헤이키(太平記)』는 권제39의 「高麗人來朝の事(고려인 내조하다)」의 바로 뒤에 「太元より日本を攻むる事(원나라가 일본을 침공하다)」라는 장을 설정해 몽고와 고려 연합군과의 전투 상황에 대하여 다음과 같이 서술하고 있다.

　　23. 그 무렵, 文永2년 8월 13일, 태원(太元) 7만 여 척의 병선(兵船)이 동시
　　　 에 하카타(博多)항구로 몰려들었다. 큰 함선이 선수(船首)와 선미(船尾)

---

[92] 가이즈 이치로(海津一朗), 「元寇、倭寇、日本国王」, 『日本史講座』第4卷, 中世社会の構造, 東京大学出版会, 2004年9月.

를 나란히 하고 선박을 서로 연결해 그 위에 걸어 다닐 수 있도록 판자
를 걸쳐서 각 진영 마다 비와 이슬을 막을 수 있도록 유막(油幕)을 펼치
고 무기를 늘어놓으니 ⓐ고토(五島)의 동쪽에서부터 하카타항구에 이
르기까지 해상의 사방 300리가 육지로 변하여 마치 신기루(蜃氣樓)가
만들어내는 성(城)처럼 보였다. (중략)

てつはう(鐵砲)라고 하여 공같이 생긴 철환(鐵丸)이 굴러가는 것이 마치
판자 위를 굴러 내려가는 바퀴와 같고, ⓑ큰 소리가 나는 것이 번개
불이 번쩍하는 것 같은 것을, 한번에 2-3천개 던지니 일본의 병사들이
많이 불타죽고 방어 초소에 불이 붙어서 불을 끌 틈도 없었다. 가미마쓰
라(上松浦)·시모마쓰라(下松浦)의 무사들도 이 군대를 보고서는 보통
방법을 써서는 이길 수 없을 것이라고 여기고 다른 길로 돌아가서 불과
1000여명으로 밤에 기습하기로 하였다. 그 투지는 높이 사줄만 하지만
그야말로 구우일모(九牛一毛)요, 대창일립(大倉一粒)의 적은 병력이었
기에 적을 2-3만 명 죽였지만 마침 내 모두 생포되어 밧줄에 꽁꽁 묶이
고 손바닥을 밧줄을 연결하는 뱃전에 꽂히고 말았다.

ⓒ그런 뒤에는 다시금 싸울 방법도 없어서 치쿠시(筑紫) 九國의 주민들
은 모두 한 사 람도 남지 않고 시코쿠(四國)·츄고쿠(中國) 지방으로
후퇴했다. ⓓ일본 전국의 귀천(貴賤)과 상하(上下) 구별할 것 없이 모두
당황해 어쩔 줄 몰라 하였다. 천황은 여러 신사와 사찰에 가서 전력을
기울여 기도를 올렸다[93].

　흥미 본위의 문학작품이 지닌 과장된 표현임을 고려한다하더라도,
유사(有史) 이래 경험해보지 못하였던, 엄청난 규모의 선단(船團)과 병
력, 그리고 てつはう(鐵砲)라고 하는 신무기의 위력 앞에서 당시 일본인
들은 귀천·상하를 막론하고 어찌 할 바를 몰라 우왕좌왕하며 도주하
였으며, 천황을 비롯한 귀족들은 그저 기도 이외에는 방법이 없었던

---

93) 『太平記』권제39, 「神功皇后、新羅を攻めたまふ事(신공황후, 신라를 공격하다)」.

것이다.

당시, 이러한 공포로부터의 유일한 탈출구는 신에 의존하는 것이었다. 『타이헤이키(太平記)』는 바로 다음에 「神功皇后、新羅を攻めたまふ事(신공황후, 신라를 공격하다)」라는 장을 설정하였다. 그 내용의 일부를 살펴보자.

24. 스와(諏訪)・스미요시다이묘진(住吉大明神)을 부장군(副將軍)과 비장군(裨將軍)으로 삼고 다른 크고 작은 여러 신들은 누각이 있는 큰 배(樓船) 3000여척을 나란히 저으면서 고려국으로 몰려갔다. 이 소식을 들은 고려의 오랑캐들은 병선 1만 여 척을 나누어 타고 싸우기 위해 바다로 나왔다. ⓐ전투의 승패가 아직 결정되기 전에 신공황후가 우선 간주(干珠)를 바다 속으로 던지자 조수가 갑자기 밀려가서 바다가 육지로 변하였다. 삼 한(三韓)의 병사들은 하늘이 우리 편을 들고 있다고 기뻐하여 모두 배에서 내려서서 싸웠다.
이 때 또 황후가 만주(滿珠)를 잡아서 던지자 조수가 사방에서 몰려와 수 만 명의 오랑캐들이 한 놈도 남지 않고 파도에 휩쓸려 죽었다. ⓑ이것을 본 삼한 오랑캐의 왕이 스스로 사죄하기 위하여 항복하러 오자 황후는 가지고 있던 활 끝으로 "고려왕은 우리 일본의 개(犬)다"라고 석벽(石壁)에 새기고 돌아가게 하였다.
이때부터 고려는 우리나라에 복종해 오랫동안 조공을 바쳤다. 옛날에 구레하토리(吳服部)라고 하는 베 짜는 기술자, 왕인(王仁)이라고 하는 재인(才人)이 우리나라에 온 것도, 이 조공을 바치기 위하여 큰 무늬로 된 고라이베리(高麗緣)도 바로 그 증거이다.
황후의 덕을 하늘이 알고 그 덕이 멀리까지 미친 그 옛날에도 이국(異國)을 복종시키는 일은 천지신기(天地神祇)의 힘을 빌어서야 비로소 쉽게 정벌할 수 있는 것인데, ⓒ지금 악행을 일삼는 적도(賊徒)들이 원나라와 고려를 침범해 약탈함으로써 첩사(牒使)를 보내게 하고 또 조공물을 바치게 하는 일은 전대미문의 불가사의(不可思議)한 일이다.

ⓓ그것은 오히려 우리 일본을 외국에 빼앗기는 일이 있을지도 모를, 괴상한 일이로다. 그러고 보면 복주(福州)의 오원수왕을(吳元帥王乙)이 우리 조정에 보낸 시에도 이런 내용을 읊고 있다.

일본의 미친 도적들이 절동(浙東)의 땅을 어지럽히고,

쇼군은 이 일을 알면서도 안색만 변할 뿐이다.

우리 군대는 해변에 대열을 펼치고 군대가 밝히는 봉화불은 주변을 어둡게 하는구나. 야밤이 되어 적도들을 모두 살해하니 바닷물이 붉도다.

피리 소리에 가사를 생각하고 기울어가는 달을 뒤로 하며 노래한다.

시원한 바람이 불어오는 가운데 적도들의 해골을 가지고 술잔으로 삼는다.

언젠가 반드시 남산의 대나무를 다 베어내어서

지금 전투의 기념으로 삼아 상세하게 옮기고자 하노라.

ⓔ이 시의 가사에 대하여 생각해보니 일본 전국에 최근 대나무가 모두 말라 죽어가는 것도 어쩌면 이런 일의 전조(前兆)가 아닐까 하고 걱정이 되는구나[94].

<사료24>의 앞부분에서는 일본의 여러 신들을 장군으로 앞세워 삼한(三韓)을 침공해 삼천(일본) 대 일만 척(고려)이라고 하는 병력의 열세에도 불구하고 신공황후의 신비로운 힘으로 승리를 거두었다는 황당한 신공황후(神功皇后) 전설을 늘어놓으며 '고려왕은 일본의 개'라고 하는 식의 우월의식을 드러내고 있다. 이는 김용과 김일 일행이 전달한 첩장으로 놀란 가슴을, 신공황후 전설을 늘어놓음으로써 애써 진정시키려 하는 의도(意圖)를 읽을 수 있다. 그리고 뒷부분에서는 예기치 않았던 왜구의 소행이 일본의 멸망을 초래할 수 있다는 두려움과 불안감을 드러내고 있다.

---

94) 전게 주(100) 사료 참조.

<사료23>과 <사료24>에 보이는 몽고·고려 연합군 침공 당시의 공포심에 이어서, 고려에 대한 우월의식을 드러내 애써 진정하려 하지만, 왜구로 인해 외국이 일본을 침략해 점령할지도 모른다는 두려움을 다시 표출하고 있으며, 그것은 대나무가 말라 죽는 것을 그 전조가 아닐까라고 생각하는 부분에서 절정에 도달하고 있다. 가이즈 이치로(海津一朗)는 신국사상(神國思想)이 당시 사회에 널리 유포되고 있었던 실상에 대하여 다음과 같이 언급하고 있다.

> "당시는 지상(地上)에서의 무사들의 전투를 규정하는 천상(天上)의 여러 신들의 전투가 있다고 인식되고 있어서, 천상(天上)의 여러 신들은 자주 이류이형(異類異形)으로 변신해 현실 전투에 참가하고 승패를 좌우한다는 것이다. 이것을 '신들의 전투(神戰)'라 한다.
> 제3차 몽고침공 미수(未遂) 사건이라고 불린 에이닌(永仁, 1293-98)의 몽고침공에 대 해 가마쿠라(鎌倉)의 민중들은 침략의 공포에 떨고 있었던 것이다. '원구(元寇)' 전후(前後), 열도 각지의 장원공령(莊園公領)에서는 쓰루가오카(鶴岡)와 같은 이국항복(異國降伏)을 위한 기도와 제사가 여기 저기서 행해지고 있었다."95)

『타이헤이키』가 모세가 이집트 파라오 군대의 추격을 피하기 위해 바다의 물길을 냈다는 식의 전설과 유사한, 터무니없는 방법으로 삼한(三韓)의 군대를 깨트렸다고 하는 허황된 신공황후의 전설을 인용한 것이야말로, 달리 생각하면 그만큼 몽고와 고려 연합군의 침공이 일본 사회에 초래한 공포심이 얼마나 엄청났던 것인가를 역력하게 보여주고 있다고 해야 할 것이다.

---

95) 전게 주(99) 가이즈 이치로 논문 참조.

<사료18>에서 본 것처럼, 김용이 전달한 소위 원나라의 첩장은 "원나라 황제의 명령에 따라서 정동행중서성(征東行中書省)"이 보낸 것으로 되어있었다. 정동행중서성은 쿠빌라이(원 세조) 당시 일본을 침공하기 위하여 설치한 군사기구로, 이 기구가 어떤 역할을 하는 기관인지는 당시 일본의 지배층도 "정동(征東), 동쪽 즉 일본을 정벌 한다" 고 하는 자의(字意)를 통해 충분히 알 수 있었을 것이다. 더욱이 그 정동행중서성이 왜구의 폐해를 지적하면서 "만약 군대를 일으켜 그들을 체포한다면 아마도 이웃나라와의 우호관계에 어긋날 것이다"고 한 것은 노골적인 협박이었다고 해도 좋을 것이다.

즉, 고려는 금왜(禁倭) 요구가 원나라 황제의 뜻인 것처럼 꾸몄으며, 또 이미 존재하지도 않는 <정동행성>이란 기관명을 이용해, 일본이 금왜(禁倭)를 위해 적절한 조치를 취하지 않을 경우에는, 군사행동도 불사(不辭)하겠다고 엄포를 놓았던 것이다. 그럼으로써 약 백 년 전의 몽고와 고려 연합군의 침공이 초래한, 한동안 잊고 있었던 공포심과 위기의식을 다시금 상기시킨다고 하는 교묘한 심리전술을 활용했던 것이다.

그렇다면 공민왕 15년의 금왜사절 파견의 의의는 어디에서 구해야 할 것인가? 그것은 단지 일본을 일시적으로 공포에 빠트린 것에 지나지 않았던 것일까? 당시 무로마치 막부가 고려의 사절 파견에 대해서 어떤 대응을 했는지 현재로서는 구체적으로 알 수 없다. 그렇지만 가와조에 쇼지(川添昭二)가 사절 파견의 의의로 지적한 것 중에, "막부로 하여금 규슈(九州) 평정(平靜)을 진지하게 생각하게 하는 계기가 되었다", 고 한 것과 "시부카와 요시유키(渋川義行)에서 이마가와 료슌(今川了俊)으로의 규슈탄다이(九州探題)의 개보(改補)에, 이 한 사건은 상당히 깊은 관련이 있었다", 고 한 부분은 주목할 만한 견해라고 생각한다. 이하 이 문제에 대해 생각해보기로 하자.

필자는 별고에서 <13세기의 왜구>와 <경인년 이후의 왜구> 사이에 약 85년간의 소위 <왜구의 공백기>가 존재함을 밝혔다. 그리고 그 배경에 몽고·고려 연합군의 두 차례에 걸친 일본 침공이 존재함을 제시한 바 있다[96]. 여기에 그 내용의 일부를 전재(轉載)하면 다음과 같다.

"이러한 긴박한 정세 하에 (가마쿠라) 막부가 취한 이국경고책(異國警固策) 중에서도, 특히 <왜구의 공백기>와 관련해서 주목되는 것이, <해적 단속책>이다. 물론, 몽고의 일본 침공 이전에도 막부는 해적 진압령을 발 포하고 있었다. 즉, 寬喜3년(1231)에 막부가로쿠하라(六波羅)에 내린 지령 으로, 슈고닌(守護人)의 최촉(催促) 하에 "병사"와 "선박"을 동원하고, 이 에 응하지 않는 자에 대한 처벌을 정하고 해적을 체포하게 한 것이다. 그러 나 寬元3년(1245) 무렵이 되자, 기쇼몬(起請文)을 제출하고 있음에도 불구 하고 해적을 "보고도 숨겨주고 듣고도 숨겨주는" 자들이 나타난다. 이 때문 에 몽고의 제2차 침공 이후의 해적진압책은 이보다 한층 더 강화되지 않을 수 없었다. 建治원년(1275)부터 그 다음 해에 걸쳐서 추진된 "異國(高麗) 정벌"의 일환으로, 수군의 장악을 직접적인 목적으로 한 정책이 실현되는 데, 그 내용은 친제이(鎭西, 규슈) 지방의 지토고케닌(地頭御家人) 및 본소 일원지(本所一円地)에 살고 있는 주민에 대해, 소령(所領) 내의 선박의 수 (櫓數), 노꾼(水手)·키잡이(梶取)의 명부·연령을 보고할 것을 명령했다. 이 지령에 따라 친제이 지방에 대한 선박과 노꾼·키잡이가 전면적으로 조사·보고되게 되어 막부는 영주·백성을 포함한 모든 수상(水上) 군사 력(부동적인 요소가 강하고 때로는 해적으로 변할 수 있는 가능성도 지닌 군사력)을 장악할 태세를, 친제이 지방에서 갖추게 되었던 것이다.

---

96) 전게 주(20) 이영 논문 참조.

이러한 해적 단속책은, 正安3년(1301)이 되자, 친제이 지방에서 한층 더 철저하게 이루어진다. 친제이탄다이(鎭西探題)호죠　네마사(北条実政)가 분고노구니(豊後国)의 검단(檢斷)에 임하게 된 시마즈 히사나가(島津久長)에게 전달한 미교쇼(御敎書)에는, 선박에 대한 검사와 보고를 엄격하게 하고, 해적을 끝까지 추적해서 철저하게 금압할 것을 명하고 있다. 이 지령을, 이 시기에 재연된 몽고의 위협과 관련이 있다, 고 보는 설도 있어서 아마 분고노구니(豊後国) 지방만이 아니라 친제이(鎭西) 전 지역에 내려진 지령일 것이다."

이처럼 몽고와 고려 연합군의 외침에 대응해 막부가 대내적으로 취한 조치가 바로 수상 군사력의 장악, 즉 <해적 단속책>이었음에 주목할 필요가 있다. 이는 외민족의 침입에 거국적으로 대응하기 위해서는 우선 무엇보다도 해적 등 내부의 반 막부 세력을 진압해야 했으며, 이러한 수상 군사력의 장악을 통해 막부의 수군력을 강화하는 일석이조의 효과를 노렸던 것이다. 그런데 그로부터 약 1세기가 지난 지금은, <사료24>의 "ⓓ그것은 오히려 우리 일본을 외국에 빼앗기는 일이 있을지도 모를, 괴상한 일이로다."와 같이, 국내의 해적(왜구)들이 외민족의 침입을 초래할 좋은 명분을 외국에 제공해주리라고 우려하고 있었던 것이다. 막부로서는 이들 해적(왜구, 수상군사력)을 장악해, 수군력을 확대하고 또 이를 바탕으로 적의 병력과 물자 이동을 방해하고 동시에 아군의 그것을 원활하게 하고자 하는 것은 지극히 당연한 논리적 귀결이었다. 이런 점에서 "막부가 규슈 평정을 진지하게 생각하지 않으면 안 되었다"고 하는 가와조에의 지적은 타당하다고 해야 할 것이다.

그 결과 취한 조치가 바로 이마가와 료슌(今川了俊)의 규슈탄다이(九州探題) 임명이었다. 이마가와 집안은 쇼군 아시카가 집안의 일족(一族)

으로, 료슌은 자기의 소령(所領)이 있는 토오도미노구니(遠江国)의 슈고
(守護)였으며, 貞治5년(1366) 41살 때에 '사무라이도코로(侍所)'로서 교
토(京都)의 치안유지에 임하고 있는데, 사무라이도코로는 또한 '야마시
로노구니(山城国)'의 슈고(守護)를 겸임했다. 또한 료슌은 히키스케(引
付) 토닌(頭人)이기도 했다.

　그가 규슈탄다이에 임명될 무렵, 일본은 규슈 지방을 제외하고 남조
세력은 거의 쇠퇴했다고 해도 틀리지 않았다. 반대로 규슈는 남조(정서
부)에 의해 거의 평정된 느낌이 들 정도였다. 1355년 10월 규슈탄다이
잇시키 노리우지(一色範氏)가 규슈 체재를 포기하고 교토로 돌아간 뒤,
그 아들 잇시키 나오우지(一色直氏)도 58년에 귀경(歸京)하고 만다. 1360
년 3월 막부는 시바 우지쓰네(斯波氏経)를 새로운 규슈탄다이(九州探題)
로 임명, 1362년 9월 시바 우지쓰네의 부대가 다자이후 공략을 시도하
지만 정서부에 의해 쵸자바루(長者原)에서 격퇴당하고 그 역시 규슈를
떠나고 만다. 貞治4년(1365) 8월에 막부는 인선에 고심한 결과, 시부카
와 요시유키(渋川義行)를 규슈탄다이(九州探題)로 삼아서 현지에 파견해
이러한 정세에 대처하고자 하였다. 그러나 그는 츄고쿠(中国) 지방 근처
를 쓸데없이 왕래할 뿐 마침내 규슈에 들어갈 수조차 없었다. 우왕
2(1376)년 10월, 고려 출신의 일본 승려 양유(良柔)와 함께 일본에서 귀
국한 고려 사신 나흥유가 전달한 일본 승려 토쿠소 슈사(德叟周佐)의
편지에, "서해도 일로(一路)의 규슈(九州) 지역에 반란을 일으킨 신하들
이 할거하여 공부(貢賦, 세금)를 바치지 않은지 이미 20년이 지났다"[97]

---

97) 「其國僧周佐寄書曰, ㉠惟我西海道一路九州亂臣割據, 不納貢賦, 且二十餘年
　　矣, ㉡西邊海道頑民觀■出寇, 非我所爲, ㉢是故朝廷遺將征討, 架入其地, 兩
　　陣交鋒, 日以相戰, ㉣庶幾克復九州, 則誓天指日, 禁約海寇」『고려사』권133,
　　열전 제46, 우왕2년 10월.

고 한 것처럼 규슈는 막부의 지배 하에서 벗어나 방치 상태에 있었다.

이런 상황에서 김용·김일 일행이 일본에 온 것이었고 이들이 귀국한 뒤, 막부는 시부카와 요시유키를 대신해서 이마가와 료슌이라는 당대의 일급 인물을 새로운 규슈탄다이로 임명한 것이었다. 이러한 막부의 인선(人選)에 대해, 가와조에는

"이처럼 남군 세력이 전면적으로 쇠퇴하는 가운데 오직 규슈의 남군이 위세를 떨치고 있기 때문에 탄다이에 어울리는 인물을 잘 뽑아서 규슈의 남군을 제압한다면 남북 내전의 측면에 있어서 요시미쓰의 통일정권은 확립하는 것이다. 막부내부에 있어서 규슈 탄다이의 인선(人選)이 신중하게 시작되었다. 시부가와 요시유키의 무참한 패퇴 뒤였기 때문에 더 더욱 임무는 더욱 무거웠으며 인물이나 수완에서 최고급 사람을 뽑지 않으면 안되었던 것이다."[98]

고 했다. 그러나 남북조 내란은 이미 1330년대에 북조의 우세로 승부는 판가름이 난 상태였고 1361년 7월에 다자이후를 장악한 정서부의 규슈를 제외하면 남조는 이렇다할 세력도 없었던 것이다. 따라서 "규슈의 남군을 제압한다면 남북 내전의 측면에 있어서 요시미쓰의 통일정권은 확립한다"고 하는 가와조에의 지적은 이미 정서부가 다자이후를 장악한, 1361년 시점에서부터 적용되는 것이다. 다시 말하자면, 무로마치 막부는 정서부의 다자이후 점령에서부터 1370년 6월, 이마가와 료슌을 규슈탄다이에 임명할 때까지 만 9년에 달하는 긴 세월 동안 규슈 지역의 회복에 전력을 기울였다고 할 수 없다. 그것은 료슌 이전의 세 명의 규슈탄다이, 즉 잇시키 노리우지(一色範氏)·잇시키 나오우지

---

98) 가와조에 쇼지(川添昭二), 『今川了俊』, 吉川弘文館, 1964년.

(一色直氏)·시바 우지쓰네(斯波氏経)·시부카와 요시유키(渋川義行)가 모두 아시카가씨의 일족이기는 하지만 규슈탄다이에 임명될 당시의 지위는 료슌에 비교할 수 없을 정도로 낮았다.

특히 무로마치 막부의 초대 규슈탄다이(1336-55년 재직) 잇시키 노리우지는 규슈 경영의 곤남함을 호소해 교토로 돌아갈 것을 아홉 번이나 신청하고 있으며 또 쇼군의 위로에 응해서 탄다이의 임무를 속행하기 위해서는 여러 가지 조건이 필요하며 그것이 갖추어지면 계속적으로 주재하겠다고 하는 내용의 편지를 여러 차례 쓰고 있다. 탄다이는 그 소재지조차 정하지 못하고 하카타의 쇼후쿠지(聖福寺)의 지키시안(直指庵)에 얹혀살고(寄宿) 있는 형편으로 내전(內戰)을 수행할 경제적인 기반은 전무한 상태에 가까운 것으로, 생활조차 할 수 없는 상황으로 탄다이를 수행(隨行)하는 사람도 불과 20여명에 지나지 않았다[99].

이에 비해 이마가와 료슌의 경우, 자신이 쓴 『난타이헤이키(難太平記)』에 "서쪽 지방을 평정해야 한다는 명령을 받았기 때문에 친족과 부하 수 백 명을 전사케 하는 결과가 되기도 한 부임의 길에 올랐다."[100]라고 한 것과 같이, 자신의 직계 부하 무사들과 일족(一族)을 동반하고 현지에 임했던 것이다. 그리고 규슈탄다이에 임명되어 현지에 부임할 때까지 짧지 않은 시간을 여행으로 보내고 있는데 이 기간 중에 그는, 츄고쿠 지방의 여러 호족과 긴밀한 연계를 취해, 규슈를 경영함에 있어서 후방지역으로부터 공격받을 위험을 미리 차단했고, 규슈의 여러 무사들을 아군에 가세하게 해 규슈에 진입하면 계획이 금방 그리고 충분히 실행되게끔 만반의 준비를 갖추었던 것이다[101]. 뿐만 아니라, 동생 나

---

99) 전게 주(99) 가와조에 연구서 참조.
100) 『난타이헤이키(難太平記)』19.

카아키(仲秋)를 나가토(長門) 지방에 체재시켜 선박을 준비하게 하고, 츄고쿠(中国) 지방의 웅족(雄族)인 오오우치씨(大内氏)와 결혼시켜 규슈 경략의 배후를 굳히고 있었다[102]. "료슌이 전임 탄다이들의 실패를 반복하지 않고 규슈의 경영에 성공한 가장 큰 원인은 여기에 있었다"고 가와조에는 평가하고 있다[103].

막부의 조치는 비단 이마가와 료슌이라는 특급 인물을 임명한 것에 그치지 않고 츄고쿠 지방의 다이묘(大名)들로 하여금 그를 지원하는 체제를 갖추게 했다. 이러한 막부의 정책변화를 이끌어 낸 것이 바로 공민왕 15년의 금왜사절의 파견이었다고 해야 할 것이다. 그것은 바로 규슈 남조를 방치할 경우, 통일의 문제가 아니라 100여 년 전의 몽고·고려 연합군의 침공이 재연되어 일본이 멸망할지도 모른다는 위기의식을 막부로 하여금 갖게 했기 때문이었다.

이러한 료슌의 규슈탄다이 임명이 일명(日明)관계의 변화에 어떤 영향을 미쳤을까? 여기서 당시 명과 일본과의 외교 접촉에 대해 무라이 쇼스케의 연구에 의거해 정리하면 대략 다음과 같다[104].

"명나라 태조는, 건국 후 3년 동안에 3차례, 사자를 일본에 보내었다.

---

101) 료슌의 모지(門司) 도해(渡海)에서부터 다자이후에 대한 공격 이후까지 오오우치 히로요(大内弘世) 및 아들 요시히로(大内義弘)를 위시해 이와미(石見, 島根県)의 周布士心, 빈고(備後)의 야마우치 미치타다(山内通忠), 아키(安芸)의 모오리 모토하루(毛利元春), 깃카와 쓰네미(吉河経見)·나가이 사다히로(長井貞広) 등, 츄고쿠(中国) 지방의 여러 호족들은 일족을 거느리고 료슌의 군대를 따라서 전전(轉戰)하고 있다. 전게 주(99) 가와조에 연구서 96-96쪽 참조.
102) 전게 주(99) 가와조에 연구서 참조.
103) 전게 주(99) 가와조에 연구서 참조.
104) 무라이 쇼스케, 「日明交渉史の序幕」, 『アジアのなかの中世日本』, 校倉書房, 1988년.

ⓐ최초의 사자 파견은 아마도 홍무 원년(1368) 11월에 이루어져, 건국을 알리는 조서(詔書)를 지참했지 만, 고토(五島)에서 적에게 살해되고 조서는 훼손되었다. 이 보고를 접한 태조는 ⓑ그 다 음해 2월, 곧 바로 두 번째 사자로 양재를 파견했다(실록, 홍무2년, 1369년 2월 신미조)사자는 규슈에 상륙해지만, 정서장군 가네요시친왕(명나라 측의 기록에는 양회)에 의해 또 일행 7명 중 5명이 살해당하고 남은 양재·오문화 두 명은 3개월에 걸친 구류 끝에 겨우 귀국할 수 있었다).

또 다음 해 ⓒ홍무3년(1370)3월, 세 번째 사자 조질이 파견되었다. (실록 홍무3년 3월조). 조질을 맞이한 양회는, 조질이 文永8년(1271)과 9년의 두 차례에 도일한 원나라 사신 조양필의 먼 후손으로, "좋은 말로 속인 뒤 우리를 습격하려고 한다"고 의심, "좌우의 부하들에게 명령해 그를 살해하려고 했다". 이에 대해 조질은 자기는 몽고의 사신이 아니다. 라고 반박했다. ⓓ양회(良懷)는 이에 굴복해 조공을 바칠 것을 결정, 소라이 (祖來) 일행은 홍무4년 10월 명나라 수도로 갔다.

이들을 접견한 ⓔ태조는 답사로 중유조천(仲猷祖闡)·무일극근(無逸克勤) 등 8명에게양회(良懷)에게 줄 "대통력(大統曆)과 문기사라(文綺紗羅)"를 맡겨서 일본에 파견했다. (이상 실록 홍무4년 10월 계사조). 일행은 홍무5년 5월 20일에 옹주(明州, 즉 寧波灣, 舟山列島의 지명)을 떠나서 3일 뒤에 고토(五島)에 도착, 5일 걸려 하카타(博多)에 도착했다.

그들이 도착했을 시점의 북규슈는, 그야말로 전란 중에 있었다. 규슈탄다이 이마가와 료슌이 만전의 전략을 갖춘 위에 간몬가이쿄(関門海峡)를 건넌 것은 전년(応安4)말, 이어서 아소산(麻生山), 무나가타(宗像), 다카노미야(高宮, 후쿠오카시 남구)로 서진(西進)해, 다자이후(大宰府) 북방의 사노야마(佐野山)에 포진한 것이 그 해 4월이다. ⓕ5월말 시점에서 하카타는 당연히 료슌의 세력 하에 있어서 명나라 사신은 료슌에 의해 쇼후쿠지(聖 福寺)에 감금되었다. 8월 료슌은 다자이후도 함락, 정서부를 치쿠고(筑後) 고라산(高良山)으로 도주하게 했다. 명나라 사신은 일본 국왕에게 줄 대통력도 전해주지 못한 채 그 국왕 양회가 적에 의해 처참하게 패배를 당하는 것은 눈앞에서 확인한 것이다.

명나라 사신의 당황함은 충분히 납득할 수 있다. 그러나 그런 당황함은 료순 측도 마 찬가지였을 것이다. 전략상 아주 중요한 때에 이국(異國)의 사자가 와서, 더욱이 그 목적이 가네요시와의 면회였던 것 같기에. 그리하여 명나라 사신은 쇼후쿠지에 억류된 채, "옷을 팔아서 식량을 차고 발이 묶인 채 명령을 기다린 지 100여일"이라는 처지가 되었다. 그 동안에 북조와 막부의 존재, 막부의 파견기관으로서의 규슈탄다이, 그들의 적대자로서의 정서장군 가네요시, 등등의 일본 정세가 그들에게도 점차 이해되어졌던 것으로 보인다."

이상의 내용을 정리하면, 명나라의 사절단과 정서부의 가네요시친왕과의 접촉이 이루어진 것은 홍무2년(1369) 2월이고 가네요시친왕이 종전의 강경한 태도를 바꿔서 명 태조의 요구를 받아들여 파견한 정서부의 사신 소라이 일행이 명나라와 접촉한 것이 홍무4년(1371) 10월의 일이다. 이러한 정서부의 태도 변화의 배경에 대해 무라이는 다음과 같이 언급하고 있다[105].

"ⓖ가네요시(懷良)가 소라이(祖來)를 파견하기로 결정한 것은, 소라이가 남경(南京)에 도착한 것이 홍무 4년(1371) 10월 14일이라는 것에서 볼 때, 8-9월 무렵일 것이다. 이 전후의 국내 정세를 보면, 정서부는 정평16(1361)에 다자이후를 함락해 거의 규슈 전역을 장악했다. 규슈탄다이 시부카와 요시유키(渋川義行)를 규슈에 들어오지 못하게 했던 1360년대 후반이 최전성기라고 해야 할 것이다. 1371년이라고 하면 그 전성기가 이제 막 끝나가려고 할 무렵이다.

한편, 요시유키에 대신할 규슈탄다이 이마가와 료순이 교토를 출발해 친제이(鎮西)로 향한 것이 이 해 2월 19일. 5월 19일에 아키노쿠니(安芸国) 누마다(沼田), 9월 20일에 이 쓰쿠시마(厳島), 10월 8일에 나가토노고쿠후(長門

---

105) 무라이 쇼스케, 「征西府權力の性格」, 전게 주(105) 연구서 참조.

国府)로 이동, 12월 29일에 바다를 건너 모지(門司)에 도착하고 있다. ⓗ느
긋하게 이동하고 있지만 그 위협은 확실하게 다자이후에 전달되어 가네요
시친왕에게는 과감한 상황 타개책이 요구되고 있었다.

조질(趙秩)이 일본으로 출발한 것인 홍무3년(1370) 3월이니까, 늦어도 그
해 안에는 다자이후(大宰府)에 도착, 그 다음 해에 걸쳐서 가네요시가 있는
곳에서 체재했을 것이다. 조질의 설명으로 가네요시는 명나라의 요구가
왜구 금압에 있음을 알게 되었다. 당시 그것이 가능한 유일한 권력은, 왜구
세력을 군사력의 일부로 조직하고 있었던 정서부(征西府)말고는 없다.

그리고 명나라의 또 하나의 요구인 칭신입공(稱臣入貢)을 받아들이면, 그
는 명이라고 하는 거대한 군사적 배경을 얻어 무가 측에 대항할 수 있을
뿐 아니라, 조공무역을 독점함으로써 경제기반도 충실해질 수 있다. ⓘ료
슌(了俊)의 도해(渡海)를 눈앞에 둔 시점에서 외교방침을 180도 전환하는
데에 이것은 충분한 객관적인 상황이 아닐까?"

무라이는, 정서부의 가네요시친왕이 예전의 대명(対明) 강경외교에
서 '칭신입공(稱臣入貢)'을 수락하는 것으로 전환한 이유로, 이마가와
료슌이 막부의 전폭적인 지원 체제하에 대거 규슈로 진공하고 있다고
하는 상황의 변화에 위협을 느꼈던 것을 들고 있다[106]. 여기서 중요한
것은, 홍무5년(1372) 5월 말에 정서부에 파견된 명나라의 사신 중유조천
(仲猷祖闡)과 무일극근(無逸克勤) 일행이 하카타에 도착해 료슌의 부하
들에게 구금당할 때까지 일체 막부와 명과의 사이에는 아무런 외교적

106) 무라이는 정서부의 강경 외교 방침이 급변한 이유에 대하여 "명의 금왜 요구와
칭신입공을 수락하면 얻을 수 있는 명의 군사적 배경과 아울러 조공무역의
독점을 통한 경제적 이익을 그 반사이익으로 얻을 수 있음"을 제시하고 있다.
전게 주(105) 무라이 연구서 참조. 그러나 그 태도 변화의 배경에는 필자가
앞에서 제시한 명의 침공 위협도 있었음을 잊어서는 안 될 것이다. 즉, 일본의
공권력의 일방(一方)인 가네요시친왕의 입장에서 볼 때, 막부의 군사적 공세가
예상되는 시점에서 명의 침공까지 받아 동서에서 협공당하는 상황을 상정한다
면, 이는 간요시 친왕에게 엄청난 위협으로 느껴졌을 것이다.

접촉이 없었던 점이다. 즉, 무라이의 추정이 옳다면, 정서부의 대명 강경 외교가 급변하게 된 것은, 이마가와 료순의 규슈탄다이 임명과 그 지원을 통한 막부의 규슈 정세에 대한 적극적인 개입이 그 배경에 있으며 그것은 바로 공민왕 15년의 금왜사절 파견이 초래한 것이었다는 것이 되는 것이다.

이처럼 공민왕 15년의 금왜 사절 파견은 소강상태에 있었던 남북조 내란을 단숨에 급진전(急進展)시키는 엄청난 효과를 가져왔던 것이다.

결 론

공민왕 15년의 금왜사절 파견이, <경인년(1350)의 왜구> 발생 이후 무려 17년 동안이나 지체된 배경에 대하여 고찰한 결과, 그것은 원나라 조정에 대해서는 왜구의 심각한 침구 사실을 숨기고, 또 일본에 대해서는 북쪽 국경의 동요와 이에 연계한 내부의 혼란을 숨기기 위해 자제하는 대원(対元) 및 대일(対日) 외교 정책에 입각한 것이었음을 밝혔다.

그리고 공민왕 15년의 금왜사절 파견은 기존의 일본 연구자들의 견해와는 달리 원나라 조정의 의사는 전혀 개입되지 않았으며 오로지 고려 조정 단독 의지에 의한 것이었다. 고려 조정은 원나라의 존재를 이용함으로써 금왜사절 파견의 효과를 극대화하고자 했다. 그리고 김용 일행을 파견한지 채 4개월도 지나지 않은 시점에서 김일을 금왜사절로 파견한 것은 김용은 원나라 첩장을 전달하는 사절, 김일은 고려 국왕의 첩장을 전달하는 사절로 일본 측이 생각하도록 하기 위한 것, 그리고 동일한 목적을 지닌 사절을 짧은 기간에 연속적으로 파견함으로서 일본 측의 시급한 대응을 촉구하고자 한 것이었다고 생각된다.

이러한 고려 조정의 의도는 적중해 당시 일본 지배층은 몽고와 고려의 사신이 연달아 금왜를 요구할 목적으로 온 것으로 받아들였고 또 그것은 약 1세기 전의 몽고와 고려 연합군의 두 차례에 걸친 일본 침공의 기억을 되살려놓아서, 일본 사회에 엄청난 충격을 안겨다 주었다.

그 결과, 드러난 일본 측의 반응은 가와조에씨가 추측한 대로 막부가 규슈 평정을 진지하게 생각하게끔 했고 그래서 예전과는 달리 막부의 일급 인물이라 할 수 있는 이마가와 료슌의 규슈탄다이 임명과 그의 규슈 남조의 타도에 전폭적인 지지로 나타났다.

즉, 두 차례의 몽고 침공 당시에 거국적으로 대치하기 위해 가마쿠라 막부가 국내의 해적들을 철저하게 단속하는 정책을 연이어 발포하고 이를 철저하게 시행하였는데, 이번에는 일본 국내의 해적들이 오히려 외침의 명분을 조성하고 있음을 알게 된 이상, 무로마치 막부로서는 적극적으로 해적(왜구)의 금압에 나서지 않을 수 없었을 것이다. 막부가 공민왕 15년의 금왜사절의 도일(渡日) 단계에서, 왜구와 규슈 남조(征西府)가 어떤 상관관계에 있었는지를 파악하고 있었던 것 같지는 않지만, 왜구를 금압하기 위해서는 무엇보다도 규슈 지방에 그것을 가능하게 할 수 있는 의지와 능력을 갖춘 공권력의 회복이 절실했던 것이고 그래서 규슈 남조(정서부)에 대한 적극적인 토벌이 추진되어야 했다.

새로운 규슈탄다이 이마가와 료슌을 중심으로 한 막부의 대대적인 규슈 남조에 대한 공세가 예상되는 가운데, 정서부의 가네요시친왕은 예전의 명나라에 대한 태도를 바꾸어 조공을 바치고 외교관계를 맺게 된다. 이러한 그의 태도 변화의 배경에는 바로 이마가와 료슌의 규슈탄다이 임명과 그를 통한 막부의 적극적인 규슈 정세에 대한 개입이 있었고, 이러한 일본 정국의 급변은 바로 공민왕 15년의 금왜사절의 파견이 초래한 것이었다. 이렇게 볼 때 당시 금왜사절의 파견은 소강상태에 있었던 남북조 내란을 단숨에 급진전시키는 원동력이 되었다, 고 평가할 수 있을 것이다.

근대 일본의 전쟁과
팽창의 논리*

趙明哲 고려대학교 문과대학 사학과교수

1. 머리말

일본은 1868년 유신세력이 에도막부를 붕괴시킨 후, 새롭게 성립된
통일 정부를 중심으로 강력한 서구화를 추구하였다. 그 결과 이십여년
만에 헌법과 의회, 내각, 국가 상비군을 갖춘 근대국가로 성장하였다.
이후 50년간 일본의 국가적 발전을 설명하는 유력한 관점으로서 대외
침략전쟁을 통한 세력팽창을 들 수 있다. 왜냐하면 일본의 식민지와
판도의 확대는 1894년 청일전쟁을 시작으로 1945년 태평양전쟁에서
항복할 때까지 계속된 대외전쟁을 통하여 실현되었기 때문이다.

이처럼 근대일본의 팽창이 주로 전쟁을 통하여 이루어졌기 때문에
근대일본의 전쟁행위를 규명하는 일은 무엇보다 중요하고 시급한 작업

---

* 본 논문은 「사총」 67집(2008.9)에 실리는 『근대일본의 전쟁과 팽창의 논리』를
  부분 수정하여 작성되었음.

이었다. 실제로 전쟁행위를 실증적으로 밝히는 연구는 지금까지 상당히 축적되어 왔다. 그에 비해 전쟁의 필요성을 강조하고 전쟁을 정당화시켜 주며, 나아가 전쟁을 촉발시킨 팽창의 논리들을 검토하는 작업은 상대적으로 소홀했다.

본인의 경우도, 국제적 환경과 국내의 역학관계 속에서 일본의 대외정책이 수립되어 가는 과정을 (실증적으로) 규명하는 작업에 참여한 적은 있으나 대부분이 사안과 시기에 따라 개별적으로 이루어졌기 때문에 전쟁에 관련된 팽창의 논리들이 어떠한 특징과 역사적 의미를 지니고 있는가는 집중적으로 분석하지 못했다.

팽창논리는 그에 공감하는 정치가와 관료들을 통해 정부의 정책결정에도 영향을 미쳤고 언론을 통하여 유포될 경우 국민적 공감대를 형성하면서 개전의 명분과 이유를 제공하기도 했다. 이런 의미에서 팽창논리는 일본의 주변지역에 대한 침략행위의 원인으로 규정할 수도 있다. 물론 전쟁의 결과물로서 나타난 새로운 팽창논리는 전쟁의 원인과는 무관하지만 이러한 팽창논리들도 전후 일본의 대외팽창정책에 영향을 미친 점에 있어서는 전전에 등장한 팽창논리들과 동일하다.

팽창의 논리는 포괄적으로 일본의 세력팽창을 의미하지만 당시 사료 속에서는 정치적, 경제적 영향력의 확대를 의미하는 경우도 있고, 군사적 지배의 확대를 의미하기도 한다. 군사적 지배란 군사행동이나 전쟁을 통해 획득된 식민지가 있어야 가능한 지배형태이다. 이처럼 직접적인 지배범위의 확대는 영토의 확대를 의미하는 것으로서 주변 국가에 대한 침략없이는 달성될 수 없다는 사실은 재론의 여지도 없다.[1]

---

1) 井上淸, 『日本の軍國主義 2』, 東京大學出版會, 1953, 155쪽. 井上는 팽창논리에 대한 분석보다는 근대일본의 국가적 성격이 대외침략주의였다는 점을 강조

다만 근대일본이 생산한 모든 팽창논리들이 노골적으로 영토의 팽창
만을 의미하고 있다고는 보기 힘들다. 그렇기 때문에 팽창논리들이 당
시의 정세와 문맥 속에서 어떤 의미로 읽혀지고 있었는가를 면밀히
분석할 필요가 있다. 여기서는 메이지 시기, 일본이 정치적으로나 경제
적으로 근대국가의 틀을 갖추면서 감행했던 두번의 전쟁, 청일전쟁과
러일전쟁을 중심으로 전전 또는 전후에 활발하게 나타났던 팽창의 논
리들을 살펴보고자 한다.

두번의 전쟁이 모두 국가와 국가 간에 발생한 대규모 전면전이었고
그것이 향후 일본의 운명에 미친 영향도 지대했던 만큼 전전에는 전쟁
에 대한 위기감 속에서 개전과 반전을 놓고 팽창의 논리가 활발하게
논의되었고, 전후에는 국가의 세력확대와 그 방향에 대한 담론으로서
다양한 팽창논리들이 검토되었다. 이처럼 전쟁시기를 주목하는 이유는
팽창논리들의 특성이 평상시보다는 전쟁기에 명확하게 드러나기 때문
이다.

팽창의 논리들이 생성되고 담론으로서 지식인과 정치가, 나아가 여
론에 영향을 끼치는 과정은 동일하지 않다. 그것은 팽창논리가 배태되
는 시기의 국내정세와 국제정세가 모두 상이하기 때문이다. 그럼에도
불구하고 팽창의 논리들을 상호 비교하려는 이유는 나름대로 의미가
있기 때문이다. 첫째, 각각의 팽창논리들이 출현하는 과정에 대해서는
이미 (실증적인) 검토작업들이 이루어져 왔기 때문에 평면적인 비교의
단계를 넘어서 새로운 의미를 찾아볼 수 있게 되었다는 점을 들 수
있다.2) 둘째, 팽창논리들을 비교해 보면 출현한 시기의 조건들이 상이

하였다.
 2) 졸고, 「義和團事件과 일본의 외교전략-만주문제와 한국문제를 중심으로-」, 『日

함에도 불구하고 공통된 속성 또는 특징들이 발견된다는 점이다. 이러한 특징들은 근대일본의 국가적 속성과도 무관하지 않기 때문에 더욱 중요한 의미를 지니고 있다.

여기서는 근대일본이 생성한 팽창의 논리들을 규정하는 임시적인 기준의 하나로 팽창논리가 지니고 있는 방향성을 제시하고자 한다. 일본은 섬나라로서 팽창의 방향이 한반도를 거쳐서 만주나 중국대륙을 향할 수도 있고 대만이나 남쪽의 섬들을 통해 남쪽 대양을 향할 수도 있다. 이것을 단순화시키면 전자는 이른바 북진론이고 후자는 남진론에 해당한다. 실제로 일본은 북진론을 적극적으로 추진한 시기가 있는가 하면 남진론이 대세를 이룬 시기도 있었다. 남이냐 북이냐의 방향성은 당시의 국제정세에 대한 일본의 인식뿐만 아니라 국내의 정세, 특히 정치세력간의 이해관계까지 포함하여 의외로 많은 것을 함축하고 있다. 이러한 이유로 방향성은 팽창논리를 분석함에 있어서 유용한 대안이 될 수 있다고 생각된다.

팽창논리들은 생성된 후에 수정, 보완되기도 하고 기본적인 성격이 바뀌는 변형도 일어나고 경우에 따라서는 소멸되기도 했다. 이러한 팽창논리의 내용적 변화는 당연히 관련된 국내외 정세의 변화에 기인하거나 연동된 결과이다. 하지만 역으로 팽창논리를 분석함으로써 당시 발생한 정세의 변화가 무엇을 의미하는지를 보다 정확히 이해할 수

本歷史研究』8집, 1998. 졸고,「20세기초 동아시아 국제정세와 일본의 대륙정책」,『日本歷史研究』14집, 2001. 참조. 본인은 앞의 두 논문에서 한국과 만주, 대만에 대한 일본의 정책이 어떠한 정세 속에서 성립하였는가를 실증적으로 밝히고자 하였다. 이를 위해 정책 담당자들의 관련자료를 중심으로 일본의 대외정책들을 개별적으로 살펴보았다. 하지만 각각의 대외전략들이 갖는 팽창논리로서의 성격을 집중적으로 검토하지는 못하였다.

있는 경우도 적지 않다.

따라서 여기서는 근대일본의 팽창논리가 전쟁기에 어떻게 생성되고
전개되었으며 변화되어 갔는가를 살펴보는데 초점을 맞추고자 한다.

2. 청일전쟁기 일본의 팽창논리

청국군을 일방적으로 몰아붙인 일본군은 1894년 9월 15일 평양을
공격하여 청국군을 패퇴시키더니 이틀뒤인 17일에는 청의 북양함대를
격퇴시켰다. 일본군이 압록강을 건너 청국 영토로 진입한 것은 10월
24일이었다. 이처럼 전쟁이 일본군의 일방적 우세 속에서 진행되는 가
운데 일본에서는 새로운 전략적 목표가 논의되기 시작했다. 그중에 하
나가 북수남진론(北守南進論)이었다. 북수남진론은 일본이 이제까지 북
방으로의 팽창을 추구해왔지만 앞으로는 남방으로의 팽창을 추구하는
것이 보다 바람직하다는 새로운 팽창논리였다.

이러한 팽창논리는 일본군으로 하여금 실질적으로 전투가 종결된
1895년 3월 29일에 전투와 전혀 무관한 대만을 군사점령하도록 하였
다. 그리고 보름 뒤에 체결된 시모노세키 강화조약을 통해 일본은 대만
을 자신들의 최초의 식민지로 만들어 버렸다.

1) 북수남진론의 등장

일간지 『日本』의 사장 겸 주필로 활약하면서 외교문제에 대해 강경
파를 대변했던 메이지시기의 대표적인 저널리스트 구가 가츠난(陸羯南)

은 청일전쟁 중에도 일본의 대외문제에 대해 여론을 환기시켰다.[3] 특히 10월 17일에서 24일에 사이에 7회에 걸쳐 『日本』에 거재한 「外政策」은 일본의 새로운 팽창의 방향을 제시하고 있다는 점에서 주목할 만하다.[4] 구가 가츠난은 메이지 유신 이래 일본 정부가 취해왔던 북진론 즉 한반도를 통해 대륙으로 일본의 세력을 확대한다는 전통적인 외교노선에 대해 정면으로 문제를 제기했기 때문이다.

결론부터 말하자면 일본은 이제 북방이 아니라 남방으로 팽창의 방향을 바꾸어야 한다는 것이었다. 그는 중국의 남방에 일본의 근거지를 만들 것을 강력하게 주장했는데 주목할 것은 군사적 점령을 통해서 근거지를 확보해야 한다고 못 박고 있다는 사실이다.[5] 다만 그는 5개월 뒤에 일본군이 실제로 점령하게 될 대만을 명시하지는 못했다.[6] 하지만 중국의 남부의 어딘가를 직접 점령해야 한다는 점에서는 오히려 대만 점령보다 과격한 발상이라고 하겠다. 대만은 청일전쟁이 종료되면 최초의 일본의 식민지로서 새로운 대외팽창정책의 중심지로 부상하게 된다.

흥미로운 것은 구가 가츠난이 「外政策」을 발표한 시점이 일본군이 아직 압록강도 건너지 못한 시기였다는 점이다. 구가 가츠난이 제시한 남진론의 팽창 속도는 일방적 우세 속에서 청국군을 밀어붙이는 일본군의 진격 속도보다도 훨씬 빠르게 한반도를 넘어 중국대륙의 남쪽까

---

3) 박양신, 「청일전후 일본 지식인의 대외인식론-陸羯南과 德富蘇峰을 중심으로-」(『東洋學』31집, 동양학연구소, 2001년), 189-193쪽 참조.
4) 자세한 내용은 졸고, 「의화단사건과 동아시아의 정세변화」, 『梨花史學硏究』29집, 2002.12, 38-42쪽 참조.
5) 『陸羯南全集』4卷, みすず書房, 1970년, 「外政策」, 643쪽.
6) 「外政策」, 앞의 책, 643-4쪽.

지 전개되어 가고 있었다.

가츠난은 통상관계를 통한 경제적 이익을 무시하지는 않았지만 그가 말하는 세력팽창은 정치군사적 관점 위에서 성립된 것이기 때문에 기본적으로 군사적 점령을 전제로 하고 있었다.[7] 그는 동아시아의 국제정세를 열강의 '각축장'이라고 표현할 때도 정치군사적 관점을 벗어나지 않았다.[8] 가츠난은 중국에 대한 군사점령을 '보호력의 배치' 또는 '위력(威力)의 근거지'라는 식으로 직접적인 표현을 피하고 있지만[9] 조선에 대해서는 서해안 지역에 일본군대를 장기간 배치하여 중국을 견제할 필요가 있다고 하여 군사적 점령을 노골적으로 주장하고 있다.[10] 즉 가츠난의 팽창논리는 군사점령을 전제로 하고 있다는 점에서 식민지를 통해서 일본의 세력을 확대하자는 침략주의의 전형이라고 하겠다. 다만 카츠난은 자신의 침략주의를 '進取主義'라고 호도하고 있을 뿐이다.[11]

가츠난의 「外政策」은 7회에 걸쳐서 연재된 칼럼이라는 점에서 결코 하룻밤에 급조된 단상이 아니라 상당 기간 숙고한 후에 정리한 논리체계라고 할 수 있다. 더욱이 정부의 대만점령이 결정되기 훨씬 전에 일간지를 통해 세상에 발표되었다는 점에서 놀라지 않을 수 없다. 가츠난

---

7) 졸고, 앞의 논문, 39쪽 참조.
8) 「外政策」, 앞의 책, 639쪽.
9) 「外政策」, 앞의 책, 643쪽. 본인은 졸고(앞의 논문)에서 "가츠난이 주장하는 남진론은 무역, 통상, 이민 등 경제/사회적 진출을 주된 내용으로 삼고 있기 때문에 노골적인 군사적 팽창이라고 단언하기에는 곤란한 측면이 없지는 않다."고 하여 그의 팽창논리에 대해 부분적으로 유보적인 태도를 취했으나 본 논문에서는 영구적인 군사점령을 식민지 쟁취로 해석함으로써 팽창논리의 성격을 명확히 하였다.
10) 「外政策」, 앞의 책, 642쪽.
11) 「外政策」, 앞의 책, 643쪽.

에서 보이는 것처럼 북수남진론은 언론지식인을 중심으로 세상에 널리 알려지게 되었다.

2) 북수남진론의 전개

구가 가츠난에 의해 촉발된 북수남진론은 권력의 핵심층에서 보다 구체적으로 논의되었고 마침내 정책에 반영되기에 이르렀다.[12] 북수남진론에 대해 일본 정부가 정책적인 검토를 시작한 시점은 대략 일본군이 여순항을 점령한 1894년 11월 21일 이후로 보인다.[13] 이때 중국으로부터 할양받을 영토를 놓고 요동반도를 선호하는 육군과 대만을 선호하는 해군이 서로 대립하고 있었는데[14] 정치가 중에는 원로인 마츠가타 마사요시(松方正義)가 대만정령의 필요성을 강력히 주장하였다. 그는 정부가 대만정령을 결정하도록 하기 위해 주요 권력층 인사들을 직접 설득하고 다녔다. 그는 우선 수상인 이토 히로부미(伊藤博文)에게 대만점령을 부탁하고 다음으로 군사작전을 실질적으로 총지휘하는 가와카미 소로쿠(川上操六) 참모차장을 설득하였다.[15] 이토 수상이 히로시마까지 내려가 향후의 군사작전으로서 대만점령을 제시한 후에도 마츠가타는 이토 수상에게 서신을 보내 대만의 점령을 '신속히' 결행할 것을 독촉하기도 하였다.[16] 마츠가타가 사츠마 출신이기 때문에 해군

---

12) 『公爵松方正義傳』坤卷 548쪽.
13) 졸고, 「20세기초 동아시아 국제정세와 일본의 대륙정책」, 『日本歷史硏究』14집, 2001.10, 98쪽.
14) 陸奥宗光, 『蹇蹇錄』, 岩波文庫, 1933년, 183쪽.
15) 『公爵松方正義傳』坤卷 548-549쪽.
16) 『伊藤博文關係文書』7권 155-156쪽.

의 지도부를 장악하고 있는 사츠마 출신 후배들의 부탁을 받았을 가능
성을 전혀 배제할 수는 없으나 어째든 일본정부의 핵심층은 대만을
군사점령하는 방향으로 굳어져 갔다.

여기서 대만점령이 군사작전의 대상이 되면서 대만을 매개로 한 북
수남진론이 나타났다. 먼저 마츠가타는 자신의 북수남진론이 "지식인
들이 일찍이 간파한 바"로서 지식인의 논의에서 시작되었음을 솔직히
인정하고 있다.17) 아직 대만에 대해 군사작전에 들어가지 이전이지만
대만을 핵으로 하는 마츠가타의 북수남진론은 이미 전개되기 시작하
였다.

대만은 "남방으로 대일본제국의 판도를 팽창"하기 위해서 거쳐야할
'관문'이다.18) 마츠가타는 대만점령을 일본영토[판도]의 '팽창'으로 이
해하고 있다. 그렇기 때문에 대만을 '영구히' 점령할 것을 주장해야만
했다. 이것은 식민지를 통한 영토의 확대라는 점에서 구가 가츠난과
관점이 일치하고 있다고 하겠다. 다만 구가 가츠난은 대만을 자신의
시야에 두지 못하고 중국의 남부를 일부 점령하는 것으로 북수남진론
의 결론을 삼았지만 마츠가타는 대만을 목표로 설정함으로써 북수남진
론을 이전보다 구체화시킬 수 있었다.

흥미로운 것은 마츠가타가 '남방의 제반도 및 남양 제군도'에 미칠
수 있는 '발판'으로서 대만을 자리매김하고 있다는 점이다.19) 만약에
마츠가타가 가츠난의 북수남진론을 그대로 수용했다면 팽창의 지향점
을 중국 대륙(특히 남부)에 두었어야 했다. 하지만 그가 대만을 근거지로

---

17) 『公爵松方正義傳』坤卷 548쪽.
18) 『公爵松方正義傳』坤卷 548쪽.
19) 『公爵松方正義傳』坤卷 549쪽.

남양 제군도로 팽창의 방향을 잡은 것은 역시 대륙보다는 대양을 중시하는 해군의 입장을 고려했기 때문이라고 할 수 있다.

3) 북수남진론의 변형과 당파성

시모노세키 강화조약이 체결되어 일본은 대만과 요동반도를 청국으로부터 할양받았지만 러시아를 비롯한 프랑스, 독일의 삼국간섭으로 요동반도를 청국에 반환하지 않을 수 없었다. 대만에는 1895년 3월 29일 대만점령작전을 지휘한 해군 중장 가바야마 스케노리(樺山資紀)가 제1대 대만총독이 되어 1년간 대만의 실질적인 점령에 힘을 쏟았다. 하지만 1896년 6월, 현역 육군중장인 가쓰라 타로(桂太郎)가 제2대 총독으로 부임하게 되면서 대만 식민지 지배의 주도권은 일년만에 육군으로 넘어왔다. 카쓰라는 육군출신이지만 대만총독으로 부임하면서부터는 누구보다도 강력한 북수남진론의 지지자가 되었다.[20]

다만 일본 육군이 대만의 식민지 경영을 장악하면서 북수남진론은 약간의 변화를 보이게 된다. 이미 시모노세키조약으로 대만을 전리품으로 얻어냈기 때문에 더 이상 이전의 북수남진론처럼 대만에 대한 군사점령을 강조할 이유가 사라졌다. 특히 육군출신인 대만총독 카쓰라, 고다마 겐타로(兒玉源太郎)에 이르러서는 북수남진론이 강화되면서도 실제로는 중대한 내용상의 변화가 생겨났다. 여기서는 북수남진론의 내용적 변화와 그것의 정치적 의미를 살펴보고자 한다.

첫째, 북수남진론의 팽창논리에서 '북수'의 의미가 보다 명료해졌다.

---

20) 가쓰라의 북수남진론에 대한 자세한 내용은 졸고, 앞의 논문, 99-102쪽 참조.

즉 일본이 한반도를 장악하면 그 다음에는 한반도를 발판으로 대륙으로 진출한다고 하는 북진정책에 대해 일시 정지명령을 내려야 한다는 입장이 명확해졌다. 가츠라는 청일전쟁 후 "(국제)정세가 바뀜에 따라 (일본정부는) 북수남진의 정책을 세우고 멀리 중국해로 나아가 그 연안 각지를 목표로 진취적인 정책을" 취해야 한다고 대만 중심의 남진론을 강조하였다.21) 그는 대만이 "중국 남부 연안과 마주보고 있고" "남으로는 남양제도에 연결되어 있어 멀리 남쪽 바다를 제압하는 형세는" 마치 "쓰시마를 사이에 두고" "조선반도를 제압하는 형세를 방불케 한다"22)고 하면서 대만의 지정학적 중요성이 결코 조선의 그것에 뒤지지 않는다는 점을 강조하였다.

구가 가츠난이 북진론을 보류해야 한다고 주장한 배후에는 동아시아를 위협하는 러시아를 강하게 의식하고 있었기 때문이었다. 따라서 그는 러시아의 잠재적 위협을 눈앞에 두고 일본이 북방 진출을 고집하는 것은 바람직하지 못하다고 보았다.23) 하지만 1896년 대만총독으로 부임하면서 가츠라는 전통적인 북진정책이 봉쇄되었기 때문에 남진론을 선택하는 것이 아니라 대만의 중요성이 한반도를 능가하기 때문에 일본은 우선적으로 남진론을 선택해야 한다는 적극적인 주장을 내놓게 된 것이다.24)

이 시기에 이르러 일본의 팽창논리가 북진론에서 남진론으로 노선의 변화를 일으키고 있음을 알 수 있다. 메이지 유신 이래로 한반도를

21) 德富蘇奉 『公爵桂太郎傳 乾卷』 故桂太郎記念事業會, 1916년, 712-13쪽.
22) 『公爵桂太郎傳 乾卷』, 707-708쪽.
23) 졸고, 「의화단사건과 동아시아의 정세변화」, 40쪽 참조. 「外政策」, 앞의 책, 642쪽.
24) 졸고, 「20세기초 동아시아 국제정세와 일본의 대륙정책」, 102쪽 참조.

제압함으로써 중국대륙으로 세력을 확대하려는 팽창의 방향이 남쪽으로 크게 선회하고 있다는 점에서 주목하지 않을 수 없다. 이제까지 근대일본의 대외전략에 있어서 대한반도 문제가 뒷전으로 밀렸던 적은 없었다. 카츠라의 북수남진론을 통해서 청일전쟁 후 팽창의 교두보로서 대만이 얼마나 강력하게 부상하고 있는가를 쉽게 확인할 수 있다. 둘째, 가츠라의 북수남진론에서는 그 최종적인 목표가 남쪽의 대양이 아니라 중국대륙에 설정되어 있다는 점이다. 물론 가츠라도 대만을 중심으로 남양 군도로의 세력팽창을 지적하고 있으나 그것은 어디까지나 지정학적 가치를 언급한 것이지 당장 추구해야할 시급한 과제로서 인식하고 있었던 것은 아니었다.[25] 왜냐하면 가츠라가 북수남진론에서 구체적으로 제안한 전략은 "남청의 복건 지역을 우리의 것으로 귀속"시켜야 하며 "이처럼 우리 세력을 부식시키고자 한다면 아모이(厦門)항구와 긴밀한 교류를 시작하고 복건 지역에 은밀히 (일본의) 세력을 유지해야 한다"고[26] 하는 복건성 침탈 정책이었기 때문이다.

　　이제 대만을 근거로 삼고 아모이 항구를 통해 (일본의) 세력을 중국남부에 침투시킨다. 후일 중국남부 일대를 마치 (일본이 이미 상당히 장악하고 있는) 조선반도와 같이 만드는 일이 오늘에 있어서 긴급하고 절박하다.[27]

북수남진론의 실체가 결국 조선과 중국에 대한 침략주의에 지나지 않음을 가츠라가 스스로 실토하고 있다. 구가 가츠난의 경우도 남진론의 목표인 '남방'이 중국대륙의 남부를 지칭하는 것이었다.[28] 이점에

25) 『公爵桂太郎傳 乾卷』, 707-708쪽.
26) 『公爵桂太郎傳』 乾卷, 709쪽.
27) 『公爵桂太郎傳』 乾卷, 712쪽.

있어서 가츠난과 가츠라의 주장이 일치하고 있다. 다만 가츠라의 북수남진론에서는 남진론의 목표가 대만과 가장 인접한 중국의 복건성 지역으로 구체화되었다는 점에서 차이를 보이고 있다. 특히 복건성의 아모이 항구가 지목되고 있는데 이점은 가츠라의 뒤를 이어 제4대 총독으로 부임한 육군중장 고다마 겐타로에게도 그대로 나타난다.[29] 그는 가츠라의 북수남진론을 그대로 계승하여 실제로 복건성에 대한 여러 가지 지원사업을 전개하기도 하였다.[30]

흥미로운 것은 북진론이 한반도를 통해 중국대륙으로의 팽창을 지향하고 있다면 남진론은 남쪽의 대만을 통해 중국대륙으로의 팽창을 지향하고 있다는 점이다. 북진론이나 남진론이나 모두 종국적으로는 중국대륙을 목표로 삼고 있다는 사실이다. 이 점은 근대일본의 팽창논리를 이해하는데 있어서 핵심적인 문제이기도 하다. 잘못 이해하면 북진론과 남진론이 서로 모순된 논리처럼 보일 수도 있기 때문이다. 북진론과 남진론은 외교전략의 분열현상이라기 보다 최종 목표에 도달하기 위하여 보다 수월한 수단을 모색하는 선택의 문제이자 우선 순위의 문제였다.

실제로 1900년 8월 20일, 당시 수상인 야마가타 아리토모도 의화단 사건의 와중에서 "두 마리 토끼를 쫓는 자는 한 마리도 잡지 못한다고 한다. (중략) (일본은) 먼저 남쪽의 토끼를 쫓고 이것을 잡은 후에 다시

---

28) 「外政策」, 앞의 책, 643쪽.
29) 1899년 6월에 작성된 고다마 총독의 「대만통치의 과거와 미래에 관한 각서」, 鶴見佑輔, 『後藤新平2』, 後藤新平傳記編纂會, 1937년 복각판, 勁草書房, 1965년, 418쪽.
30) 宿利重一, 『兒玉源太郎』, 對胸舍, 1938년, 342-345쪽. 졸고, 「20세기초 동아시아 국제정세와 일본의 대륙정책」, 103쪽 참조.

북방의 남은 토끼를 쫓아도 늦지 않다"고[31] 하여 중국 남부 해안지역으로의 팽창에 우선순위를 두었다.

셋째, 육군출신의 대만총독들이 어떤 면에서는 경쟁관계에 있는 해군의 이익을 대변하는 북수남진론을 왜 그렇게 적극적으로 지지했느냐는 것이다.[32] 최초의 식민지인 대만의 비중이 너무나 컸기 때문에 육군조차도 더 이상 북진론을 주장할 명분이 없었기 때문인가. 아니면 남진론의 대세에 밀려 어쩔 수 없이 북진론을 포기하고 남진론을 적극적으로 수용했기 때문인가.

이러한 관점은 모두 북진론은 육군이 선호하는 팽창논리이고 남진론은 해군이 선호하는 팽창논리라는 이분법적 이해에 바탕을 두고 있다. 북진론과 남진론을 대립적인 논리라고 주장하려면 먼저 북진론이 육군의 이해를, 남진론이 해군의 이해를 대변하는 논리라는 전제가 성립해야 한다.

실제로 일본군이 여순을 점령한 후, 중국으로부터 대만과 요동반도 중에서 어디를 식민지로 요구할 것인가의 문제를 논의하는 단계에서는 육군과 해군이 분명하게 대립하였다.[33] 당연히 해군은 대만을, 육군은 요동반도를 선호하였다. 당시 사츠마 출신인 원로 마츠가타가 정부의 수뇌들을 찾아가 대만의 점령을 촉구했을 때, 그는 사츠마 출신이 수뇌부를 장악하고 있는 해군의 입장을 두둔하고 있었다. 이점에 있어서 마츠가타의 북수남진론은 이후의 그것과 미묘한 차이를 보이고 있다.

---

31) 『山縣有朋意見書』, 263-264쪽.
32) 본인은 졸고, 「20세기초 동아시아 국제정세와 일본의 대륙정책」에서 대만 총독을 비롯한 육군의 지도부가 북수남진론에 동조했다는 사실을 지적하기는 했지만 정작 그 이유에 대해서는 밝히지 못했다.
33) 陸奧宗光, 『蹇蹇錄』, 183쪽.

즉, 마츠가타의 북수남진론은 육군 출신의 대만 총독들의 그것과 팽창
의 방향이 일치하고 있지 않다.

마츠가타는 참모차장인 가와카미 소로쿠에게 대만 점령의 필요성을
역설하면서 대만의 지정학적 중요성을 다음과 같이 지적하였다.

> 대만은 우리의 남쪽 관문으로서 남방으로 대일본제국의 판도를 팽창하
> 고자 한다면 우선 이 관문을 통과하지 않으면 안 되는 것은 재론할 필요가
> 없습니다. 우리나라의 앞날이 '북을 지키고 남을 공략'하는 방침을 취하지
> 않으면 안 되는 것은 지식인들이 일찍이 간파한 바로서 대만은 마침 그
> 첫번째 발판으로서 남쪽의 제반도 및 남양 제군도에 미칠 수 있는 형세를
> 이루고 있습니다. 그렇기 때문에 국방, 무역, 식민문제에 있어서 대단히
> 중요합니다. 우리나라가 점령했을 때 이처럼 이익이 크기 때문에 타국이
> 점령한다면 우리나라에 대단히 큰 손해를 끼칠 것입니다.[34]

마츠가타는 이러한 자신의 논리에 대해 군사작전의 책임자인 참모차
장뿐만 아니라 이토 히로부미로부터도 동의를 얻어내고 있다.[35] 하지
만 여기서 주목할 것은 대만을 근거로 한 팽창의 방향이 남양 군도를
향하고 있다는 점이다. 심지어는 구가 가츠난이 중국 남부지역을 가리
키는 용어로 사용한 '남방'도 마츠가타는 '남쪽의 제반도 및 남양 제군
도'를 지칭하는 용어로 사용하고 있음을 볼 수 있다. 즉 마츠가타와
가츠난은 서로 '남방'의 개념을 달리 사용하고 있었다.

주목할 사실은 마츠가타의 북수남진론은 대만을 기점으로 팽창의
방향이 다시 남쪽을 향하고 있지만 육군 출신 대만총독들의 북수남진

---

34) 『公爵桂太郎傳』 乾卷, 548-549쪽. 인용문 중의 인용부호는 필자에 의한 것.
35) 『公爵松方正義傳』 坤卷, 551-552쪽.

론은 대만을 기점으로 팽창의 방향이 북쪽을 향하고 있다는 점이다. 북수남진론의 팽창이 방향이 대양을 향하고 있는가 중국대륙을 향하고 있는가의 차이점을 명확히 하지 않고서는 육군의 지도부가 왜 북수남진론을 해군 이상으로 지지하는가의 의문이 풀리지 않는다. 북수남진론이 중국대륙으로의 팽창을 의미한다면 그것은 육군을 위한 팽창논리에 가깝다고 해야 할 것이다. 결국, 육군은 북수남진론의 팽창방향을 대만을 기점으로 북쪽으로 돌려놓음으로써 자신들의 이익을 대변하는 전략으로 변형시켜 놓았다.

이처럼 북수남진론은 청일전쟁 이후 가장 중요한 팽창논리였음에도 불구하고 그 전개과정과 내용을 보면 국내 정치세력간의 당파적 이해가 첨예하게 반영되어 있다는 사실을 알 수 있다. 동시에 대만에 대한 식민지 지배의 주도권을 육군이 장악하고 있는 현실과도 무관하지 않다.

그럼에도 불구하고 북수남진론의 변형은 일본의 팽창욕구가 얼마나 강렬하며 정세변화에 민감하게 반응하고 있는가를 확인시켜주고 있다.

3. 러일전쟁기 일본의 팽창논리

1) 만한교환론과 북진론

1900년 북경이 의화단 세력에 의해 고립되는 초유의 사태가 발생하면서 일본에서는 대응방식을 놓고 다양한 논의가 벌어졌다. 이 의화단 사건을 계기로 일본의 팽창논리는 남진론에서 북진론으로 강하게 회귀하는 모습을 보이게 된다.

당시 북수남진론을 고수하던 일본이 북진론으로 회귀하게 된 배경에는 한반도와 만주의 극히 불안한 정세도 한몫했지만 대만을 중심으로 추진되었던 남진론이 현실적인 벽에 부딪혀 좌초된 아모이 출병사건도 무시할 수 없다.36) 대만 건너편의 아모이 항구는 이미 앞에서 언급했듯이 육군의 북수남진론자들이 일찍부터 눈여겨 보고 있던 요충지였다. 아모이 항구는 의화단사건의 와중에 일본이 가장 적극적으로 팽창의 행위(군사점령)를 감행한 지역이였다. 왜냐하면 당시 아모이 항구 이외에 일본정부가 군사행동을 준비하거나 점령을 의도한 지역이 없었기 때문이다. 일례로 하야시 곤스케(林權助) 주한 일본공사가 의화단사건으로 발생된 혼란을 이용하여 한반도의 요충지를 점령하자는 요청을 수차례 개진하였지만 일본정부는 그러한 북진론을 일축해 버렸다.37) 반면에 이미 천황의 재가를 받아 놓았고38) 당시 수상인 야마가타의 적극적인 지지39) 속에서 자행된 육군의 아모이 항구 점령은 서구 열강의 강력한 항의에 부딪히자 곧바로 군대를 철수시킴으로써 너무나도 어이없이 끝나고 말았다. 이 사건은 당시 대만을 중심으로 전개되었던 남진론이 정책적 차원에 있어서도 얼마나 강력하게 추진되고 있었는가를 보여주는 대표적인 사례였다.

남진론의 어처구니 없는 좌초는 지배적인 팽창논리가 경우에 따라서

---

36) 자세한 내용은 졸고,「20세기초 동아시아 국제정세와 일본의 대륙정책」, 109-110쪽, 참조.

37)『日本外交文書』33卷, 北淸事變中, 384-385쪽, 389-391쪽. 자세한 내용은 졸고,「義和團事件과 일본의 외교전략-만주문제와 한국문제를 중심으로-」, 47-50쪽, 참조.

38) 小林道彦,『日本の大陸政策 1895- 1914』, 南窓社, 1996, 38쪽.

39)『山縣有朋意見書』, 263-264쪽. 수상 야마가타는 육군출신이면서도 북수남진론을 적극 지지하고 있었다.

는 정부의 상황인식과 판단력을 마비시킬 정도로 강력할 수 있다는 사실을 보여주었다. 실제로 서구열강이 강력하고도 신속하게 일본을 제지하지 않았다면 군사행동을 동반한 일본의 폭주는 계속되었을 가능성이 매우 높았다.

만한교환론(滿韓交換論)은 구체적인 내용으로 들어가면 복잡한 분류가 가능하지만[40] 대체적으로 러시아가 한국에 대한 일본의 특수한 권익을 이정해주면 그 대가로 일본도 만주에 대한 러시아의 특수한 지위를 인정해주겠다는 협상논리였다. 만한교환론이 성립할 경우, 러시아와 일본은 만주와 한국에서 각각 독점직인 지위를 수월하게 확립할 수 있게 된다. 즉 일본은 굳이 러시아와 무력 충돌을 거치지 않고도 한반도를 장악할 수 있다는 점에서 기발한 외교적 발상이었다.

1900년 7월, 일본 정부의 외무대신 아오키 슈조(淸木周藏)는 러시아가 의화단 사건을 빌미로 만주로 군대를 투입할 징후를 보이자 발빠르게도 만주와 한반도를 맞교환하자는 이른바 만한교환론을 제시하였다.[41] 일본 정부가 북수남진론을 고수하고 있던 당시 상황에서는 조금은 일탈된 결정이라 정치 수뇌의 우려를 자아내기도 했으나 만한교환론이 성공한다면 일본으로서는 러시아의 양해 속에서 한국에 대한 배타적 지배력을 손쉽게 확보할 수 있었다. 한국을 양분하는 선에서 러시아와의 갈등을 해결할 수 있다면 성공적이라고 생각하고 있던 인물도 적지 않았기 때문에[42] 일본 정부로서는 만한교환론의 협상이 실패해도

40) 天葉 功, 『旧外交の形成』, 勁草書房, 2008, 59-67쪽, 참조.
41) 아오키 외상이 지시를 내리고 있지만 실제로 만한교환론의 협상안을 일본정부에 제안한 것은 주러시아 일본공사인 고무라 주타로였다. 자세한 내용은 졸고, 「義和團事件과 일본의 외교전략-만주문제와 한국문제를 중심으로-」 참조.
42) 『近衛篤麿日記』第三卷, 247쪽. 주일러시아공사 이스보레스키가 한국을 양분

그다지 손해 볼 것이 없었다.[43]

어째든 만한교환론은 한국을 일본의 지배하에 두겠다는 팽창논리의 한 유형임에는 틀림없다. 일본으로서는 러시아와의 무력 충돌 없이 팽창의 목적을 달성할 수 있다는 점에서 러일전쟁 직전까지도 적지 않은 지지를 받았다.

2) 만한교환론과 반전론

흥미로운 것은 1903년 4월 이후 러시아와의 전쟁 위기감이 고조될 때에 만한교환론이 전쟁을 회피할 수 있는 방안으로서 반전론의 근거로 활용되었다는 사실이다. 기본적으로 팽창의 논리는 실현 방식이 군사력을 동원한 점령을 전제하는 경우가 많기 때문에 전쟁도 불사하는 강경론이 대부분인데 비해서 만한교환론은 일견 평화적으로 문제를 해결하고 서로의 목적을 달성하는 대안이기 때문이다.

1903년 7월 일본과 러시아가 만주와 한국문제를 놓고 협상을 개시했을 때, 외무성의 정무국장까지 지낸 나카다 노리요시(中田敬義)는 전쟁을 통해 만주문제를 해결할 수 있다는 주장은 현실적이지 못하다고 하면서 만한교환론이 현실적인 대안이라고 제시하고 있다.

　　(나의 견해는) 만주를 러시아에 허락해주는 대신에 조선에서 우리의 세력을 수립하는데 있다. 바꾸어 말하자면 일본이 만주에 있어서 러시아의

　　할 것을 제안하자, 이토 히로부미와 야마가타 수상은 찬성 쪽으로 기울고 아오키 외상은 반대하는 의견을 내놓았다. 『日本外交文書』33卷, 北淸事變中, 385-386쪽.

43) 『山縣有朋意見書』, 261-263쪽.

경영에 방해하지 않는 대신에 러시아로 하여금 조선에 있어서 일본의 자유
행동을 승인하도록 하는 것이다.[44]

나카다는 전형적인 만한교환론을 주장하였다. 그는 개전론에 대해서
도 청국이 스스로 지킬 힘이 없기 때문에 일본이 러시아를 물리쳐도
그것은 일시적인 효과에 그치고 만다. 실익이 없기 때문에 전쟁도 해결
방법이 아니라는 것이다. 나아가 나카다는 개전론을 주장하는 칠박사
에 대해서도 비판적인 견해를 피력했다.

> 요컨대 전쟁으로 만주를 탈취하는 방침은 일본의 실력이 허락하는 한에
> 서는 훌륭하게 성립할 수 있는 주장이지만 현재의 실력을 돌아다보면 결코
> 성공의 가능성이 없다. 대학의 박사들 중에서 빈번하게 이런 의미의 개전론
> 을 주장한다고 들었는데 학자의 空論으로서는 혹 가능할 것이다. 그렇다고
> 해도 정치가의 입에서 나올 만한 내용은 아니다.[45]

나카다는 러시아와의 전쟁으로 만주를 탈취하겠다는 주장은 학자의
'공론'에 지나지 않는다고 개전론의 비현실성을 꼬집었다. 만한교환론
이라는 팽창논리가 개전론을 반대하는 반박논리로 활용되는 상황이
아이러니하다.

물론 개전론을 반대하는 근거 중에는 예산의 팽창이나 세금의 증가
로 국민에게 엄청난 부담을 안겨줄 것이라는 경제적 이유도 적지 않았
다.[46] 전쟁의 가능성과 주식의 동향을 살펴볼 필요가 있다. 즉 개전론이
강하게 대두할 때마다 주식이 폭락하는데 그 이유는 전쟁이 경제에

---

44) 中田敬義, 「滿洲問題」, 『東洋經濟新報』273, 1903.7.5, 9-11쪽.
45) 中田敬義, 위의 논설.
46) 『平民新聞』, 1904.2.14.

악영향을 미칠 것이라고 예상하기 때문이었다. 역으로 경제계가 전쟁의 가능성을 작게 평가하는 날에는 어김없이 주식도 반등하는 현상을 보였다.

정부 내의 러일전쟁에 대한 태도는 참모본부를 중심으로 1903년 6월에 급속하게 개전론으로 기울어갔다. 여론도 10월이 되면 곳곳에서 개전론의 주장이 강하게 나타나게 된다. 특히 반전론의 주장을 펴왔던 『萬歲報』의 개전론의 반전은 주목할 만하다. 『萬歲報』의 태도변화로 만세보에서 반전론을 주도하던 고도쿠, 사카이 등이 퇴사를 하지 않을 수 없는 상황으로까지 몰렸다.

만한교환론에 대해서는 러시아도 수용의 의사를 밝혔지만 1903년 6월의 어전회의이후 일본은 이미 만한교환론을 넘어서 만주에서 러시아군의 철수를 요구하는 만한불가분론을 협상의 조건으로 내걸기 시작했다. 이처럼 일본이 러시아로서는 수용하기 어려운 조건을 밀어붙임으로써 사실 전쟁을 촉구하거나 러시아를 막다른 골목으로 몰고 갔다고 할 수 있겠다.

만한교환론을 합리적인 해결책이라고 주장하다가 개전론으로 돌아선 논객들의 논리는 설사 만한교환론이 성사되어 러시아가 만주를 점령하고 일본이 한국을 점령했다고 해도 러일간의 군사적 위기상황은 해소되지 않는다는 논리였다. 따라서 가장 바람직한 해결책은 러시아가 만주를 점령하기 이전의 상태로 돌아가는 것이라고 주장한다. 즉 만주를 비워놓으라는 것이다. 그래야만 한국의 안전이 확보되고 러일간의 위기도 해소된다는 것이다. 이러한 요구를 들어주지 않을 때는 일본은 무력에 호소해서라도 이런 취지를 관철해야 한다는 것이다. 즉 일본의 한국지배를 위해서는 만주가 최소한 중립지대로 남아있어야 한다는 논리 이것이 만한불가분론의 핵심이라고 할 수 있다.

『東洋經濟新報』에서 개전론을 주장한 노부 기(轟 木)도 처음에는 만한교환론의 입장을 지지하였다.

> 지금의 경우 러시아가 도저히 만주의 군대를 철수하지 않고 일본도 그들을 철수시킬 수 있는 수단이 없다고 한다면 일본은 반드시 조선을 점령하여 조선을 무장시키지 않으면 안된다. 이것은 자위를 위해 어쩔 수 없는 일이다. 이렇게 해서 실제로 만한교환을 이루는 형세가 되게 한다.[47]

하지만 노부 기는 두 번째 사설을 통해서 만한교환론의 문제점을 지적하면서 실질적으로 만한불가분론을 주장하고 있다.[48] 즉, 러시아의 만주철병을 관철시키기 위해서는 전쟁도 불사해야 한다는 논리로 돌아섰다. 만한교환론만으로는 러시아와의 개전의 명분이 충분히 얻어지지 않는다는 사실을 노부 기도 뒤늦게 인식하게 된 것이다. 왜냐하면 이시기 러시아는 일본과의 협상에서 만한교환론을 수용할 의사를 밝히고 있었기 때문이었다.

4. 맺음말

근대일본의 팽창의 논리들은 그것이 단지 논리에 그치는 것이 아니라 실제로 국가의 행위를 수반하게 된다는 점에서 대단히 현실적이었다. 청일전쟁시기에 지식인으로부터 생산된 북수남진론이 결국 정책결

---

47) 轟 木, 「滿韓交換論の眞價」, 『東洋經濟新報』287, 1903.11.25, 9-10쪽.
48) 轟 木, 「再び滿韓交換論に就て」, 『東洋經濟新報』288, 1903.12.5, 9-10쪽.

정권자들을 움직여 대만점령을 감행하게 하고 대만을 식민지로 장악한 후에는 대만을 중심으로 대담한 북수남진론이 활발하게 전개되었다. 북수남진론이라는 논리적 근거가 없었다면 아모이항구를 점령하려는 출병사건과 같은 침략행위는 발생하지 않았을 것이다.

북수남진론의 주도권이 해군에서 육군으로 넘어가면서 북수남진론은 육군의 이해를 대변하는 논리로 변형되었고 결국 아모이 항구 점령 기도는 북수남진론의 변형이 초래한 결과였다고 하겠다.

아울러 만주문제가 등장하면서 제기된 만한교환론은 일본의 팽창논리가 다시 북진론으로 옮겨왔음을 보여주는 증표였다. 하지만 러시아와의 개전론이 강하게 대두하면서 만한교환론은 오히려 반전의 논리로 활용되는 역설적인 모습도 보였다.

근대에 있어서 일본의 팽창행위의 배후에는 반드시 팽창논리가 작동하고 있었다는 점에 유념해야 한다. 그런 점에서 팽창논리를 분석하는 것은 일본의 대외 팽창의 성격을 명확히 하는데 선결적인 과제라고 하겠다.

찾아보기

알 림

제1장 일본의 대외 위기론의 형성

「4-6세기 왜국의 대외위기론과 그 실체」는『문화사학』23집 (2005년 6월)에 기게재됨.

「중세 일본의 려, 몽 위기론」는『문화사학』23집 (2005년 6월)에 기게재됨.

「16세기 후반 일본의 대외정책과 대외인식」는『문화사학』23집 (2005년 6월)에 기게재됨.

「막말유신기의 대외위기론」는『문화사학』23집 (2005년 6월)에 기게재됨.

제2장 일본의 대외 팽창의 패턴

「7세기 왜국의 대외 위기감과 출병의 논리」는『일본역사연구』26집 (2007년 12월)에 기게재됨.

「8세기 중엽 '신라정토' 계획으로 본 고대일본의 대외방침」는『한일관계사연구』25집 (2006년 10월)에 기게재됨.

「동아시아 海域의 아웃로(Outlaw)」는『일본역사연구』24집 (2006년 12월)에 기게재됨.

「도요토미 히데요시의 조선침략 발발전 한일교섭 실태」는『일본학보』70집 (2007년 2월)에 기게재됨.

「메이지초기 대외팽창론의 한 유형」은『문화사학』26집 (2006년 12월)에 기게재됨.

제3장 일본의 대외 위기와 팽창의 구조

「일본의 위기와 팽창의 구조」는『문화사학』25집 (2006년 6월)에 기게재됨.

「14세기의 동 아시아 국제 정세와 왜구」는『한일관계사연구』26집 (2007년 4월)에 기게재됨.

편 저 김현구

공저자 (집필순)

이재석(李在碩) 동북아역사재단

고려대학교 사학과
일본 교토대학교 석사
일본 교토대학교 박사
전공 : 일본고대사
대표논저 『일본서기 한국관계기사 연구』(Ⅰ,Ⅱ,Ⅲ)(일지사, 2002~2004) 공저
        『알기쉬운 일본사』(청어람미디어, 2002)
        「大化前代의 大皇制」(『동양사학연구』61, 1998) 외 다수

김보한(金普漢) 단국대학교 인재개발원

단국대학교 역사학과 졸업
단국대학교 대학원 사학과(일본사전공) 석사
단국대학교 대학원 사학과(일본사전공) 박사
교토대학교 대학원 문학연구과 연수원
전공 : 일본중세사 / 중세한일관계사
대표논저 『왜구・위사 문제와 한일관계』(경인문화사. 2005.6) 공저
        『동아시아의 지역과 인관』(지식산업사, 2005.11)공저
        「동아시아 해역의 아웃로」(『日本厂史硏究』24, 2006.12)
        「동아시아 경제 권역에 있어서 약탈의 주역, 해적과 왜구」(『中國史硏究』29, 2004.4)
        「해양문화와 왜구의 소멸」(『文化史學』16, 2001.12)
        「一揆와 倭寇」(『日本厂史硏究』10, 1999.10)

윤유숙(尹裕淑) 성균관대학 동아시아학술원 HK연구교수

고려대학교 대학원 동양사(일본사)전공수료
와세다(早稻田)대학대학원 문학연구과 일본사전공 修士(석사)학위취득
와세다(早稻田)대학대학원 문학연구과 일본사전공 문학박사학위취득
전공 : 일본근세사
대표논저 「近世癸亥約条の運用実態について―潜商・闌出を中心に―」紙屋敦之・木村直也編『展望日本歴史14 海禁と鎖國』東京堂出版, 2002.
        「18,19세기 왜관의 개건・수리실태」(『아세아연구』제46권3호, 2003.
        「一七世紀における日朝間の倭館移轉交渉」, 早稻田大學史學會『史観』149, 2003.9
        「조선후기 한일통교관계와 '己巳約條'(1809)」, 일본사학회 『일본역사연구』24집, 2006.12.

박삼헌(朴三憲) 건국대학교 일어교육과 조교수

고려대학교 일어일문학과 졸업
일본 고베대학(神戸大學) 문화학연구과 졸업(일본사전공)
일본 고베대학 문화학연구과(일본사회문화사전공)
전공 : 일본근대사
대표논저 『천황의 초상』(소명출판, 2007.8),
　　　　 『근대일본사상사』(소명출판, 2006.9), 『삼취인경륜문답』(소명출판, 2005.5)
　　　　 「메이지초년의 국체론」(『일본학보』제74집, 2008.2),
　　　　 「1874년 지방관회의의 준비와 左院의 역할」(『일본학보』제69집, 2006,11) 등

송완범(宋浣範) 고려대학교 일본학연구센터 연구교수

고려대학교 사학과 졸업
일본 도쿄대학교 석사 수료
일본 도쿄대학교 박사 수료(문학박사)
전공 : 일본고대사
대표논저 『한국고대사의 재조명』 공저
　　　　 『동아시아역사와 일본』, 『일본의 고대사인식』
　　　　 「동아시아세계 속의 백제왕씨의 성립과 전개」, 「8세기 중엽 신라정토계획으로
　　　　 본 고대일본의 대외방침」, 「백촌강싸움과 왜」, 「9세기 일본율령국가의 전환과
　　　　 백제왕씨의 변용」, 「고대일본의 궁도에 대하여」 등

김현구(金鉉球) 고려대학교 역사교육과 교수

고려대학교 사학과 졸업
일본 와세다대학교 석사 수료
일본 와세다대학교 박사 수료(문학박사)
전공 : 일본고대사
대표논저 『大和政権の対外関係研究』, 『임나일본부 연구』,
　　　　 『동아시아 사상의 보수와 개혁』 등
　　　　 「백촌강싸움 직후 일본의 대륙관계의 재개-신라와의 관계를 중심으로」,
　　　　 「≪일본서기≫계체 23년조의 검토-고령가야와 반파문제를 중심으로」,
　　　　 「일본의 위기와 팽창의 구조-633년 백촌강(白村江)싸움을 중심으로」,
　　　　 「백제의 목만치와 소아만지」 등

이영(李 領) 한국방송통신대학교 일본학과 교수

고려대학교 중국어문학과 졸업
일본동경대학교 대학원 총합문화연구과(석사 및 박사)
전공 : 일본중세사
대표논저 저서 『倭寇と日麗関係史』(東京大学出版会, 1999),

『港町と海域世界』(靑木書, 2005, 공저),
『古代, 中世の政治と権力』(吉川弘文館, 2006, 공저)
「경인년 이후의 왜구와 마쓰라토-우왕 2년(1377)의 대구를 중심으로」(일본역사연구 제24집, 2006),
「14세기의 동아시아 국제정세와 왜구-공민왕15년(1366)의 금왜사절의 파견을 중심으로-」(한·일관계사 연구, 2007)

조명철(趙明哲) 고려대학교 문과대학 사학과 교수

高麗大學 史學科 졸업
高麗大學 大學院 史學科(東洋史專攻) 碩士취득(석제5672호)
東京大學 大學院 人文科學硏究科(日本史學전공)修士입학
東京大學 大學院 人文科學硏究科 博士學位 취득
전공 : 일본근현대사
대표논저 『일본근세근현대사』, 공저, 한국방송통신대학교출판부(2001.1.25)
『일본인의 선택』 공저, 다른세상(2002.8)
「러일전쟁기 군사전략과 국가의사의 결정과정」(『日本歷史硏究』2 pp143-171)(1995.10)
「義和團事件과 일본의 외교전략」(『日本歷史硏究』8)(1998.10)
「일본의 皇國史觀」(『한국사 시민강좌』28집, 일조각)(2000.8)
「20세기초 동아시아 국제정세와 일본의 대륙정책」『일본역사연구』14집(2001.10)
「明治期 통계로 본 陸軍의 派閥」『日本歷史硏究』22집 등재후보지(2005.12)

이 저서는 2004년 정부(교육인적자원부 학술연구조성사업비)의
재원으로 한국학술진흥재단의 지원을 받아 수행된 연구임
(KRF-2004-074-AS0016)

일본의 대외위기론과 팽창의 역사적 구조

초판인쇄   2008년 8월 4일   초판발행   2008년 8월 14일

편 저 김현구
발행처 제이앤씨
등록번호 제7-270

주소 서울시 도봉구 창동 624-1 현대홈시티 102-1206
전화 (02) 992 / 3253
팩스 (02) 991 / 1285
URL http://www.jncbook.co.kr
E-mail jncbook@hanmail.net

ⓒ 김현구 2008 All rights reserved. Printed in KOREA

ISBN 978-89-5668-616-5 93910   정가 28,000원